如何提高编辑力

一位资深总编的来信 Ⅱ

周浩正 著　朱策英 编

金城出版社
GOLD WALL PRESS

图书在版编目（CIP）数据

如何提高编辑力 / 周浩正著；朱策英编 . — 北京：金城出版社，2014.4

ISBN 978-7-5155-0989-1

Ⅰ. ①如… Ⅱ. ①周… ②朱… Ⅲ. ①编辑工作 Ⅳ. ① G232

中国版本图书馆 CIP 数据核字 (2014) 第 006003 号

如何提高编辑力
RUHE TIGAO BIANJILI

作　　者　周浩正（著）　朱策英（编）
责任编辑　朱策英
文字编辑　李晓凌
开　　本　710 毫米 × 1000 毫米　1/16
印　　张　24
字　　数　431 千字
版　　次　2015 年 4 月第 1 版　2015 年 4 月第 1 次印刷
印　　刷　北京金瀑印刷有限责任公司
书　　号　ISBN 978-7-5155-0989-1
定　　价　39.80 元

出版发行　**金城出版社** 北京市朝阳区广泽路 2 号院（东区）14 号楼
邮编：100102
发 行 部　(010)84254364
编 辑 部　(010)64271423
投稿邮箱　gwpbooks@yahoo.com
总 编 室　(010)64228516
网　　址　http://www.jccb.com.cn
电子邮箱　jinchengchuban@163.com
法律顾问　陈鹰律师事务所　(010)64970501

出版缘起

我和周先生的缘分，要追溯到2005年前后。那时，博达版代公司在自己的官方网站连载了他的文章。这些文字令人耳目一新，使我这个“出版素人”开始明白一个道理：假如没有理念和想法，仅仅凭运气做“畅销书”，无论是出版企业还是出版人，都根本无法持续。

此后，不管在文字里还是面对面时，我都能从先生身上学到诸多的东西：

他待人和善，谦谦君子，虚怀若谷。想当年，他曾是台湾出版界响当当的人物，在图书、报纸和杂志领域里都扮演过积极的角色，也曾创造光辉的业绩。我想，假如他退休后在海峡两岸给出版人讲讲课、做做培训，必大受欢迎。但他常常借口自己不擅演讲，处处体现着低调，不以“导师”自居，更愿用文字来传授自己的多年心得。先生曾说：“我是畅销书的绝缘体。讲人脉，我识人有限；谈实力，样样输人……我从不敢以畅销书为标的，即便经手的书畅销了，也纯属偶然。”当然，这种过度的谦卑，也产生了一个副作用——如果你果真愚蠢地轻忽他的思想，藏在他字里行间里的“大金矿”，你是毫无机会发掘的。所以，他的文字，读一遍往往是不够的！

他做事热心、执着，有担当。即便退休10多年了，他仍对自己为之奋斗30载的出版业依依不舍；即便这一切已与他毫无利益关系，他依然为它的进步而欢喜，为它的困境而忧虑。为此，他通过书信与两岸年轻一代的出版人保持交流，不断为产业建言献策——他的体会、经验和教训都融于文字之中。自2004年至今，他已完成了60余万字。这些书信旁征博引，字字珠玑，视角独特，发人深省。更难以想象的是，这些文字都是他老人家用手写板一笔一画录入的！这份执着，这份赤诚，这份大公心，我想，华文出版界少有出其右者，当是我们晚辈之楷模。

他思维活跃，在时代的大潮中永不甘落伍。他是一个闲不住、喜创新、拒陈旧的人。先生曾说："我必须承认，活在新科技颠覆一切、典范移转过程的退休老编，是非常苦恼的，一方面切不断过去的尾巴，仍活在往昔的荣光和阴影中；一方面没工作压力却又空出很多闲暇，阅读成了最佳消遣，每天浸淫于书香与网域，不免比常人多些思虑。"是的，他就是这样紧跟时代——每天阅读量极大，涉猎广泛，对各种动态、时髦事物都保持着无限的好奇心，并把自己的观察和思考生发成文字以飨读者。他思维的敏捷程度，掌控资讯的能力，让年轻人有时也自愧不如，很难想象他已年过七旬！

……

正是周先生的种种优点，促使我在2008年推出了他的《优秀编辑的四门必修课》一书。读者们的积极反馈与王吉胜社长的支持，让我更加感受到先生文字的价值，激励着我要出版他的后续文字，否则似乎就是我辈的莫大损失。这是一种无言的承诺，也成为我的一种荣幸。如果因我卑微的理想和责任而催生一本书，呈现它应有的价值，似乎不是坏事。

为何由我出版先生第二部作品的缘由，大体如此，毫不复杂。但这个合适的时机，我们一等就是差不多七年。现在，一切终于水到渠成。

面对周先生这部沉甸甸的新著，我需要给各位读友说明几点。

第一，关于书名。"编辑力"，体现了编辑工作在出版产业的龙头地位，因为没有编辑生产力，其他一切都无从谈起，我对此从不动摇，即便在出版业受新技术冲击的今日。但此书名并非说明读者对象仅局限于编辑人，业界其他人士如营销人员、发行人员甚至整个文创产业也可从中获得启迪。此外，本书还着重强调，在眼下如火如荼的互联网浪潮中，我们应具备一种"全新"的出版思维。

第二，关于署名。周先生当然是本书的真正作者，我忝列编者，不想欺世盗名、借他的光环为自己添彩，而是因为：其一，因谦逊考量，先生开始对出版本书虽有拒绝，但最终还是郑重授权同意。然而，对全书结构的再造和内容的编辑，以及拖延至久，他毫无责任，全应由我来承担，这点必须说明。其二，吸取出版先生前作的教训——避免我辛苦编辑的文字、设计的结构和提炼的要点，被人恣意贩卖或张贴在网络上，署上编者姓名自然有强调版权独有之意。其三，我编辑出版本书，更重要的是想以此向如周先生一样的众多前辈致敬。

第三，关于本书的编辑原则。周先生原本不想把这些文字以纸书的形式出版，因此，我们编辑工作的最大目的，是要把它们以更像纸书的形式呈现出来——我们对核心内容尽量不做删节，只做标题、结构和形式上的变动；尽量不改变作者原意和观点，修剪的只是细枝末节，以便更清晰而简洁；尽量使之体例统一，读来一目了然，更像一本纸书。此外，书中有些文字虽然写作时间较久远，但对当下大陆出版同仁仍有启发意义，故也尽量保留。总之，本书虽经不才之手编辑，但其实质仍是先生最真实思想的体现。

第四，关于本书的内容和价值。首先，本书不是一部纯技术的教程，如果想借助它来应付职业考试、获得逐步的工作之法，恐怕你很可能就要失望了。因为它最大的价值，不在于教你如何具体做一名编辑，而在于传授编辑人如何思考，尤其是在互联网时代下的思考。窃以为，一名编辑人最大的竞争力并非学历，也非经验（当然它们很重要），而是如何在实操中不断省思的能力——面对具体局势善思考、想办法的功力。授人以鱼不如授人以渔，作者的这种意图十分明显。当然，他还有很多观点，看似杞人忧天，但用意旨在振聋发聩，惊醒那些仍在业界觅食的后辈们。其次，本书可贵的另一点是虽然干货很多，但没有枯燥的说教，很注重结合实际。比如，作者在书中谈到大大小小数百个乃至上千个案例（有些很具体而详细，有些只是一带而过），以便与读者一起学习研究，其中涉及两岸众多业界大佬，如王云五、沈昌文、程三国、王荣文、詹宏志、俞晓群、陈天桥……更如实收录了众多年轻出版人的观点和想法，读来就像聊自己的事情，毫无距离感。

第五，我阅读本书最大的收获。本人愚钝，在出版行业蹉跎了多年却毫无建树；认识周先生时间不短，但未悟出他太多的思想真谛，只学会了些许皮毛，以此混得一份谋生的差事。真应了那句话，“师父领进门，修行在个人”。然而，对先生的很多观点我是有所共鸣的，而体会最深的有两点：一是“无人竞争地带”理论；二是要拒做“素人出版家”。大陆业界时有“新晋精英”动辄把畅销书挂在嘴上，一切以此为念，如果碰巧又做成几本，那就更四处以“专家”自居，前辈的真知灼见全不在话下。其实，他们只不过是周先生早在 20 年就已看透的“素人出版商”（心中毫无理念，只单纯追求畅销书），结果必行之不远。于是，我们会经常看到，这帮人不停地“城头变幻大王旗”，最终也难成一统天下的角色。

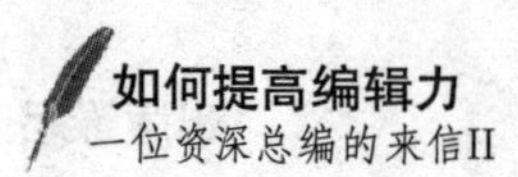

最后，各位读友，编辑出版本书，并非标榜我读懂了周先生的所有意思。先生的文字，读一遍往往不够，要多读几遍才好；每读一遍，必会有新收获，至于能领悟、吸收多少，全在自己的造化。与诸君共勉。

2014 年 12 月

写在前面

果如所料，期待多时的质疑出现了。

有位年轻编辑问我："周老，我读了您写的文字，为什么老觉得使不上力，好像跟我现在的工作没啥关系，是您说的道理太过艰涩，太不到位，还是我不够用心？"

这一问，非同小可，因为它碰触到根本：**谁读?**

当有人花了很多时间和精神，辛苦读罢了，到头来却一无所获，岂不冤哉！

为什么会有"使不上力"的感受？我自己的反省：因为这些内容是想到哪里，写到哪里；是东拉西扯，漫无边际的"非计划性产物"。行文时，忽高举内容，忽强调营销；忽沉迷传统经验，忽追逐科技进展；忽谈书的出版，忽谈杂志；写得夹缠不清，读者对象也随着飘忽起来，好像什么都沾上一点，却什么也没弄个明白。

不知不觉中，长成了现在庞杂的模样——所以，它缺乏结构性与系统性是必然的结果。由于写多了，隐隐约约好像自成脉络，有几位出版界的朋友，居然见猎心喜，自行整理出版，这是市面上《编辑道》和《优秀编辑的四门必修课》两本书籍的由来。

在友朋辈中，关于谁比较适合阅读这些文字，老早就有不同的看法。

某位做过报刊总编、在大学讲授"书刊编辑学"的老友，有次来电，口气非常不悦：

"老周，居然有我学生上网下载你的文章，被我狠K一顿，他们什么经验都没有，哪能真懂你写的东西？至少要做过主编、多些阅历的人，才知道你在说什么，所以我不许他们看，免得还没入行就眼高手低起来。"

我觉得他讲得有理，赶紧向他致歉并致谢。

但在另一所大学执教的朋友，观点恰恰相反，他说：

“幸亏你记录真刀实枪的出版例子和出自经验的理论研讨，否则学校现用的教材和现实脱了节，教出来的学生到了职场，还得从头适应。”

我觉得他讲得也有理，赶紧向他致谢。

问题是，哪位老师对?

类似的两难式抉择也呈现在职场上。

有人告诉我，在出版社新进人员培训时，把我写的几十封信当作辅助教材；但也有不同的意见，认为应该多些经验之后，再读不迟。

——早看或晚看，哪种看法有理?

总之，我接触到的读友回响之中，有鼓励，有责备。赞誉之辞，可略去不述；批评的声音，不外乎怪我写得太杂、太泛、太枯涩、太玄虚、太深、太浅、太冗长芜杂、太含糊笼统、太不专业、太专业、太营销、太偷懒（东抄西拣）、太自以为是……对这样的质疑，当然全是我的错。我只能说，自己程度有限，经验太狭窄、片面，无法涵盖太大的面积，所写内容可能只适合与我“心有灵犀一点通”、跟我一样充满缺失的读友——万一您觉得白耗了时间、很不值得时，快快丢弃它，并请接受我由衷的道歉。

我必须提醒读友，假如您对我过去所写文字有所不齿的话，下面的内容将更不堪入目，若由我自己评价，“不合时宜”该是最客气的用词了。

周浩正

2014年11月

Contents 目录

下篇 编企力

附录

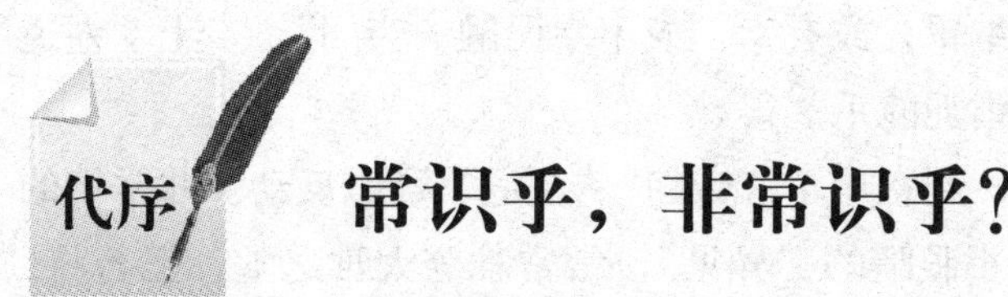

代序 常识乎，非常识乎？

2009年8月中旬，从医院回家休养。静养中，蓦然跳入眼帘的是寂然先生在《亚洲周刊》介绍梁文道先生新著《常识》的一段文字。《常识》是梁先生时评和杂文的结集，寂先生引用书腰上的文字，云：“本书所集，卑之无甚高论，多为常识而已。若觉可怪，是因为此乃一个常识稀缺的时代。”这几句话深深地钻到我心深处。

梁先生这么谦虚地定位自己，引发我以“常识”这个角度，重新检视自己多年来书写的文字，算不算是记录了编辑工作中的基本常识，来报答养育我的编辑／出版界？

突然间，悲戚之情从心田涌出。

我书写的那些文字，只是一个**学习者**于暮日时分所记下的、极个人化的工作体验和人与事的追忆，离众人共识的常识大道，可远呢！

经由这番觉悟，决定将《优秀编辑的四门必修课》的续写之文，另按个名儿，曰：《近乎常识》。意思是说，假如今后这儿收录以书信方式堆砌的内容，能够有点儿像“常识”的话，将是对我最大的恭维，我也要求自己以此作为标的，全力以赴。

隔天，细细思量之后，又觉得欠妥。因为梁著以世道常理，诉诸光怪陆离的现实社会，所求的是公平正义的普世价值（常识），并以此作为量尺，月旦政、经得失。而“编辑”这一行，却难脱商业思维“竞争意识”的羁绊，而浸有常理之外（非常识）的脱幅之举。这么一思量，我知道自己犯了错，亵渎了“常识”这词儿，硬把苹果和橘子凑合在一块儿评比了。

或许，话该分两端来说：**“常识”**——那是根本、那是每个编辑必需的基础知识，这类经典型的工具书，书市上深、浅皆备；但**“非常识”**的编辑之道，常常隐藏于打开常识之门背后的角隅（细节、常理之外）。细心、好奇、不甘心随俗的编辑，或有幸、或不幸误触“旁门”，步上“左道”，跌跌撞撞之际，有时偶有雪泥鸿爪之得。

我在这儿，刻意用了“旁门”“左道”疑似反动、非常识的“异辞”，因为这些小鼻子、小眼睛的“异见”，常常难登大雅之堂，但若将“它”置于创新层面探究，则或暗藏柳暗花明之机。

在我学习**编辑企划**（**编企**）的路上，这类“非常识”的经验教训带来的收获，养成我不按牌理出牌的习性，总在山穷水尽时，得到助益。现在，我很愿意坦诚交代这一路上，自己从日常实操演练中，摸索出用在编企工作上的心法，可总结成《老子》中的十个字：“**反者道之动，弱者道之用**。”我曾一再用它诠释、追踪、改造编辑工作内涵，并尝试寻找更多可依循、可移作准则的抽象观念，引导我组织纯属个人的编辑思维，以砥砺自己、成全自己。

首先，来摸索一下“十字诀”的意义吧。

在我读过有限的解老书里，陈鼓应先生的释意，最能打动我，引出无限想象空间。例如他在《老子今注今译及评介》中对“道”的描绘，移至当今依然充满指引性，他说：

> 道，事实上只是一个虚拟的问题。老子所预设的“道”，就是他在经验世界所体悟的道理。……我们也可以视“道”为人的内在生命的呼声，它乃是应合人的内在生命之需求与愿望所延展出来的一种理论。

随后，他展开对“道”各种义涵的探索，从形而上的实存、一种自然界中事物运动和变化的规律性以及人生准则、指标或典范之中，试图找出它的脉络意义。

其中，对“规律性”的解读，特别发人深省。

陈鼓应认为在老子的意识里，“自然界中事物的运动和变化，莫不依循着某些规律，其中一个总规律就是‘反’（即‘反者道之动’）——事物向相反的方向运动发展（从生到死）；同时，事物的运动发展总要返回到原来的原始的状态（从死到生）。”他点出其中所蕴含的两个概念：“**相反对立**”与“**返本复初**”。他从这两个概念出发，对“道”的规律性做了深层的剖析：

一是对立转化的规律。说明“任何事物都有它的对立面，……并认为‘相反相成’的作用，是推动事物变化发展的力量，……而相反对立的状态是经常互相转化的，大家要从反面的关系中，去把握正面的深刻涵义”。

一是循环运动的规律。“反者道之动”的“反”，另含“复”“返”“周行而不殆”的意思，换句话说，“循环运动是‘道’所表现出的一种生生不息的规律”。

我自以为是地强将这些意思，套用到编企思路上，依现在流行的观念，就是把两个看似不搭调的东西——《老子》和编辑工作——凑在一块儿，看看能不能萌发新意，这也有个新词，叫作“混搭”。亲爱的朋友，我就这么牵强附会地寻求编企工程的突破点，硬将“出版现状”解释成“正（常）”，那么“反（非常）”是什么？隐身在哪儿？

“反”的精髓在现实世界演化到极致，即成“**异端**”。也就是说，不会人云亦云，总是与众不同。我非常喜欢俄罗斯作家叶夫根尼·扎米亚京（Евге́ний Замя́тин，1884—1937）的话：“异端对人类思想的健康是必要的，如果没有异端，也应当造出异端。”每反刍一次这句话，心里就默念：编辑人在编企领域也当如是。

身为出版这一行的参与者，在“正（常）”的既存状态中，是很难讨便宜的，那里竞争激烈，是俗称“红海”的战区，对急切的新加入者而言，处于不利的地位。除非有不得不争的理由（那就另有游戏规则可循了），否则弱势的新进者，去争什么？杀敌一千，自损一万，这仗怎么打？唯有避开竞争、另觅无主之地（“反”的隐身之处），才是上上之策。

我们都知道任何一个新事物（产品）刚出现的时候，如旭日之东升，生气勃勃，充满生命力和未来性，可是随着岁月推移，从起步期（Introduction Stage）、成长期（Growth Stage）、成熟期（Maturity Stage）到衰退期（Decline Stage），一步步由“生”（蓝海）迈向“死”（红海）。作为编辑/出版人，我们如何学会辨识市场（某产品）的生命周期处于哪种阶段？最佳抉择当然是第一或第四阶段——在方兴之初或强弩之末时——切入市场。但依总规律（“反”）而言，第四阶段疲态已露的市场，才是大商机所寄之处，因为彼将被取而代之。

我深信聪明的经营策略规划者，一定通晓如何趋吉避凶。例如，Google的创始者，一开头就没加入既有市场的领先圈，而是锁定了别人轻忽的“网上搜索”；文艺青年詹宏志到了远流，先搁置文学，拥抱冷僻的心理学，都属（“反”的）佳例。我们看到广达集团董事长林百里对位居学校尖端的电机系学生喊话："你们似乎该考虑要不要转系了？"其背景亦复如是，他告诉年轻人，切勿盲目投身熟透的领域，要放眼未来30年的风云趋势，才有明天。

既然认知这是"事物运动和变化的规律性"突显的价值观，我对"非常（反）"现象绝不敢掉以轻心，因为希望就在那里——我们从现状（常）的对立面（反），在"最""极""颠覆"的一端，掌握变因，找到不同以往的路——它变身为所谓的"破坏性创新""不竞争策略""蓝海""另辟蹊径"等观念，笑眯眯地向大家招手。

而"**弱者道之用**"，在在昭明另一个生存之诀。根据文意，陈鼓应是这样解释的："道的作用是柔弱的，'柔弱'即是形容'道'在运作时，并不带有压力感的意思。"他分析道：

一般人多要**逞雄**、**争先**、**登高**、**据有**；老子却要人**守雌**、**取后**、**居下**、**重无**。老子认为，守雌要胜于逞强，取后要胜于争先。他说，下是高的基础，奠基不巩固，高的就要崩塌了。

所以，"弱"才是一切之基，因为有弱，才会有强；用弱，才能图强。尼采曾说："啊，伟大的太阳！假如没有你所照耀的人们，你的快乐何在？"他的赞唱，不是没道理的。没有渺小的人类，太阳谈什么伟大？另一方面，当渺小的万物面对大自然时，如何顺应自然之道，当是生之真谛。

在学习编辑的路上，我从不是强者，必须时时低下头、弯下腰，谦卑聆听；也正因为如此，走过的每一步才能记忆清晰。在以前写下的书信中，我不止一次强调这些文字是"**弱者的兵法**"，希望样样输人如我的编者，学到偷生之策。

我把这道理用在编辑与企划作业时，曾折中地采取二八开，来面对竞争。换言之，只用两分力量，攻其所必救（逞雄、争先、登高、据有。稍稍给他们压力：一则牵制对手的力量，不让他向我们不能预期的方向发展；一则不让他忘了我们的存在），其余八分力量，放在开发新路线的未来主战场（守雌、取后、居下、重无），一旦时机成熟，如瓜熟蒂落，手到擒来。

《老子》博大精深的思想，对我的人格形成和处世态度都有莫大影响，而我不能免俗地将它当成方法论，移用于工作领域，把《老子》如此狭义化，真是大大不敬。我在工作中，喜欢吸纳各类奇论异见融入编辑及企划实务，常有意想不到的收获，因此，日后所撰写的各信，就勉强当作实操编企心法吧。

诚如有人说："学做生意和管理，读《老子》要比读 MBA 有用得多。"我用小勺子，舀了十个字，就启迪了我的编辑思维，影响我深远。我相信不同的人、不同的需求，在《老子》这百宝箱里，都能得到满足，书中智慧如大江大海，取之不尽，用之不竭。

说了一大堆话，似乎把老子的本意搞得更模糊不清了，不如用一则流传广泛、"**自己消灭自己**（取代，反）"的轶事收尾，看看能否相互发明。

英特尔（Intel）公司 CEO 保罗 · 欧德宁（Paul S. Otellini），曾担任台湾的《商业周刊》客座总编辑。他接受专访时说：

> 英特尔公司的发迹，是靠卖存储器起家的。创业不久，日本公司在存储器市场大举入侵，咄咄逼人，让英特尔陷入苦战。
>
> 当时，高潜力、高获利的微处理器科技正在萌芽，大家在理智上都知道应该放手存储器业务，但对它却有着**情感上的难以割舍**，迟迟无法做出决策。
>
> 有天，葛洛夫和摩尔（两人共同创办英特尔公司）在会议室开会。葛洛夫问摩尔：
>
> "如果董事会把我们踢出去，雇用新经理，他们会做什么？"
>
> "很明显，他们会退出存储器市场，全心发展做微处理器。"
>
> "那为什么我们不自己走出大门再回来，自己来做？"

抄摘到这儿，脑海中突然浮起前不久读到《列子 · 说符篇》中的话："天下理无常是，事无常非；先日所用，今或弃之；今日所弃，后或用之；此用与不用，无定是非也。"列子说得有趣，录此，和大家共享。

前言　明天过后，编辑干啥？

(1)

有几位编辑朋友和我交换看法，他们站在U-时代的基础上，探讨了编辑角色如何存续的问题。我觉得他们“先天下之忧而忧”的前瞻式思维所触及的一些想法，似应让更多人一起来关注，并以此作为阶梯，继续往深层挖掘。

我首先把几位的意见整理于此。

存续的第一种形式：编辑应该继续做编辑的事。

上海交通大学出版社的叶琳认为，活在U-时代虽有压力，但没有悲观的权利。

她在电邮上写道：“互联网给传统出版带来很大冲击，但我们同样可以看到，没有编辑的互联网，资讯品质参差不齐，资讯真实性、编排合理性、归类便捷性等等，都有改进的空间。出版行业之树仍会常青，但是形式和管道需要我们重新探索。未来的读者将选择新的介质，未来的编辑也要适应在新介质上开发、筛选、整理、传播知识产品。”

我们从她的描述中，读出根本：编辑工作具有专业性与不可替代性，编辑人切勿妄自菲薄。

存续的第二种形式：编辑可以朝向“作家经纪人”转型。

其中，北京龙之媒广告文化书店周志刚的观点，颇具代表性，他说：“读了您最近的几封信，感触颇多。这段日子，台湾的硬件厂商准备推出新型电子书，大陆这边也有好几家推出了新款设备。某大集团甚至还弄了一款山寨Kindle阅读器。一时间搞得我觉得，明天醒来就会人手一机。但电子书注定是个昙花一现的产品吗？数字出版时代，最重要的还是**内容**吧！——设备什么的，反而不是重心。在这样的情状下，编辑的角色会更复杂，对大众市场来说，编辑可能更像是作家的经纪人。”

周志刚说得有理。假使你读过《Google 会怎么做？》一书，鲜活的例子就在眼前。

当该书作者杰夫·贾维斯（Jeff Jarvis）在他自己 Blog 上发表研究 Google 的系列文章时，凯特·李（Kate Lee）盯上了他，争取到他的授权，经纪这本还没完成的著作。贾维斯在书末“致谢”中，这样形容她：“她是出版业里第一位从 Blog 中找寻人才和想法的经纪人，她总是很有耐心地容忍我千奇百怪的想法，她不断鞭策我，直到我们一起达成这本书的共识。”

她将他的写作计划送到三家重要出版社，让它们互相竞价，最后柯林斯出版社（HarperCollins Publishers）脱颖而出，以高价并预付版税方式取得出版权。贾维斯说：“她让出版社更有效率，帮出版社在**多如牛毛的书籍企划和作家中**，选出好东西。”

有些敏锐的出版机构也察觉到变化一波接着一波袭来，而开始未雨绸缪地展开策略布局。我在北京湛庐文化公司官方网站看到经营项目中出现了“出版经纪人业务”，开宗明义写着：

> **术业有专攻**。作家的工作是写作，出版社和编辑的工作是把好的书稿制作成精美耐读的好书。出版经纪人的工作就是替作家找到合适的出版社，顺利成功地出版作家们的倾力之作；帮助出版社和编辑发现有出版价值的书稿，把璞玉交给合适的编辑和出版社。

一方面，湛庐文化告诉作家，“在选择自己的倾力之作最终‘花落谁家’时，应该做怎样的准备？”一方面，它让作家明白“出版经纪人可以为作家做什么？”湛庐文化架起一座桥，希望能够接引到令人惊羡的作家与作品。

由此看来，“经纪人”这个身份，似是颇多编辑共同认知的、下一个转向职场的重要里程碑。未来编辑及出版社的竞争力，或系于“经纪能力”的良窳——如何代理到好作家和好作品——人脉、渠道、市场趋向、内容筛选、营销等，仍是铸成编辑力的根本。

然而，成为“作家的经纪人”，真就解决了编辑人的出路问题？

答案好像不怎么肯定。看！贾维斯不就斩钉截铁说，**中间人将没落**！因为编辑的功能，将一一被网络取代。那么，我们果真会陷入《长尾理论》作者克里斯·安德森（Chris Anderson）曾预言的命运：淘汰？

存续的第三形式：编辑成为制作人、各种资源的组织者（整合者）。

台北马可孛罗文化公司主编巫维珍小姐，在给我的电邮上，除了认为“编辑可转型为作家的经纪人”之外，特别加重语气，强调在未来内容产业的产业链内，**编辑不会消失**——她非常同意贾维斯和大前研一的预见：有一天，编辑将进化成**“内容与知识的‘组织者’”**。

在此，“组织者”究竟何指？谁组织谁？

依大前研一的解释，“组织者”是“能将各种要素的复杂组合，化为随着环境而改变的有机体”，这种人的身上，拥有独特的禀性。

有一则侧记，趣味又传神：

贾维斯和一群媒体高层人士参加在瑞士达沃斯（Davos）举办的“世界经济论坛会议”。

某位媒体大亨非常仰慕Facebook网站年轻的创办人马克·扎克伯格（Mark Zuckerberg），希望他传授成功的秘诀。他问扎克伯格：

“我的公司要如何开始经营一个像你们那样的社群？请告诉我们，该怎么做？”

扎克伯格冷冷回答一句：

“你做不到。”

贾维斯在描述他目击的现场时，用了非常酷的、戏剧化的形容：

“句号（Period）。无情的逼视。”[1]

在随后的讨论时间，扎克伯格坦率表白说这位大亨的问题问错了：“你根本不可能去开始组一个社群，社群早就存在，做他们想做的事。该问的问题是，如何帮忙社群做得更好。”

他开的处方是：**简明雅致的组织**（elegant organization，关于“简明雅致的组织”，容后续述）[2]，众人熟知的维基百科（Wikipedia）、Facebook、Twitter等，都是典范。

国内的“数字出版在线”是眼前现成的例子，它广收国内外能搜集到的数字发展最新情报，免费提供给阅读及订阅服务。它为让关心数字的现况和未来的读友，有个交流意见的园地，特别设立平台，开辟“在线社区”，将散在各地的同好者聚集一堂，自然而然地形成了漂亮的组织。

（2）

贾维斯对扎克伯格所称“简明雅致的组织”，有深切的体会，他视其为“新时代的组织工具”；重点是，没人能组织社群，是他们在公开的平台上自行组织，易聚也易散，贾维斯将它看成是一种**新商业模式**。

他解释“组织者”是“应运而生”的。贾维斯说：“我听过最好笑的事，就是某些公司自吹自擂，说他们拥有忠实的社群。”他强调“社群不属于你，社群是他们自己的”，他提醒我们“因为网网相连，……界限逐渐模糊，我们正在重新组织这个社会，这是 Google（还有 Facebook 等）正在打造的**新世界秩序**”。

贾维斯们的剖析，强迫大家以全新的思维思索面对“新世界秩序”。但其指出的“组织”概念，则暗藏玄机，因为在“谁组织谁”的争辩声中，预留了宽阔的挥洒空间。我们是不是可以这么说：当“组织新的秩序是一种商业模式”这个观念成为共识，在这前提之下，“谁”组织“谁”——两个“谁”之间所形成的空域，就成了现阶段创意的发轫之地？

也许，我们应该进一步追根究底的是：

为什么需要“组织者”？“组织者”的条件以及如何“组织”？

先试解“为什么如此迫切需要‘组织者’？”

从外在形势看，奠基于**稀少性的经济模式**（许多传统产业的价值都建立在稀少性上；因为稀有，所以昂贵）被**丰富性的经济模式**（网域内，有数不尽的选择性）取代。传统意义下的“大众”被重新定义，个体如春笋般冒出地表，更多的内容（产品）被制造出来，我们的挑战是：**如何从中找到好东西**——贾维斯认为，这就是“Google 思维”的核心意义——在选择的丰富性上，打造新商业模式。换言之，即在利用 Google 的功能，创造、利用、管理内容。

谁能充分掌握这个优势？

当然是懂得如何去“组织”的人。

往人的内在特质看，今天职场上新起的一代，他们的能力与价值观，和上一代完全不同。大前研一观察他们最大的特征是，只要有一点不顺心，就从头开始的“reset 文化”，因为他们“都是在电玩世界长大的，若游戏进展不如己意，就马上按下 reset 键，重新开始。他们虽然经常不愿或不能忍耐，却会投注异常的心力在自己喜欢或流行的事物上，即使熬夜工作也不厌烦”。大前因为了解，才懂得引导，他说：“在他们真正成熟之前，应充分满足其自主性（ownership），在这基础上予以统合，培养他们的战力，成为未来的接班梯队。”

谁能将新起的散漫一代黏合成有战力的团队？

当然是“组织者”。

说了半天，什么样的人才是大家期待中的“组织者”？

这种人，必须拥有“成事者”的胸襟，“不用亲力亲为，但要能让组织成员（任事者）人尽其才、各适其所，再予以统合的能力”；这种人，能够“在荒野中找出路，在没有路的世界中观察、判断，然后带领组织步向坦途”；这种人，能“**看见我们未曾看见的世界，做出不一样的决定**。这些决定，在旧产业的旧规则下看来完全没道理，但旧规则在这些新方法和新思考出现后，已迹近崩解”；这种人，是阎锡山（民国时期山西省省主席）心目中的理想人物，“能取多数人的长处，为自己的长处，是最长于做事的人；不矜自己的才能，并会用上多数人的才能，是最善于主事的人”[3]；这种人，大前研一在《再起动》书中，以现代人的观念名之，统称：**“制作人”**。

倘若接受上面的论点，这样的“组织者”，该如何进行组织？

大前研一提出，以“制作人”的身份作为枢纽，来启动组织——它，原先是专为中年人（35—50岁）在职场再出发时的身份设计。在我看来，它也适用于面对现实挑战时，献给职场工作者的一帖良方。

将“制作人”观念，移到出版业中思考，倒是可指明身处网络时代的编辑人一条出路。若是做得好，前途光明在望。

我们不妨先以传统出版视角，举些大家非常熟悉的实例。

像王云五的“万有文库”、沈昌文等的“汉译世界学术名著”、俞晓群的“新世纪万有文库”“书趣文丛”、高信疆的“中国历代经典宝库”、詹宏志的“柏杨版资治通鉴”“大众心理学”丛书……这些人做了这件事：**找到一个概念**。然后，将吻合这个概念的内容组织起来，建立起各自的事功。

从这几位“制作人”的工作特质进一步深究，无疑，他们是了不起的“**整合者**”。这种整合（组织）者的制作能力，呈现于外的必然是一流的企划高手，套用沈公的话，他们能从所活着的年代里“**了解动向**”，以创新的理念，将“内容”简明雅致地组织起来，**在无序中间建立有序**，直指没有竞争的空域，目的在“**创建一种影响力**”或“**抢占解释权**”——这就是制作人的整合能力在一个企划案例中的极致表现[4]。“数字出版在线”总策划之一的屈辰晨，他归纳了所有经验教训之后，得到一个总结，曰：

“善整合者，生。”

在他们的年代，我们看到他们的代表性作品，在时间河流中闪闪发光，领导他们的团队，迈向巅峰。

即使到了U–时代，面对丰富的选择性时，我们更需要培养这种**企划与整合的制作理念和能力**。也许，在网络新世界内，我们必须学习如何将有趣、有用及有意义的内容，通过不竞争原理而掌握到的概念，以简明雅致的组织，策划出崭新的组合，赋予新的价值。诚如北京九州出版社的李荣，在来信中强调的：“策划力是编辑的核心竞争力，尤其在未来网络出版中，我们的价值可能唯有此一点了。因此，近来同事们也意识到了这一点，都在设法提高自己的策划能力，为迎接出版业的改革做着准备。”

但，以上的思考仍不免局限于以文字为主要媒介的内容经营。在网络时代，若将“**文化创意产业**”如此窄化，那是传统编辑人自缚手脚。别忘了，文字只是承载“内容”的介质之一，当我们说着“振兴文创产业”时，它延伸出去的领域无远弗届；当我们高呼未来角色演化的种种可能性，如“组织者”“整合者”“企划者”等时，我们的视野是否应该更加开阔？

（3）

试举发生在芬兰的例子，表面上跟编辑毫不相干，其实是一种指向性的喻示——我们可走的路远比知道的多！

先介绍一个人。

她，在个人的Blog“北欧四季透明笔记”[5]上，这样介绍自己：“涂翠珊，笔名北欧四季，留学丹麦，定居芬兰，喜爱创作多元化内容，实验网络媒体的可能性。著有《设计，让世界看见芬兰》《北欧四季透明笔记》，长期为平面媒体撰写芬兰创意、人文、生活。”她的Blog内容丰富，对我而言，为我开了一扇生活的、创意的、智慧之窗，是我日常活化脑子、汲取养分的地方。其Blog不但得奖，写的书也荣获“开卷好书奖”，且佳评不断。

有一天，我在她的Blog读到《合唱之战》的电视节目的介绍，感动之至。我看到节目背后的制作人所呈现的功力，由无中生有、企划出叫好又叫座的高品质内容。

这是怎样发生的？

我相信故事都如此单纯而熟悉：制作人创生一个概念，找出合适的执行者，通过简明雅致的组织，拟订比赛秩序，而从竞争中创建出巨大的影响力——所有创新不就是如此这般生成的？

如果这也言之成理，那么，亲爱的朋友，请允许我轻轻问一声：

“编辑存续的第四种形式：有无可能是跨领域的创意人？”

至于还有没有存续的第五种形式、第六种形式……？

走笔至此，我突然想起“日本经营之神”松下幸之助的书**《路是无限宽广》**，愿以此书名的含义和朋友共勉之。

注释

[1] 请参阅《Google会怎么做？》一书第4章，引文稍有修饰。读友朱瑞翔先生建议将period意译为：“没啥好说的，到此为止吧！”

[2] 来源同[1]。“elegant”通常译成“优雅”，因此书上将elegant organization译作“优雅的组织”，但我无法体会组织如何优雅，只好请教高明。经几位老友根据文意，建议参考以下两种诠释：1. of people or their behaviour（人或其举止）: graceful and attractive（文雅的、优美的、漂亮的）; 2. of a plan or an idea（计划或想法）: clever but simple（简练的、简洁的、简明的）。最后，勉强选用“简明雅致的组织”（如有更佳译法，请即告知），明知并不能尽释其意，只好请读友自行揣摩了。书中，作者贾维斯举了扎克伯格在哈佛大学上艺术课时如何应付期末考的故事，诠释何谓“简明雅致的组织”。他因打理价值150亿美元的公司，没时间上课，也来不及准备了。他急中生智，及时利用网络将可能会考的艺术作品图片张贴出来，请班上同学自动填上相关知识。结果，不但他考得棒，而且全班同学成绩比别班都高。扎克伯格以“**一起协作**”的方法，组织了大家。

[3] 引自林意玲（台湾醒报社长）的Blog“社长敲打乐”。阎锡山曾将这段文字写成条幅送给林意玲的父亲，她回忆说：“这则箴言数十年来裱褙挂于我家客厅，家父林革新至今95高龄，仍常向子孙辈提起此事。”这则轶事的来龙去脉，林意玲有详尽的叙述，可见阎锡山非等闲人物也。

[4] “了解动向”与“在无序中间建立有序”都是沈昌文的真知灼见，均引自《知道》（沈昌文口述，张冠生整理，花城出版社出版）。并请参阅我在本书上篇中的《自制与他制》《图书的企划》两信。

[5] 据凃小姐告知："我查了一下芬兰人写的wiki,《合唱之战》这个节目，原始的构想是一个来自瑞典的节目。芬兰人依照类似的模式，在芬兰推出。"关于《合唱之战》，在凃小姐的博客上有详细介绍，我摘引部分于后：

"过去这两个月来，我的芬兰同事们每周一上班必定热烈讨论的事，就是《合唱之战》。《合唱之战》是个周日晚间播出的电视节目，制作单位请6位芬兰流行乐坛的名音乐人，分别回到各自的家乡，从一般民众中挑选组成一支业余合唱团队，团员从20岁到50岁都有，来自各行各业。

"连续6周，合唱团现场竞唱，载歌载舞，从摇滚、民谣、流行到重金属，同时使尽法宝变换装扮舞姿，或配合歌曲穿插戏剧效果。观众则通过手机简讯投票，一周刷下一个合唱团，最后胜出的，可以得到4万欧元的奖金，捐赠给家乡的公益活动。

"值得一提的是，最后的决赛中，来自4000人口不到的小镇团队，打败了首都附近人口多60倍的大城，让人看见：**只要懂得认清自己的优势、从中发挥实力，以小也能搏大**。当别的合唱团选择的曲风摇摆不定时，他们坚持自己擅长的重金属与摇滚风格，一路过关斩将，抱走奖金，4万欧元全部捐给家乡年轻人的活动，发展小镇的音乐教育，并成立更多让年轻人可以练唱表演的空间……"（本文最早发表于《数位时代》2009年4月份"博客地球村"专栏。）

聪明的编辑，应该在"北欧四季透明笔记"丰富的内容中，读出太多启发和机会。

上篇

编辑力

出版业的“U元素”

要想跨出改变的第一步并不困难，只需接纳新观念，利用开放、分享、合作等U–时代的构成元素，就有机会掌握未来世界的发展契机。

亲爱的朋友:

台湾宣称将从2008年起，“推动‘U-Taiwan计划’，以‘全面解决社会问题’为策略思维，打造台湾的核心竞争优势。”

用一句话来概括：台湾正式迈入“U–社会”了。

推动U-Taiwan计划，真能“全面解决社会问题”吗？现实中的感受却恰恰相反，因无所不在的网络，正冲击社会各层面的旧结构，这些旧结构毫无抗拒力地一片片、一层层崩落、瓦解。

U，这新元素，在构筑新秩序的同时，带来更多前所未有的问题与挑战。

出版，处在新、旧夹缝之间，所面临的困窘，一言难尽。

但新时代既已叩门而入，我们还能故作镇静，视而不见，以不变应万变吗？

我要说的是，所剩时间不多了，U–时代是以独特、难测的速度，进入大家的生活，它无声无息地占据了人类心智活动的全领域。直到今天，还无法确知它的演进所带来的变化，最终将以何种形式和方式塑造我们，但以目前已感受到的压力，就让人穷于应付。

探讨U–时代种种现象的书和文章，一直不断出现，但变化实在太快了，快得使那些最敏锐的心灵也难以掌握全貌。感谢老天！有些大头脑用殊异的角度切入钻研，其中，风行一时的《长尾理论》中的慧见，如今已成了常识，而《维基经济学》更细腻地将U–时代剖解得晓畅清晰。幸亏有了他们的研究报告问世，使我们得以略窥其中奥秘。

从这两本书的内容，可大略归纳出U–时代**现阶段**的某些特性：

（1）新生产者崛起，他们无所不在；而现代知识分子跨领域、多兴趣的研习趋向，模糊了“专业”与“业余”的界线。

（2）网络即筛选器（如何让搜索功能强大的筛选器为我服务？）。

（3）未来市场，畅销商品和利基商品并存；小众形成的长尾里，隐藏着“蓝海”以及聚沙成塔的机会与力量（由n到N，请参阅我在金城出版社出版的《优秀编辑的四门必修课》之《**N（竞争优势）在哪儿？**》一文）。

（4）告别旧威权时代，走向彻底的个人化与追求自我品位。

（5）更多选择，太多选择。

（6）开放、参与、吸纳、更新、共创（集体协作）、分享。

（7）超疆域（全球化）连接互动，讯息传递零时差。

（8）新巨霸（超大N，影响力）胚胎孕生（自由组合却紧密结合）。

看！这些U元素的组成成分，它们无时无刻不忘摇撼旧体制，明目张胆地一砖一瓦改造起来，出版这行业，岂能侥幸于外。

根据《维基经济学》描述，无所不在的网络世界最突显的特质之一，即在于它的**开放性**。翻开书的第一章，作者讲了一个传统产业如何借助U元素，从存亡边缘重生的故事。

位于加拿大已开采45年即将枯竭的老矿场——黄金矿脉公司（Goldcorp Inc.），再也找不出蕴藏矿脉里那些想象中的金子，面临关闭的命运。CEO罗伯·麦克伊文（Rob McEwen）很不甘心公司就此结束，他想起在1999年参加麻省理工学院（MIT）一次针对青年经理人举办的研讨会，书上这样记录事件经过：

当时Linux议题正巧出现。他见识到，创写这软件的林纳斯·托瓦兹（Linus Torvalds）和软件开发者组成志工大军，通过网络组合出免费使用的世界级的电脑作业系统Linux。演讲厅内的演讲者解释托瓦兹如何将程式码公之于世，让数以千计的匿名程式设计师验证程式码，并贡献一己之力。

这个故事敲醒了麦克伊文：

“为什么他可以成功，我不可以？”他想，“如果我们自己的员工无法找出金矿，也许其他人可以；而找出这些人的关键，就是把探勘的过程公开，如同托瓦兹所做的：公开 Linux 原始码。”

回到公司后，他把采矿业视为生命、最机密的“地质资料”公布网上，并提供巨额奖金，奖励能提出用最佳方法找到藏金的人。他将占地 5.5 英亩每一英寸土地的资讯，巨细靡遗地发布，很快，“来自 50 个国家，超过一千位的线上淘金客”蜂拥而至。

最后的成果，远远超出他们预估 600 万盎司黄金的最高目标，生产量高达 800 万盎司，黄金矿脉公司也从濒临关闭转为产业中最具价值的公司，一跃成为 90 亿美元资产的霸主。

若有人在 1993 年投资 100 美元，现值已超过 3000 美元。

作者从这事例归纳出两个结论：

（1）即使是保守又高度机密的产业，也可以用创新的方法起死回生。

（2）能找出新资源（矿藏）的脑袋也许在自己的组织之外，只要分享一部分智慧财产，就能运用集体的才智及能力得到成果。

这活生生的实例，给我们上了一堂颇具启发的课：如何驯化无所不在的网络，使它成为新工具。由此看来，要想跨出改变的第一步并不困难，只需接纳新观念，利用开放、分享、合作等 U–时代的构成元素，就有机会掌握未来世界的发展契机。

《维基经济学》中提出许多成功运用“U 元素”改变了企业体质的例子，请读友自行品尝体会吧。

就出版而言，我们似乎应该认真面对 U–时代带来的各种变因了。不妨放胆想象未来 5 年、10 年后的出版样貌，而未雨绸缪地预做规划，将这些 U 元素从策略思维的高度内化于工作序列，一步一步付诸实施，否则很可能有朝一日，一觉醒来已时不我予也。

我在以前谈论有关 U–出版各信之中，已大略碰触“U”所形成的奇魅诱惑力，且不管我们喜不喜欢、接不接受，它带来的改变已无可避免。

目前，冲击正接踵而至。譬如，“原创内容”的生产链有了新的连接。那些有强烈发表欲的写者，不再受制于传统有限媒体的筛选窄门，纷纷从网上冒了出来，他们无须编者审阅，即可在网上任意发表，由阅者点击次数和收纳推荐标签作为市场价值的参考依据。相应于传统精英式的创作心灵，现在成为“作家”的门槛降低为“零”。众多写者之中，虽然不乏高手，但真正能脱颖而出、扬名立万的，毕竟屈指可数；然而，整个生态圈却已彻底质变。创作来源（新生产者）的快速膨胀，固然增添筛选困难，可是谁也不敢轻忽这座野生大丛林，因为我们不知道丛林中会生长出什么奇果异卉。

例如，天下霸唱在网上连载的盗墓小说《鬼吹灯》，这种题材、内容和写法，在传统文坛上是难见天日的，零门槛的网络让这些具有特殊天分的写者，跨越层层峦峦的审阅和限制，赢得市场热情拥抱；荣获“新武侠小说大赛”最高荣誉“中华武魂奖”及“最受欢迎作品奖”的郑丰（陈宇慧），共80万字巨著《多情浪子痴情侠》也是先在网上发表，引起热烈回响；宋鸿兵的《货币战争》亦如是诞生……例子多到不胜枚举，我相信读友们比我更了解这种现象。

最近，日本“手机小说”崛起，让纯文学界深感忧虑。2007年日本“年度十大畅销小说”，有一半源自手机小说，光是发表园地之一的“魔法岛”网站上的创作数量，到目前为止已高达100万部——这是垃圾堆还是金银岛？

为了满足井喷似的各类作品，聪明人（特别是网络游戏业主）纷纷卡位。我们看到以提供创作发表为主的网站越来越多，却不见出版界领先群积极参与设立。后者冷观这股如泉涌般的新生命力翻腾，被动地等待瓜熟蒂落时再拣选最优者，殊不知很可能就此切断了与最具旺盛创作力者的直接联系，而丧失第一优位；若再稍一迟疑或疏忽，很容易裂断与未来市场相系的脐带。

失去主导产品源的能力，对如何培育未来竞争力而言，是一场灾难。

U元素也冲击着传统的发行渠道。

实体书店的衰微，现在看来是必然的宿命，早些时日钟芳玲的《书店挽歌》一文告示了大家不忍卒睹的结局。从小爱逛书店的我们，读得心头淌血，但谁也无力回天。

很明显，出版的产业链（生产+供应）在U化中急遽重组，警讯连连，可是整个文化产业却并未正视危机迫近，仍然沿袭传统思维谋求对策，却不知产业生态已经裂变。

我们有谁能翔实描述“U-出版时代”重铸的**新产业链**吗？我深信谁能解

构这串长链，谁就能掌握生存秘诀。我常用来举证的“印书小铺”是个代表性例子。它重写编辑定义，将供应链中“内容创生”这环节的障碍全部打掉（开放），运用新理念经营，反而活得生龙活虎，一点也不受类似诚品事件这类风暴的影响，因为它找到了与众不同的活法。

当我说“生存秘诀”可能隐身于“产业链”时，希望大家原谅我把这句话说得如此满溢，我也诚恳建议将出版视为志业之士，不妨朝这方向探索，U 的秘密或许就在此中，等待揭晓。

U 元素也启动了虚拟空间的营销机制。

在大陆影响力与日俱增的《出版人》杂志，将 2007 年出版界“年度新媒体奖”颁给了“豆瓣网”。翁昌寿先生的博客“文化产业密码”看到颁奖词是这么写的：“它证实了图书、电影和音乐等文化娱乐产品和服务，不仅是个人消费品，还可成为文化生活交流的媒介，这一价值过去一直没有被充分挖掘。”

这段文绉绉的赞辞的真实意义是说，豆瓣免费开放空间和出版社合作，允许出版社任意（无限制）圈地组织“读书社群”，结合“共同爱好者”一同推广图书。豆瓣同时和购物平台（如当当网、卓越网等）完成连接，一旦有了交易，可以从中获得分成收入。这三赢之策，使它在 2007 年，“注册用户”迅速突破 110 万户，终于奠定规模化的雏形。

据上海世纪文景出版的蔡欣小友告知，这些由编者上网组成忠诚度极高的“读书社群”，有些书在豆瓣的销售量比一家大型连锁书店还多，随着会员激增，未来发展不可限量。

亲爱的朋友，你看到 U 魅力世俗化后所展现的力量了吧！

豆瓣与编辑们小显身手，才稍稍活化网络上“开放”及“参与”两个 U 元素，便取得不凡的成绩，可见得商机处处，端看我们怎么运用它们重新定义出版这一行了。

出版 U 化的历程既是不可逆的，我们在它全面渗透之刻，可做些什么？

如何“活化 U 元素”这堂课，可没讲义参考，一切得靠自己探求了。

思维、出路和未来

网络已主宰或即将主宰一切。面对这新形势，我们该怎么控御这个新工具，让它为我们服务？

亲爱的朋友：

今天打开电脑，看到《诚品强势谈判：出版业冰风暴》的新闻，吃了一惊，心想：该来的毕竟会来，要躲也躲不掉。书店，本是将本求利的营业场所，它赚不到合理的利润或始终达不到损益平衡，连生存都成问题时，你要它怎么办？

新闻说，诚品书店撂下狠话，摆出不惜玉石俱焚的强硬姿态，提出严酷条件：

（1）将现行的“月结制”转为“寄售制”。

（2）在转制之前，要求出版商将所有留在诚品的库存书全数买回（约有10亿现金入账）。

（3）未来往来的经销商与出版社必须加入诚品设立的“诚品供应链平台”，成为这个平台电子商务的当然会员，并片面立下期限，要大家签订合约，缴交平台年费与交易费。

（4）要求出版商，未来在诚品寄售的书籍，若有遗失，或出现盘点差距，必须负担部分损失。

诚品老板吴清友甚至说，如果大家不愿配合，那诚品大可以不玩了。

我相信对所有出版界的人而言，这则新闻见报日是个“黑色星期三”，大家的心情一定不会好过，金石堂风暴才刚刮过，锋利的诚品利刃又飞舞而至。台湾出版业的冬天，就这样来临了吗？

在出版业的供应链中，书店是面对购阅者（读者）的最前线（终端）。为了吸引顾客上门，各家书店各显神通，创造各式各样加值服务，从豪奢华丽门面等硬件到后场仓储动线规划和快速满足客户需求的各类软件设计等等，无不需要投入庞大资本。除此之外，书店还没售出的上架陈列品，也是形成资本无法快速回转、长期积压的源头之一。

过去，连锁书店初生之时，爱书人莫不趋之若鹜，也成为年轻人相约的时髦地标。不久，连锁书店推出“畅销书排行榜”，一旦榜上有名，销售量立即暴增，形成巨大影响力，使得每家出版社都不敢轻忽，铆足全力，使出浑身解数，抢占地盘。

但，新科技带来的变化迎面而来，在不知不觉中，一点一滴渗透到社会各个层面，影响之深广，远远超出大家经验范畴的认知。

我们忽然发觉，一切都改变了，我们面对的是一个既熟悉又陌生的世界。

是的，过去有用的游戏规则，慢慢不灵了。

仅举一例：逛书店的人少了，买书的人也少了，传统的营销手法很难号召人潮。

人，都去哪儿了？

人都在，但生活形态不一样了。

关键在哪里？

——排除了非你我可掌控的政经因素外，无所不在的网络，以及由它型构的新社会，一步步重建新秩序。

网友指责诚品自私、蛮横，但我们却不能这样说，因为这不能解释事实，事实真相是极其残酷的：我们没跟上时代发展的脚步，没预见网络带来翻天覆地的变化，它悄悄地改造世界，改变了游戏规则。

你能想象未来的新世界，有一天会是这样的吗？

某日，书店不见了，大街小巷的书店纷纷结束营业，虚拟书市取代了它们。

作家不见了。噢，不！正确地说辞应该是：作家“长尾”化，彻底颠覆了传统狭义的作家与出版定义。“长尾”的左端是少数顶尖创作者，却拥有天量销售额；右端（98%）是“人人是作者”的铺天盖地的作品，以收纳为主的实体书店，怎容纳得了？

编辑不见了，被搜索引擎中的筛选功能取代了；而由美术编辑负责的内容编排和封面设计，自有软件根据阅者偏好自动完成。

出版社不见了。即使出版社变换存在形式，它也不再列于“制造业”而改列“服务业”（从“印书小铺”的崛起，可看出端倪）。书，只活在网上，但也可以成为纸制奢侈品——只要付得起价格，它可以制作成任何形式；换句话说，**书的定制化时代来了**。

书的定制化也可平民化到不可思议的地步，每位读者都可以很少的费用，组合所需内容，下载到电脑或阅读器上。假如对纸本有特殊兴趣，家里的印表机即可列印、装订成册；若需高级装帧，可于订购后，在家附近便利商店或类似过去相片冲印店的网络产品服务站，加工取回。

所以，传统的印刷、装订等制程中的工厂，当然全不见了。

更令人惊骇的是，内容的定制化似已成真。据电视新闻报道，俄国已经研发出能创作小说的软件，还正经八百出版了纸本书。意思是说，你想读什么，你就能读到什么。未来，我们要购买的，或许不是书而是会写作的软件？

至于渠道，传统中的书市渠道将一一消失，并以全新的概念重组，我们再也听不见类似“中盘”“铺货”……这类字眼。

你看！这是个怎样光怪陆离的新世界啊！

很清楚的事实摆在眼前：**网络已主宰或即将主宰一切**。面对这新形势，我们该怎么控御这个新工具，让它为我们服务？

处在大变局中，诚品仿佛无理的要求，在我看来，只是无奈又沉痛的呐喊，实体书店已是夕阳无限好，书的营销渠道正处于质变途中，目前它虽还存有难以替代的价值，但就大趋势而言，实体书店的重要性与影响力却日渐衰减（无法盈利的生意谁肯做！）。当将网络视同空气和水，习于网上交易的一代代长大之后，实体书店的挽歌终将奏响。

诚品实体书店的发展已来到存亡关口，它本该彻底迎向U–时代转型，却舍不得诚品图腾式的企业象征，最后的图存之策，只好把出版社推上祭坛了。

当出版社满足了诚品大愿之后，来自各方渠道商的压力只会增强而不会减弱（对呀！凭什么独厚诚品？），出版人似乎束手无策，只能默默承受，但能承受多久呢？

许多出版社老早感受到来自四面八方的经营压力，努力改善企业的体质，以因应难以预期的经营环境的恶化。有的冻结人事、出缺不补；有的减少出书量，以“申报制度”严控新书出版，并以实售额作为年度考绩依据；有的干脆关闭赔钱部门，趁机实施组织瘦身；有的则另起炉灶（保留出版部门，留下回转空间），慢慢地转移经营重心。至于，为了U–时代来临，而积极布局的，好像还没发现他们有任何行动。

活在无所不在网络时代的出版业，来自诚品的压力只是冰山一角而已。诚品的作为只反射了它自己身处U–时代的窘迫，它在求变的同时，更在求生，认清楚这一点，就可抛开情绪，理性看待了。把话说白一点，出版社与渠道的关系，犹如一对连体婴，“一荣俱荣”，断断没有“一荣一枯”的道理，它们的困境就是出版业的困境，彼此之间休戚与共，谁也缺不了谁。

既然看到诚品的困境，出版社在流血、流泪支持它生存下去的同时，也到了该好好思考自己的现在与未来的时候了。不客气地说，出版社的麻烦可一点也不比诚品等各大小渠道少。出版社想活下去吗？出版社能活得更理直气壮吗？我要呼吁大家注意的是，在考量未来如何建立新竞争优势、进行前瞻性布局时，千万不能将“U–出版”因素排除在外。

出版业的新思维，必须奠基于此。不将网络作为一切之始与运行的核心，事事都将事倍功半，由此看来，我们的确需要经历一次**观念革命**。

我们不妨将对未来的憧憬，化为几个问题，从问题中反思未来之路，也顺便问自己一声：**“U–时代来了，我准备好了吗？”**

第一问：当出版已孕生U种子，且不论你身居何职，在做任何考量时，可曾将U因素纳入其中？

第二问：在“U–出版”时代，出版的创新（竞争力）来自何处？

第三问：在“U–出版”时代，出版的产品源（内容创作者）在哪里？如何得到它？

第四问：在“U–出版”时代，所生产内容的爱读者在哪里？如何找到？

第五问：在“U–出版”时代，出版的新渠道有怎样的面貌？（想一想，活在没有金石堂和诚品的年代，内容产业该怎么经营？）

第六问：在“U–出版”时代，出版的收益在哪里？

第七问：在“U–出版”时代，随着中国崛起，全球化的中文市场存在吗？如何抢进？

第八问：在“U–出版”时代，出版社的组织体系有应变力吗？该怎么调整或打破重建？

如何驯化网络为己用，确实难以一蹴而就，但若现在不未雨绸缪，肯定无法在U–时代春风得意。网络时代引爆的新观念，颠覆了太多陈规旧习，循着上面每个问题的思路背后，有更多待解的疑问，而这些疑问之中，很可能蕴含着宝藏。蜗居台中一隅的“印书小铺”——典型的“破坏性创新”理念实践者，解答了其中一个问题，便找出一条新创价值的发展之路，一不小心成为“U–出版”时代的样板。从这例子反思，困于一个接一个渠道风暴的出版先进们，也许应结合力量，在更大风暴还未成形之前，先建造起避风港。

寻找新渠道

目标在那儿，路也会在。问题是，这一次你有没有找到新的、与前与众不同的走法。

亲爱的朋友：

“诚品冰风暴事件”又有进一步发展，据台湾《中国时报》记者丁文玲报道：

诚品书店片面改变与来往经销商、出版商交易条件引发争议至今，始终强势低调。直到 14 日，诚品的决策核心终于正式表态。诚品书店执行副总经理吴旻洁对于诚品引发争议的交易条件，表达诚品势在必行、不退让的立场。

吴旻洁何许人也？她是吴清友的女儿，人称“诚品小公主”。她的强势“回呛”显然是胸有成竹，从九成以上出版社签了城下之盟来看，此事已告一段落，出版人再多言语，都只是哀鸣罢了。

出版社当前之计，只剩下一件事：忍住泪水，细细思量自救之道，该如何跨出下一步。

我曾经忝为出版界一分子，如今年迈退休，蜗居台中，常常省思往昔得失。今目睹出版环境日益险恶，不免想以“过来人”身份提些不成熟的想法，供大家参考。因离开职场太久太久，所提想法，恐怕已远离现实，未必能用，但掬诚之言，或许有抛砖引玉之效。我相信一定会有睿智之士，献出锦囊妙计，使出版业重回繁荣年代。

在这基础上，就请大家容忍我偶一放肆吧。

进入主题前，先抄录几段文字，这些文字里呈现的观念像一把能打开迷宫大门的钥匙，我曾借用它协助我在困惑中找到解决问题的方法。

《大趋势》作者约翰·奈斯比特（John Naisbitt）在书中介绍了一种研究方法，叫**“内容分析法”**（content analysis）：

“内容分析法”源于第二次世界大战。大战期间，情报专家试图寻找一种方法，针对那些舆情无法通过调查显示的敌国，而能取得各类情报。在拉扎斯菲德（Paul Lazarsfeld）和拉斯威尔（Harold Lasswell）两人领导下（两位后来都成为著名的传播理论学者），决定从德国的报纸内容入手进行分析。……

德国百姓、产业、经济所受到的紧张压力，在报纸上会逐渐透露出来。虽然德国的补给、生产、运输以及粮食状况都被列为机密，但经过一段时期，通过仔细分析报章上所报道的工厂开工、关闭、生产目标、火车进出延误等等，德国内部状况的真相可以逐渐拼凑出来，甚至可以指出德国内部状况是正在改善或是恶化。举例来说，从德国地方报纸列出该地区作战死亡名单中，我们把各个地方报综合起来，就可以相当清楚整个德军伤亡状况。

奈斯比特认为这种“审阅公共行为暨事件”的研究方法，是一种监视社会变迁的有效方法。因为，“报纸上的‘新闻空间’（news hole）是一个封闭系统。基于经济上的理由，一份报纸上报道新闻的版面不容易随时改变。因此，当报纸要介绍某种新东西时，一部分旧东西就得删掉。你不先减，就无法加，这是封闭系统的‘强迫选择’（forced choice）原理。”所以，“‘新闻空间’机械性地代表了社会在区分它问题与关注的优先顺序”。译者詹宏志在“译序”[1]中说，“如果新闻内容（或分配比例）有了变化，必然暗示某种意义”，在累积的变化中，可见出潮流与趋势。

以上这些文字，对出版人、编辑人有什么意义或启发？

就我而言，我开始尝试学习如何**长期**观察一个封闭空间（场所）“多了什么”或“少了什么”，进而推敲“多”或“少”的背后，是否意味着社会（市场）需求内容的改变所代表的结构性的脉络含义，指向未来出版发展的方向。

我因所受的训练、支援条件和本身学识之不足，没能力吸纳“内容分析法”为己用，但我悄悄地把这套方法简化为**“新生事物观察法”**，放进我的“编辑力”，去理解“什么是”以及“如何成形”所谓多出来的新东西，从中学习形势的判读与掌握（新潮流），而顺势（或逆势）创制“新”的东西。很自然的，在一定空间的时间流变中，来了新东西，有些旧东西就被消灭了。换句话说，因为创制了“新”（加），就必须去“陈”（减）。

举例来说，便利商店陈列商品空间的变化，即饶富趣味，它是观察人们生活机能变异的便捷样本之一，而便利商店本身功能与价值的演化过程，同样是深具能动性的指标。

我认为，身处复杂社会变因中的出版人、编辑人，除了练就一身基本功之外，编辑智能的培养也一样重要。除非甘于坚守底层历练，不求闻达，享受最纯粹的编辑乐趣，那也是一种令人羡慕、尊敬、理想的生活调子。

假使我们平时就习于对社会大环境中的任何讯息保持警惕，并追索它出现的意义的话，对未来环境发展所掌握的力度，必可强化。

就拿这次诚品事件来说，从我的角度认知所得，是**昧于** U–时代带来的冲击（我从《远见》杂志政府置入性广告得知，台湾宣布自 2008 年起，正式进入“**U-Taiwan**”时代）所引发的反动。然而，在这动荡不安中，众多的出版社将何去何从？

任人宰割？不甘。

挺身一斗？一盘散沙，没那实力。

以拖待变？能拖多久？

唯一可行之路，是寻找新的渠道。

什么是新渠道？如何找到新渠道？

这个时候，“**新生事物观察法**”或许可以发挥效用了。

我们发现周边不断出现的“新生事物”都快不新了，但出版界似乎并没充分了解它们的存在价值，而失之交臂。

譬如前面提过的便利商店。当便利商店只有数家或数百家连锁店，而且只集中于都会区时，它们是起不了什么大作用的，但一家家快速复制形成了规模化布局，迫使街头巷尾的柑仔店（小本经营的杂货店）一个个退出竞争，便利商店迅即占领了全部空间，这时候整个意义就不再是小小店面的集合体那样单纯了。像 7–Eleven 门市已超出 5000 家，遍布全省每个角落，“全家”合并“福客多”后，亦有近 3000 门市，再加上其他不同品牌的便利商店，都仍在快速扩张（在我家方圆 500 公尺内，便利商店门市达 10 家以上）。这么高密度设店，加上供应基本生活用品的方便性以及增添各种性质的加值服务，它们早已和周边居民紧密结合，无法切割了。

从此中，我们清楚看到便利商店的“进”和柑仔店的“出”，一场生活革命，活生生地在眼前演出。

我们从中看出了什么？我们看到了代表机能性非常活泼的网络结构体，它与居民生活的密贴度和便利性，以及独特的“橱窗效应”。

其中，跟我们最有关、最该深入了解的就是“**橱窗效应**”。

踏进便利商店，在摆放文化产品区，最多的是杂志，其次是畅销书、话题书、漫画和电脑周边软件等。我们发现这个区块有两大特色：一是低价或特价；一是免费赠阅。前者，目的在冲刺销量，我举一个曾经引用过的例子：2007 年 8 月由包益民策划创刊的《ICB 商业杂志》（售价仅 79 元），第三个月时发行量已达 7 万，他另一本同样以店头贩售为主的 *ppaper*（售价更夸张，只要 49 元），售量高达 10 万；后者，目的在做“**型录营销**”。可惜的是陈列在店头的众多产品资讯，制作水准比一般 DM（快讯商品广告）强不了多少，但也占据了小小一角，处在寸土寸金的便利商店里，显得浪费、奢侈，似乎等着有心人来创新它们的价值？

在我简略的描述中，亲爱的朋友，你感觉到那若隐若现的商机了吗？

没错！创办一本《读书杂志》的机会，正在向你招手！

请容许我提醒：你看到的便利商店，它另一个泛称叫“**渠道**”。

现在，请大家一起来评量这个算式的可行性有多少：

“橱窗效应”＋“型录营销”＋“渠道”＝**《读书杂志》**。

第二个机会，更具实践性了。

活在 U–时代，我们看到某些报纸高层，眼看着买报、订报的人日趋减少，为了生存竞争，无不想方设法，争取读者，拓展影响力，于是各式各样的“**免费报**”应运而生。它依靠庞大的发行量赢得广告客户支援，占领利润稳固的利基市场。

所以，第一个从脑际闪出的念头是，出版社也可以做。

但，再深入思索，困难重重。因为绝大部分的出版社根本没有实力去做，即使大型出版社像城邦、远流、时报、联经、圆神、皇冠、天下、远见等，虽然有能力独立支撑一份免费、内容丰富的月刊或周刊，却不易照顾到整个出版界。除非大家团结起来，集合更多出版社参与，共同出资成立一个新组织，并委予经营全权，以经营绩效定奖惩去留，这不失为一着棋步。

可是再仔细想想，也有难处：谁来主催？主催的出版社的负责人，一定得德高望重、口袋深深、奉献多于收获、能为业界欣然接纳的理想主义者，他会是谁？

若真有人肯登高一呼，也许真能将这新渠道打开。

不过，眼前刚好有现成“免费品”，放弃它，就太可惜了。

我从几家大报周五、六、日“随报附送”的周刊中，看到新天地。

且以《联合报》为例。它每逢周六、日都附送《快活周报》，内容围绕着衣食住行娱乐，每次以8开24页的篇幅夹在每份报纸里面。若问好不好看，很难回答说“不好看”——免费的、多出来的嘛，还挑剔什么？

这《快活周报》的“附加价值”究竟在哪里？有助于竞争力的提升吗？还是因为其他报纸都在赠送，所以不得不勉力跟进？《紫牛》作者赛斯·高汀（Seth Godin）在他另一本著作《免费力量大》中，特别告诫大家：“千万不要做跟别人一样的事。……人们只会惊奇一次，不论是多么高明或多么酷炫，第二次就没有同样的效果了。”

《快活周报》的内容，和其他竞争的友报赠品（如《Hi 周报》《周末生活版》）相比，性质实在太相近了，完全看不出差异性。这类内容，平时早已泛滥于平面和电视媒体，大炒冷饭的结果，激不起任何人的感动，我相信读者随意翻翻这份免费赠刊，很可能不需要5分钟，它就结束了生命。

这不是以“质报”自许的《联合报》当初推出《快活周报》的初衷吧！

我想起，曾经有人做过不一样的事。

上海《文汇报》于1985年创办了一份迄今已有22年历史的《文汇读书周报》，它以“及时传递书业动向、学术动态、出版资讯，集知识性、趣味性、可读性于一体，给人以愉快的阅读和阅读的愉快”为宗旨。这份很便宜的、物超所值的有价质报，在报纸竞争中，立即脱颖而出，在大陆备受推崇，不仅销售量大，影响力也普及各个阶层，历久不衰。

请想想：仅仅一份报纸的附属报，每期8开16页，竟创造出非凡的贡献；再回头检视《联合报》跟着竞争的友报起舞的《快活周报》，是不是高层在决策时，做了太保守的抉择？

幸亏大家都错成一块儿了，所以对任何参与者而言，都还来得及重新思考，提出新的、更具想象力的方案。

回到出版业的立场，从上面的事例里面，我看到的是“天上掉下来的礼物”。

假如——请原谅我用了虚拟语态——假如《快活周报》变成《快活读书周

报》，那将是多么动人的故事？

以质报自许的《联合报》，若肯办一份随报附送的《快活读书周报》，想当然耳，一定会赢得社会各阶层热烈赞赏，出版界更不用说了。想想看，每周一次（48 页）的篇幅，是多庞大的容量，再加上报纸约 60 万的销量，这枚氢弹一旦引爆，谁敢忽视。

回想 20 世纪 50 年代初，号称当时台湾第一大报的《新生报》，《新生儿童周刊》是维持它强势营销的武器之一；而《国语日报》每周附送的《古今文选》更是历久弥新的高水准读物（到了今天，仍买得到这份可媲美《古文观止》的合订本，不知出了简体字版否？），在征求长期订户时，功不可没。

假使我是联经出版，一定向母报力争这份《快活读书周报》的编辑权；

假使我是《联合报》文化组，对《快活读书周报》的编辑权，当仁不让；

假使我是《联合报》的决策阶层，或许成立跨部门的专责小组，便宜行事；

假使我是一家有实力的出版社，将尝试洽谈合作，甚至要求获得编辑实权。

《快活读书周报》每期 50 万—60 万份的印量，当以营销作为最高核心价值，使它既是内容载体也是令人垂涎的渠道。它一时可能无法取代实体书店的贡献，但推出之后，可让士气低迷的出版业，得一喘息的机会。

在“U–出版”时代，《快活读书周报》该怎么进一步经营，已不是这封信能够承荷的了，请参阅我在《优秀编辑的四门必修课》中《iREAD · 读册 1 周报》简案一文。它不是为“U–出版”写的，但部分内容或许尚可参考。

当然，《中国时报》的《Hi 周报》、自由时报的《周末生活版》亦可如是观。其他报纸也一样，以《苹果日报》来说，它的灵活性与旺盛的企图心，若要创办《读书周报》，所剩的，仅决心而已。

出版界的春天就这样来了吗？当然不会，但多多少少会捎来春的消息，靠着大家从不同岗位贡献智慧，说不定康庄大道就在眼前。

所谓寻找出版“新渠道”，以上所述只是举例而已。

新渠道或许不在这儿，或许隐身于未被充分利用、“加”进生活的“新”事物之中，如电视台的“购物频道”或网络上 B2B、B2C、C2C 的平台（唉，其实都是老旧渠道了！）。

面对 U–时代带来的渠道挑战，大陆出版界似乎找到了新着力点。

服务于上海世纪文景出版的蔡欣最近和我在网上 MSN 时，建议我上“豆瓣”、一个创造出“被利用价值”的网站逛逛，感受一下大陆出版的热闹，也推荐了好多其他网站，特别是由程三国先生主持的“书业观察论坛”。

总结她的意见，他们社内同仁纷纷上网圈地，把广宣与营销视为己任，移到网上去寻找目标读者。他们在豆瓣各拥天地，非常活跃。她发现在网上，地域的限制打破了，疆域变得不重要了。在虚拟空间，把散在各地的爱书人聚集一起，借助真诚的互动，将书的讯息传播出去，这种“**网络聚集力**”对书的销售帮助极大。据说，很多出版社都成立了专门小组，上豆瓣招募同好，结伙打书。

亲爱的朋友，这一群群热情沸腾的出版编辑人勇敢出击了，这一支支网军、一支支特攻队，攻城略地，声势惊人，他们的行为模式，让我想起《狼图腾》中为了生存奋力搏斗的狼族，令人肃然起敬。

我从豆瓣上一簇簇编辑人经营的园地，看到“U–出版”时代 Web2.0 的实践，看到维基经济学的应用，不禁替台湾出版界的从业人员担心起来。亲爱的朋友，相对于华文出版世界的大版图而言，“诚品冰风暴”只是地区性的小小逆流，要深思的是，在进入 U–时代的华文出版竞逐中，未来的我们还能挤入领先群吗？

不过，条条大路通罗马，“路”是靠人不断尝试、冒险、摸索、跋涉出来的。我要强调的是：有了目标，就有路。

目标在那儿，路也会在。问题是，这一次你有没有找到新的、与前与众不同的走法。

注释

[1] 詹宏志在译序中叙述一段亲身经历：“1982 年 4 月，我走访美国国务院，在该院新闻室中亲睹‘内容分析法’的惊人操作。美国国务院设有一单位，聘雇三千名各种语言人才，日夜研读各国报纸，并截听各国地方广播，当天立即将重要情报译成英文，做成简报，每日印行 6 册，称为《每日报告》（*Daily Report*）。

“世界各个角落的动态，24 小时之内，尽入美国政府掌握，‘知识即力量’，诚斯谓也！”那时还没高速电脑和网络，以现在的科技威力，恐怕更加不可思议。

4 无纸化出版时代

一旦内容载体（电子书）免费赠送时，等于宣告正式迈入“无纸化出版”；换言之，“线上出版时代”来了。

亲爱的朋友：

因出于对未来的无知所产生的恐惧，我陆陆续续从芜杂、零碎资料里，梳理出连自己都半信半疑的内容贴在网上，有位朋友读完之后，好心地对我说：“你天天U来U去，太杞人忧天了，大家不都活得好好的？你看！大小书店天天开门营业，出版社忙着一本本新书上市，书进书出，一片荣景。你知不知道去年那些畅销书卖了多少？”

我摇了摇头，因离开职场太久，很多事都有了隔阂。

他扳着指头算给我听：

“圆神出版集团的《不生病的生活》光是第一册就卖掉40多万本，《秘密》加《吸引力法则》近50万本，《佐贺的超级阿嬷》那套书更是惊人，加总起来超过80万本；木马出版的《追风筝的孩子》已30万本了；印刻的《玄奘西游记》《老师的十二样见面礼》推出数月便轻轻松松跨过10万本门槛；天下文化一样厉害，几乎本本新书都从3万起跳，《寻找梦想的家》《郭台铭语录》《瞬间赢得信任的冷读术》等，全是书市‘红不让’；商周的《M型社会》、藤井树小说等，一上市就直冲10万本；还有远流的吴祥辉《惊叹爱尔兰》、狂卖的《失窃的孩子》……”

我不得不阻止他继续往下说。

我早听说有所谓书市M化的分析，这比特老友描述的是字母“M”的左肩，只看这端，形势大好，但全盘大局又如何呢？

更多出版社朋友捎来的消息是：“怎一个‘苦’字了得！”

再进一步观察M的右边，没看见高耸之肩，只看到急跌下来的大滑坡，是渐趋于零的长尾的延伸，是众多小 n 的排序。一般而言，出版社及其出版品若挤不进前 20% 领先群，它们的宿命就是归入后面长长的 80% 长尾。但现在的情况更为险恶，这个比例可能已恶化成 2% 与 98%，虽不至于沦落到哀鸿遍野的地步，出版的美好时光却好像渐离渐远了。

我这位朋友是天生乐观派，他还在第一线奋斗，所以没有悲观的权利；我和他不同，我退休在家，天天都是放假日，耗在阅读上的时间比起从前多了太多，浸淫在资料堆里，乱七八糟的东西看多了，不免胡思乱想、杯弓蛇影起来。

譬如说，大家都知道全球暖化问题日趋严重，像大陆 2008 年春节前的冰雪暴，就是一次大自然的反扑，人类若不知节制地挥霍下去，未来更大的灾难还等在那儿。有识之士都在大声疾呼，要求政府及每个人重视环境维护，再不积极采取节能、减碳措施，到时候可能为时晚矣！

出版用的“纸”，主要原料就是能使地球健康呼吸的绿色植物：树。

每减少一棵树，地球的肺活量即减少一分能量；而纸张的生产过程，又恰巧是重污染来源之一。所以，多年前为了鼓吹环境保护，社会上曾大力提倡使用“再生纸”，以减少用纸量。当时，也一度蔚为风气，但纸张的需求量似乎并未减少，就算有心人拼命俭省，“纸”仍是作为主要“内容载体”的材料。

其实，从盘古开天辟地以来，“内容载体”随着文明进步，一直不停地演进。远古时期，祖先们用结绳记事、十口相传……慢慢进化到仓颉造字，再一步步发明以简、帛为书，蔡伦造纸……到近代印刷术，可清晰看到载体的沿革，“纸”的使用，在文化传播使命中，占着极为重要的地位。

如今，科技进步到了 U- 时代，“纸”这角色，是不是也到了让出大位的时辰了？

看来，是的。

因为无所不在的网络世纪的来临，终于使我们不得不面对革命性的科技发明与环境急速恶化带来的压力，加速了“内容载体”的革新。而，新载体的出现，必将导致产业结构重组，我们将目睹一场革命活生生地在眼前发生。

事实上，改变已经开始了。

美国亚马逊网络书店（Amazon）于 2007 年 11 月推出电子书 Kindle 阅读器，1 小时内销售一空（也有人说是 5 个半小时内），原先售价美金 399 元的 Kindle，在 eBay 拍卖网，被拉抬到美金 1500 元，火热程度不输 iPod。

现在，我们不妨检视一下它的性能：

（1）很轻，重量只有292克。

（2）屏幕有6英寸，阅读时有6种大小级数的字体可以选择。

（3）电池持续力强，充电后可维持30小时。

（4）拥有Wi-Fi，能随时无线上网，快速下载（约60秒下载一本书）。

（5）容量大，可储存200本书。

（6）下载内容丰富多元，目前已经有88000本书提供下载，同时还有《纽约时报》《华尔街日报》《法文世界报》等数十种报纸可以选择。

（7）便宜，数字版本的售价是纸本书三成。

（8）Kindle在设计上的亲“人”性，使它“**读起来几乎就像书本**”。

（9）随着报纸、杂志甚至Blog上文章的选购，引发更多的Social Network加入；读者与作者的互动，读者俱乐部的书摘分享等等新功能的增添，一种重新定义阅读、作者与出版关系正在萌生……

《远见》杂志记者陈怡瑄认为：“Kindle点燃的是书本革命Book2.0，是一种新阅读运动，是宣示网际网络时代来临的文艺复兴。”

趋于成熟、终于完全商品化的阅读器Kindle冲击着出版产业深层结构，一只看不见的手，无声无息地引导着变化。

我们感觉到，“纸本书”正在慢慢淡出载体舞台。

对于新的、习于网络阅读的一代或嗜于尝鲜的重度网络使用者而言，当下载、转换页面或更新内容，变成弹指之间的事时，纸制品的魅力很快会被酷炫的新载体替代；纸本书的拥护者，随着时间只会越来越少。Kindle的出现，是个开端，它所跨出的小小一步，实际上是跨入了一个新的世纪。像我这样一辈子迷恋纸本书的爱书人，在情感上真难以接受这种“进化”，谁能告诉我如何排遣内心的忧惧啊！

未来的电子书（内容载体）会更轻、更便于携带（如：可卷、可折叠）、成本更低、功能更强、售价更便宜……更不可思议。

天啊！要是有一天它功能强到可即时搜寻、眉批贮存、心得汇整等等一应俱全，而又便宜到“**免费**”，亲爱的朋友，那将是一个怎样的情景？若再加上环保因素，纸价高涨，垫高了所有成本，纸本书成了奢华象征，那时候“低价”甚或“免费”的阅读器，将水到渠成地取代纸张。

免费？也许有人会怀疑它真有免费的一天？

我一点也不想恫吓大家——看看手机市场争夺战的惨烈情况，再想想各种不同品牌阅读器纷纷上市加入竞争——答案已呼之即出了。

在这咄咄逼人的大形势下，我们的新课题应是：

——整个出版产业链将发生什么巨变？

——未来的出版社将何去何从？（譬如说，还需要出版社吗？）

——编辑这一行的内涵，将产生怎样的新义？

——会有一个全新组合的文化产业诞生吗？

一旦内容载体（电子书）免费赠送时，等于宣告正式迈入“**无纸化出版**”，换言之，“**线上出版时代**”来了。

“线上出版”一旦成真，意味着一切都不一样了：纸，这传统载体自然而然地被阅读器替代。一个阅读器里，可能载有随时可以更换的、数百本书的内容，像座随身携带的小型**行动图书馆**。

在U-时代，所有作品都数字化了，它们全贴在“**内容产业供应/服务中心**”（注意：它可能不再称为“出版社”）所经营的网站上，由读者自行下载或点购。

传统出版产业链中的“生产成本”与“流通成本”，几乎将趋近于零。这句话的现实意义是：不需要书店、不需要传统编辑、不需要辛苦奔波的传统发行书商——生产链和供应链有了新的连接。

面对即将到来的变局，我们能做些什么？

无疑的，新科技扬弃旧载体这看似大破坏的同时，其中也暗藏新载体带来大建设的契机。

我们要“**学习**”（learn）的是：如何“催生新东西”。

眼前，有两个例子可以参考。

这两个例子都是“**新生事物**”，没人“**教**”（teach）他们，他们“自己思考，自己找答案”，找到在现阶段出版生态中的存活之道。

请大家留意：只要改变观念，一切都将改观。

它们分别在“生产链”与“供应链”找到创新转型之路，我相信它们现在站立的位置，只是行程中的一个暂驻小站，未来的演化，恐怕不是我们目前能预测的。但见到它们摸着石头过河的勇气和所得到的成效，我们应该毫不吝惜地给予掌声，因为那些隐身幕后推动的人，是走在众人之前的探索者。

实例一，是我曾再三提及的“印书小铺”。

为了因应U–时代的特质，印书小铺在**生产链**找到安身立命的利基，它奉行“人人是作家／一生中，至少要出一本书”的理念，为自费出版精心打造新游戏规则。它不筛选内容，百分百配合客户需求，向客户提出最佳出版对策，将出版业改造成“出版服务业”。

从日益扩大的利基来看，显然的，它是会生金蛋的鹅。

实例二，是从网友王实的Blog“书呆子日记”上看到他写的《“书谷网”能走多远？》这则短评中，得知一个从2007年8月底才在上海书展亮相、可以“**免费网购纸本书**”的网站：书谷网。

它在**供应链**找到突破口，喊出的口号是：“选几个广告资讯，你就可以不花钱得到‘唯一’一本你喜欢的充满个性的图书。”

它是怎么操作的？

说白了，即是“按需列印”（POD，print on demand）彻底的商业运作。

在2007年8月29日的“中国新闻出版网”上，记者王坤宁简要介绍书谷网运作的基本概念：“这种‘按需出版’的新形态不是在卖书，而是通过**资源分享**的形式，将图书、读者、广告结合在一起。读者通过与广告主分享自己的资讯得到有价值的好书，广告主通过分担读者的书费得到潜在的客户资讯，出版社通过开发出好书来满足社会的需要。”

整个作业流程是这样的：出版社提供数字元内容，由客户点选所要的书，再由客户自动点选可折合金额的广告，累积到与书价等值时，客户只需花很少的邮资，就能免费得到你要的书（详情请上书谷网自行了解）。

书谷网敢这么做，是因为它明白到2007年止，中国网民已高达2亿户，“未来的年代，所有作品发表，全活在网域之中，……而‘按需出版’代表了一种新的出版潮流”。它在独有的国情条件下，打破既有框架，勇敢跨出大步，这种“街头营生者”（大前研一语）精神，令人敬畏。

听说在很短时间内，它的注册用户已破50万户，书展期间每天以5000户的速度增加，书谷网自己推估，未来每年或可免费送出1000万册图书……

这是终极的出版形式吗？

当然不是！

它以“纸”作为内容载体的核心思考，迟早必须面对如Kindle这类新载体的挑战，我相信书谷网应该有了因应之策。

从上述两个实例之中，我们看到面向“U–出版时代”引发的骤变时，业界寻找生存对策的努力。但变化实在太快了，快得让出版界措手不及。日本出版元老小林一博在《出版大崩坏？！》里坦率承认：“IT 革命及相关技术日新月异，我们还无法掌握到它的全貌，因此**出版界只能在焦急中等待**。”他在 2001 年科技尚未进步到像 Kindle 出现的大跃进阶段、在此书结尾所说的话，或应摘录于此，与大家一起砥砺：

电脑的发明及 IT 革命已彻底撼动整个出版界，从原稿的完成至编辑、印刷、装订、流通等所有的出版过程都已受到影响，不停地在改变中，甚至连文章的表达方式都受到莫大的冲击。

看到这样的景况，我们无法预测出版界会往何处走去。唯一可谏言的是，出版界不应再拘泥于过去，而应展开全面的检讨，以因应今后任何可能的变化与冲击。

而这项任务，就交给不为过去所羁绊的年轻人去执行了。

纸本书不死，只是逐渐凋零。

出版新契机，隐身何处？

答案，飘荡在每位读友心中。

自制与他制

“自制”，或许是布局未来新市场、建立新竞争优势的创意策源地，也是寻找“不竞争领域”（蓝海）的一帖良方。

亲爱的朋友：

2007 年 8 月下旬某日，我起了大早，带着台中名产“太阳饼”匆匆赶到台北，跟来自成都出版界的王益与吴鸿见面。碰巧吴鸿和刘景琳（北京新华立品总经理）与台湾出版同业相约于重庆南路东方出版社会晤，我权充向导，带着他们乘坐捷运，一路游逛。

因时间尚早，特地引领他俩弯到正好在附近的大雁文化事业公司编辑本部拜访。

去“大雁”，不仅仅因为老板苏拾平是多年未见的老同事，他又是当今台湾出版界的代表人物，更重要的是他邀集了我非常钦佩的两位编辑人王思迅与周本骥加盟于大雁旗下。他俩追随苏先生离开城邦出版集团，分别创建了“如果”和“橡实”两家新出版社（虽然我和他们对编辑工作或有不同的诠释，但基本理念仍有一脉相系之处）。他们的独特性（制作观念），我认为很值得让大陆同行多了解一些。

我介绍他们时，用的词语是：

“你们见到的是代表台湾出版的新力量。”

我为什么这么说？

因为除了独特的选书视角之外，他们还旁及“**自制**”。

“自制”一词，在此并无“排他性”含义，但对出版界而言，“自制”关系到最终的特色创制与整个文创产业的竞争优势。

以台湾出版界为例，它是由许许多多不同内涵、风格、专长的大大小小出版社构成的“内容产业”集合体，彼此各擅胜场，互领风骚，长短相济，竞合依存。有偏重于本土创制的，有长于引进国外作品的，有兼容并蓄的……因此，书市得以百花齐放，绚烂夺目。

在这片大好形势中，“自制”（编辑主导，本土创制）与“**他制**”（国外引进，他制）是难以切割分述的，犹如人的双腿：用单脚跳，能跳多远？学会了双脚走，才能追、赶、跑、跳、蹦，对不？

我们若冷静检视市场，即可发现“他制”的翻译书种，其市占率即使不是最大也常是书市宠儿。出版社为了快速厚植实力，最便捷的方法，便是从国外横向移植畅销书和大师作品，当前美、英、法、德、日、韩等国各类读物大举入据书市，不是毫无缘由的。

但若再往内深思，在“他制”领域里，虽然选择极多，可是你的第一选择，往往也是别人的第一选择；你不惜成本，别人也一样（甚至比你更敢、更狠）。互竞的结果，必然走上竞价比赛的不归路，“授权金”水涨船高，垫高了成本，徒增经营压力。

另一方面，危机常发生在横向移植成为惯性依赖时（可怕啊！），一旦抢输别人或抢到的作品褪了流行，一时又找不到替代品时，迅即失去竞争力与市场，这便是跟随者的宿命。

更要紧的是长期“买”版权却没能力“卖”版权，文化资产的失衡状态该不该省思？有些学科我们是落后者，但难道真找不到能形成自己优势的着力点？那日本和韩国是怎么做到的？他们文化产业的输出产值，这些年可是快速成长，我们呢？

不论是“自制”或“他制”，我们稍不留意，就会一窝蜂抢进热腾腾的竞争圈，跌落红海。在开发中国家，“自制”与“他制”都是出版的策略与手段，但激烈的生存竞争迫使我们严肃思考：什么才是我们的终极利益？

引进来——找对书，获益可观，但命脉却系于外在，分食的是国内消费者的钱。请想想，一套英国出版的《哈利·波特》，它在华文市场的收益是个天文数字，出版者必须与授权者分享利益。

走出去——将舞台搬到全世界，可使利润极大化。台湾出版曾出现过“蔡志忠旋风”，他的作品近30种，翻译成19种文字，营销31国，全球总销量高达3000万本，作者版税收入令人咋舌；几米的绘本也敲开世界书市之门，横跨电影与动漫，缔造出让人羡慕的佳绩。最近，姜戎的《狼图腾》英译本在全球110个国家和地区同步发行，电影版权也早由国外电影公司购得。这种成就，只有“自制产品”才能拓展最大边际效应，这也是编辑人的大梦。所以，写这封信的目的在重新检视一些基本认知，我承认自己的看法难免偏颇，只希望经由经验反刍与省思，请读友自行决定今后的发展方向。

在实操领域里，“自制”是个含混、有待厘清的概念。立足点不同，切入角度殊异，答案就大不同。有了这层理解，即可试着解答：

——对编辑而言，自制意味着什么？

——对出版社而言，自制又意味着什么？

——对出版界或整个华文“文化创意产业”而言，自制的意涵可丰饶如海了。

先试着剥开第一层。

自制，最素朴的解释，就是“自己动手做”。但，作为编辑不可能事事亲为，连要出的书都自己写（台湾曾有一段时间流行作家自己成立出版社，只出版自己的著作），因而，编辑究竟“该”做什么，答案就因人而异了。

从“自制”角度看，除了最不可能的“自己写”之外，着眼于本土作品成了不二之选。有一种说法是：编辑嘛，主要任务是争取到国人各领域中最具代表性、最知名、最有市场价值的作品，将作者交来的稿子，以专业能力将它做最好的呈现，献给读者，任何逾越这条界线的作为，都失了应守的分寸——这是“自制”。

另一种说法是，编辑应该拥有较大的弹性，他可以是个“发掘者”（筛选器），寻觅有潜力的、尚未成名的作者和作品，用心经营——这是“自制”。

更积极的说法是，编辑不仅仅是消极地从事作品筛选，除了“发现佳作”带来的喜悦之外，他在实务经验长期熏陶下，很可能形成一套理念，敏锐地嗅出有利基市场的领域，进而组合稿件，深入精耕。他扮演主催角色过程中，必然碰触到创作者的发现、育成、光大以及如何掌握社会流变与趋势形成的契机等挑战——这也是“自制”。

以上三种说法，基本上都彰显了编辑的任务，即在找出有市场竞争力的作家与作品。但对成熟的编辑而言，第三种说法即是构成编辑力的要素、“企划之必要”的背景，也是建立编辑主体意识的重要环节。

接着要问：编辑理念与技能提升，真能随职场经验累积而“嗅出有利基市场的领域”，有助于新市场的开拓吗？

答案是肯定的。

我在最新一期《远见》杂志读到彼得·圣吉（Peter Senge）在台湾的演讲中，提及源自科学哲学家博兰尼（Michael Polanyi）的两个基本概念：“**内隐知识**”（tacit knowledge，也称“默会致知”）与“**外显知识**”（explicit knowledge），诠释他的“学习型组织”，强调“人生就是不断学习的过程”。

这两个概念也可以用来解释编辑的育成路径。

彼得·圣吉指出，“外显知识”是指我们从书中学习得来的东西；而“内隐知识”却只能通过实际的操作过程才能学会，各行各业无一例外。他说，“一个刚从大学毕业和一个经验丰当的工程师相比，两人之间最大的差异就在‘内隐知识’”。我相信通过职场反复的实操演练，除了少数食古不化的人，否则都该在因应各类不同任务中，磨炼出自己的工作技能。当幸运之神眷顾时，顿悟也好，渐悟也罢，常有发现别有洞天的惊喜。我个人曾在阅读与实操中，领会到“壹”的奥妙，就是幸运的例子。

小林一博著述的《出版大崩坏？！》中提到的日本名编神吉晴夫的理念和手法，即是出自“内隐知识”的积累。

他在1945年主持光文社编务时，大力倡导“文化是大众的”，“编辑看不懂的内容，要请作者一次又一次修正，直到编辑了解为止”；他的“**编辑人等于制作人**”的定位，对日本出版界和编辑、出版人影响深远；他制作了许多畅销系列书籍，是自制概念的实践先驱。他从“做中学”孕生出“**创作出版**”理论，这种智慧的成长，应是所有编辑迈向成熟的必经历程吧。

在他那个年代，他所宣示的理念可用“惊世骇俗”来形容，他推翻了编辑“只是请作家（作者）写稿，然后奔波于稿件收发，并没有从企划阶段就参与内容构成”的传统工作模式；他心目中的好编辑是“负责企划，找到适合的作者，然后和作者一起合力完成作品”，在当时日本出版圈，他是百分之百的颠覆者。

如何？很熟悉吧！我们在2004年鹫尾贤也写的《编辑力》书中，看到一脉相承、更为成熟的理念发挥，而神吉晴夫在1945年就做了，并形成日本编辑界的大传统。

假如“创作出版”理念是正确的方向之一，那么“编辑”与“**内容创制**”之间的矛盾与冲突，又该如何看待？

依我个人默会致知，两者之间的纠结，产生于对内容创制的性质和来源的误解而造成的。将互不相属的领域或类型产品，套用“同一把尺”去衡量，它的荒谬性不亚于削足适履那种做事方法带来的伤害。所以，我们要厘清的是：究竟什么类型的创作领域，是编辑可以涉入的？若需涉入，何时涉入？强度如何？

譬如说，像余光中、张大春、朱天文、朱天心、简媜、王安忆、苏童、余华等作家，我相信没有任何一位正常的编辑会愚蠢到涉入他们的创作历程，即便神吉晴夫也不敢狂妄至此。面对归属于严肃文学领域的诗、散文、小说等创作，作为编务执行者，能做的仅仅是制程的后半段，尽可能把书编得让作者称心、让读者欢喜，编辑只负责编务技术的支援。

另一方面，一般性的、尤其偏于应用知识范畴的稿件，有时凭着编辑独有的眼光，看到稿件隐藏着连作者都未必理解的价值或指出某种方向与范畴的建议，因而重加诠释、包装，使幸运儿脱颖而出，这类例子也常有所见。

据《出版大崩坏？！》记述，御茶水女子大学心理学教授波多野完治，将他专研儿童心理学的太太勤子和儿子之间的往来信件交予神吉晴夫，他和勤子共同设定架构，将内容重新编整，以《少年期：母子四年来的记录》为名，推出之后，成了第一畅销书，编者“从与作者互动当中找到灵感，觅得‘少年期’书名”，使得“〇〇期”在当时成了流行用语。

这个被传诵的案例，成了一段佳话。

20 世纪 80 年代，日本 GOMA 书房席卷市场的占卜书“细木系列”，亦佐证了“创作出版”的威力。遵奉“神吉流”编辑理念的篠原直（GOMA 书房社长），回顾这段往事时，说：“我跟细木数子小姐开始接触，拿到她的小说原稿，我看了之后立刻拒绝……但因原稿中有一行字写着‘我从小就会占卜’，所以……告诉她不如写些有关占卜的书……《六曜占星术》就是她第一本书。”

编辑主动涉入创作者内容书写的企图心，从这些例子中一览无遗，我们也清楚看到编辑的贡献。不过，篠原直反对“编辑明星论”，他认为编辑是“**幕后推手**”，舞台是属于表演者（作家）的。他的看法，我完全赞同，我认为编辑功能犹似白天亮着的日光灯（白日灯理论），平时没人感觉它的存在，只在遭遇挑战及困难时（黑夜来临），它的用途才会彰显。

回顾台湾出版史，我们对“书的企划”也有类似的理解与成长。

这跟 20 世纪 70 年代报纸副刊改革有重大关系，因此请容许我稍为离题，先介绍一位台湾副刊史上划时代的人物。他就是被詹宏志誉为“纸上风云第一人”的高信疆先生，圈内昵称“高公”的他，把“企划观念”导入副刊，影响了整个时代的文化界。

他和所有改革家一样，彻彻底底推翻传统，从形式到内容全都颠覆了。

他接下《中国时报》“人间副刊”编务之后，首先将副刊**重新定位**，抛却传统“文艺副刊”走向，以“文化副刊”自居。

其次，立即**与社会新生力量结合**，将内容扩张到小说、散文与诗之外，深深地“拥抱社会”。当时，大批放洋海外的留学生都已学有所成，在各行各业开始峥嵘头角。所以，他开辟了“海外专栏”，邀请年轻留学生抒发心声。在那知识饥渴的年代，这个专栏扩大了国内读者的视野，立即吸引了所有人的目光，既叫座又叫好。他也密切关注在地（localization）冒出的新芽，不惜篇幅，大力介绍：一位乡间吟唱的老歌手陈达，经副刊报道后，立即成为一种象征，甚至还出了唱片；素人画家洪通，因“人间”的推荐，他的画作有了不同的评价；朱铭彫塑作品的大师地位，“人间”是第一个肯定者；他邀请当时摄影、绘画、音乐等各艺术领域的代表人物，共同探讨新思潮，引领变化，这些传统副刊不刻意经营的知识性内容，丰实了“人间”，使它变得多元、新颖、前卫。

他也是话题制造者。他敢在文学挂帅的年代，大篇幅刊登“史前文明的奥秘”“神秘的百慕大三角洲”这类书摘，将副刊阅读层面及影响力迅速扩大，不再局限于狭隘的文艺圈子。

接着，他引进新文体“报告文学”，通过新的表达形式，与社会发展脉搏紧密贴合。我还记得陈铭磻一篇《卖血人》的报道引起震撼，社会底层不为人知的真实面被揭开，也揭穿了社会的伪善。政府情治单位紧盯高信疆的言语行止，幸亏报业主余纪忠先生爱才有加，全力维护，给他最有力的支持和最大的发挥空间。

他不间歇地举办各式各样的“纸上大展”，推出各有所长的“名家专栏”，策划令人瞩目的一年一度、高额奖金的小说大赛，一代代得奖新人，全成了长期合作者……一个个企划案接踵而出，看得读者目眩神迷。在那年代，《中国时报》的报份，居然因副刊而快速成长，这在报业史上是极其少见的。

高信疆是个彻头彻尾的创新者。他改革副刊，不光是内容的扩张与深化，还兼及形式（版面）的颠覆，在以文字为主的版面，由专任艺术编辑每天依主题配画。他还打破禁忌，开放编制权，让年轻设计家登台演出，绘制版面，读者们每天除了内容的飨宴外，还有视觉上的享受。

他是大开大阖的人物。他主编下的副刊，成了“人才养成所”，育才无数，也因此，他的人脉深入基层，不断向外扩散，影响力无远弗届。

总之，在报纸只有三大张的年代，这种经营“注意力”的进步技巧，奠定高信疆未来整整12年在台湾副刊史上无可替代的龙头地位。

他是个对社会变迁充满关注的编辑人，我试举一例，可见一二。

为了保持敏锐的社会批判力，他曾于副刊策划“人小鬼大”专栏。60岁以上的人，或许对“人小鬼大”还留有印象。作者姑隐小姐，说是就读北一女（台北第一女子高级中学）高二（?）学生的化名，以嬉笑怒骂、幽默突梯的笔触，月旦新闻人物与事件。刊出之后，反应可用“狂热”两字形容，人人追问谁是姑隐？等到专栏结集成书，每一册都热销10万册以上，这个销售数字在70年代可是个梦幻数字。

事隔20多年后，有一次和辅仁大学大众传播研究所教授关绍箕先生谈起这段往事，他年轻时正好在人间副刊工作。我告诉他，没人肯透露这段秘辛，“姑隐”是真有其人还是另有捉刀人？

他听了哈哈大笑，说他没想到这秘密让我困惑多年，他指了指自己说：

“我，姑隐就是我，我就是姑隐。”

我听了也不禁为之失笑，显然我问了多年，问错了对象。台湾现在的副刊，有了新的定位，不作兴这些了，否则以这几年来的社会（特别是教育界）氛围，在姑隐纵笔之下，一定让读者看得痛快淋漓，一抒郁闷。

那个年代，出版界的企划力也迭有表现。

高信疆和他的妻子柯元馨在《中国时报》成立时报出版公司，最值得称道的企划案是“中国历代经典宝库”（共63册），由国内年轻一代学有所长者，以现代观点重新诠释古代经典，以豪华精装本问世，光是预约期间，即有数万套订单。一些中、小型出版社也时见佳构，隐地（柯青华先生的笔名）创办的“尔雅出版社”的“年度小说选”“年度诗选”“年度评论选”引起文坛注目，以及日后推出的“极短篇”“十句话”系列等，均屡创佳绩；吴荣斌的“文经社”策划的“800字小语”系列、“脚底按摩”系列等，都看得出经营者的用心……例子太多了。

台湾出版到了詹宏志加入远流出版公司，在一个月内推出（40种新书）

抢占市场的“大众心理学全集”时，又把企划概念推进到另一层次，他找到书市软肋，长驱直入。一个崭新的远流，因“大众心理学”书系而重回繁盛，我们在詹宏志身上发现编辑的新定义：除了传统编、校功能之外，还扮演了类似建筑师和工程师的角色。

至此，企划观念已牢牢扎根。

我们从实务经验中充分明白，要想保持胜利果实于不坠，由明确的概念组成的书系所形成的利基市场，值得放手一搏。编辑人之所以需要强而有力的企划能力，完全是竞争下的自然产物，诚如迈克尔·波特[1]指出的：“亚洲国家的企业在缺乏经营策略的情况下，产业竞争环境恶化，使得大家同质化，破坏产业结构……企业经营若要有策略，就要有不同的活动系统（activity system），在有限度的范围内，找到特殊的客户群，选择出企业的经营策略……企业经营策略不是满足客户的需求或是销售产品，而是选择你想销售的客户，放弃大小通吃，有所取舍。”

将波特“竞争优势”理论移放到编辑创新来看，一样坚实有效。企划的本质，即在寻找吻合差异化策略的产品，经营新的利基，形成不易为人模仿的“竞争优势”，不论是高信疆或詹宏志，他们都是波特竞争理论的实践者。

再以远流“大众心理学全集”“实用历史丛书”为例：编辑找到这组概念（不同的活动系统），用心经营由概念凝聚而成的领域，从出版的书籍发展出**独有**（**差异化**策略）的路线，在路线推进的同时，找到特色鲜明的专属作家，以作品满足特殊客户群的需要——书系遂如蛟龙盘山，蜿蜒而上（请参阅《优秀编辑的四门必修课》有关“书系的经营”的文章）。

编辑人一旦身负经营重责，在市场竞争压力之下，不得不勇敢地另辟蹊径，而企划能力之良窳，从所抛出的议题（概念）与执行过程，一看即知。

说到这里，握着出版社盈利与发展之钥的编辑人，应清楚了解未来之路怎么走了：走不同的路，不落入“创新者的两难”困境，才是聪明抉择。而“自制”（本土创制），或许是布局未来新市场、建立新竞争优势的创意策源地，也是寻找“**不竞争领域**”（蓝海）的一帖良方。

倘若你读过前面已发表过的信，细嚼远流公司的成长史，你会发觉它于崛起之初，幸运地在不自觉中处理了“自制”与“他制”的矛盾，小心翼翼地避开当时所有强大的竞争者，绘制独特的出版地图。（注意啊，朋友！我一直在讲“**出版地图**”，似乎没有人关心这四字背后的雄心壮志以及带来的庞大利益。）负责策略拟订的詹宏志，默默地玩着拼图游戏，终于让远流一飞冲天。

“自制”意味着彻底解放，完全自主。换句话说，即在我们选择的领域、在我们选择的地点、在我们选择的时间、以我们独有的产品、用我们选择的方法进入市场，完成市场的占领。

站在出版枢纽位置的编辑人，现在或可再一次自问：

“如何规划我要的**主战场**？”

“如何让作品走出去？”

答案可以简单到只锁定两个字：**原创**。

翻开报章杂志，到处见到“创新”的口号，一个个创新基地迅速冒出地表，文化创意产业似乎来到大跃进的门口，我们看到台北由远流的王荣文担任董事长的“华山创意园区”动了起来，大陆地区更是如雨后春笋般遍地开花。据报载，光上海一地正式立案的高达75家，这现象说明了什么？说明了睿智的文化人充满忧患意识，这一切作为，都为了明天的竞争力，为了在下一波竞争中不被边缘化、不被淘汰出局。

现在，挑战来了：编辑人如何运用企划力，使自制文化产品不但占领国内利基市场，并借此敲开世界之门？

这么一问，不冷汗流淌者几希！若再配上华文领域喊得震天价响的“文化创意”为标的的诉求来衡量，亲爱的朋友，你担不担心“明天在哪里”？

我曾（自以为是地）找到一个窍门：在某种层次上，企划的意义与本质，即在**创建一种影响力**以及**抢占解释权**；假使我们所企划的产品能从这两个方向切入，或可收事半功倍之效。

我有一些未经检验的陈旧案子，不知是否已经有人付诸实施，若还未见出版，且学野人献曝，表列于此。希望能引出更多、更出色的高明见解，也趁此让朋友们了解，老朽一代未曾实现的梦想中，也许不值一哂，也许埋藏着有机会结出果实的种子：

【案例1】《年度营销报告》

【案例2】《新·资治通鉴（年度中国纪事）》

【案例3】《大决策：改变中国历史发展历程的重大政策分析报告》

【案例4】《策论学》

【案例5】《中国帝王学》

【案例 6】《MOOK 万岁！ / elite：出类拔萃方案》

【案例 7】《1 本万利商法：Follow the money！》

【案例 8】《小本生意经营术》

【案例 9】《“无师自通”2.0 版 / DIY·自己动手做》

以上 9 个案例，有大有小，有单书、套书、系列书；有领域占领；有好做，有难做；有曾付诸实行而失败的。先存目于此，留待有缘再述。

其他如我在《优秀编辑的四门必修课》里提及的方案，如“哼哈二将”“电影书”“经典再造”等，都各拥发展空间，有心者请自行参考。

才剥开“第一层”——针对编辑人自制的探讨，就唠唠叨叨了数千言，然限于才学，只能析述到此，未尽之意，有劳读友自行研索了。

至于站在出版社立场言，自制意味着**“产权拥有”**。台湾最知名、最具历史以自制闻名的出版社，首推吴美云、黄永松、奚淞、姚孟嘉领导的“汉声出版社”。汉声是个创意挂帅、以制作见长的公司，所出版的书，无论内容、编排及装帧均令国际惊艳，而经由它训练过的人才，散布各处，全面提升了制作水准。台湾有些野心勃勃的出版社，除出版一般店销书之外，常另设制作小组，希望通过“自制”找出公司的核心能耐，远流“台湾馆”出版的系列丛书，即是其中佼佼者。

说到这里，再来谈论第三层——奠基于编辑人和出版社自制能力的“华文创意产业”的远景，似乎是多此一举了。唯一可说的是，中国大陆崛起的大好形势，已为华文出版提供最佳机会。大陆市场太大了，全世界不同行业的冒险家们，无不摩拳擦掌、跃跃欲试，但苦于对中国大陆了解无门，缺乏能满足基本好奇心与深层认识的资讯和知识。就此层面言，可供编辑人操作的想象空间已可无限延伸，亲爱的朋友，你不以为处处是蓝海吗？

对于不仅仅只想固守国内市场、企图能兼及输出型的文化创意产业，冯久玲在《文化是好生意》书中说的话，一针见血地道出赢的秘诀，她说：**“我们的未来，原来是在过去。”**意思是说，怎么从自己的文化中提炼精华，让来自四面八方的参访者，满心欢喜接纳。

身为编辑人，面对这项挑战，理应义不容辞吧。

自制，本源自创新；创新，需要编辑人不同流俗的企划力。这种企划力，来自跨领域的触类旁通、整合、同理心、“壹”、谦卑、对社会边缘概念的尊重、新观念、新生力量（事物）、打破重组……而华文出版创意的明天，或许就隐藏于美国“现代主义派”诗人庞德（Ezra Pound）论诗的秘语里：“诗之道，唯三字：Make it new（推陈出新）”。

[1] 迈克尔·波特（Michael E. Porter），美国著名管理学家和经济学家，竞争战略和国民经济发展竞争力方面的权威，26岁就成为哈佛商学院历史上最年轻的教授。

6 出版自救新模式

竞争使得商品同质化和庸俗化，解决之道唯有不断创新，而要想具有不断创新的潜能，靠的是“开放式商业模式”。

亲爱的朋友：

每次提起“印书小铺”，心情翻涌，可用“五味杂陈”四字形容，因为它推翻了我编辑经验的基本认知。过去的岁月里，我们为了做好编辑工作，努力经营人脉、觅寻畅销书和畅销作家，学习控制成本、了解市场……心里只有一个目标：做一本叫好又叫座的书。可是，当印书小铺出现，突然之间，这些全变得不重要了，它既不筛选作品也不理会市场，只聚焦于“书的制作”，替想要拥有一本写着自己名字的著作的人，实现梦想。

它找到的这片新生地叫“**自费出版**”。

回头来看印书小铺之所以能抓住自费出版机遇，不是没道理的；与其说它洞烛机先，不如说“乃时势之所趋也”。

这一切演变其来有自。放眼社会，活在网络无所不在的U–时代，人们在Blog上记录所思所为，早已成了全民运动。你有Blog，我有Blog，张三李四也有Blog，几乎人人都有Blog，有的人甚至有好几个。今天写，明天写，越写越多，不知不觉从几千字、几万字，累积到数十万字的内容，左看右看，难免敝帚自珍，想过过出书的瘾，出一本能发行市面和所仰慕的作家相依为邻的书。

现在，若是辛苦写了以下这类作品，你认为该找谁来出版：

“体育彩券”很快要上市了，潜心研究多年的业余专家，掌握先机，写了本如何“猎杀”体育彩券的书；一个癌症患者记录自己与病魔搏斗的日记；一位天天追索生命意义者，无私地献出他的思想结晶；美容师写下她的染发宝典；诗人精心打造诗集；始终不能忘情文学的经济系毕业生，完成他第一本处女作；虔诚的信仰者，为基督徒写了理财专书；儿童物理治疗师告诉你“唤醒宝贝潜能”的方法；棒球迷写出“波士顿红袜队”的全记录；算命师解开文字迷障，将鬼谷子的“算命秘数”白话语译；豪放女彻底解放自己，写下挑战《O娘的故事》《艾曼纽》的情色小说；有人写了潜艇建造的……各式各样的类型和题材，都有人认真地书写出来，在以华文为主的成千上万Blog上。最保守估计，每天至少有百万字以上的内容生产出来，这是旷古所未见的奇观，这些内容的最后命运又将会如何？

据我所知，一般出版社各有各的出版政策，对毛遂自荐的外稿，除了极少数稿本因特殊原因得蒙垂青之外，大多数不可能通过编辑筛选。所以，有些创作者干脆在提供原创作品发表的网上公开贴出，从点击人数和网友评论中，等待机会；更多的作品，或因题材太普通，或因太耸动，或因太私人化等不同原因，被隔绝于正常出版的管道之外；也有因为充满信心，认为自己的作品不是凡俗编者能够理解，而且深信一旦出版，必供不应求，区区版税，哪儿放在眼里？不如自己出版自己赚。

这些看似边缘、非主流的作品，印书小铺不嫌其籍籍无名，不嫌其良莠不齐，它独具慧眼，来者不拒，把每一位作者奉为上宾，全心全意经营。到目前为止，已出版了226种著作，等着上市的书，仍源源不绝而来，看不到“长尾”的尾端在哪里。

印书小铺不仅接纳出版，还将“自费出版”理念神圣化，用实例举证，告诉大家：自费出版不是没人要才自费，恰恰相反，写者之所以选择自费出版，是基于对自己作品价值的了解和自信。

它整理了“史上不朽的自费出版著作”，来佐证自费出版的重要和非凡（例子太多，仅摘录部分，详情请上其官方网站点阅），如：

- 弥尔顿（John Milton）自费出版史诗巨著《失乐园》。
- 航海作家康拉德（Joseph Conrad）自费出版第一部小说。
- 托尔斯泰花了12700美元，自费出版《战争与和平》。
- 马赛尔·普鲁斯特（Marcel Proust）在1913年时，预付了前1500页的印刷费用后，才得以将《追忆逝水年华》付梓出版。1919年，自费出版第二部小说《在少女身旁》，随后荣获“龚古尔文学奖”。
- 哲学家尼采自费出版《查拉图斯特拉如是说》。

•1946 年诺贝尔文学奖得主赫曼·赫塞在 22 岁时，自费出版第一本诗集《浪漫之歌》。

• 徐志摩自费出版首部诗集《志摩的诗》。

• 张系国自费出版长篇小说《皮牧师正传》。

• 杨牧的第一本诗集《水之湄》，是在父亲的印刷厂印出来的……

读到这里，感慨不？

由此看来，伟大有可能源自平凡，也可能源自——自费。

很明显的，印书小铺建立起它的核心价值：**服务**。它重组出版的价值链，以“服务”为轴，将出版拆解成一段段专业化流程，提供给服务对象（客户）最佳建议，而每段流程都可量化成可计算的工时报酬——从资本投放的角度看，它的风险是“零”。

一旦接受条件，完成签约，他们会针对内容提出各种建议，从内文编排到封面设计、印量等，做贴心的一对一服务。

想做一本特别开本的书？行！

想热热闹闹办一场风光的“新书发表会”？行！

想发新闻稿？行！

想刊登广告，昭告世人，你的书出版了？行！

书评书介？行！

店头特贩？行！……

只要是合理要求，你的梦想都能实现。

前阵子，我看到印书小铺征求采访写手的消息，我为之暗暗吃惊，因为他们在“帮人家出书”的基础上，又踏进“**帮人家写书**”的高阶，在它所谓的“企划出版”项目中，扩张了自费出版的利基，这可是一座挖不尽的金银宝山。请不妨想想，台湾有多少中小企业主及平民百姓，等着看到自己的生命故事占有书市一隅呢！

这片“庶民史”出版热度，似乎才刚刚起步，亲爱的朋友，你认为它会蔚然成风、带出新的出版／编辑观念吗？且不论未来如何演变，我们不得不打从心底佩服印书小铺的主人翁张辉潭先生。他聪慧地看出传统出版产业链在 U-时代来临时的僵硬和不适性，若不赋予新义、改造重组，印书小铺在既有条件下参与竞争，是毫无生存机会的。

印书小铺自成一格的经营术，让我不能不认真思索，找寻答案。光从企业面看，它的成就可以从不同的理论架构中得到印证。例如，我们可以说它采取了“破坏性创新”策略，不与既有市场正面冲突（不竞争原理），将传统思维中不被视为作家的“写者”当作“新客户”，从新客户的需求中，找到利基市场；也可以简单归类为“蓝海策略”的诠释者；但它的现况，似乎更契合另一种理论：它颠覆传统，成功塑造有别于以往出版界的“**商业模式**”(Business Model)。

这样的理解，来自粟四维教授发表在《数位时代》的论文《开放式商业模型是维基经济致命武器：打造传世企业真的只需虎与狐特质吗？》的启发，文章内容对所谓“创新”提出质疑，认为“在长期里，任何‘创新’都成为无差异的商店，产品的存续最终只有靠价格取胜，将不可避免地沦为一般商品”，意思是说，竞争使得商品同质化和庸俗化。解决之道，“唯有不断创新，而要想具有不断创新的潜能，靠的是‘**开放式商业模型（式）**’”。

粟教授举了亚马逊网络书店为例，他说，“亚马逊作为书店只是形式，更重要的是背后掌握电子商务的商业模型（式）”，而开放式商业模型（式）的前提，“就是认识到不可能有一家公司在各个层面都是顶尖的，因此应该掌握关键能力，让核心部分尽可能的轻盈”。印书小铺扬弃传统，锁定于“不筛选，只制作”的新出版模式，“让服务（核心部分）尽可能的轻盈”的经营方式，由此切入研讨，发人深省。

我在最喜爱的“**译言**”网，读到更多关于“商业模式”的介述，由拙尘和毛心宇的译述中，进一步知道“商业模式”是一种简化的商业逻辑，需要用一些要素来描述这种逻辑，帮助我们了解。这些要素包含：价值主张(Value Proposition)、消费者目标群体（Target Customer Segments)、分销管道（Distribution Channels)、客户关系（Customer Relationships)、价值配置(Value Configurations)、核心能力（Core Capabilities)、合作伙伴网络（Partner Network)、成本结构（Cost Structure)、收入模型（Revenue Model）等。聪明的企业能从这 9 个要素中，制作出新的制胜之钥。

若从这些要素反观印书小铺，每个要素都可以得出和传统出版完全不同形态的答案。我必须承认，对传统编辑人而言，这是痛苦的变革，因为打从思维起点，就不一样了。

例如，它的消费者目标群体（非传统意义的“作家”）是从来不存在传统出版里的新客户，所以没有竞争者来抢夺；它的核心能力是“服务”，而非“销售”；客户关系单一而紧密，向心力强；成本结构简单到几乎没有感觉到它的存在；价值配置是由自己决定优先次序；而利润来源，既单纯又稳定；合作伙伴网络应该是下一阶段扩张的目标；分销管道全分配出去了，本身的负担极小——这一切，使得印书小铺改造成一家标榜“自费出版领导者”的出版服务中心。

印书小铺虽然出书，但它的库存，几近于零，只需小小调节仓，调度配书。所印行的书，主要在委制的客户（作者）那儿，一部分在负责发行的中盘商的仓库中。书来，书去，对它而言，犹似活水，只在调节仓短暂停留而已。

它没有发行损失，它只是中盘发行商和作者之间的中介，帮助双方也监督双方履行合约。

它以最低成本，承制可无限发展的未来出版。

它唯一要面对的是委制者的信任，必须满足他们的需求，彻底做到“不辱使命”。

自费出版这块沃土，到目前为止，还没出现强而有力的竞争者来挑战印书小铺的霸主地位。但因进入门槛甚低，自诩正统的传统出版社或大渠道商（如金石堂、诚品与博客来等），一则看不起这些犹如碎屑的作品，一则拉不下身段去分食，又昧于未来极可能年产千册、万册时的庞大利基市场的诞生；但若一旦觉醒，以它们的知名度和制作实力，这处于边陲的利基市场很容易变成红海。我们也看到印书小铺正努力争取时间，强化 know how，将跟进者远抛身后；它不断抛出创意（如“企划出版”），拉高门槛，保持竞争力道于不坠，让自己能一直维持品牌优势。

最后，我想问的是，我们能从印书小铺学到什么？

——穷则变？变则通？

这样的答案太过抽象与笼统。在我们眼前活生生上演的真实人生，是一位热爱出版的年轻人的创业纪实。他和所有成功人士一样，是位不安于现状的**改革者**；他不苟同流俗，选择了不一样的路：利用“开放社会”人人可以自主创作出版，因而被人忽视的“自费出版”商机，迅速捕捉于手，重组产业的价值链，用全新的模式再造所献身的行业。

他的“**创新力**”，或可让身处变局的出版业，多一个反思的角度。

印书小铺挖到一口活水泉源，民间活力井喷而出，张辉潭先生的成功，岂“幸运”两字得予概括？

他的**创业心法**，值得借镜。

7 另类出版的崛起

书市并没有扩大，作者群却明显地急速成长。买书、读书的人少了，写书、出书的人多了。因而，无须筛选的内容如潮涌般成书出版，它的庸俗化和浅陋化是必然的结果。

亲爱的朋友：

清晨，打开信箱，网友陈品颢先生的信跳入眼帘：

周先生：

您好。

4月25日寄来的第40封信已收到。

今日上“老猫学出版”正好看到一篇来自美国的文章《你是作者吗？我也是！》(*You're an Author? Me Too!*)。您说的“新商业模式”似乎早已在美国发酵。我心中感触甚多，放眼台湾、华人世界，有哪家知名出版社能有这样的嗅觉，愿意开启这“新商业模式”？

“城邦”似乎有着类似的基因，但还看不到勇气？

而“大众书店”，则是我想到的另一个出版发行商，然而对其运作所知不多。

至于对岸，已有许多线上的文学网，如起点中文网成功发掘百万小说《鬼吹灯》的案例。

看来，有不少机会有待发掘。

这位网友的心声多多少少代表着年轻一代编辑人，困惑于出版界在U–时代的未来走向，将所感受到的忧虑表述出来。坦白说，面对世纪变局，我和大家一样，并不了解 U–时代带来的冲击有多深、多广，只知道不能束手无策，坐以待“币”。我在前面接连所写的几封信，试着探本溯源，结果也只是绕着现象打转，始终找不到出口。

我用心读了他介绍的《你是作者吗？我也是！》，读完之后，感触良深，越发佩服印书小铺的张辉潭先生。他能从实操经验中摸索出 U–时代的“新商业模式”，勇敢挑战既有规范，并由此打造印书小铺的核心能力，的确不同凡响。但，印书小铺的经营模式就是 U–时代的出版方向吗？当然不是，它只是早同业一步，看到无所不在的网络带来革命性变化中所绽露的商机，而在现实社会里实践了它。

我们先来看看这篇文章说了些什么。

早在 1999 年，美国 iUniverse 公司将自费出版商业化，设立了自助出版服务，而这家公司耕耘不到十年，“年成长率达 30%，他们现在每月推出 500 种新书，已经印行的书达 36000 种之多”。这只是一家公司的印制量，若以全美自费出版（含“按需列印”）市场计算，加总的印制量恐怕更让传统出版业者心惊胆战。

从正面解读这篇文章，它描绘着一个**出版新乐园**——当美国阅读风气日趋疲弱，出书风气却快速蔓延开来，终于“出书”不再是“作家”的专利，因为“每个人都有自己的故事，而每个人都想说它”，只要愿意付费，所写的书都有机会面对读者。根据资料，“2007 年，美国本土所出版的书种已经从 2006 年的 30 万种，急速增加到 40 万种”，恐怖不?

从这角度看，“我手写我口”的创作盛世终于到来，网络世界带来众生平等，“书”除了买来看之外，又增添新的功能：**公关工具**。在这篇文章里，书被描述成“名片”，是“用来打入各式研讨会或工作场所之用”。在当前“书”和“作者”还残存某种社会地位和价值意义的时候，它代表独特的身份象征，至少在目前，我们从一位作者手上得到一本精美、厚重而又免费的签书赠书时，内心是愉悦的。

当自费出版的年出书量只有 100 多本的时候，没有人会视之为威胁，一旦它跨越瓶颈、出现跃进式成长、“1”变身为“多”时，再视若无睹而掉以轻心的话，恐怕就不是明智之举了。请想象我们将面对的情景：自费出版的数量>版税书数量时，书市结构将产生什么变化？我不知道答案，但我知道有些出版公司会被淘汰，有些则乘势而起，雄踞一方。

书的新价值观和传统对书的尊崇之间的矛盾，终将面临激化，作为出版业一分子的编辑人该怎么办？是吸纳、漠视、宣战，还是分道扬镳？

这课题值得深思。

若从负面读这篇文章，首先我们看到的是：书市并没有扩大，作者群却明显地急速成长。买书、读书的人少了，写书、出书的人多了。因而，无须筛选的内容如潮涌般成书出版，它的庸俗化和浅陋化是必然的结果。我们或将目睹书的定义与价值的转化过程＝半壁江山＝公关工具＝名片＝虚荣心＝文化垃圾＝消耗品＝书的无价化（＝免费、赠品）……

——真相果真是这样吗？

我必须诚实回答：是的，这就是真相，而且我们连反抗的能力也不足。

这是U–时代所引发的变化。这变化才刚发生，没人晓得会把各行各业带向何方。我们看见有些聪明人发现“长尾现象”，有人在“维基经济学”的新经济理论架构中，探索出路。印书小铺则创新出版商业模式，重组产业价值链。而，不小心献身出版、做了编辑人的我们，要怎么做才能在“U–出版时代”游刃有余呢？

在“U–出版时代”，内容创生如风生云起、铺天盖地而来。在《优秀编辑的四门必修课》的《U–出版时代，如何优化竞争力？》一节中，我特别提及沈元、张立宪、路金波这些“**新出版人**”，他们驯化、控御网络，将网络当作“**新工具**”，型塑新的脉络结构，建造自家人才（水）库，找出“新生产者”在哪里以及怎么经营他。

印书小铺采取了完全不同的策略，以创新的商业模式，把出版由制造业变身服务业，从边陲切入核心，以乡村包围城市的战略眼光，问鼎中原。我曾经提醒出版界老友，千万不要低估张辉潭，他的野心绝不会满足于自费出版这个领域，等印书小铺茁壮到一定程度时，大家就晓得他的厉害了。现阶段他有限的实力和谦恭的态度，迷惑了竞争对手的判断力。然而，言者谆谆而听者邈邈，迄今无人将他视为未来强劲的对手。

亲爱的朋友，你碰到的课题是：“大饼”放在前面，要不要分食这块市场？现在参加还来得及吗？

眼看着自费出版市场越来越大，甚至有超越版税书的一天，你当下的抉择将和未来的命运息息相系。选择“不参与”，是一条路，那你必须在传统出版中寻找具有特色的利基市场，以图生存；若是决心参与呢？可就更刻不容缓了，因为你在和时间赛跑，同时也是竞技场上专业能力的对决。

严格说，“自费出版”虽然充满机会，但就现有市场占有率而言，实在太小，印书小铺只算小本经营，还谈不上规模。也正因为如此，恰好为大家揭示了千载难逢的商机——怎么做到**后发先至**，超越印书小铺，抢占独大地位？

假使我是对出版情有所钟的创投者，一定锁定印书小铺加大投资，以求缩短它成长所需的时间，高筑门槛，将分食者阻绝于外；假如我是张辉潭，一定设法邀集资本注入，压缩成长期，把竞争者远抛身后；假如我是传统出版经营主，一定设法并购印书小铺（人才难得啊！），全力扩张；若此路不通，则广筹资金，开辟自费出版的新战线，一争雌雄。

张辉潭会将入怀之宝轻易让人？当然不会！但自费出版这块新生版图，迟早会成为兵家必争之地。未来，“自费出版”的发展方向以及对传统出版的冲击力度，值得密切关注。感谢张辉潭这位先驱，把最困难的先锋角色做了实践，为后继者铺下第一层阶梯。他虽是观念领先者，但也暴露出可被超越的空隙，譬如**粗放**的工作形态，钝化了建立品牌（形象）的速度，一旦遇到精于此道的编辑人，辛苦打下的江山，很容易拱手让人；唯有精耕，走向“**精致出版**”才能更上层楼。至于什么是精致出版，已不是这封短信能够详述了。

在上封信里曾提到“企划出版”，它是印书小铺深化自费出版领域的重要布局。它的意思是说，任何奇思妙想，都可以由它们协同完成，这条从自费出版拉出的延伸线背后，隐藏着一座金矿。

台湾有一家成立才四年的百香果出版社也拥有和印书小铺类似的企图，它们相像（自费）却又迥然不同（内容承制／自制），但“百香果”更加单纯、专注，是打造付托人梦想的公司。

多年前，我曾在著名记者彭蕙仙的Blog读到“百香果”创办人李东儒和王宇夫的创业故事。他们扬弃大出版社替政治人物和企业家由专人撰写回忆录的模式，改以替小人物立传为立社使命，认为“每个人都有精彩的人生，都是一本好书”，希望用“口述历史”拼补基层百姓最真实的时代记忆。他们一对一地量身定做付托人的个人历练和对人生的看法，为出版开垦出一片新地。李、王两人是非常独特的拓荒者，可惜的是规模太小，还不足以汇成洪流。但“百香果”的成绩却一点一滴流传出来。我们从它和印书小铺的发展轨迹，嗅出另类出版的商机，目睹一个不同于既往思维与工作方式的新出版时代正在轻叩出版界的大门，有人听见它低微却清朗的声音了吗？

若纯从“经营”这个角度审视出版这个行业，一不小心就会落入上述以偏概全的陷阱，忽视其他让出版能够流畅运转的要素。我要申明一点，出版产业有极其细腻而复杂的组合，不论是印书小铺或百香果出版社，都不足以摇撼或取代既存的出版业。它们只是“现象”，连是不是“趋势”都还有争议，它们不等同未来，只是未来种种可能的发展之一；唯一可强调的是，它们出生了，用自己找到的新的方式活着——而我们必须谦卑地聆听从中透露的资讯，这才是浪费这么多笔墨的区区初衷。

到今天为止，我已书写了41封信，得字20余万，所记述的人与事，目的都在传达文字背后的观念。信中，找不到简单的答案，记述的只有历程、只有主事者如何面对挑战，找出制胜之钥。要再三提醒的是，他们的路不等同你的路，他们解决问题的方法不等同你可以照搬使用。不同年代有不同的困厄，不同年代也自有不同的对策。就像企业管理大师麦可·哈默（Michael Hammer）说的：“问题永远存在，解决之道却不然，每一代人都面临与前辈不同的时空环境，必须**自寻出路**。”

U-时代的出版之路，究竟要怎么走下去，编辑的角色将如何演化，没有标准答案，我们看到前仆后继的冒险家，勇敢地往前迈开大步——他们也许会粉身碎骨，也许将闯出新的天地。写到这儿，耳畔仿佛响起《看不见的城市》作者伊塔罗·卡尔维诺（Italo Calvino）的轻声细语，诉说着他造访多洛希亚城的回忆：

我第一次来到这里，正逢年少。那是一个早晨，许多人在路上赶路，要上市场，齿若编贝的女人直直地望入你的眼睛，平台上有三个士兵正在吹奏喇叭，四处车轮滚滚，彩旗风扬。到这座城市之前，我只认得沙漠和旅行路线。随后几年，我收回眼光，再度凝视广袤的沙漠和旅行路线。然而，现在我知道，这条路只不过是那天早晨多洛希亚向我开启的许多条路之一。

去多洛希亚城，有数不尽的可能，多洛希亚敞开城门欢迎每一位造访者。“印书小铺”“百香果”都各自找到通往多洛希亚的路了，亲爱的朋友，你会怎么走？

写完信后，因引用陈品颢先生的话，特请他先行审阅，他的回信补充了我叙述不足之处，谨录于此，也敬表谢意。他说：“您文中提到的百香果出版社，去年也曾听闻过，记得某新闻台还有过他们的报道。综合印书小铺及百香果出版社服务模式（生产模式？获利模式？），**我看到的是‘定制化’在出版业的具体实践**。百香果出版社为客户量身打造个人传记。客户若是文字不行或没有时间自己撰写，百香果有专人可以采访撰稿；客户想要有丰富的照片，百香果也有专人可以摄影，这样的定制化服务与定做西装、旗袍相差无几。”

8 编辑力的养成

个人私密的编辑心法，平平实实地全都源自经验，拜一次又一次“做中学”，凝聚出可操作的基本概念。

亲爱的朋友：

我做了半辈子编辑，很愿意学学春蚕吐丝，交代一些不足与外人道的心得。但左思右想，想不出有什么特别之处，只好将30多年前，刚踏入编辑这一行的情形如实陈述，也许能在我跌跌撞撞的路上，看出编辑追求自我成就时，这角色功能的演化（并不具必然的进步意义，读友不可不察）。我如何从琐碎而平凡的历练中，一步步强化“**编辑力**”，才得以在职场幸存。

犹记得卸却戎装（1974），以34岁高龄踏入社会，因曾写过评析痖弦诗作《如歌的行板》，经楚戈引荐，进入痖弦（王庆麟先生）担任总编辑的华欣文化事业中心（由“退除役官兵辅导会”出资成立）学做丛书编辑。那时候，全是活版铅字拼版，所以发排之前，必须将稿子做到“完全精确”，以免错别字太多，影响进度。

我刚入行，什么也不懂，因此并不负责邀约稿件（那是总编辑的事），只做文字整理、校对、发稿、书介撰写、著（译）者联系、印务执行等基础工作。幸亏有《中华文艺》主编张默和夏楚两位行家在一旁指导，从认识铅字开始学习，才使我勉强留任下来；3个月后，从半天半薪改聘为全职全薪。

不久，蒋孝武（蒋经国次子）介入华欣，公司全面改组，退除役军人出身的员工几乎全被辞退（一年内又陆续回聘），我侥幸留下，迁升主编，但因人事全非，毅然求去。后经痖弦推荐，进入支持隐地实现《书评书目》梦想的洪建全教育文化基金会下设的“洪建全儿童文学创作奖”部门担任编辑（仍由隐地统筹管理，总负责人是简静惠女士）。

新工作是将得奖作品按时出版，简单说，是联系高于一切，是个协调者，奔波于作者、设计者和印刷厂之间，也因此勉强熟悉了印制流程和简单的印务。后来，隐地引我参与《书评书目》，才有机会观察隐地怎么编出一本内容丰富的定期刊物。在当时文坛上，隐地是少数能写又能编的名作家。这段学习过程，对我而言是“可遇而不可求”的幸运时光。

这个阶段的我，是名副其实的学徒，是亦步亦趋、不敢逾越的跟随者。

此时，隐地的尔雅出版社正式成立，王鼎钧的“人生三书”和琦君的《烟愁》《三更有梦书当枕》轰动书市，一版再版，供不应求。在这当儿，远在新竹清华大学图书馆服务的高中同学廖文远和朋友成立多年的枫城书局，准备发展出版业务，邀我加入枫城出版社（1975）。

我虽然在《书评书目》累积了少许编辑经验，但对出版依然陌生，加入枫城之后，立刻面临一个根本问题：**我们该出版什么书？**

这下麻烦来了。20 世纪 70 年代，书市市场狭小，纯文学书（小说、散文、新诗为主）当道，非文学类的书，几无生存空间。而当红作家我全不认识，即使鼓起勇气开口约稿，有了对方口头承诺，依当时作品结集出版的游戏规则：先在报纸杂志发表，等累积到足够字数才交付出版。通常一等就是一年以上，有点名气的作家，和他（她）有特殊交情的大出版社，一样得依序排队，更甭提小出版社了，它们等到天荒地老，也不见得有机会。

枫城书局虽在新竹地区小有名气，但它的声誉建立在供应教、辅教材方面，在以店销图书为主的出版圈，仍属生手，也没人认识枫城。认清了这点，我们醒悟过来：在我们的缺点之中，或许隐藏着不同的机会——它没有传承，也就没有牵绊。它的“零经验”反而让它有了随意进出和自由挥洒的空间。兵法上有一条至理名言，曰：“避其实，击其虚。”意思是说，别在竞争者拥有优势的市场和它决战，弱者的一方绝对讨不到半点便宜。所以，枫城应该避开缺乏竞争力的领域，选择一条少人行走的小径——出主流出版冷落（轻忽）的书。

我们**远离热区**，以非主流的文、史、哲为主轴，同心协力找寻市场突破点。

首先，从翻译轻、薄、短、小的西方名家作品入手。

张伯权译的《卡夫卡的寓言与格言》《噢，父亲》《俄罗斯文学史》《卡缪札记》，王鸿仁译的《罗丹传》，梅寅生译的吉朋代表作《罗马帝国衰亡史》（简明版），林建国译的赫曼·赫塞的《轻微的喜悦》等陆续出版，没想到风评不错，书市反应也超出预期。

接着，锁定新竹在地作家，打造地区明星。

史作柽老师的《三月的哲思》《九卷》等系列著作问世；也出版了洛夫的诗集《众荷喧哗》、吴晟诗集《吾乡印象》。这些书出版后，引起极大回响，佳评不断，口碑迅速扩散。

回想当年，我们所拟订的出版策略是正确的。可惜，我这个从不支薪的义工要求回到新竹全职上班、为自己的事业打拼时，枫城拒绝了，我只好含泪离去[1]。

如今扪心自问，以我当时对编辑与出版之肤浅认知，所凭借的仅鲁莽的勇气而已。退出枫城之后，开始了我在台北颠沛流离的职场生涯[2]。然，幸运之神始终眷顾我，一次又一次的机会，敲开经验之门。

驱使我成长的动力，主要来自环境给予的锻炼。

也许因为我入行时年纪较大，交办事情给我比较放心，我侥幸参与多次创办刊物的任务。最早是幼狮文化公司准备办一本青少年杂志《幼狮少年》，幼狮期刊部总编辑痖弦找我去统筹创刊事宜，配合他组成的年轻班底（孙小英、朱荣智、詹宏志、刘嵩），让这群像白纸一般、毫无经验的人，放手一搏[3]。若从今天的立场观察，他没找文坛老手和老友助阵，显然希望《幼狮少年》初试啼声时，即能一新众人耳目。

幼狮文化公司是负责执行政府青年政策的、半官方机构“救国团”辖下的文化单位，“救国团”执行宋时选（“救国团”主任由蒋经国兼任）见到台湾缺少一本青少年阅读的专属刊物，认为“救国团”或可填补空隙，因此下达指示：“办一本像《读者文摘》一样的少年杂志。”

美国的《读者文摘》中文版，在当时台湾书刊市场一枝独秀，月销量8万份上下，是排名第一的杂志，内容老少咸宜，是一般人吸取生活新知的窗户之一。若要《读者文摘》变成我们的学习标杆，“像《读者文摘》一样”究竟代表什么意思？

我们自以为是地，从不同角度定义《读者文摘》：

《读者文摘》是一本趣味性、生活性、文化性以及新知介述的综合性杂志。

《读者文摘》是一本宣扬美国生活方式（文化）与美国立国精神的杂志。

《读者文摘》是一本向全世界说明为什么“美国第一”的杂志。

《读者文摘》是一本会让读者在潜移默化中，不知不觉地相信美国、爱上美国、崇拜美国、追随美国的杂志。

《读者文摘》是一本能革新人生观的励志杂志。

《读者文摘》是一本只传达人生光明面，予人奋斗不屈的、正面意识的杂志。

《读者文摘》是造梦者，是一本歌颂美国梦的杂志。

……

照这样写下去，凑成一百则也难不倒人。最后，我们把研讨所得浓缩成一个字：糖。因为在那知识匮乏的年代，有这么一本充满异国风采、现代新知、幽默风趣、常识丰富的杂志，太吸引人了，它像“糖”，紧紧粘住读者的眼球。

所谓“像《读者文摘》一样”的意思，经过我们强作解人式的剖析，未来的《幼狮少年》内容走向已经很清楚了：它必须先成为一块糖。杂志里面将看不到硬邦邦的政策宣导八股，要让小读者出自衷心地喜欢它，让老师和家长觉得“开卷有益”，而所有内容都指向一个方向：进取的心和善的力量的展布。[4]

“救国团”高层完全放手，任由我们自由发挥。

接下来，我们的工作是拟定宗旨，切割篇幅、分配内页，让专题和文章能契合初衷，兼顾到知识性、趣味性、参与性和娱乐性。

为了避免落入闭门造车的处境，我们邀请儿童文学作家、不同类型的创作者、初中老师、资优生、不爱念书的学生……一连串举办十多场座谈，搜集大家对《幼狮少年》的建议，使我们进一步了解读者的需求。

创刊之后，平实的内容借着“救国团”在地方上的渗透力度，订单如雪片飞来，订户迅即冲破 45000 份，心头大石总算落下。

经此一役，我知道编辑这碗饭，我暂时可以捧了。[5]

另一次挑战来自《王子半月刊》。

《王子半月刊》是一本纯民营的、日式风格的少年杂志。创刊之初，声势惊人，每期零售量高达 5 万以上，全省各地的中盘商捧着现金在装订厂门口漏夜排队批书。后来，不知什么原因（传闻太多，无从判断），从市场节节败退，由名记者唐达聪和赵堡夫妇接手经营。这时候的《王子半月刊》已从全盛时期的 16 开本、近 300 页的篇幅，缩小成 32 开本、100 多页、用最廉价的滚筒新闻纸的剩纸印制了。

我应唐先生之邀，研究振兴之道。这本连老板娘在内不到 5 人的杂志，机会在哪里？

若要彻底翻修，工程浩大，绝非现有人力可以完成任务的，需要引进新的人才和资金。所以，归根结底要了解的是：改革的目标是什么？

唐氏夫妇研商的结果，认为万一改革失败，连目前尚可苟存的现况都不能维持，但人既已请来了，只希望在不增加资金投入的现有条件下，让我尽力一试。

我们约定以半年为期进行改造。

我的挑战是，怎么在半年之内缴出一张亮丽的成绩单？

第一步是广收资料。我去旧书摊收购英、日文不同年级的儿童和少年杂志（都是自掏腰包，没用《王子半月刊》一分钱），常常是将整个年度的旧杂志全部买下。很快，在被我剪得支离破碎的资料堆里，找到了机会。

我的做法很简单，说穿了，一文不值。

我从收拢的资料中，分门别类理出吻合杂志属性的主题，做成6期“专号”[6]，以6期专号的名称，征求“季（3个月）订户”。你知道最后的结果吗？短短一个半月内，在既有5000上下的订户基础上，一口气增加了约2500份。

从这一役，我见识到**组织力**可敬的爆发力，“化零为整”的集合体，能产生1＋1＞2的综效。我用仅有的经验，区分“专辑”与“专号”的优缺点和使用时机，对我日后的编辑工作帮助极大。这时，也稍稍碰触到广告与营销，但我并不真正了解。那时的我，对“营销”两字还闻所未闻；那时的我，跟文艺圈大多数朋友一样，不读这类书的，同时也无书可供选择（不像现在成了显学之一）。

很快的，我又有了机会。

隐地推荐我去筹办一本新的少年杂志《新少年》。

《新少年》是侨联建设公司出资办的，由出身美国名校MBA的施大部出任总经理。他是很特别的人，后来我称他为“效率专家”。他像个手上握着码表、肌肉紧绷的人，事事讲求“精确”与“速度”，我从他那儿了解到什么是职场上的“一丝不苟”。

基于我不理解的原因，《新少年》创刊时程一延再延[7]，筹备期长达7个月之久，创刊企划案数易其稿，最后完成时，成了万言长卷，细到连细目都一览无遗。这是我生平第一份非正式的企划案，曾蒙好友郭泰兄收入其《企划案》一书作为附录。

《新少年》创刊到结束，虽只印了4期（准备的内容约有8期），但我个人学到很多。事后反省那些日子，我发现普通智慧的我之所以能苟存于编辑这行，是因为自知笨拙、样样输人，所以只好每经一事，都认真做经验总结，并胡乱杜撰只有自己才了解的名词，架构理论，做自我指导之用。不知不觉中，形成一套怪论。

譬如，做《幼狮少年》时，认为杂志宗旨的设定乃一切之母，瞎编出一套“宗旨论”；在《王子半月刊》体认到“组织力”的妙用和好用；到了《新少年》又自创“位置论”，意思是说，每期出刊的杂志中，每一篇都有它一定的位置，前、后、大、小、单（双）页起，均不可错置。这些心得慢慢发酵，渐渐形成自成一格的编辑心法，虽不足与外人道也，但自己可玩得不亦悦乎！

在这贫瘠的基础上，慢慢叠床架屋，新想法不断出现。有一阵子，以为只要设定明确的“编辑理念”，规划好诠释理念的“编辑理路”，问题就解决大半；当我把编辑技巧浓缩在“架构与组合”“型的打造与再造”“局（时间/空间）的运用艺术”“放线/收线”“局部/整体”等似通非通的概念中时，连自己都快晕了，直到接触石涛画论里的“壹”，一团乱絮才有了头绪，我发现只要通过“壹”进行理解，所有不合理似乎都合理化了。

个人私密的编辑心法，就这样涓涓滴滴积累而成，从无微言大义，也没有惊人之见，平平实实地全都源自经验，拜一次又一次“做中学”，凝聚出可操作的基本概念。

很少人像我如此幸运，得到比同辈的人更多试炼。往后，我参与《台湾时报》副刊的改革、《中国时报》美洲版创报时副刊的规划、《新书月刊》创刊、分享王詹共创“远流出版”崛起奇迹……每一次都在检筛过去经验中，用新的思维，找到新的杠杆支点，投入竞赛。

作为一个半路出家的编辑，成长之路和所有人一样：不断碰到问题，不停寻求解答。问题本质从未变过，问题的答案却可能因人、因时、因地而大大不同了。

我曾在书上读到一则轶事：

有一次，爱因斯坦请助教代发考卷给研究生。

助教瞄了考题一眼，忍不住提出异议：

“对不起，教授！这是去年的试题，学生不是早知道答案了吗？”

"没关系，你瞧，"爱因斯坦回答，"题目虽同，答案已变。"

的确，不同时代有不同的挑战和因应之道，我们这一代跨过来了，亲爱的朋友，面对你眼前的挑战，找到你的答案了吗？

注释

[1] 他们拒绝的理由是，出版社规模太小了，养不起专职编辑。现在回想起来，他们的反应是对的。依我那时对编辑工作的理解，若去独当一面，肯定害了大家。每回想起这段往事，年轻时曾倍感委屈，现在啊，可心存感激，因为我得到更多学习的机会。天下事，一本账，算来算去算到底，吃亏的没吃亏，衰事成了好事。

[2] 这时的我，像颗蒲公英种子，随风飘零，经常身处"两个工作之间"，但每次总有两三个机会等在那里。从我壮年踏入社会到退休，前后历练了17个岗位，最长的待了近8年，最短的只1天半——确实是荒唐、不足为训的负面例子。

[3] 痖弦组织这批初生之犊的布局，旨在打破旧思维的窠臼，本身就是一次冒险。假使我们搞砸了，他的位子可能就不保了，他选择我们，证明外表稳重的他，性格内里其实有极其激进的一面，也看到他拔擢人才的眼光和胆识。没有他破格提拔，就没有现在的我。不久，痖弦赴美深造，由名作家王鼎钧先生暂代总编工作。如今这班底各有各的事业：孙小英接掌幼狮文化公司总编辑大位；朱荣智做了师大教授；刘嵩成了著名的纪录片导演；而詹宏志在文化界叱咤风云，影响力无远弗届。

[4]《幼狮少年》最后以25开本，108页（含封面、封底），12页全彩，双套色，正式问世；页数少，是为了不影响孩子的正常课业。

[5] 我在《幼狮少年》第4期出刊后，离开公司。离开的过程有些离奇，似是一场按照剧本演出的戏。问题的关键在我，自以为立下汗马功劳后，有机会正式留职，但一天天过去，未见下文，奇怪的事却一件件发生。

怪事一，是创刊号付印前，封面封底打出彩样，大家正在查看样稿时，我被某长官叫去，严厉质问：

为什么封底里"世界名画鉴赏"选择了"穿红背心的少年"？你想让《幼狮少年》变"红"吗？写解说的奚淞是谁？他爸爸是干什么的？迫于无奈，我紧急写了一首《幼狮之歌》填补空白。后来，我终于弄懂他口中"红"的意思，就是"赤化"。

怪事二，与上述情节如出一辙，红帽子又祭出来了。《幼狮少年》第4期刚印好，还没来得及上市，我又被叫去。公司高干环坐一排，某官（又是他！）拿起杂志，指了指封面问：这幅画上面为什么有那么多裂痕？哪里来的？谁画的？我回答说，那是蜡染画，是马来西亚的画家画的，裂痕是蜡染画的特色。他一口咬定蜡染的裂隙处处暗藏“中”“共”两字，居心叵测，为了保护大家，所以必须将杂志全数追回销毁，换图重印。结果，白白损失了很多钱。

接一连二的冲击，我以为只是自己思虑欠周，颇为自责，傻傻的我，竟然没把所有事连在一起想，没料到某发薪日，怪事又生。中午，我从外面回来，看到放在我办公桌上的薪水袋（平时薪水袋都由会计亲自发放），我也没多加思索，顺手打开，居然发现薪水变多了，内心正在暗喜，蓦地瞥见袋上名字另有其人，才知道自己领的月薪微薄。这回我醒过来了，显然有人故意要我知道，让我心生不平，自动挂冠而去。此事总得有个了断。我悄悄找陈康顺老总问个清楚，他的答复揭开了谜团，我才明白幼狮是有制度的公司，我在幼狮从头到尾是个“黑户”，正式的职称是“**临时雇员**”。感谢老天，“离去”使我逍遥江湖，那是更适合我发挥的地方。因此，心中只有感激，没有遗憾。

[6] 事隔久远，这6个专号的名称早忘光了，大概不脱“太空奇幻兵器大揭秘”“调皮捣蛋小百科”之类的。日式少儿刊物的最大优点是：活泼生动，绝不说教，内容生活化，特色是“寓教于乐”。

[7] 后来听说《新少年》是为了推销某房地产大案而办的杂志，案子结束，任务已了，《新少年》就没存在价值了。它的存废本身即是房地产营销企划案中的环节，多讽刺啊！

9 图书的企划

每个人都必须发掘自己的特长，培养自己的优势；不可自以为是，不可一厢情愿地完全不考虑自身的局限，去追逐不熟悉领域的成果；在书市激烈竞争下，我们不可能什么都做，总得要有抉择。

亲爱的朋友：

心理学家吴静吉教授说："人的一生有好有坏，老年时，若能整合一生零碎经验，也就是找一个自己最在乎的架构或价值观，化繁为简地提炼出自己活着的意义，人生便觉得无憾、安慰、圆满。"这句话的每个字都扣我心弦，对即将迈入"古稀"之龄的我，还有比吴博士所建议的更好方式欢度余生吗？

我听了，也身体力行。我不知道自己这阵子书写的短浅之见，价值何在，我只是忠实地记下一得之愚——也呼吁远离职场的朋友，一起响应吴博士的召唤，在各自的行业里，做砌造彼得·德鲁克所述"三个石匠的故事"（见《优秀编辑的四门必修课》）中建造大教堂的那块砖石甚或砌合砖石的泥和水。这可能是老朽一代仅存的价值，而这些经验价值也必然随着岁月推移而逐渐消减。好在我们来到U–时代，这些文字只存活于虚拟空间，至于能留驻多久，管它呢！

闲话既已表过，接下来续谈"**书的企划**"。

有些网友来信，希望我多谈谈书的企划。其实啊，细心的朋友或许从前面的信里，读出我对企划概念之诠释与实证。我所记述的一切，若剔除了"企划"，等于抽去骨骼，没了支撑，全垮成一堆烂泥了。但，此信仍愿单独成题，为什么？因为它是个值得阐述的命题。

譬如说，编辑跟企划之间的关联存不存在？若是血肉相连又有多紧密？书，该不该企划？能企划吗？谁有资格企划？市场能靠企划出现吗？……每句问话后面，都带出长串问号，光是“书该不该企划”可能就让看法殊异的人，争辩得难分难解。

认为书不该企划的人，对编辑人角色的认定极其严谨，他们认为编辑人不是内容创生者，必须谦卑地扮演中介，寻找最佳作品，创造最大市场。凡逾越职责本分的任何作为，都是对自己身份的亵渎。在这意义追寻之下，编辑人职能里的“品位”和“人脉”所形成的筛选能力，常被突显为重要质素。

光看这段叙述，好像真有完全摈弃企划作为的人，苦守着编辑人的素朴夙愿，孜孜不倦地工作。但，请原谅我这么说，这根本是个不存在的命题——真相是“企划无所不在”，只是强度上的差别而已。

我们不妨从两位大编辑家的新著说起，略窥两位大师级的企划力：一是沈公（沈昌文先生）的口述自传《知道》（张冠生整理）；一是俞晓群先生的《一面追风，一面追问：大陆近二十年书业与人物的轨迹》。从这两本书里，可清晰看到编辑人如何对当代文化做出贡献。

和这两本书结缘，都有一段插曲。

2008 年 5 月底，我们夫妇俩专程赶在奥运之前，跑了一趟北京，抱着朝圣的虔诚之心，想好好参观鸟巢、水立方、“水煮蛋”、“铁裤衩”、五棵松、北京机场第三航厦等知名建筑群。幸亏《出版人》杂志总编陈晓梅女士担心两个年纪加起来快 140 岁的老人既不识路又不耐跋涉，特地派了专车、请了同事卢芳小姐相陪，让我们得偿心愿，陈总编的细心，不知如何道谢也。

留恋北京期间，承蒙金城出版社社长王吉胜先生设宴小酌，席间得识心仪已久的沈公与程三国先生[1]。回台不久，即收到沈公新作《知道》。书，早名列北京畅销书榜“榜首”，得签名赠书，喜出望外，立刻展卷拜读，对沈公在那特殊时代的际遇和贡献，既感慨万千，又感佩于心。《知道》一书内容，诚如吴静吉教授所谆谆呼吁的“圆满奉献”，它记录了沈公出版经验中提炼出来的结晶。

搞出版，有它“**一定的时代条件**”制约，一般人难蜕那层厚壳，只有真正聪慧的人，能“掌握最佳时机”借势用势，曲折地伸张衷愿。看沈公沉潜一生，幸得善果，可喜可贺。从他口述的崎岖人生，我想起福永光司在《庄子：古代中国的存在主义》的“后记”中，讲他在小学四五年级时发生的小故事：

有一天，我刚从学校回家，母亲出了一道奇妙的习题。母亲说：

“后面城隍庙里那棵弯弯曲曲的大松树，要怎么看，才能看成直的？仔细想想看喔！”

那时，我若是个会做“砍下那棵大松树，运到制材厂去……”这样想法回答的孩子或是我母亲是个准备这种答法的人，那么我的人生以及我对于事物的看法，必定走到跟现在全然不同的方向去了；不过，我却是一个会将这问题当真寻思下去的孩子，只是这问题对少年的我实在太高深了。

寻思到第二天，我终于屈服了，跑去母亲那儿寻求答案。

“弯曲的树，就看作弯曲的树，这就能看成直的。”

这是母亲当时的回答，听了这句似懂非懂的话，我记得我着实发了半晌的呆，可这一句话，就是现在也还活在我脑海里。

我跟“庄子”的联系，早已在此时便前定了。

引述这段文字，当然有用意。

世间万物，只要是有生命的，成长之路哪儿有不曲曲折折的？就像电影《侏罗纪公园》里说的“**生命会自寻出路**”，一旦遇到阻滞，强韧的生命力自然而然会试着绕过或钻透，再继续前行（和企业为求生存的作为如出一辙），这才是真实人生。

福永光司诠释他所理解的庄子，有一段文字，简直把世人视之为卑微的存在，提升到神圣的地位来看待。这句话是这样讲的：“在庄子心里，人的存在自始便是孤独的，人没有可依靠的神，人是暴露在不安之中的绝望的存在；可是，人却依然不得不耐着孤独与不安而活下去。活下去，这正是庄子决意之所在。”

——**活下去**，这三个字显得多么的沉重、多么的理直气壮！

然而，怎么活下去？怎么活得“自由自在”？

在书的另一段叙述中，他说：“唯有那些**顺应变化的人**，才真能有不变的人生。”我曾经自以为是地试着把这番道理简化成一个“**适**”字，来涵括所有**生之技能**；因为人处于极度不安的、不自由的现实之中，或可以“适”的人生态度，遨游人间。

我读《知道》，读到沈公喜以戏谑、自嘲的口吻述说他“曲曲折折”的经历，从不安中生出积极的、伸张的力量；然而，真正的领悟却来自他抱持

“适”的人生观面向世人，当他“采取某种最佳活法”的同时——即使陷落于险恶时刻，仍伺机为延续文化生命做出努力。譬如，他参与周边力量推动的企划案：“汉译世界学术名著”。

用更赤裸的话说：在那困顿的、人人自危、自保的“文革”年代，多少杰出的知识分子被打入了牛棚，眼看着这批精英被时代巨轮压成齑粉。此时，有些散处社会边缘、刚好可规划并执行方案的有心人，祭出雄心勃勃的“汉译世界学术名著”，以“废物利用”的口号做掩护，延续了一代文化使命。其间，一则帮助精英解困，而有了“用武”之地；一则在贫瘠的知识土壤中播下希望的种子。他们把“适”的精髓，用得出神入化，像这企划案，放在特殊时代的大背景里了解，特别令人动容。

我在俞晓群先生的书中，也读到相似却又不同的情景。相似的是那颗急切补实知识落差的心，不同的是身处开放时代初期，有了较多的商业要求。

我有幸读到俞晓群先生的书，是来自任职于《留日情报杂志》的读友钱志伟先生2008年7月8日电邮的推荐。他一向关注出版，他说：

昨晚放假日，再把您最近的信拿出来读，第二次看果然有不一样的感触。确实如您所言，一个不同以往思维和工作方式的新时代正轻叩出版大门。不只中国台湾，日本的出版业早已面临U-时代带来深且广的冲击，出版这个产业已历经数个寒冬，似仍盼不到春天到来……

月初，上海友人到日本游玩顺道来拜访，带了一本《一面追风，一面追问：大陆近二十年书业与人物的轨迹》的伴手礼。书中，分享了许多出版与阅读的绝妙观点，读完后，增加了对大陆出版现况的了解。这本书，推荐给周老。

当天，即上博客来网络书店订购。书到之后，一个下午读毕；第二天忍不住又重读一次，用铅笔勾勾画画，一副认真模样（《知道》也一样，书上全是铅笔印痕；人老了，记忆力急速衰退，必须靠这方式记下要点）。

《知道》中曾出现过的知识界精英，在俞先生笔下有了更清晰的脸容（如陈原先生）。我们看到大时代的面貌呈现眼前，他们如何在百废待举的时刻，履险而行，企划出一条条跟周遭“不一样”的出版之路。例如，光大王云五先生“万有文库”精神的“新世纪万有文库”以及“书趣文丛”“国学丛书”“牛津精选”“茗边老话”“牛津少年儿童百科全书”等等，不胜枚举。

像是“汉译世界学术名著”和“新世纪万有文库”两个必可传世的大企划案，就让我钦羡不已。“汉译世界学术名著”这类构想，远流也曾讨论过，但力有未逮，只好放弃，及至某次在香港书店看到大陆译本，才知道早有高瞻远瞩的有心人做出来了；而“新世纪万有文库”的构想，台湾商务以“人人文库”新的面貌[2]重新问世，在当年可是出版界的盛事。

从沈、俞两位大编辑家的案例里，我们至少学到两点：一是**“企划源自需求”**；一是**不参与竞争（红海），走自己的路（蓝海）**。

他们掌握到大陆出版界经过“文革大破”之后，面对着这千古难逢的历史际遇，这历史际遇恰是实现隐藏内心深处梦想的最佳时机，而更幸运的是，那是一块还没人想到或一时没人敢涉入的领域。新市场，正在那儿等待……

读过沈、俞两位大作的读友一定很多，请恕我不再重复内容，其中诀窍，细嚼便知。

在这里，我们不妨换个角度探究，重新回到企划本身——特别是概念初始阶段的认知。例如，试问：“一个企划概念发轫的源头，存不存在可供参酌的原理原则？”

这问题，刚好将我的编辑经验做个总整理。

亲爱的朋友，假如你认真读了《优秀编辑的四门必修课》的内容，答案早已揭晓。

通常，最先面临的抉择是：**出版企划是企划一本书，还是企划一个范畴？**

有人认为出版就是要出自己喜欢的书，管它什么领域、类型、书系，太啰唆了！要是这位筛选者纯粹是文学爱好者，除了文学啥也不爱，那他所出版的书，依然有迹可循；要是这位筛选者兴趣广泛到涉及各个不同知识范畴时，所出版的书的性质，可就没有一定的章法了。

上面的那一句问话，并无褒贬之意。以一本本书或一条条书系，投向书市，都是出版方式之一，只要能替公司赚钱，有何不可？坦白说，决定编辑成败的铁律只有一个：**市场决定论**。能活下来，就是赢家，才能（曲曲折折地）实现初志；输了，出局，即便曾经制作过不错的书。

现在回想自己的成长之路，也经历过类似的过程。刚入行时，想法非常单纯：出版，就是出自己喜爱的书，市场不是不考虑，而是不放在第一顺位。年轻的我，动不动就跟自己说："**这书，我不出谁出！**"

我独资成立长鲸出版社时（1977），有些书就这样找上我。犹记得当初有位朋友介绍蔡英文先生（东海大学历史系教授，不是民进党主席蔡英文小姐）相识时，特别携来他译完的《奴役与自由》（*Slavery and Freedom*）希望我出版。我根本不识作者贝德叶夫（Nikolas Berdyaev）是何方神圣。蔡先生不厌其烦介绍他是"一位孤独而伟大的智者"，是20世纪极其重要的、流亡欧洲的俄罗斯哲学家，而这书是他重要的代表作，在此时此地出版，对台湾有重大意义。当时，这部书稿已辗转多家出版社，没人肯出，我要求留下译稿细读，才读完"译序"，立刻通知他我愿意冒险一试[3]。厚厚一册，印了2000本，到长鲸关门，卖不到500本，但我毫不后悔，总认为这才是打造一家出版社风格与风骨的必经之路。

不久，他的弟弟蔡英俊博士（现为台湾清华大学中国文学系教授）译出西班牙哲学家乌纳穆诺（Miguel de Unamuno）的著作《生命的悲剧意识》（*Tragic Sense of Life*）。看到书名，我就喜欢上了，浅尝译稿，更使我爱不释手[4]。有一有二必有三，奥德嘉（Jose Oretega Y. Gasset）的名著《论群众》（*The Revolt of the Masses*）也跟着出版了。我虽乐在其中，但市场反应冷冷清清，长鲸出版社最终难逃结束营业的命运。

我既已耗尽家中积蓄，从此只好加入上班族行列。

亏损使人反省，我终于明白自己在经营上犯了大错。

因此，当我成为人家的聘用人员时，再也不敢任性，必须事事考虑盈亏、考虑自己在公司中的获利贡献度，开始一点一滴地重新认识出版是怎么一回事。我必须告别天真，并时时告诫自己：不论任何时候，都要将公司的生存与发展放在第一要位。

这是我学到的第一堂课：不可自以为是，不可一厢情愿地完全不考虑自身的局限，去追逐不熟悉领域的成果；当个人的资金与才智，都不足以支持那样胡搞乱整时，缴交的学费可非常昂贵。

总结起来说，在往后的编辑生涯中，我不断学习并修正自己的想法，时时以"昨非今是"辩证地反复诘问，检验自己的经验（这也是为什么会有这些"初探"的经验谈了），从不同的学习阶段，归纳出那个阶段的片段心得。

事隔多年后，我不禁想问：出版社究竟需不需要出版政策？若需要，该如何拟订？应采用何种策略加以实践？

当我们理解并认同公司的经营理念之后，我们必须从中找出自己的位置，用我们的专长，巩固、发扬这个理念，让自己活下来的同时，也让公司盈利并继续成长。

就出版而言，编辑的工作即在遵循出版政策下，找到好书以及好卖的书，让公司发光发热，得以长存。

但，接下来的问题却是：要怎么做才能达成目标？

有一天，我读孙隆基教授写的《历史的鸟瞰》中《势力均衡场论》一文。他归结历史经验，整理出一把打开胜利之门的钥匙："无人地带"的经营。突然之间，灵光乍现，我顿悟"出版经营"似乎也该从这个方向思考。当年我在时报出版公司短暂停留期间，即以"**开发无人地带**"作为指导观念，写下《"无人地带"的经营方略：时报出版公司发展策略分析报告》，以二、八开，拟订短、中、长期的战术目标，希望以各种企划方案予以实践（见《优秀编辑的四门必修课》）。

到了远流，看到詹宏志如何以"**没有围墙的学校**"为理念，形成经营共识，打造发展平台，并由编辑人用所企划出版的产品来诠释他们的认知。

说来惭愧，我很晚才明白经营理念与策略运用的重要性。现在，在台湾出版界略具规模的出版社或出版集团，都已运用自如了。

在实践中，逐渐累积自己的经验教训，终于从朦胧中摸索出方向，看到了光。我们从一本本随心所欲出版的书的经验累积中，学到"**领域与范畴的占有**"与"**避开竞争**"，在书市激烈竞争下，我们明白不可能什么都做，总得要有抉择。

亲爱的朋友，还记得我在《优秀编辑的四门必修课》里反复讲的那句口诀吗？——做别人忽略做的，做别人不敢做的，做别人不能做的，做别人已经做而做不好的。

编辑们经过缜密分析，终于有了抉择（人弃我取，另辟蹊径）。每个编辑室都如此这般，拥有互不冲突、各领风骚的目标全力冲刺。从不断尝试中，一条工作纲领建立起来：经营概念，经营领域，经营书系，经营作家。

单书的企划和路线之间的矛盾，也在书系的经营中得到解决。

还可一提的是，我也将庄子哲学中的"适"，用在书的企划之中。"适"应用在编辑时，它是什么？简而言之，它的意义即在开辟供需之间的新路，换句话说，是在发掘市场（读者）的新需求，予以满足。

说到这里，想起近读大前研一《专业》和《我的发想术》两书，他的观念用在“书的企划”上，给人颇多启发。

企划来自构想（点子）。大前研一在《我的发想术》中，将构想形成过程分解成“怀疑成见”“从网络思考”“追求‘独一无二’”“从历史中汲取教训”“站在对方的立场思考”“讨论”六阶段。他举了很多实例佐证，我们可能不会完全接受他的推论（特别是政治议题），但无伤于他的诚恳、坦率与言之成理。

我最欣赏他要求事事**“从网络思考”**，这是U–时代最大的特征，舍此难有立足之地；其他各项，顾名思义纳入企划思考，应八九不离十。

然而，在《专业》一书中，大前研一修正了一般人对“专家”的认知，意思是说，只想追求“达人”的境界是不够的，充其量是个“有数十年功力”的专家，仍不足以因应新时代的挑战，要想“生存下去，唯一的方法是提升自己成为一个专业人士”。诚如美国前国务卿基辛格的话：“所谓‘专家’者，只不过是把现有的工作做得要好一点，而并非能够开创一个新的路线。”我读毕《专业》，觉得卢渊源教授的导读《在这专家无用的时代》中，说得最言简意赅：

> “专业”与“专家”的差异，就是未来与过去、未知与已知、变动与稳定、挑战与例行工作之间的差异。真正的专业人才，眼光永远放在未来——面对的永远是未知、永远可以在变动中学到新的技能、永远乐于接受挑战而不疲累。
>
> 所以，在专业人才眼前，是**无穷的希望与待开发的版图**。

大前研一认为：

> 真正的专业，则是无论前提条件如何改变，都能看出潮流底层的本质，因此比谁都能发挥应变的能力。如果组织的领导人够专业，就可以将组织导向正确无误的方向。

在成为一个专业人士的要件中，他特别强调**“先见力”**的重要性，它是一种“能察觉看不见的事物的洞见力。若是每个人都看得到的领域，就没有什么事业可为”。先见力是**既知危机也知生机所在**的一种能力，从事企划思考者，不可不知。在做书的企划时，能否具备这种能力，是辨别企划人或企划案良窳的重要量尺，就像沈公说的：“我们做编辑的，读书的第一个目的是了解动向。”

还是举个实例吧。

且容我摘抄俞晓群先生书中的一段文字（略有删减、更动）：

1989年末，我拜见《光明日报》评论部三位记者陶铠、李春林、梁刚建，讨教出版的现况与未来。我问，近来中国学术界有什么新动向？

他们说，“西学”遇到了问题，会有一段时间的沉寂。但是，有人提出，现在正是重提“国学”的大好时机，它可能是未来中国学术复兴的机遇所在。

我又问，何谓“国学”？

他们说，我们去见几位大师当面请教。

于是，我们一同约见葛兆光、王焱、冯统一；又一同拜见张岱年、庞朴、梁从诚，开始了组建“国学丛书”的工作。……并延请张岱年先生出任“国学丛书”主编。

这段叙述够清楚了吧！虽说得轻描淡写，却含着许许多多不足与外人道的编辑企划的要素，看似简单，非十数载功力难臻于此一境界。亲爱的朋友，我看到的是一个人的虚怀若谷，看到人脉经营的绵密与周到，看到先见力的精准，看到时机的拿捏，看到抉择的魄力，看到贯彻到底的执行力。他使我想起当今最有创新力的苹果电脑CEO史蒂夫·乔布斯（Steve Jobs）受访时，形容自己个性所说的一句话：“Stay Hungry, Stay Foolish.（求知若渴，虚心若愚。）”还有他们相似的人格特质：稳、忍、准、狠（更中国式的形容，应该是：疾如风，徐如林，侵掠如火，不动如山）。

从一个个案中，便可看出编辑人的企划功力了。

沈、俞两位大师的书上，所谈的当然不仅仅是这么一丁点儿，对他们所经历的时代我所知甚少，我也不是最适宜的解读人。年轻朋友若愿敞开胸怀，应可从中学到更多东西。

绕了个大圈，终于到了略述我个人看法的“尾声”了。

我对“书的企划”的认知，早已散在各信的字里行间，如“概念经营”“领域经营”“创新导向”“壹的心法”“不竞争原理”……无须多费篇幅。“台积电”前董事长张忠谋先生曾说：“一窝蜂地去追逐被证明会赚钱的产业，这是被误导的观念，会使得新进者抱持高获利心态加入已饱和的市场，却无法与已有优势的旧经营者竞争，结果被迫面临低利润的局面。经营企业最大的乐趣，在开发潜力新市场。”

我在此引用他的这段话，已充分反映我的观点。除此之外，倒是有两个要穴，似应再次强调：

第一，“书的企划”首在**创建一种影响力**。

第二，“书的企划”重点在**抢占解释权**。

高明的企划或多或少都内含这两种能量，它们的意义已十分清楚，读友可自作解人。

注释

[1] 这段缘分，缘于金城出版社的朱策英先生，将网络上读到的《编辑力初探1.0》第1—34信整理成《优秀编辑的四门必修课》稿样，幸蒙金城出版社社长王吉胜先生不计盈亏，支持出版。他得知我有北京游，特地邀约为此书写了推荐文字的沈公和程三国先生相聚。

[2] 早年，台湾处于戒严状态，思想控制严厉，青年学子根本无书可读。王云五先生乃仿“万有文库”形式，在台湾新起炉灶，缩小开本，以“人人文库”名之，所企划出版的内容以文、史、哲为主。刚开始时，多以大陆时期的旧刊翻印，**低价供应**，并以单号、双连号分别定价，双连号字数多，书厚，定价略高。这套丛书出版后，嘉惠不少学子，我也是获益者之一。

[3]《奴役与自由》出版后，销售奇惨。值得一提的是相隔多年后，评论家唐文标教授跟我说：“你们长鲸出了本好书，卖得好吗？”

“哪一本？”长鲸出版的书，本本都是好书，真不知他说的是哪一本。

“《奴役与自由》啊！我在《台湾政论》杂志写了两万多字的推介，可惜才登出上篇，杂志就被警备总部封了。”

我一向对政治冷感，《台湾政论》从未看过，若非他说，我还真不知此事。

唐先生已过世十多年了，这段佳话，存此纪念。

[4] 作为出版者，读到以下的文字时，怎忍心向认真的译者说不？

“一位腐儒看见梭伦（Solon，古希腊七贤之一）为了死去的孩子哭泣，就向他说：

“‘如果哭泣不能挽回什么，那么，你又何必如是哭泣呢？’

“这位圣者回答说：

“‘就是因为它不能挽回什么！（Precisely for that reason—because it does not avail.）’很显然的，哭泣是有用的，即使它只是减轻痛苦；然而，梭伦对于腐儒的答话有着深刻的意义。我确信我们可以解决许多事情，如果我们都能走到大街上并且毫不掩饰自己的悲苦——也许这只是个人卑微的悲苦，然后在哭泣悲叹中、在向上帝的悲号与祈求中，让每一个人都结合在一起了。这样子，即使上帝听不到我们的哭喊，但是，祂是愿意倾听我们的哭诉的。圣殿之所以尊贵庄严，就因为它是人们共同前往哭泣的地方。

“一首普遍为那些受命运折磨的人所唱的乞怜之声（miserere），它的意义（价值）不亚于哲学。单是治愈病痛是不够的，我们必须学习为它哭泣。

“是的，我们必须学习哭泣！也许，那就是最高的智慧。

“为什么？问问梭伦吧！”

读到这儿，二话不说，就承诺出版了。

出版业的未来

出版社整体销售额降低，利润变薄，连新书的发货都在萎缩。情况越来越严重，我要问的是：读者哪里去了？我们来到U–时代的大门口，跨进了无所不在的网络世界——U，改造了世界，也必将改造我们。

亲爱的朋友：

刚打开车上的收音机，就传出新闻播报员报道高雄书展的消息。

“景气真差啊！忙了一整天，只做了600块钱的生意，连租金都不够付。”某摊位老板以略显焦虑的声音说，接着他叹口气道，“有些出版社和书店，恐怕撑不过年底了。”

这些话，听入耳中，令我脊背阵阵发凉，难道严酷的经济萧条阴影，已笼罩了文化产业吗？

回到家，拨了几通电话，问了几位出版界有影响力的人，他们异口同声证实了我的听闻，说：“苦日子要来了。”

问他们可有因应之策，其中有人准备趁势整顿——该瘦身的瘦身，该重新布局的重新布局。他们虽感忧虑，但心态十分健康，都视这次变局为一次挑战，并期待借此更上层楼。

我发觉大家从过去所经历过的种种磨难之中，终于学会如何面对逆境了。

这回谈话的部分内容，似应追记于此。特别是有一位公司领导者的见解，道出了当今出版界面临的困局以及他寻找解困之道的努力，或许可提供给出版界朋友一起思索。

他同意我在网上和大家分享这份记录，但坚持不肯具名，跟他熟识的人，看完此信，应该猜出他是谁了。

以下是谈话始末（当然经过我剪裁过了），话题是从我询问出版景气与否开始的。

“浩正兄，这次双重挑战，是同时发生的。我虽然担心金融风暴，但目前还不至于让我致命。一则是我底子厚，经得起煎熬；一则是景气总有反弹的时候，用不着过于惊慌，反倒是给我机会检讨一下。我要问自己的是，一旦大环境好转，我准备好如何面对另一波更深层的变化了吗？这才是困扰我的问题。你知道的，表象之下，有比金融风暴更严重的大海啸，正毫无声息地贴近我们，要是因应无方，肯定在**下一场竞赛**中被一脚踢开。”

我愣住了，他心里想的会不会也是我心里想的？

“你写的关于U–时代（Ubiquitous，喻指‘无所不在的网络世界’）的那几封信[1]，我都读了。唉，你应该知道我在想什么？出版这行业一旦U化，必然是一条不归路，什么都变了样。真正让我心烦的，是这件事呀！”

两年多前，我在书刊中接触这些资讯时，也为之惊骇莫名。对我而言，这是全然陌生的新事物，我庆幸自己已远离职场，再也无须承担这亘古未见之变所带来的压力了。

我很好奇，这位在某出版集团身居要职的朋友的疑虑是什么。我趁机向他请益，希望能解我之惑，我问道：

“网络兴起之后，出版社必然面临压力，能说说你的看法吗？”

“岂止压力而已，看来已经是出版这行业生死攸关的事了。”

“有这么严重？”

“没错，我来告诉你，我担心什么。”

我吓住了，乖乖地闭上嘴。

“我承认一开始低估了网络带来的改变，以为‘兵来将挡，水来土掩’，山人自有妙计应付。没料到这大海啸是颠覆性的，一不小心我们被归入‘传统出版’那一区块去了。我一生自诩是引领潮流的革命分子，如今居然成了被改革、被取代的一代，你说可恨不可恨？”听得出他在电话那头喝了口水，又清了清喉咙，“最近我想了又想，仔细研判整体环境，发觉有些影响已经成形，有些影响一时还不很清楚，我担心自己成了锅子里的青蛙，被煮熟之前还优哉游哉地玩得不亦乐乎。”

我不好接腔，静静听着。

“我很了解，危机即转机。这段不景气，是我们彻底调整体质、迎向社会

U 化的大好机会，只是我不晓得自己是走得太快或是太慢；走得太慢固然会死，太快了不但浪费资源，万一走错方向，更难回头。”

何谓快？又何谓慢？他忧惧的事，的确与我不同——经营者和纯思考者的差异太大，我可以不负成败责任地信口雌黄；他若不考虑清楚，绝不敢轻举妄动，因为往往一着错，即全盘输，连从头开始的机会都不再有。

“我在想，我们还剩多少时间？时机可稍纵即逝啊！”他说。

“怎么说？”我听不懂。

“你知道吗？两三年前若有人告诉我实体报纸会关门，我一定嗤之以鼻，即使会发生，也至少是 10 年甚或更久以后的事，因为从小看纸制内容的一代还是社会中坚，汲取知识的习惯，可不是能轻易改换的。可是，美国全国性的报纸《基督教科学箴言报》（*Christian Science Monitor*）宣布，于 2009 年 4 月起，停止出版纸质报纸，专注于制作网络内容。为什么？报纸销量严重下滑，活不下去了嘛！倒是它的网络版的点击数稳定上升。你看，结论是如此清楚，算不算是‘一叶知秋’了。”

何止报纸？杂志更是如此！

“我想画一条底线，作为检查 U- 出版进展速度的控制点。也就是说，某些现象一旦出现，即在警告我们，到了临界点，海啸冲上岸了——在这之前，我们必须做好准备。”

“底线？”我等他揭晓答案。

“其实，有两个很好的观察指标，可以让我们知道‘底线’近了。”

“哪两个？”我问。

“这两个观察指标建立在不同的基础上：一是科技发明的进展，一是社会整体的进步意识和建设力道。”

“愿闻其详。”我的好奇心被他诱发出来了。

“科技发明的进展，指的是像 Kindle 这类电子书阅读器（内容载体）是否正式进入全面替代纸张的阶段？社会整体的进步意识和建设力道，则是指社会是否已做好准备，完成无障碍宽频环境，资讯流通百分百？”

我了解他的意思了。他是说，一旦内容载体从纸张进展到阅读器（可便宜或免费取得），又可随时、随地、随意下载任何内容时，这场**无声的革命**所带来的深远影响，恐怕不是三言两语讲得明白。

“我们目前遇上的困难是，出版社整体销售额降低，利润变薄，连新书的发货都在萎缩。情况越来越严重，我要问的是：读者哪里去了？”

是啊！读者哪里去了？看电视去了？听广播去了？上网去了？发生了什么事，把读者拐跑了？我想，他应该比我更清楚答案：我们来到U–时代的大门口，跨进了无所不在的网络世界——U，改造了世界，也必将改造我们。

“假使，我是说‘假使’——有一天，所有内容都能在网上搜寻到，我们出版社还有存在的意义吗？纯从这角度看，我们做了一辈子的出版业，真的成了‘传统产业’，若是调适不好，说不准还根本是个夕阳产业。”

电话这一头的我，不禁暗暗点头，佩服他自我质疑的勇气。

“但我不甘心，也不接受。”他的声音高亢起来，“路，一定在！我要找出来！”

其实，大家心里一片雪亮：传统出版非U化不足以图未来的发展，可是U化后的传统出版又是什么？是解决了一个问题中，还是引发更多的问题？

我把我的困惑告诉他。

“一个变化必然带出更多变化，变化一旦启动，谁也阻挡不了。不瞒你说，为了因应**U–出版时代**的来临，我领导一个小组，推演现在与未来可能的变局。”他的语气充满信心，“记得当年，社会进展到e时代，杰克·韦尔奇（Jack Welch）接任美国通用电气公司董事长大位时，曾要求部属：‘要在所有动词前面都加上e之后，再进行考量。’例如：e制作（eMake）、e销售（eSale）、e设计（eDesign）、e采购（ePurchase）等。大前研一评论说：‘因彻底使用新的资讯科技，在韦尔奇时代，通用电气的生产力足足成长了5倍，营业额也增加了5倍。’我们呢？是不是该将所有与出版相关的工作，都加上U，再往下思考？”

漂亮！我打从心底敬重他的论点。他继续说道：

“我记得你在信上也说过，资讯科技继续发展下去，一旦纸本书退出载体市场，而内容生产者（广义的作家）推陈出新的作品都在网上展示时，我们还能自称是‘出版业’吗？我想过这个问题，我们确实到了必须**重新定位自己**的时刻了。我们是谁？未来能以什么性质或形式存在？还能像现在这样归类为‘制造业’吗？明天在哪里？唉，这是我另一层忧虑。坦白说，我不怪读者跑了，也不怪书店倒了，需要反省的是我们自己。他们始终在那里，只是我们一方面失去魅力，一方面找不着接触他们的通道了。”

“对，你说得对极了，**读者一直在那儿**，用我们不了解的方式活跃着，是我们自己昧于情势的变化，断了和他们的联系，一点一点地失去他们。”我的情绪也受到感染，有点激动。

“我就是这个意思，”他进一步分析，“读者仍需要各类知识滋养，可是他们将从哪里取得？是不是取得的途径和方法改变了，所以不需要‘纸本书’了？当知识传播有了新方法和新途径，而我们却仍在沿用传统思维思量、守株待兔似的等候读者光顾，我们岂能不败？”

话题渐渐沉重起来，我离开职场太久，不知道有什么方法可以分其劳，解其忧。在这情景下，我只能选择沉默。

“浩正兄，你猜猜看，我正在进行的事是什么。猜到了，等你来台北的时候，请你上鼎泰丰吃小笼包。”

嘿，我怎猜得出，他根本没请客的诚意嘛，我拒绝回答。他看我半晌没做声，只好假装轻咳一下，自己答道：

“我们在做最笨的事，从产品源头开始，把出版的**产业链（从生产到供应）**摊平开来，一项一项检查。”

“这样做的目的是什么？”我被他搞糊涂了，忍不住问道。

“目的非常单纯，希望从产业链的解构、重组甚或扬弃过程，找出可着力的新核心能力，找出新的成长引擎而已。”他停顿了一下，似乎在拿捏要说的话的分寸，“举例来说吧，我看到有些出版社正在尝试转换角色身份，重新定义自己。他们一旦做了抉择，即表示在产业链中找到新的立足点，就像一向走在大家前面的远流，早已看出出版在未来发展的不可测性，而在15年前投入e化行程，进行了解。到了今天，网络U–时代来临，王荣文不动声色地将公司的发展方向导向‘文化创意产业园区’的开发以及承载内容的阅读平台的软件研究。我要强调的是：有些出版社改革的步伐极富戏剧性，它们悄悄地微调，改变事业属性，将自己变貌。至于未来究竟会长成什么，没人能预知。他们走得快，但一定对吗？产业链这么长，锁定的发展核心有未来性吗？我完全不能判断。可是，我们也不能什么都不做，光杵在这儿，坐待命运判决。”

我完全理解他的忧心。他的声音，清晰地从电话那端悠悠地飘来：

“就像印书小铺建立起**服务**的核心能力，启动独有的成长引擎，使印书小铺奔驰起来。我之所以检视产业链，也是为了方便将U**因素**逐项注入，再观察变化，重启成长动力。”

“我明白了，总而言之，一切以网络思考为起点。”

“是的，但困扰我们的问题很多，正在理清头绪。”他显然跌入深沉的思索中了，沉默了十几秒钟之后，才接续说道，“最根本的还是**定位**问题，如何认识自己，清楚地描述未来的面貌，这是领导者的责任。定位正确，产业链的剖解才有意义。我很佩服远流王荣文的前瞻性格，大胆投入内容承载平台的打造；但各有各的长处，我们会将自己的优势反映在不同层面，譬如说，是否要成为最大、最完备的内容供应者？这是我们最擅长、最有力的优势，我们也知道，这是进入门槛较低的部分。如何‘拉高门槛’？要不要异业结盟？……只要想好了，目标确立之后，再深入布局，我相信未来的路仍无限宽广。”

他的思虑颇深，再谈下去势必碰触到敏感问题，还是让他有所保留吧。其实，他透露的“问题”远比“答案”重要，他的问题是出版界必须作答的。别以为这些问题离我们尚远而掉以轻心，等到问题临门时，就什么也来不及了。

他所面对的处境，我亦“心有戚戚焉”，所以故意用轻松的口吻说：“头绪太多，剪不断，理还乱，不如学学宏碁的施振荣先生说的方法：‘千头万绪，找到一个头就去做了，不要管那些绪。’”

他听了，大笑道：

“哈哈，光是‘头’，就两个大了。科技进步太快了，社会U化的时程比想象中更快提前到来，这是旧与新并存的时代，传统还没蜕壳，新生命已迫不及待想破茧而出，我们必须同时处理这个矛盾。”

他在总结这回交谈了，声音开始严肃起来：

“浩正兄，坦白告诉你，我和大多数人一样，在摸着石头过河，尽可能想象未来的种种可能，一步一步往前推进。然而，摆在眼前的功课不少：例如，怎么找回读者？怎么面对潮涌般的内容创生者？要不要自建网站，控制创生源？……怎么让自己成为有盈利的N或有收购价值的n？”

以上的谈话，不但没有解惑，反而让我更为忧心：U-时代带来的变化真有这么强烈的迫切性吗？会不会太杞人忧天了？不过，若他所说的哪怕只有30%真实性，我们是不是该正视这些讯号，未雨绸缪地预行布局？

我曾在不久前成立的线上数字杂志“数字出版在线”[2]，读到一篇有趣的短文《未来会怎样？》，叙述几位英国重量级媒体先锋关于未来的一些看法。他们特别提醒“**互联网已经改变了我们的阅读习惯**”，而改变阅读习惯这事可非同小可；他们也讨论了“什么时候人人都能成为出版商？”和“编辑们何去何从？”这两个话题，并认为“出版商将把他们的角色转换为某种思想的发布者，而不是某本图书的发行商，而作者将在这场商业竞争中成为赢家”，也乐观地宣示“也许再过几年，出版业将会有一个炫目的未来，但，客户（读者）还是重中之重”。

大家都在“途中”，停、听、看、行——亲爱的朋友，重要的是最后那个字：**行**！

注释

[1] 请参阅《优秀编辑的四门必修课》一书，以及前文几封谈及“U–出版时代”的信。

[2] 根据“数字出版在线”的自我介绍，它是“汇集中国数字出版领域相关媒体工作者、专家、学者、一线从业人员的行业交流平台。网站在独立评论、客观分析、深入解读的基础上对数字出版产业进行引导、普及数字出版概念，宣导新技术及模式发展。‘数字出版在线’采用最新的技术手段让业界体验数字出版，从技术、趋势、运营等各方面指导数字出版实践，并在行业分析、市场调查、运营诊断方面提供专家组支援。”

崩解的年代，出版业何去何从？

当代是一个知识型社会，今天最尖端的知识，明天可能就变成常识了，所以需要不断地创新。

亲爱的朋友：

先凑一段老掉牙的趣问：

“有两个消息：一个是好消息，一个是坏消息，你要先听哪个？”

俗语说：“好酒沉瓮底。”好东西应该留在最后和好朋友一起分享，那就先说坏消息吧。

坏消息是，根据经济学家推测，世界经济暂时不会好转，至少在一年之内看不出起色，而且明年的成长率可能继续往下修正，甚至掉落到负成长，每个人的消费更趋于保守；书，不是生活必需品，出版业的辛苦，才刚开始。

大环境既然如此恶劣，还会有好消息吗？

有。

好消息是——恭喜你活在这样的时代，你大显身手的机会来了，世界（以及你身处的社会或行业）正等着你来改造。

好消息与坏消息，原本即如硬币的两面，共依同存。《老子》早泄露天机，有云：“祸兮福之所倚，福兮祸之所伏；孰知其极？”好事会变坏事，坏事也可以变成好事。

所以，症结在于怎么改造。全世界所有的大脑袋都在想，所有的执政者也都绞尽脑汁，显然的，困难远比知道的多，到目前为止，依然无解。

亲爱的朋友，你也想一想，处于其中的出版业该怎么办？

然而，麻烦还不只经济问题，科技的进步带入颠覆性的革命——U-时代来了。

我在上封信中，记录业界的心声，没料到居然激起不少回响：有肯定的，有质疑的；有忧虑的，有乐观的……莫衷一是。有两个恰好不同观点的回应，引述如下：

一是在台湾某报身负重任的老友，在孩子身上看到可鼓舞人心的现象，他在信上打趣地说：

咱家读国中的小儿，最近迷上九把刀，他不在网络上阅读，而是疯狂地买他的书，因为可以带到学校去上课时偷看；……我曾有意替他买个 Sony Reader，但页面太小（6 英寸），怕伤害正在发育期孩子的眼睛而作罢。现在只好任凭他继续买书、继续被他取笑："这作家很有名呢，你都没听说过哦。"

老友举了儿子的例子，好心安慰我：别悲观，纸本书的读者，不但存在，还生生不息。

另一位是去年夏天才从南开大学毕业、目前投入北京某科技公司工作的吴笛，他写了封长信，信上说：

……您提到人们的阅读习惯发生了改变这件事，我深有体会。因为足不出户就可以上网找到有趣的阅读材料，我已经很少购买报纸和杂志了，而是使用 iPhone 这样的掌上设备随身携带，随身阅读大量已经预先装好的电子书。

如果说电子书在阅读体验上输给纸质书籍的话，在便携性上则大大超越纸质书籍。毕竟随身携带厚重的读本，比携带一个体积固定、容量近乎无限的数码设备更困难，而这种困难，久而久之就会让一些人形成舍纸质书而取电子书的决定，并逐渐形成新的阅读习惯。

我现在已经离不开电子书了，我可以在排队等待、坐公车甚至上厕所的时候，很轻松地拿出 iPhone 来阅读我工作时根本没时间研读的古典名著。这大大提高了我每天的"边角"时间的利用率。基于我目前的体验，再加上您信中所提及的未来趋势，我觉得 U–时代可能真的会如期而至，进而全面改变今天人们的生活方式。

我会继续关注这个令人激动的话题……

在进一步探究这个话题之前，先将最近几天我读到的几则很有想象空间的新闻，在此报告一下。

先看全球媒体大亨默克多（Rupert Murdoch）的说论，大意是说：

媒体业者跟其他企业一样，都面临来自网络的新的竞争。其他行业都认为网络带来商机，而我们新闻同业中，有些受到误导的嘲讽之士，却忙着给自己写讣闻，面对新的机会不为所动。我的看法与那些悲观论者大不相同，**我认为报业将创下新的高峰**。因为社会大众比以往更渴求资讯，而在各种不同的声音当中，报纸可以成为可信赖的资讯来源。

有些报纸印刷版的销路将来可能减少，但在其他方面可以有所得，例如网站和利用电子邮件提供定制化的新闻和广告。在这个新的世纪，传送的方式可能改变，但我们内容潜在的读者却将增加好几倍。

可能过时的不是报纸，会过时的是有些编辑、记者与业主，他们忘了报纸最珍贵的资产是它与读者的连接关系。

另一篇是《联合报》少主王文彬先生在日前“世界中文报业年会”上发表的演讲，他坦诚明说：面对科技带来的剧变，报纸虽不会消失，但报业需要巨大的改变。他说，过去纸张是最便利的载具，但现在已不是，**报纸不会消失，只是载体不同了**。他认为应结合数字汇流，朝向影音、即时、互动、行动、搜寻等“**未来媒体**”的方向发展。好内容仍是新闻的本体，应走向与读者“合作与参与”，调整呈现方式。

报业大亨张晓卿（香港明报企业集团主席）先生，则一针见血指出，唯有“中文报业网络化，才能化危机为转机”。

亲爱的朋友，读完这些文字，已不需要我画蛇添足，强调何谓趋势了。

但，显然有人持不同的看法。两天前，我曾和出版界老友在 MSN 上讨论。他坚持出版是出版，网络是网络，特别是网络本身还在发展中，本身仍未定型，而“电子书阅读器”全面取代纸本书的科技时代还未成熟到可普及化。他认为，一颗苹果和一根香蕉是两种截然不同的东西，可以各自发挥优势，不可混为一谈；目前，将出版与网络结合在一起虽有不得已的现实考量，但在台湾，绝大多数的出版社规模甚小，难以两端兼顾，只能依自己所长，择一经营。

我和他的看法，基本认识是一致的，但我认为出版业者已不能自外于网络，必须全面接纳“**我们就是网络**”（We are the Web）的观念，去延伸共同的未来，否则永远陷于分裂（对立）性思考，很难跳出既有的思想囚笼。

我想起基辛格曾说过的话："在任何高度发展的社会（组织）中，都有一种内在的趋势，想要用**惯例**来代替观念。"他当时警告美国的话，现在读起来仍然没有过时："假使一个社会发展到了某一点之后，就感觉到再无开创之余地时，则它的发展已越过最高峰，此后就会无可避免地逐渐向衰颓的方向走去。只有发挥创造力，才能扭转。"这番道理也适用于任何群体组织，出版界是不是也该反思自己的处境，改变以惯例来代替观念的习性？当我们总是以过去的经验检视眼前的挑战时，我只能如此形容——每天只盯着自己肚脐眼的人，怎看得见穹苍的蓝天白云？

最近，读到有关日本出版的讯息，似可佐证U-时代的来势汹汹。

一是日本书商联合会宣布它的成员书店的数量，从1986年鼎盛时期的12953家，下降到2008年的5869家（约45.3%）。原因很简单，读书人口越来越少，很多人**转向新媒体**，例如网络。而依日本最大的报纸《读卖新闻》最新调查显示：在1812名成人受访对象之中，有52%的人在上个月当中未读过一本书；比起20年前，这一数字高出14%。实际上，从1996年开始，日本图书市场的规模就开始大幅度地缩小。《中国时报》记者黄菁菁参加首届亚太数字杂志国际会议，发自东京的消息称："平面出版业为了在网络时代杀出一条活路，业者纷朝数字化发展。角川集团董事长角川历彦表示，**日本所有内容产品可望在2011年以前全部数字化**，在网络世界里，举凡电影、电玩、音乐、广播、出版等都会绑成一体提供给消费者。"亲爱的朋友，这已经不是山雨欲来风满楼了，形势咄咄逼人，我们该如何接招？

总之，因网络及无线宽频的铺天盖地，网上阅读变成常态；因科技的日新月异，内容载体由纸张而电子书阅读器，使阅读习惯行为发生根本性的改变。我要说的是：一个新世界**正在**诞生，我们**正在**经历分娩的过程。

阵痛是必然的，没有阵痛哪儿有新生命的呱呱坠地。

大前研一说，**了解未来的关键字就是"Ubiquitous（无所不在）"**，无所不在即是："无论何时、无论何处、无论和谁都能够进行通信与传达的环境；所创造的市场，几乎可以说是无限的、不受限制的"。新事业的秘密，很可能就在Ubiquitous之中，未来的内容产业（请注意：我没用"出版"两字）的经营，会由一个崭新的系统架构（新产业链）运作吗？

现在，功课来了：什么是"U-出版时代"的新的系统架构，以及如何在

“新的系统架构”里找到新的**盈利模式**？

今天，我在一位走在时代尖端、非常用心的记者任殿顺先生的博客上，读到《香山论创新》的报道，有段文字让人深思：“在很多传统出版人大谈‘内容为王’时，澳大利亚DA资讯服务有限公司总裁瑞查·西格斯玛提出了数字化时代‘**便利为王**’‘**传播为王**’的观点，给出版业敲响一记警钟。他认为优质内容固然有其重要的一面，但内容是否能够方便地被读者获取，传播方式是否符合数字化时代读者的习惯，正变得比内容本身更为重要。”

坦白说，无论是内容为王、便利为王或传播为王，恐怕还有得争吵，但这段话大胆挑衅了我们习以为常的既有观念；难道，那把解开“新系统架构”里建立“新盈利模式”秘密的钥匙，就暗藏其中？

我不知道答案，我期待答案——并准备接受任何超越经验的答案。

12 成事者和任事者

“成事者”最主要的工作就在找人，雇用比自己优秀的人，放手让他们去做；“任事者”则是在“成事者”完全信任、充分授权下，大展身手；假使两者错置了位置，那将是一场灾难。

亲爱的朋友：

2008 年 5 月底的北京行，因忙于“认识北京”，只接触到出版界少数精英。除了前信提到的诸君，还有两家工作室的负责人：一是新经典文化的社长陈明俊先生，一是湛庐文化的总编辑韩焱女士。

博达著作权代理有限公司的陈嘉贤先生很早就跟我说，北京杰出的出版人和编辑人很多很多，依他几年观察下来，其中有两位代表了北京出版新崛起的一代。相对于诸多大出版集团而言，他们显得渺小而孱弱，但他们呈现于外的灵活、凶悍与精准，象征着明日中国出版界不容忽视的民间力量。

我一直牢记嘉贤兄的话。前几年到北京时，曾先后拜会陈明俊先生两次，每次都收获良多；而韩焱女士虽未见过面，但她的个人网页，我几乎天天造访，也曾利用 MSN 做过交谈。

这回到了北京，终于如愿以偿。可惜会面时间太过仓促（不敢占用他们太多时间），只能粗略记下直观印象。好在网络发达，从明俊兄的新经典文化网站和韩女士个人的 Blog 中，我对他们有了更深入的了解。从两位身上，我似乎寻回台湾六七十年代出版界风云乍起、英雄豪杰峥嵘头角的好时光——从这些新朋友身上，看到刚点亮的生命之焰，浅浅望去，虽如星火一豆，焉知有朝一日不会呈燎原之势？

“新经典”的出版内容，近似台湾“远流”加“皇冠”的综合体；而韩焱所经营的文化版图，则拥有“天下”“远见”与“时报”的色彩。北京的程三国先生在一次言谈之间，毫不掩饰对陈、韩的肯定和推崇，一再提示我，他们的未来不容忽视。

也许我年岁大了，在年轻人身上触引出反思自己当年的稚嫩，犯了不少错误。这几位出版新锐，他们的勇气与识见，在在勾起我对以往出版生涯无穷的感慨和悔恨，可惜人生难以回头，只能借着这机会，厚颜省思。

然而，面对中国出版百年一遇的大变身，我不得不说，我由衷地羡慕他们能亲身体验严酷的锤炼；当然啰，对我而言，虽时不我予，仍不免意兴情动，而生移情之念。有时候，不免会这么想：若换成自己身处此时此境，“假如我是出版社的……”，会怎么迈出第一步？

我以“过来人”的身份，试着回应这个问题之前，先请大家回答一个看来跟出版和编辑并不直接相关的命题，问问自己：

“我是‘成事者’，还是‘任事者’？”

所谓“**成事者**”，他善用众人之智，懂得“得天下英才而用之”，时时刻刻不忘**搜罗人才为己用**。

生于唐朝的赵蕤，在他所撰的《长短经》上说得简单而清楚：

在尧的时代，舜当司徒（掌管刑罚的最高长官）、契当司马（掌管军事的最高长官）、禹当司空（掌管土木建设的最高长官）、后稷当田畴（掌管土地农业的长官）、夔当乐正（掌管音乐的长官）、倕当工师（掌管工匠的长官）、伯夷当秩宗（掌管祭祀的长官）、皋陶当理官（司法官）、益当驱禽（掌管打猎一类事务的长官）。按具体的办事能力来说，尧赶不上他们其中的任一个，而尧当了君主，那九人却都做了他的臣子。

因为**尧知道他们各自的长处在哪里，做什么事比较适合**。

尧就在他们事功的基础上，称王于天下。

任何一个成功企业体的领导者，无不具有帝尧的特质，而成其大。刘邦得天下之后，剖析自己之所以能荡平群雄，归因于**懂得用人**，他说：“夫运筹策帷幄之中，决胜千里之外，吾不如子房；镇国家，抚百姓，给馈饷，不绝粮道，吾不如萧何；连百万之军，战必胜，攻必取，吾不如韩信。此三者，皆人杰也，吾能用之，此吾所以取天下也。”

得人者昌——企业的发展与兴盛，也不能自外于这一铁律。“成事者”就是站在组织顶端、统摄全局的人，他最重要的工作即在识人、择人与用人。远流的老板曾跟他亲信透露成功的要诀在“**能用能力比自己强的人**”，一语道破经营的奥秘。

所谓“**任事者**”，则善用己智，勇于任事，能独当一面——此乃张良、萧何、韩信等是也。他们专精于一，近乎大前研一笔下的“**专业者**”；在他们所活跃的时代，是那种不畏惧挑战，“没有路也要前进，能在荒野中找出路，在没有路的世界中观察、判断，然后带领组织（团队）步向坦途”的人。

像张良奇谋百出，窥破项羽最脆弱的时刻，不惜弃小信小义，发动决定天下归属的“垓下之围”，这种识见不是常人所能及的，这才是真正的英杰；而萧何能在刘邦败仗连连时，兵援与粮食仍源源不绝地捐输前方，才能支撑到胜利来临；韩信“明修栈道，暗度陈仓”，用兵如神，调动百万大军如臂使指，是天生将才。他们无视旧游戏规则的规范，在竞争中，看透形势变化，粉碎既存的条条框框，写下历史新页。

看了以上“成事者”与“任事者”的粗略分际，若逼问自己是前者或后者，不免落入“或此或彼”的两分法陷阱。真实的人和真实的人生，可不是像刀切豆腐这么简易。

当我年少时，深信“什么就是什么”，黑白分明。后来在李敖主编的《文星杂志》上读到一篇谈《什么就是什么？》的文章，才觉悟到现实世界的样貌，复杂纷扰，难以截然两分。读巴斯卡（Blaise Pascal）的《沉思录》让我彻底苏醒，并将心得整理成《正义是什么？》，警惕自己保持清醒，因为光是一条子午线便能分割出完全对立的信仰和价值观，左边“黑称白”，右边“白称黑”，而它本色很可能“非白非黑”。

后来，何秀煌的《0与1之间》[1]使我心里越加清朗，他告诉我真实世界不是“非0即1”或“非1即0”，从0到1有无穷尽的分割，如0.0000000……1到1，从左极到右极，怎么可能简化成0或1的抉择？

所以，两分法虽不失为一种思辨工具，但不免沦于过度简易的判断或论述。因此，“你是‘成事者’还是‘任事者’”的问法，不论答案是A或B，在真实世界里是有欠周延的。

但，问题又来了：两极之间，像磁铁两端，仍有“极性”存在。

——近0者，趋0；近1者，趋1（两极性原理）。

实际上，平凡的我们，性格上同时具备着“成事者”与“任事者”两种素质，是个混合体。它们构成的比例，人人不一，有的“成事者”的成分多些，有的“任事者”的成分多些，由0到1组成每个人独有的性格。事实上，在日常生活中，这两端性格，常常不由自主地忽隐忽显地暴露出来，很容易不小心误读了自己的倾向。明明是近于“任事者”性格，却以为是趋于“成事者”；反之亦然。所以，投入职场首要之事，即在从“趋极性”中认识自己，可免去未来不少困扰。

十多年前（1997），我曾在《天下杂志》专访联华电子董事长曹兴诚的文章中，读到他对人才的独特见解。他的说法更贴近实际情况，有助于落实“成事”与“任事”的具体作为。

他认为在形形色色的工作伙伴中，有善于分析的，每遇问题，必条分缕析，剖解得层次分明，但他却可能拙于对策建议；有人能聆听各种状况分析之后，立刻提出因应之道，列出甲、乙、丙、丁等解决方案，却怯于或盲于抉择；有人勇于承担，能在诸多头绪中果断抉择；有人能将决策贯彻执行，不达目的誓不休。上帝造人，揉揉捏捏中，有些特质多些，有些特质少些，结果造出各有千秋、互有长短的各色人等，繁美绚烂。成事者即在众多任事者里，了解他们的特点，将人组织起来，安置于最佳工作岗位，让他们尽其所能。

在IT产业里，曹兴诚先生是非常重要的代表性人物，业界曾冠以“枭雄”之称，可见他的凶猛、锐利和霸气。他是台湾第一个把积体电路产业民营化的人，第一个将“员工分享红利”制度化的人，第一个鼓励员工为公司发展、冲出去创业的人。

《天下杂志》两位优秀的记者（庄素玉、王志仁），在报道中综述曹兴诚的经营心法，除了要“人尽其才”之外，他还认为：“管理很简单，就是‘逻辑’加‘常识’。从逻辑分析层面看，**将利润分享员工**[2]，最能留住人才、累积专业，并且吸引更多人才进来，所以联电开风气之先，发股票红利给员工，造就了许多30岁的千万富翁。从常识判断层面看，曹兴诚掌握人性对‘成就感’的渴望，鼓励员工为联电集团创业。借由不断成立新公司，**让部属出去当总经理，打造新的舞台**。……联电与各子公司间互相投资持股，让彼此的地位更稳固。”就这样，联电发展出一堆在相关产业链里各领风骚的关系企业（子公司），整合成庞然巨物，跃升为世界性企业。

曹先生对人才的看法非常深刻，出版界领导人或许能从中啜尝其成功的滋味。当记者进一步问他，他跟和他一起创业的工作伙伴怎么分工？他说：“大部分的事都是他们在做，我是管管财务、策略和**找人才**。……如果大家都忙得过来，我最好什么事都不管，如果我忙的话，可能不太好，太忙就不能**审时度势**。”亲爱的朋友，若将沈公（沈昌文先生）说的，编辑要“**了解动向**”一词，合在一起理解，不正好点出了何谓“高瞻远瞩”？

曹先生有段评估人才的话，如今听来仍掷地有声：“我常讲，干部（人才）是 Those who make differences。不能 make differences，老实讲，不能称为干部（人才）。……用人，绝不能凭自己好恶，有的部门主管，底下各种各样的人都有，这人能干；要是底下都是一个模子浇出来的，这人也不能用。”[3] 不妨想想，帝尧手下都是尧、刘邦手下都像刘邦一样的痞子，他们还有事功可言吗？

我非常认同他用人的观点。但在曹兴诚先生身上，我们看到同时混合着“成事”和“任事”，它们的比例是 98:2（或 2:98），还是 49:51（或 51:49）或其他？

显然，他的极性或偏于“成事”，但却又那么勇于“任事”——这可是非常特殊的性格。

花了这么多篇幅说明“何谓‘成事者’与‘任事者’”，究竟和“假如我是出版社的……”有何关联？

有的，这是通则。不论你投身何种业种，请先了解自己是更接近于“成事者”还是“任事者”的格局？

假使你的性向接近于“成事者”，恭喜你，你有福了。你最主要的工作就在找人，把你想献身的事业领域里的人才聚集起来，由他们去开疆辟地，为你打造版图。你千万不要太有能力（太自以为是）、太勤快到事必躬亲——别忘了，你的事业奠基在“他们事功的基础上”。

假使你的性向接近于“任事者”，恭喜你，你也有福了，因为你可以在“成事者”完全信任、充分授权下，大展身手。你的梦想因你的专业，终于可以实现了。

但，假使“成事者”与“任事者”错置了他们的位置，将会如何？

亲爱的朋友，打从开始我就招认，这是我厚颜检讨自己的机会，因为我就是负面实例——把自己移动到不适当岗位的人。

扼要地说，我明明是趋近于“任事者”的性格，但在过度自信下，扮演了“成事者”的角色，却昧于“成事者”的功能是识人、择人与用人，而我实际上却做着“任事者”的事。**占着高位的人，一旦自舞其智，不懂得善用人智，**

焉能不败？说赤裸一点，应该让你的工作伙伴高高兴兴做他最爱做的事（“做他最爱做的事”一语，当然有条件限制，譬如面对市场的绩效评估），而不是做你想做的事。做不到这点，就不是在培育人才，是在糟蹋人才。（唉，从这一点看，我罪孽深重！）

在我后期职场生涯，犯了这致命之错，辜负了所有爱护、支持我的人。现在当我回想从前，那些熟悉的面庞在脑海浮显时，心里尽是愧疚，我亏欠伙伴们太多，而且再也无法使时光倒转，还他们一个公道。

写下这些，一是每次忆苦思甜时，常百感交集，于心难安；一是希望为后来者戒！

交代完这些，就可以在这基础上，回答“假如我是出版社的……”的问题了。因为，你既已知道自己是哪类性向的人，未来事业的发展蓝图该怎么设计，理当胸有成竹。

假如我是出版社的**老板**，呃，我们先来搞清楚，它将会是一家怎样的出版社？

例如，像台湾的“1 人出版社”，老板是自己，伙计也是自己，而集编辑、营销等于一身，那么，这一封信所说的内容，跟你无关，你只需诚实做自己就行了。

倘如你的出版社稍具规模，又采取了积极成长的发展策略，做老板的就有招募工作伙伴的需要。请注意，根据主事者的性向，出版方向有两种可能：一是做你想做的；一是做他们想做的。若是前者，证明你是喜欢自己玩的“任事者”，我建议你，出版社千万别让它膨胀，只需支撑一己理想的少数同好协助便可，因为你需要的是贯彻你意志的执行者；若是后者，具有趋近“成事者”性格的话，你最重要的工作即在随时留意人才、搜罗人才为已用；而所选用的人才，决定了出版社的成败。在《从 A 到 A+》一书中，作者柯林斯（Jim Collins）一再强调人才的重要性，必须先找到你要的人，他自然会组成独特的经营团队，完成**他们**共同的梦想。

一旦走向规模化的发展之路，出版社即不能自外于企业经营的商业逻辑，像上述曹兴诚先生的观点，对文化工作者而言，就充满启发性。我曾在网络上摘录到史学大师余英时先生的文字（未见出处），我**刻意把它错放**在人才搜求和组织运作中理解，居然让我兴起莫名的感动，而且若将曹先生所强调的“在一个良性组织体中，**人才多样化**的重要性”的意涵结合起来，使我们有更深刻的体会。他说：

西方音乐讲的“和谐”（harmony）就是指不同的音阶**经过一定的处理**，才能够搭配得比较得当，才会有和音的形成。和谐的前提就是承认不同、尊重不同；只有不同才能和谐，和谐不是保持一致，否则就是强制一律，反而会造成不和谐。

可不是吗？一种乐器独奏时，可穷其技巧，让聆赏者沉醉于中，像郎朗、李云迪的演出；一组乐器合奏时（如交响乐团），多样的各类乐器与乐器之间（经过一定的处理）形成的共鸣，是另一种组织与秩序的美，很像规模化出版社内部关系的说明，那是集众力于“**壹**”的艺术形式的至高表现，而你是熟知每种乐器、演奏者、场所、聆赏者……并知道如何去驾驭、协调的指挥家，像托斯卡尼尼（Arturo Toscanini）、卡拉扬（Herbert von Karajan）和祖宾·梅塔（Zubin Mehta）那样。总而言之，如何留意周边各有所长的人才，**冶于一炉**（team），让他们各自发挥、各拥天地，共生同存，是出版界“成事者”的大考验。

假如有想投身出版大业的人，要我提供意见的话，我会建议他以孔老夫子说过的四个字——**和而不同**——作为社训、作为公司治理和公司经营的最高指导原则。

何谓“和”？和者，“和众”也。

何谓“不同”？不同者，“求异”也。

为什么急于提出“社训”？因为我们需要。我记得读《孙子兵法》时，首篇《始计》，有段很值得三思的话：“**道者，令民与上同意，可与之死，可与之生，而民不畏危也。**”我要寻绎的是其中“道”和“令民与上同意”的现代意义。什么是“道”？有人把“道”解释成信仰、愿景、中心思想、主义、意识形态……在不同情境有不同解释，不同解释会延伸出不同的价值观。在这儿，我把它衍义为朴实的“经营理念”，以此结合同志。换言之，你苦心寻来的人才，必须认同他，在这最高指导原则下，去完成使命。一般人常轻忽“道”与“令民与上同意”的严肃性，一个理念分歧的成员所组成的公司，是不可能形成**长期战略目标**的。公司的全体成员，若不能（经过一定的处理）在**同一经营理念**下齐心协力，凝聚战力，这公司难成气候。

"和而不同"作为社训，是充满进取心，同时兼及内外的公开宣示。它先求"和"，次求"不同"，即含深意，颠倒过来思考，就成一场灾难了。

这四字内涵丰富，无论应用在人事管理、编辑方针或营销原则等方面，都非常实用，此信已太长，先置此不表，以后有机会再述。

总之，我们可以肯定的是，能否建立起竞争的核心能力，即系于人才的消长，**谁拥有人才，谁就拥有未来**。当年远流出版公司的版图，就是如此这般建立的（王荣文找到詹宏志，詹宏志组成他的工作团队，这家公司从此有了不一样的面貌；而詹宏志筹组城邦出版集团的创业模式，更常为后继的出版人套袭、应用）。

在这世界，百分百的"成事者"毕竟是少数，绝大多数人的性向趋近于"任事者"。所以，"假如我是出版社的**编辑**"时，我们想问：身处当前出版形势，编辑该做什么？能做什么？

首先，我得承认，我不是适合的解答者。一则我退休太久，职场情况已无法掌握；一则书市环境变化太快，过去的经验已不足以用来解读眼前的问题。我所能提供的，只能算作建议，真正该怎么往下走，还得靠自己。

作为称职的好编辑，请把自己锻炼成"**专业者**"。依大前研一的释义，光是做个"专家"，顶多成为某一领域高手（老师傅），而专业人士则必须具有观察力、构想力、分析力和整合力，更重要的是正确解读、洞察21世纪经济的能力（先见力）——**找出未来可拓展的领土**。假如我们接纳大前的见解，面对现实进行思考的话，立刻发现危机四伏，因为我们正迈入不熟悉的世界，传承的经验仿佛无法解决迎面而来的变化，而改造世界的，是一种全新的、正在深化的、还未定型的新东西：网络。

无所不在的网络世界，渗透一切，出版界更首当其冲。

内容生产不再掌控于少数人手上，风起云涌的Blog，每天制造天文数字的内容，泛滥于世；亚马逊网络书店推出第二代Kindle 2，功能强大，可在一分钟内完成下载，能储存1500本以上的电子书；2008年开年以来，短短两个半月中，美国又有33家报纸声请破产，其中部分改发网络报，由于前景未明，预料未来还有更多报纸走上不归路。显然，以纸张作为内容载体的时代正面临崩解。营销渠道的情况也好不到哪里去，实体书店日益萎缩，更多的交易移向网络了。

在这时代背景下，5年或10年内的编辑，会是什么样态？

那时候，还需要编辑吗？若还需要，该怎么掌握内容来源？在网络脉络里（和），你的位置在哪儿（如何不同）？

在《优秀编辑的四门必修课》里，我曾触及这个问题，也谈到“长尾理论”中 N 与 n 的关系：$N = n_1 + n_2 + n_3 + n_4 + n_5 + n_6 + n_7 + n_8 \cdots\cdots + n_\infty$。

这个式子的意思是说：“大写的 N，代表了像亚马逊和 Google 这类公司及其整体获利；小写的 n，则代表所聚集的无数商品，它们的销售记录，型构了所谓的‘98% 法则’中的长尾。简单说，N 的获利来自无数 n 的贡献。”

这就是一种竞争优势。

刚出版的《知识通讯评论》介绍大陆出版近况，起点中文网的成果，证实了这种现象：

大陆起步较早的起点中文网已成为全球最大的中文网络原创文学平台，拥有作品 22 万部，总字数 120 亿，日增新作 3 千多万字，每日最高 PV（网页浏览量）达 2.2 亿，其中 30% 的 IP 来自海外。

有一个很值得关注的现象，当全球性经济寒流袭来时，并没有使网上写小说的人和网上阅读的人降温；相反的，近几个月来更显火热。

这些文学网站一般采取先免费阅读一段时间，随后收费。每千字 3 分钱，两分给作者，1 分留给网站。别小看这两分钱，大陆上几个知名线上阅读网站，造就了大批月入上万甚至上 10 万人民币的高薪写手，其中起点中文网即产生 10 个年收入百万人民币的作者，近百个收入上 10 万的作者，而收入上万元的超有 1000 人。

起点中文网是大陆网上游戏大亨陈天桥先生的事业之一，他创设大水库（N），找到新的凝聚方法，掌握创生源，一劳永逸地解决了网上游戏新产品的来源问题，同时在大众文学领域抢占进可攻、退可守的优势位置。

亲爱的编辑们，你看到“未来可拓展的领土”了？你的竞争优势在哪里？

除了“专业”，别忘了沈公传授的智慧：**了解动向**。

“了解动向”的目的是要驾驭并参与“动向”所指明的机会。我读《知道》，归结到最后，“了解动向”显然是沈公开启机会之门的一把万能钥匙，从这角度理解他的一生和他的编辑之道，整个脉络就贯通了。他能在迷雾笼罩中知道出口在哪儿，在顺应时势的同时，技巧地**引领时势**朝向他预期的（正确）目标进发。他“和众”却又不露痕迹地“与众不同”，“和”使他在群体之中悠游自在，“不同”使他编出来的书刊创新市场。奇怪不？他总是恰如其时地找到新作家，开发出新市场，赚得一桶又一桶金。《知道》中还透露不少在特殊时代背景下高难度的编辑心法，如“引而不发”“废物利用”即是，看他如何曲曲折折地从困境突围，将隐藏内心最深处的理想，像春蚕吐丝般化为实品，每看到这些章节，忍不住双眼微湿。

既然明白“了解动向”的必要性，那么眼前的“动向”是什么？该怎么了解？这一课，没人能给答案，得由你去追根究底了。

然而，“了解动向”之后的下一步又是什么？

剥开外表，回归根本：问问自己是长期利益或短期利益追逐者？

这个问题也可以换个问法：需不需要一个**长期策略**来经营自己和事业？

我非常欣赏创立亚马逊的杰夫·贝佐斯（Jeffrey Preston Bezos）成功以后，在年报里写给股东公开信中的话：**“这一切全都与长期有关。**（It’s all about the long term.）”以我的认知，能恒久发展的公司，长期策略是不可或缺的——对带着文化理想性的出版社而言，尤其重要。我在沈公的口述自传中，也读到**类似**针对性的观点：

……钱赚多了怎么办？你就发展文化事业，用我的语言来讲，就是做长期投资。有人说，搞出版社嘛，要讲经济效益，还要讲文化。我是不会讲文化的，我全讲经济效益，无非是短期投资或者长期投资。文化需要长期投资。

你要想有一个品牌，一个文化的形象，短期内是不现实的，所以就需要长期投资。畅销书需要做，要有专人来做，但是更需要做长销书，品牌和文化形象是从长销书里边出来的。所以我一向主张，编辑部里要设两个摊子。

如何做出“品牌和文化形象”，当然需要“长期”经营，经营策略的拟订，必须深思熟虑。詹宏志领导远流转型的过程和沈公的讲法颇为相似，远流在应用知识领域赚了钱，宏志立刻深化出版品内容，筹划了“新桥译丛”“西方文化丛书”“欧洲百科文库”等书系，分别请学有专长的学者主编。这个做法，一方面善尽知识分子的社会责任，填补当时知识真空；一方面提升出版社的社会地位和影响力。从出版书籍布局来看，编辑部也有两个摊子，其中一个是宏志利用外人的智慧，在不干扰公司内部作业下，使远流在学界厚植实力，因此拥有难以估算的潜力量（巧实力）。他是知道如何赚钱，更知道如何花钱的专业经理人。

接下来，编辑应认知到出版是学习如何经营独占或独大的**利基市场**，找出远离竞争的领域切入，另辟蹊径，让别人变成跟随者。我一再举出詹宏志“大众心理学全集”企划案实例，目的即在昭明“山穷水尽疑无路”的时刻，总有人能拨云见日，果然“柳暗花明又一村”。

之后，还该做些什么，似乎已不是这封长信能负荷了。

最近这段时间，读到三篇刊在“数字出版在线”的宏文，非常精彩，借此一角，推荐给大家分享。

一是赵斌先生新作《传统出版产业的未来》。当年他分析《诚品报告2003》的文章《华文出版的现状与发展》，写得鞭辟入里，放眼台湾，一时还看不到可并驾齐驱的人。我曾推荐给老猫，在他网上刊出。今天又读到他的大作，依然为之心折，读友切勿错过。

一是，聂震宁先生的大作《距离成熟还有长路要走》，讨论了“出版业与数字出版距离有多远”这个问题。

一是王亚民先生旧作新刊，他写于2006年的《电子书来了，传统出版还能走多久？》，仍值得咀嚼。2002年，我和王先生在北京曾有一面之缘，他远从石家庄驱车前来，匆忙两小时会晤。我急于推销合作方案，不知竭诚请益，可惜了。此时读他这篇文章，即可了解他所主持的河北教育出版社为什么能在当年脱颖而出了。

接受先驱者思想的熏陶，永不嫌晚。

注释

[1] 《0与1之间》，何秀煌著。此书因出借朋友未还，而今只能凭残留记忆略述一二。在当年，他另一本《记号学导论》则是我用来自修的书，可惜我程度差，勉强读了半部，之后就没有能力深入下去了。何教授是位杰出学者，曾是香港中文大学文学院院长，著述甚丰。他的散文，风格独具，令人着迷。现已退休，回宜兰静享田园生活。

[2] 分享的观念，自古即有，特别在打天下的阶段。请参阅《楚汉双雄争霸史》（司马辽太郎著，钟宪译，远流出版）中，陈文德所写的导读《猛狮、智狐争霸战》。陈文德认

为，刘邦问群臣的话："吾所以有天下者何？项羽之所以失天下者何？"世人都以刘邦自称"得三杰之助"作为正解，但依文德兄见解，刘邦一生诳言，不说实话，反倒是当时长随刘邦的高起和王陵两人的回答，点破了真相——**因为刘邦懂得分享**。根据《史记·高祖本纪》记载，高起、王陵回答刘邦的问话，说："陛下慢而侮人，项羽仁而爱人。然陛下使人攻城略地，所降下者因而予之，**与天下同利也**。项羽妒贤嫉能，有功者害之，贤者疑之，战胜者而不予人功，得地而不与人利，此所以失天下也。"这段史实可供玩味之处甚多，陈文德着墨颇深，他的分析可让我们对握有权力者的内心世界，有更多领会。而曹先生这段话用来解释刘邦之能得天下，本应如此。

[3] 曹兴诚对人才的看法，有两点我特别有感觉：一是论及决策，他强调胆和识的重要，**有时候，胆比识还重要**。一是他注重实效，认为"**人才不是用看的，而是要用绩效来表现的，更不是靠嘴巴讲的**"。坦白说，我见过很会说或很会写的所谓高手，每次听其言、读其文，让一些经营者为之着迷，争相想揽为己用。等到他挑起重担、独当一面时，所交出的成果却平庸之至。曹先生的这些话，区别了人才的各种面相，以及运用人才时，如何"适材适所"。

13 和而不同

首先学会融入其中，若要更上层楼，唯有“从否定现状开始”，找到新的领域——“和”是沃土，“不同”是沃土上生长出来的结果。

亲爱的朋友：

有位刚加入编辑队伍的年轻小友，读了《优秀编辑的四门必修课》后，写了封电邮给我，大意是说：

“我读完您写给编辑的信了，但对我现在的工作，似乎帮助不大。您说了太多过去的事例，又讲了不少至少到目前为止，还没发生的‘忧虑’——都距离我太远了。我诚恳地请托：能不能教我几手立刻能赢的方法，我要是连现在都挺不过去，明天又在哪里？”

说得好！但，我却困惑了。

我不认为自己在写“编辑职场生涯 3 分钟谋生术”，我只是用自己的眼睛或心思所及，记录下曾发生过的事、正在发生的事以及或将发生的事，希望读友从中体会出连我也无从知悉的新想法。我记录的这一切，“不是重温旧梦，而是给过去新的注解”，这样来理解，就不会误读了。

坦白说，若想从我的信中得到像 1 + 1 = 2 似的“标准答案”甚或“如何约稿？”“如何计算成本？”“如何和作家来往？”“如何找到畅销书？”，恐怕这样的读友要失望了。因为它们完全不具这种效能，只是用新吸收的知识解释过去的案例，从新的科技发明，想象出版与编辑将面对的挑战。它们不是解答，也不提供解答，更不是 ABC。它们希望读友进一步去思索、去追寻自己的未来之路。换言之，你所期待的解决方案握在你自己手上，它不会从天而降，它一定在，但不一定是你找到。我在信上所讲述的是，有人在他那个时代，曾经拨云见日，创新出版。我试着探索：是什么因缘成就了他们？

这封信仍一本初衷，续谈我的编辑心法——**和而不同**。当然啰，仍然“没有答案”，假如你是始终不懈的学习者，有些描述或许能搏你会心一笑。

且来说说“和而不同”的“**和**”。

和，要能“和”众、“同”意，又能“共”生（不是我打倒你，你打倒我，而是我活你也活，只是各有各的活法），这是非常重要的事。做不到“和”，在出发点上就出局了，少了和的基础，也失掉了着力点。

太保守或太躁急都会误事。先学会融入情景和时潮，融入才能优游其中，做个弄潮儿；若要更上层楼，唯有求异，“求异”就是“从否定现状开始”，迈向没有地图指引的地方，找到新的领域——所谓创新，所谓“紫牛”“蓝海”“开发无人地带”“另辟蹊径”，应该就是这个意思。明白其中道理，就明白“和”乃是脱胎换骨之本，而“**不同**”的创意能量，即萌芽其中。

有了“和”做基础，“不同”才有彰显、出头的可能。总而言之，“和”是沃土，“不同”是沃土上生长出来的结果；“和”是本，而“不同”的发掘过程，是一条育成之路。

以下，还是让几个小故事，来阐明我的理解吧！

【故事 1】

朋友中，不少人买了游戏机 Wii，放在家里，阖家同乐。他们每提到 Wii，会莫名地兴奋起来，几乎异口同声赞美它是最适合“全家乐”的发明。

根据资料，到 2008 年年底，Wii 的销售量达 4496 万台，比 Sony PS3 和 Xbox 相加起来的数量还多。

Wii 是什么，居然让老人、小孩，不分男女都沉迷成痴？

这一切，其实全是宫本茂惹出来的。

2003 年 9 月，任天堂负责软件开发、有“现代电玩之父”之称的宫本茂，被有史以来最大赤字（30 亿日元）吓到了。回到家里，看到从来不玩他开发出来的电玩、正忙于家事的妻子时，忽然蹦出一个念头：

“假如能让从来不玩游戏机的家庭主妇爱上它，那是多大的商机？”

他认为“如果我们可以改变自己的妻子，就可以改变每一个人”，他将妻子对游戏的关心程度作为指标，戏称为“妻度计”（Wife-o-Meter，结合妻子 [wife] 与温度计 [thermometer] 的自创单词）。

于是，扩大电玩对象，让不玩电玩的人一起来玩，形成“新电玩”的战略目标，代号“Revolution”（革命）的开发案终于成案。

2006年年底，Wii诞生了，果然是场革命，它席卷市场，改写了电玩的定义。

宫本茂总结他的经验时，说："勇于冒险，不要想着会失去什么，而是去思考会得到什么。"

【故事2】

被尊称为"7–Eleven之父"的铃木敏文，接受台湾《商业周刊》邀请，担任2008年12月的"客座总编辑"。他是一位视变化如常的企业家，他说："世间的事物是经常在改变的，当然这看历史就知道——一直在变；所以，要站在'经常在改变'的前提之下，坦诚接受所有变化。"他写给采访团队的题字，是"**变化对应**"四字，由此可略窥他"以一个毫无消费与零售经验的门外汉，一手建立了现今全球人们看到的便利商店经营模式"的过人之处。

有趣的是，他23岁从日本中央大学经济系毕业，第一份工作是在东贩集团担任介绍新书出版的《新刊News》基层编辑。

让我吃惊的是，原本只有5000份发行量的杂志，在他规划之下，成长为13万份。

我想了解的是，他做了什么？

在《商业周刊》的访问中，只举了一例，却已经可以充分说明他"变化对应"的本事：他做了当时的编辑不敢或不屑做的事——邀请名作家谷崎润一郎与女明星做"纸上座谈"。简单地说，铃木敏文不怕改变、不遵循前例的性格，将原有的读者群，通过女明星的美貌扩大了，**将不读这类杂志的人，变为新读者**，杂志的影响力也因此大增。

他对于"不受限过去经验"的诠释与众不同，他说："人都有两种思考模式：一种是思考'过去都是怎么做的'；另外一种是对未来有个蓝图，然后思考'现在想要这么做'，我大概是后者。"

他的创意不断，7年之间，铃木敏文升任主编。

【故事3】

高信疆，以20多岁的年纪，由时报大家长余纪忠先生不次拔擢，接掌《中国时报》人间副刊，这在20世纪70年代是石破天惊的破格任用。

高先生**敢于扬弃**副刊传递文学使命的狭窄传统，走不一样的路。他重新将"文学副刊"定位为"文化副刊"，使内容有了最大包容性，而不局限于小说、散文和诗的承载。他进行形式改革，和设计家与画家结合，全面翻新版面设计，一新众人耳目；他引进新的文体（如“报告文学”），与社会弱势阶层对话，将社会关怀通过文字传播的力量，变为共同关注的话题；他和出版社合作，刊登话题性的书摘，创造自己“被利用的价值”，串联被人疏忽的外在力量；他举办文学奖，吸纳新生代加入阵容……当时的文学热度，可用**“沸腾”**两字来形容。在那年代，人才辈出，气象万千，高信疆和他结合起来的阵容，代表了迈向开放社会的一股新锐之气。

他做的事，像所有革命家一样，在承续传统的同时跨越传统，将经营的领域（内容）扩张，容许更多不同的声音和表现手法借副刊呈现出来，副刊不再是少数文学爱好者的禁脔；他走出象牙之塔，走入群众，倾听土地和人民的声音，并得到极大的回响。他把过去对文学与艺术冷漠的旁观者，变成新的读者，也可以这么说，**他扩大了副刊的阅读对象，把文学版图拓展出前所未有的疆域**。

高先生在文坛能引领风骚 12 年，岂是偶然！

【故事 4】

这是发生在上世纪 80 年代前后的事。

一向意气风发、不断推案的远流出版公司，遭遇到转型的瓶颈。

经营者王荣文邀请年纪不到 30 岁的詹宏志出任总经理，一肩挑起再造远流的责任。

现在回头看这段历史，有很多事值得反复咀嚼。因为在我的认知中，詹宏志经营远流的事迹本身就是一个**划时代的出版（商业）模式的翻新**。他是第一个将商业思维全面导入出版事业，并获致大成功的人。他本身即是书迷，爱书成痴，而且兴趣广泛，无书不读。他本科念的是经济，但小说、诗歌、评论等文体样样出色，在文化界很早就显露才华。痖弦是业界最早知道他非池中之物的人；中时大家长余纪忠先生则是真正委予重任，让他独当一面的人；先是《工商时报》副刊主编，不久即出任《时报周刊》总编辑。王荣文找他的时候，他才从《时报周刊》史上最年轻的总编辑大位辞职；那时的他，是天空熠亮的新星，他的崛起，像传奇一样为人传颂。

以今天的眼光来看，詹宏志还未加入的、早期的远流，出版物缺乏长期线型规划，每一种书都靠自己单打独斗，在书市求生，无法累积成果。

那时的出版界，是五小（纯文学、尔雅、大地、洪范、九歌）天下，整个书市的特色是“独尊文学”。

假如当时詹宏志领导的远流也加入这片红海混战，必然遭遇围堵，胜负难料；即便赢了，也不过是分食者之一，难成大气候。他非常聪颖，决定另觅利基——选择了非主流的、文学领域外心理类书籍，背水一战。那儿，没有强大的竞争者，更没有领先者，先进去整合的出版社，即能独享市场。

远流出版“大众心理学”丛书之所以被台湾出版界视为经典战役，因为它从领域的择定、编辑方针、定价策略、发行暨营销技巧的细腻布局，在当时都是开了风气之先。

在那年代，谁敢一次推出40本书，凶猛上市？巨大的出书量，立即成为新闻焦点。在那年代，詹宏志运用他的影响力，在书还没上市之前，序跋、书介在主流媒体已喧腾一时，比花钱登广告的效益更大、更强。[1]

詹宏志“和而不同”，敢为天下先。他勇敢地以**新的编辑方式（书系品牌化）切入市场，组建新读者**。他将心理学经营成新显学，当时的学生和上班族几乎人手一册，手捧远流版的心理学丛书，表示自己的前卫、进步与时髦。

若干年后，许多学校图书馆添、补书籍时，“大众心理学”仍常常被整套勾选，由此可知其渗透力道之广且深。

这个出版模式在远流一再复制，创造了“远流奇迹”。

类似上面的故事，还有不少，情节虽不尽相同，但内涵都颇相似，也就不再重复。从这四则样板中，我们似乎可简略归结出“要继续生存下去，必须与众不同”的旨趣，但请小心，千万别忘了有个前提——**和**。因为唯有身在其中，了解情势，才知生存艰辛；因为了然艰辛，才会努力创新（求生）。

有些网友告诉我，读《优秀编辑的四门必修课》的最大收获，是读我未曾实现的企划构想。有些小友和我在网上经常互通音讯，成了忘年之交，所以，说起话来特别直率。他们不止一次建议，多讲案例——不是我写的企划构想有多动人，而是它刺激了阅者的想象，让读的人思潮汹涌，浮想翩翩，衍生出自己的点子。

我没料到有这种节外生枝的奇效，大乐之余，忍不住手痒，又想画蛇添足了。

既然是不存在的蛇足，容我用最扼要的文字稍作说明。

当年，我主编的“实战智慧丛书”侥幸占有市场一席之地，但很快发现它的软肋——争译国外知名作家和著作，是条充满荆棘的路，因为各家出版社相似的路线都在抢同样的作者或作品，不自觉地陷入同质化的泥沼。长此下去，大家都长成一个模样，对读者而言，我们全是一个模子浇出来的。

破解之道，即在“**独特，或者差异化**”。一方面，不放弃国外知名作家和著作的翻译（和）；一方面，另行布局，精心策划一条副线，名之曰“中国式管理”（不同）。此案后来几经转化，抽绎精髓，变身成“实用历史丛书”，推出之后，赢得市场丰盛的回馈。

我要说的是，“中国式管理”仍是个可经营的概念，当初有鉴于条件不够成熟（能写的本土企业与企业家太少）而放弃，现在似可重新考虑了。

那时候，我第一本策划的书是《不竞争原理》。

【故事 5】

《不竞争原理》的想法非常简单，也很中国，只是想以“黄老思想”为企业把脉，用《老子》《孙子》等里的观念，找出国内外企业的制胜之钥。譬如：

百战百胜，非善之善者也；不战而屈人之兵，善之善者也。（《孙子·谋攻第三》）

善为士者，不武；善战者，不怒；善胜敌者，不与；善用人者，为之下。是谓不争之“德”，是谓用人之力，是谓配天之极。（《老子》第 68 章）

天之道，不争而善胜。（《老子》第 73 章）

“善为士者”的“士”，可移用为领导者；“不与”，“与”通“争”，即不争。“**不战**”和“**不争**”的观念，也可以用在企业经营中而大放异彩。畅销世界的《蓝海策略》，讲的不也就是“不竞争原理”？

我曾在介绍美国通用电气总裁杰克·韦尔奇的文章中，读到他接任之后，大刀阔斧改造公司，只允许在各领域里数一数二的事业单位可以留下，达不到标准的，毫不留情地予以关闭或分割出售，他要的是“不竞争”。

美国威名百货的创办人山姆·沃顿（Sam Walton）创业之初，避开城市，选择乏人竞争的城乡布局（乡村包围城市），坐大之后，才回头接收市场。

中国新崛起的企业中，也不乏这样的例子。

像《蓝海策略》这样的书可红遍世界，我们的学者难道写不出《不竞争原理》？

将《不竞争原理》作为“**中国式管理**”系列丛书的先锋，也许值得冒险一试。依我做事惯例，会先列虚拟书单，从书市中撷取吻合旨趣的书（如《水煮三国》《潜规则》），开列至少 30 本以上的名单，让大家感受并研究书系的整体形象。有了共识，再来剔虚补实，努力组稿，定下年度出版计划，按表操作。

假使当初这条副线成功推出，自然而然让“实战智慧丛书”添增不同风貌，所谓差异化，这就是吧！

[1] 讨论有关“书系”的文字，请参阅《优秀编辑的四门必修课》中的《书系的经营》《书系构筑之谜》和《聪明的拷贝》等几封信。

14 出版的未来，“云”知道？！

在旧典范往新典范移转过程中，我们发现一个非常重要的关键检验点：大众阅读习惯的改变。

亲爱的朋友：

什么是 AG25 年？什么是“云”？

长期以来，我们一直以耶稣诞生那年，划分为“纪元前”（BC）与“纪元后”（AD）来记载事件。可是，大前研一认为现在应该增添一种新的纪年方法，来表述新时代快速变化的面貌。他提倡以比尔·盖茨（Bill Gates）在 1985 年创立微软公司（Microsoft）那年，定为“**盖茨元年**”，因为从那一年起，我们开始迈入真正的看不见的新大陆——**网络时代**（U–**时代**）。在“盖茨元年”之前为 BG（Before Gates），之后为 AG（After Gates），推算下来，2009 年，即 AG25 年。

大前研一说：“进入 AG 纪元以后，常听到‘犬年’（dog year）的说法。”所谓“犬年的说法”，意味狗的年龄和人相比，约为 1:7 倍率。狗活 1 年约等于人寿 7 年——这个隐喻在这儿，是在说明网络时代的变化太快了，快到岁月更替的“年”，不应以 12 个月做计算单位，而应以 2 个月为基准。大前研一苦口婆心地提醒大家：“简单说，原来有一年生命周期的产品，现在两三个月就得更新。不管喜不喜欢，我们已经置身这样的**新经济空间**，再也无法回到过去了。”他忧心忡忡地问道，“究竟有多少人理解这个事实？理解的程度又如何？又有多少人能体认问题的迫切与严肃性？”

至于题目上的“云”，指的是“**云计算**”（cloud computing，亦称“**云端运算**”）。[1]

前几年，Web2.0 闹得沸沸扬扬，才刚“内化”成我们的生活内容，报章杂志又开始冒出新名词：云计算，当时也没放在心上。2008 年 10 月，台湾

《数位时代》替“云计算”制作了专题介绍，心想应该是挺重要的，可惜观念太新了，读完之后，一头雾水，不知其所云，当然更搞不清跟出版有什么牵连了。隔月，《亚洲周刊》上的一则短讯[2]，才让我有些感觉，但仍没引起我太多关注。直到看完台湾《数位时代》2009年4月号的封面故事《完全解读“小笔电风暴”》，才蓦然惊觉，“云（云计算）时代”来了，它借着小笔电（netbook，又称“上网本、网络电脑”）的诞生，向四面八方渗透、占领。回头掂量一下我们的出版界，岂能不动如山，置身“云”外？我终于目睹网络时代所谓“犬年模式的变化速度”的观念演进史，快得令人惊吓。

“云计算”究竟是啥？

先摘一段《数位时代》记者何宛芳的话：

说穿了，“云计算”就是经由网络，将庞大的运算能力提供给使用者的服务。此外，使用者的资料也不需储存在终端硬件上，而是存至远端、以服务器或资料中心架构出来的“云”中。

假设我们约略明白它的意思了，不禁起疑：这又干出版什么事？

亲爱的朋友，我将手边零乱的资料稍作整理，出版的处境立刻暴露出来。这起“云风暴”，早来也好，晚到也罢，我们将被全面冲击，躲都躲不掉。若长此下去，我曾拥抱的编辑生涯与出版产业，会变成陌生的业种吗？

我们不妨从“云计算”这根藤，顺手摸摸，看能摸到些什么瓜果。

“云计算”的想法很早就有了。

2003年前后，Google看到U-World中，“云端”上蕴藏着无限商机（**这些人太厉害了！**），开始积极鼓吹、推动。思科（Cisco）、IBM等大企业不甘雌伏，纷纷加入竞争，都表示志在必得。

趋势科技董事长张明正，早在2007年就发现“云”的出现将给自己的企业带来致命性的危机，但也让他看出新的、更大的发展契机。

以他生产的资安产品来说，一旦电脑使用者将自己的资料分储在不同网站的虚拟空间，“趋势科技”不可能像现在这样提供下载防毒码来保护个别电脑不被病毒入侵。因为游戏规则改变了，**与病毒作战的战场移向云端**，这是个全新的市场，不改造自己就无法立足于未来——张明正说，两年来，光为了因应新的情势，成立研发单位，投下两亿美金，找出“聪明网络”概念，希望未来“每个使用者一个 click，我们能立刻在**瞬间检查**至少 2000 个相应的网页”，以确保安全。他估计未来每天必须检查 30 亿个网页，而且一定要在云端完成，让电脑使用者，既安心又满意。请想想，这里头的商机有多大?

除了趋势科技看到明日世界的大商机，华硕电脑（Asus）也抓住这稍纵即逝的突破点。它看到有些没及时加入“云端”竞争的世界各大电脑公司，拼命往“维持性创新”（sustaining innovation）方向奋进而出现的空隙——那些国际大公司，不断追求功能更强、更尖端的电脑时，事实上已脱离大众的基本需求；因为强大的功能，远超出使用者的需求，许多高阶软件与配备，可能完全使用不到。

更重要的是，“云端”的潜在价值一点一滴被挖掘出来，它那不受限制的虚拟空间，在不久的未来，将可容纳所有电脑软件功能，供一般使用者下载、运用。因此，未来电脑本身可以简化到只需行动上网（mobile internet）、线上游戏及浏览，其他商业功能（如检索、支付、配送等），云端全都承接了。

终于，一个被强者遗弃的市场出现了。

华硕决定采取“破坏性创新”（disruptive innovation）的策略，逆向而行。不在高阶电脑市场争强斗狠，它将主战场移向人家不屑一顾的低阶电脑市场（做人家不做的），展开品牌战。

2008 年，华硕成立“易电脑事业处”，针对市场新潜在需求，简省不必要的配备，降低成本，推出**价廉物美**的 8 英寸小笔电 Eee PC。甫一上市，立刻狂卖，全球出货量达 500 万台。“小笔电”的诞生，被美国《连线》杂志（*Wired*）专栏作家汤普森（Clive Thompson）誉为“向上逆流”（trickle up）的创新典范。

想当然耳，聪明的 Google 可一点也没闲下来，它早已悄悄地展开布局，准备独揽“云世界”，一统江山。

它发现，U 化的云上，蕴藏着无主的、无限大的空域，并提供完善的服务。那么，如何进驻并设法拥有最大客群（独占或独大），就成了不可退缩的底线。

这么一想，问题出现了。

我们目前贩售的电脑，从开机到上网，有一连串的动作要完成，而这些动作都得依赖微软和英特尔的作业系统执行。将来“云计算”成熟之后，所有软件全移到“云”上（电脑硬件少了它们，变得更轻盈、更便宜），到那时候，谁还能忍受“Win-tel **帝国**”（微软 + 英特尔）在云端再剥削一次？ Google 更不允许有人骑在自己的肩上。

Google 展开迂回攻击。

它选择与“宏达电”合作，由宏达电替 Google 生产手机。

Google 的目标只是手机吗？

不！当然不！ Google 要的是取 Win-tel 而代之，打造全新的帝国。Google 结合宏达电，在 Google 主导之下，共同开发出一种**新作业系统架构** Android，今后无须经由微软和英特尔繁复的作业系统即可上网执行工作。

而 Android 是建立在既有的、开放原始码的 Linux 基础上，更重要的是，“Google **无条件免费公开** Android **的底层程式语言架构**”，“号召全球众多开发者投入，塑造一个环绕着 Android 核心发展的**大产业环境**”，“在微软仍苦思无法将作业系统势力伸入小笔电、家用电话、手机、电视机顶盒、数字相机等硬件时，Google 却有机会通过 Android 一网打尽”。Google 通过开放 Android 原始码，运用蚂蚁雄兵，群策群力，创造一无阻碍的上网空间，彻底抛开雄霸二十多年作业系统的 Win-tel。到最后，亲爱的朋友，我们很快就明白，掐住我们咽喉的手，由 Win-tel 换成了 Google。

从抄摘的这些话里，即可嗅出云端上的火药味有多浓厚了。

然而，可能又有人会问，讲了这么多，这些又干出版何事！

在正式面对问题之前，仍需澄清一些观念。

2009 年 3 月底，我读到萧富元一篇特稿《大断裂，新机会》，她开宗明义指出我们面对的是一个“**大断裂的年代**”。她引述以色列 TIM 管理学院学术院长迈塔（S. Maital）的话：“全球遭逢的危机并非经济衰退，而是新一波的全球**典范移转**（paradigm shift，或译作“范式转移”）[3]。**在不久的将来，每一个产业、每一个领域的游戏规则将全面改写**。”萧富元在文章中，把“断裂”界定为“典范移转”，也就是我们再也不能延续过去的经验来传承了，一切将从头开始。

萧富元以“典范移转”概念，描绘当今社会、科技与人的处境。简言之，新典范正在成形，旧典范也在剥蚀，而“云计算”的出现，或许就是其中加速变化的重要枢纽。

出版这一行，当然也一样深受冲击。在典范移转中，未来出版的新典范将由什么组成？在“云”的世界里，实体与虚拟将如何“化”？如何“合”？

在旧典范往新典范移转过程中，我们发现一个非常重要的关键检验点：**大众阅读习惯的改变**。根据《文汇读书周报》记者谢雪艳 2009 年 4 月 10 日报道：

北京市民在其可支配的时间里，用于阅读书刊的时间和所占比例都**小于**上网的时间。城镇居民日均阅读书刊时间22分钟，上互联网时间32分钟。……近九成网民养成了网络阅读习惯；读过电子书的网民超过九成，其中20—30岁之间的网民是最活跃的群体。……网络阅读范围广泛，**一大批新型网络出版平台的诞生，燃起网上看书的熊熊烈火**……起点中文网拥有4000万注册用户……吸引传统作家也不断加入试水。山西作家李春平去年10月13日将新作《玫瑰花苑》放在新浪网上供付费阅读，不到一个月便得到10100元（RMB）的分成收入。……收费阅读将是一场新阅读革命。

亲爱的朋友，这篇报道带给我太多感慨：一是“上网时间”大于“阅读书刊时间”的长期趋势已经形成，它蕴含了什么未来性？一是起点中文网4000万的注册用户，这股像未爆发火山的巨大能量，为什么不是由传统出版业者掌握？而更严重的是，在即将来临的U–时代的云端世界里，像起点中文网这样的内容产业经营者，比任何传统出版业者更容易存活、发展、茁壮。

我想问的是，当年网络出版平台的“最佳时机”出现时，为什么传统出版失之交臂？是自负？是不屑？是昧于情势？是胆怯？是别具怀抱？

也许下面描述的情景一时还不会发生，但若很快成真的话，传统出版走入历史的时程，恐怕不远了：一旦云计算时代成熟，世界又将是另一种风貌。当内容只存活在云端，实体书店还有没有存在价值？或者应当如何坚持下去，这还真需要好好想想[4]；纸本书和电子书阅读器之间的战争，到了云时代，胜负其实已定；**当手机、电子书阅读器、小笔电“聚合”（converging）为一**，意思是说，数字化内容替代纸本阅读的转换点终于出现，传统出版若不先未雨绸缪，到那时必措手不及；当PC只需99美元以下就可购得时、当上网漫游打破所有疆界一无阻隔时、当所有媒体都被Google支配的那一天到来时——我们将目睹世界以犬年的速度前进，很快的，那个世界肯定不是我们现在所熟悉的样子了。

不管我们喜欢与否，也不管我们愿不愿意接纳，“云时代”就这样大咧咧地登堂入室，传统出版虽然不是首当其冲，但难逃生死门前一跃（显然不是传统的跳跃方式了）。传统出版应何去何从，当是现在手握经营权的领导阶层最大的挑战[5]。传统出版和“云计算”剪不断、理还乱的关联，究竟有何牵扯？传统出版要怎么“鲤鱼跳龙门”，跃上云端成龙？也许，以下是最基本的要求：

第一，认清楚“形势比人强”的处境。未来的“内容”，大势所趋，必然移向云端（全世界同在一个网域）。云世界处处是无主之地，谁开发就属谁。那么，我们要问的是，云上的“内容产业”这一大块，未来谁属？会是现在还活着的出版社吗？你现在若是出版社的负责人，会好好利用云端，成为史上最大的（中文）内容供应中心吗？

第二，假如现在的出版社想继续生存于云上，该怎么跨出下一步？目前看来，单靠自己的力量是不够的（那可是天文数字的投资），恐怕得**跨界结合**，甚至成为被购并的一方（当然，你必须有被购并的价值）？

第三，即使存活于云端，一切也将大大不同了。产业链必然重组，从生产端到供应端，都不再是现在的运作模式——典范移转之后，将是什么样子的面貌？

第四，以生产端言，主要是**内容来源的掌握**。传统观念里的作家，定义更加宽松，我们要问，读者期待的新作品藏身何处？用什么方法找得到？

第五，以供应端言，主要是如何让读者（客户）得到最佳服务。许多已成为“公共财”的经典书籍，都已可免费从网络下载，免费是网络最大特点。除了免费，除了贴心的服务，还有什么是别人没有的？

第六，同时问问自己，未来的获利模式在哪里？

第七，好好研究像起点中文网那种经营模式吧！看看还有没有机会做个大写的N（关于N，请参阅《优秀编辑的四门必修课》），做个与众不同的N，做个有利基的N，做个能让所有小小的n，如同蜜蜂见到蜜汁一样，舍命奔向你怀抱的N。

……信不信由你，来到“云时代”，云端可能孕育出一个前所未有的未来出版之梦。

这些日子，我读了一堆似懂非懂的资讯，基于对出版的关心，杞人忧天地整理成这篇心得。整理过程中，我知道出版所面临的是典范移转的巨变，总结一句话：**什么都不一样了**。所以，我们应该用新的眼光认真观察眼前发生的事：“云计算”是继Web2.0之后，又一次资讯革命，张明正甚至说，2009年是“**云计算元年**”。这么快速的科技进化力道，既令人痛苦，亦使人欢愉，不禁想起前不久才抄下20世纪美国诗人康明斯（E. E. Cummings）的诗句，置放在这里，还真别有滋味，诗曰：

“**进步是一种舒服的病**。(Progress is a comfortable disease.)”

多可爱的病，既然躲不了，请享受吧！

注释

[1] 我读过**介绍“云计算”观念最翔实、最全面性的文章**，是《南都周刊》特约记者王瑞斌的专文《**“云”的畅想**》（经任殿顺转引于“数字出版在线”发表）。该文说：“人们可以把各种应用软件放在远程的服务器上，就像天边的云，你连上网才把它拿来用，平常就放在云上，有专人帮你管理。”这是他也将何谓“云”、何谓“端”做了说明（台湾没将两字拆解）。

[2] 根据《亚洲周刊》（2008年11月23日出版）第9页，李永峰质疑：“所谓云端运算（大陆译作‘**云计算**’），就是指网民将资讯的存储、运算、处理等功能统统交给Google、IBM等巨头设立的计算机集群，自己只保留一个浏览器类作为接入口，就可完成现在需一台完整电脑才能完成的所有事情。……但，云端运算真的有这么多的好处吗？早已有人提出质疑，**云端运算也许将导致更高的垄断**！在经济动荡中，Google这么热心云端运算，是为了造福网民，还是为了依靠新概念乘机将对手甩开，由自己来主导行业的洗牌？有待观察。”大前研一在《再起动》中，将Google的野心称之谓“**Google策略**”，大胆而犀利。请参阅该书第280页。

[3] 典范（paradigm）一词是由孔恩（Thomas S. Kuhn，1922—1996）在1962年出版的《科学革命的结构》（*The Structure of Scientific Revolution*，远流有中译本，已绝版）中所提出。典范又分为两种，一是“典范革命”（revolution），尤指科学革命一类；一是“典范移转”（shift），社会科学通常以典范移转为主，变化幅度大多小于典范革命。

[4] 据记者林欣谊2009年3月22日访问实体书店龙头诚品书店负责人吴旻洁的报道：“眼前诚品最大的挑战，是找到‘新的卖书方式’，总不能20年、30年用同样的方式卖书下去。只是和大部分企业一样，除旧已然不易，创新更是艰难的挑战。她也承认，现阶段诚品网络书店尚无法以销量为经营目标，而是视为凝聚网络社群的平台。诚品作为复合性的生活场所，不是网络书店可取代的。”

[5] 请参阅王亚民先生写于2006年的《**电子书来了，传统出版还能走多久？**》。文中提到：“2004年全国573家图书出版单位的资产总额不过是**504.4亿元**，而7家涉及互联网业务的网站——新浪、搜狐、网易、盛大、九城、TOM、腾讯，总市值是人民币是**613.4亿元**。”强弱对比，一目了然，他呼吁传统出版领导阶层要有危机意识，充分认识所处的时代正经历着怎样的变化。

15 “出版革命”练习曲

当各种内容出现在网上的一刻，就已经“出版”了。因而，传统的专业编辑必然从主导的地位退出，由搜寻器替大家代劳，以不同的方法、准则、次序来排列出大家有兴趣的资讯内容。

亲爱的朋友：

朋友们读过我上封信后的反应，居然比往常热烈，但大家的意见和以前一样：有肯定的，也有质疑的。肯定的言语，字字悦耳，难得享受；质疑的声音，谦卑聆听——他们多半认为我想太多、想太远了。

某位身居要职的出版界老友，半开玩笑地说我快变成出版界的恐怖分子，三不五时，丢些危险言论，恫吓业界。他不耐烦地抗议道：

“照你的说法推论下去，难道出版社要上云端开设？”

我必须承认，活在新科技颠覆一切、典范移转过程的退休老编，是非常苦恼的，一方面切不断过去的尾巴，仍活在往昔的荣光和阴影中；一方面没工作压力却又空出很多闲暇，阅读成了最佳消遣，每天浸淫于书香与网域，不免比常人多些思虑。

然而，面对排山倒海的资讯，反倒是我常被恫吓。

你听！广达集团董事长林百里被《天下杂志》记者黄亦筠问到金融海啸下“如何再培养资讯科技（IT）人才”时，他脱口而出：

“你问错人了，我们都要裁员了。”

天啊！有没有搞错！看到一向高高在上、不断扩厂、天之骄子似的资讯业大老板，发出裁员的警讯，岂能不大吃一惊？他接下去的话，更令人瞠目结舌，他对位居学校尖端的电机系学生喊话：

“你们似乎该考虑要不要转系了。”

他认为“未来不能老想着IT”，IT的最好时光已经过去，IT渐渐融入生活，就像阳光、空气和水一样平常而不可缺少，**新的机会在“绿色技术、文化创意、保健医学、精致农业”**，他尤其看好台湾的文化创意产业的发展条件。

文章中指出：**职场的趋势正在改变，高科技不再高贵。**

林百里如此冷静观察他一生献身的行业，正因为他太了解IT产业的发展史，才有此惊人之语。2009年4月中，耶鲁大学商学院学生会主席豪尔（R. Howl）访问广达，听林百里介绍广达是一家“不断推翻自己产品”的科技公司，感动莫名。林百里坦率地告诉他，广达正从notebook（笔记型电脑）、netbook（网络电脑）发展到未来的nobook（无电脑）。豪尔一向以为中国台湾只擅长制造，他没想到所遇到的人，想法如此前卫而创新，竟然将IT终极工具推演到nobook了。

亲爱的朋友，读到这段文字，你想到什么？ nobook意含着什么？不用传统电脑进入U-World时，取代它的会是什么？林百里看到了什么？正在做什么？他为什么说未来的机会（之一）在“文化创意产业”？他已经掌握了下一个决定胜负的领域吗？

我一面思索，一面忍不住想说：云端，好像很远，其实很近。

身处其中的编辑人或出版人，往后该怎么走？千万不要以为这类资讯和我们无关，在典范移转过程中，没人可以幸免。

另一个震慑来自詹宏志。

当传统出版受困于纸本与电子文本的纠缠，我从香港知名作家何故老师的Blog上，读到他整理詹宏志于2009年4月香港出版年会上演说“Google时代的编辑人”的心得。他引述詹宏志的话：**“电子书”的概念已过时了！**

“电子书”过时了？好像还没正式开打，球赛就结束了？

我上网搜寻这篇讲了一小时余的全文，竟不可得。但在何故的叙述中，仍可捉取其中要义：詹宏志认为“**当各种内容出现在网上的一刻，就已经‘出版’了**”。因而，传统的专业编辑必然从主导的地位退出，由搜寻器替大家代劳，“以不同的方法、准则、次序来排列出大家有兴趣的资讯内容”[1]。他的观点似不脱《长尾理论》论述的范畴，但在Google功能与经营策略不断进化中，预示我们即将（或正在）面对的新形势。

这让我想到任殿顺写的《“微内容”与搜索时代的编辑出版模式》一文。他从互联网中看出新的内容生产方式，见解和詹宏志的话或可相互充实。他写道：

2007 年，一本火爆的经管图书《货币战争》想必不少人都读过，但可能很少人注意到，作者署名时，署的为“编写”。作者宋鸿兵根据国外许多互联网上资讯，搜集整合，最终系统梳理成书。可以说，这本书中很多思想都是互联网上的“微内容”，即草根个体生产的松散的、杂乱的、细微的内容，但经过搜索引擎的过滤，最终统一到一个话题上，并为作者所用。搜索引擎还不同于维基，搜索对知识的聚合能力使得许多作者有了“编写”图书的可能。当然，像《货币战争》这种书，对可考性的要求其实并不是很高。

搜索改变了新时代下编辑出版的模式，搜索引擎的聚合、过滤能力本身就是一种编辑加工。将众多的“微内容”以何种方式整合，再加工，这种模式改变了出版内容创造的模式，也必将带来深远影响。

任殿顺所说的“新的内容生产方式”，正快速地出现在数以千百万计的博客上，假使“出版”的意义之一，是让“内容”被众人看到——就此而言，詹宏志说的话可一点也没错，公开在网上等于公告世人，谁都可以读它。当各种内容活跃在网上（云端），随时可以免费阅读，“电子书”的价值还剩多少？詹宏志没大声说出来的是，不仅“电子书”过时了，甚至连“书”这个概念，都颠覆了（他的警语可略去“电子”两字，缩写成“**书的概念已过时了**”）。

将詹、任两位的高见大胆引申，即可看到“内容产业”所积储的、将随时引爆的巨大能量。目前，网上的“微内容”经有心人集腋成裘，很快，书的新生产公式出现了：书（可以是）＝微内容的集合。

可是，内容却不等同书。“纸本书”是传统出版呈现内容的主要或唯一的方法；到了 U–时代，内容可以不以“纸本”方式呈现，只活在网域（云端）。对于只活在网域的内容而言，纸本只是它延伸产品的存在形式之一。

总结地说，内容的“虚拟存在”比“实体”更真实而恒久，那是它的“居所”。出门赴约时，它既可以“纸”为载体，当然也可以电子书阅读器做载体；它可进入手机（甚或转为声音），也可进入私人虚拟图书馆收藏；它像“水”，能在任何形态的器物中贮存——你认为这还是传统观念所认知的“出版”吗？做编辑的我们，以现在所学所知，能满足未知的、新形态内容产业人才需求的条件吗？

是的，一点也不用怀疑“云端世界”出现的必然性。它不是神话，它是正在发生，也必定将所有人卷入的一场典范移转的科技革命产物，这一场科技革命影响深远，牵动着我们生活层面的每一细节。从出版者立场来看，未来的内容产业经营者（出版社）的确有机会活在云端，而出版的核心资产——内容，它的创生之源，显然变得多元而富饶了。

这就是我们当前正在经历的、百年难遇的变局。

哲学家孔恩（1922—1996）早已提醒，“每当历史发生典范移转时，都会牵动数十年和几个世代才完成，因为需要足够的时间教育新的支持者。当旧典范已经确定不符合时代的需求，新的典范才会大举进驻人们的日常生活。”事实上，以犬年（7 倍速时代）做计算单位来看，AG25 年的意义是在说明我们仍走在典范移转的途中，在新典范诞生之前、新结构尚未稳固时，许多**新生事物仍将不断冲撞一切既存的体制**。

例如，推特（Twitter）来了。

最近的报章杂志及网上，Twitter 特别红火，《联合报》在 2009 年 5 月 31 日那天，编译夏嘉玲几乎用了近整版的篇幅，向社会大众介绍 Twitter。

Twitter 是什么？夏嘉玲用最简洁的文字写道：

> Twitter 是由发明英文 Blogger 的威廉姆斯（Evan Williams）于 2007 年 4 月成立公司推出的产品，在求新求变的网络世界，由“What are you doing ?”（你现在在干吗？）概念发展出来的、最流行的通信工具，它集“微型博客”（或称“微网志”“微博客”）和社交网站功能于一，近似留言板，在 140 字元的限制下，使用者可在此传递资讯、进行博客交流，也可以用短句表达和记录稍纵即逝的心情。

推出不满 3 年，会员已逼近 2000 万人，网络上的讨论文章多到目不暇接。最近，我读到一篇精彩的博文《微博客的商业机器》，它将 Twitter 的世俗运用的价值，解释得晶莹剔透，句句惊醒梦中人。我不由自主地被引向自身利害的考量——Twitter（以及类似的噗浪 [Plurk]、嘀咕 [Digu]、饭否 [Fanfou] 等微网志）对我们编辑 / 出版人，有何意义？

当我们使用 Twitter 时，若将它置入内容产业的产业链内思考，有些趣事便发生了。著名记者陈宛茜在《俳句和 Twitter 的萍水相逢》中，介绍伦敦艺文中心“国王的地方”（Kings Place）“举办世上首个 Twitter 互动征诗活动。要求参赛者必须以日本俳句（Haiku，由三句短诗形成的诗歌）在 140 字比特内完成。”这种结合，迸出一个新字 Twitku（Twitter 与 Haiku 的合体缩写），Twitku 在网络时代意外地擦出火花，在英文诗的世界中异军突起。从这则短讯中，我们看到内容（生产端）如何借由 Twitter 这新建材，丰富了建筑本身。

然而，在检视供应端时，诚如“噗浪”创办人之一的云惟彬，接受《商业周刊》采访时说的：“微网志最有价值的地方在于庞大的资料库。”他认为微网志上的只字片言，都可能成为极有价值的营销资料来源。

我说这些是有原因的。

在《优秀编辑的四门必修课》里，我常在不经意中，冒出“脉络”“系统”“架构”“体系”“组织”等字眼，目的是想说明，没有真正的孤立事例（局部），任何孤立事例都能在整体中找到关联。反之，经由对整体性的了解与掌握，我们即能在“局部”创造出差异化，从而得到突破性的进展。

早年，我曾在远流实践过这番领悟。

我曾把出版社的供应链粗分为——出版前、出版中、出版后——三个阶段。

一般而言，编辑编完书，交由印制部门，然后由企划单位发布新书出版消息，发行之后，其余均委诸天命。

有一天，我和李传理（现为远流出版公司总经理）突发奇想：若把书的“决战点”从供应链的“出版中”移到“出版前”将会如何？

我们决定以手边的新书系“实用历史”来改变习以为常的惯例，请求老板王荣文和总经理詹宏志允许我们做一次小小实验。万一实验成功，等于出版物在上市前即能盈利。

当时，远流的企划部（涂玉云主持）做得非常成功，但多半工作内容是支援各个编辑室出版的新书。他们运用长期累积的读者名单，执行着在那时非常前卫的观念——资料库营销。因为新书太多，他们忙不过来，一时无法照应新开路线，新书系“实用历史”，即在李传理筹划下，站在企划部既有成就的肩上，打了一场漂亮的仗。[2]

我们赢的秘诀之一，即在传统的出版产业脉络中，找到新的着力点，做成一个可重复操作的模式，这个模式为公司带来超出预期的利益。

另外，我要强调的是，若是没有读者名单做基础——即使规模极小——以上的奇迹也将化为乌有。

从这事例中，我们学到的是，一旦移动产业链的重心，就有可能出现新的契机。所以，在U–时代新形势下，Twitter的呱呱坠地很可能隐藏着新的产业链，我们需要的智慧是如何**认知它、切入它、活化它**，找出为人忽视的契机，创建一种无可取代的新盈利模式。我们也许能像前面所引用的实例一样，在“微网志（Twitter、Plurk、Digu、Fanfou等）最有价值的资料库”之中——如早期的读者名单——**驯化它**成为我们的获利利器。

传统出版面临的挑战是前所未见的，所有以前传承的经验，好像全失去参考价值。我们一步步随着科技日新月异的发展，从e化迈进U–时代；从Web2.0跃入云端，进步的脚步似乎一刻也没停过。

我们看到Google悄悄布局，向每个空隙渗透，准备进入云端主宰一切。但，最近的云端并不平静，因为微软一点都不认输，它采取“你到我家来，我到你家去”的战略部署，推出新搜索引擎Bing（bing.com，中文名：必应）[3]反攻Google本寨；另一方面，为了遏阻Android的气焰，研发多年的杀手级作业系统Windows 7测试版也正式亮相[4]。不论是微软、IBM、Google、Sony、苹果、亚马逊，还是其他国际企业，这些觊觎市场的手，毫不迟疑地伸入内容产业。例如，各种电子书阅读器不断推出更强、更具亲和力的功能，在一般性图书（内容）市场互不相让；另一边，大屏幕的Kindle DX攻陷校园，与众多教科书出版商和大学出版社达成合作协议，积极推出Kindle版的电子教科书。未来，高等教育出版这一块，极有可能是最早U化的领域[5]。

典范移转的脚步从不停下等待落后者跟上之后，再举步前行。还记得吗？为了因应未来的变局，日本角川集团董事长角川历彦表示：“日本所有内容产品可望在2011年以前全部数字化，在网络世界里，举凡电影、电玩、音乐、广播、出版等都会绑成一体提供给消费者。”

我们呢？准备迎接崭新的时代了吗？

朋友们！在疑惧与反省之余，是不是应该有所觉悟与行动了？

[1] 请参阅《何故遇上詹宏志》一文。他称：“詹老师应邀作为本届周年晚会的贵宾，他为我们所主讲的题目，正是“**Google时代的编辑人**”，一小时左右的分享，发人深省之

余，更令人获益良多！……詹老师借此向我们指引‘出版’（Publish）的新方向：**“电子书”的概念已过时了！**只因当各种内容（文字／图片／声音／录像）出现在网上的一刻，就已经‘出版’了，分别在于不需要由传统专业编辑进行主导，反而是由搜寻器为网友／读者／消费者代劳，以不同的方法／准则／次序来排列出大家有兴趣的资讯内容！传统专业编辑的工作岗位固然首当其冲，整个印刷出版的生产线，也来到必须改革的关键时刻。”

[2] 请参阅《优秀编辑的四门必修课》。

[3] 请参阅《亚洲周刊》（2009 年 6 月号）的专题文章《搜索大战》：“与目前全球最大的搜索引擎相比，‘必应’在一些功能上会给人一种耳目一新的感觉。比如，Bing 的搜索结果是分开的：左侧为‘快速标签导航’和中间为‘分类搜索结果’。‘快速标签导航’顾名思义就是使用户快速搜索，‘分类搜索结果’就是将搜索到的结果按逻辑分类。Bing 在查找便宜机票方面，有其独特功能……业界认为，Bing 将会对 Google 等竞争对手产生更大的冲击。”

[4] 根据 2009 年 6 月 3 日《联合报》记者许韶芹报道：“Windows 7 正式版将在今年圣诞节前夕登场，它的操作更人性化，不仅开机速度快，也能和多种应用程式相容……还能支援现在最夯的多点触控屏幕……被科技圈称为‘史上最强’的作业系统。”而同年 6 月号《远见》杂志记者彭涟漪在《Windows 7 的意义：消费者的要求》一文中，引述微软全球消费者与线上事业群企业副总裁戴伦·哈斯顿（Darren Huston）的话：“Windows 7 已经改进 Vista 的硬件需求，把软件放在云端上（in the cloud），几乎所有电脑可直接跑 Windows 7，不必再升级软件了。”

[5] 请参阅《数位时代》第 181 期（2009 年 6 月号）欧姆·迈力克（Om Malik）的专栏文章《Kindle 是报业救世主？》。2009 年 5 月出刊的《知识通讯评论》（第 79 期）《电子教科书新时代》一文中，亦称“电子书教科书时代已在成形”，而且逐渐走向开放来源，如 WikiBooks 网站即可免费提供教科书下载。

16 纸本书还能活多久？

人类到最后会只有一本书，它的名字叫 Google 吗？人类到最后会只有一个书店，它的名字叫 Amazon 吗？

亲爱的朋友：

若有人问：

“你认为纸本书还能活多久？”

你怎么回答？

答案显然是南辕北辙，莫衷一是，光是手边的书刊上，就有不同揣测。

1998 年，日本以经营网络商务为主的 Inpress 出版社社长冢本庆一郎，接受《日经产业新闻》采访时，说：

“我的预测是 2012 年左右，数字出版市场将会上扬。……到了 2030 年，纸张类的媒体，基本上应该消失了吧！”

过了一年半，冢本参加日本印刷技术协会的研究会议时，修正先前看法，提出更激进的言论，他公开向与会者挑衅说：

“15 年后（约 2015 年），纸本书将会消失，有没有人敢跟我打赌？”

在场的小林一博（《出版大崩坏？！》作者），一面感叹当时报纸杂志已不再直接说“书”而改称“纸本书”的普遍现象；一面写下他心里对冢本断言的疑惑：

“难道冢本从事网络商务之后，仅仅一年半的时间，IT 革命的速度立刻提升两倍？”

但，在以“犬年”（甚至“10 倍速时代”这字眼，都难以精确形容）做研判基准的 U–时代，小林一博对“科技进化速度”的疑惑，似乎多余了。

2009 年 6 月 21 日，《联合报》记者陈宛茜引述北京汉王科技对这问题的看法，他们预估 20 年后，纸本书将被电子书**彻底**取代。

掌管城邦与 PChome 的家庭传媒出版集团 CEO 何飞鹏可没这样乐观，他在《商业周刊》深受欢迎的专栏“商场自慢塾”中说：**5 年**（2009—2014 年，比冢本庆一郎更激进）。

他沉痛反省：“更早之前，当数字世界兴起时，纸媒介的死神就在我们公司贴上记号，只是我们蒙上眼睛，就以为悲剧不会来，我们蹉跎了 10 年，继续过了 10 年太平日子，一直到 2008 年金融海啸，用凄厉的紧急警报声，迫使我们不得不从舒适圈中醒来，而时间只剩 5 年……这 5 年，我们要做什么事？”

《非凡新闻周刊》总编辑李文娟的遣词用字则“温文儒雅”多了，她在《阅读大未来》一文中说：“像数字相机谋杀了‘胶卷’及‘拍立得’，今天的电子书阅读器愈来愈成熟，纸本书会成为过去式吗？科技界预言，2009 年也许还不是印刷业的末日，但‘**事情愈来愈有趣**’。”[1]

李文娟以 Kindle 为例说明，只要花一万多元台币买个 Kindle，它的容量远远超过琼瑶笔下富家子珍藏 2500 本书的豪华大书房。

她没肯说出来的——或许她耳畔响起的是专为传统出版演奏的安魂曲。

综合以上所述，冢本、汉王科技、何飞鹏与李文娟的交集是：以“纸”做内容载体的时代，终将一去不回；他们的不同点是：**还剩下多少时间？**

“20 年”的推估太遥远，似可暂置不论；“5 年”又太不寻常了，对出版界的朋友，犹如当头棒喝。

引起我好奇的是什么因素让何飞鹏说出惊人的“预言”？

难道他终于明白自己因疏忽了趋势变化，而导致危机四伏？

难道他忧心公司自豪的成长曲线，将在未来趋缓、停滞、下坠？

难道他从“Kindle 等新阅读器将改变人的阅读行为”中，推断 5 年之后“纸本书出版会变成没有经营价值的行业”？

难道因为他长期担任《数位时代》杂志荣誉社长的身份，以及为杂志撰写的专栏“网络自慢塾／CEO as IE”，使他更清楚科技创新的巨大影响力，终将引发内容产业的革命？

……

他召集公司核心人员，“开了 6 次企业策略及组织改造会议”，决定放手一搏，吹响出版界第一声号角；设定 7 月 1 日为 D-day，希望在 5 年之内完成企业大改造。这一场涉及众多层面、只许成功的变革运动，将会以什么样的面貌展开？

这是台湾纯商业竞争环境下，文化产业面对困境时的求生之策。何飞鹏带领他的团队出发了，其他不同的公司自有不同的因应方法。据我所知，一些重要的出版社都在“摸着石头过河”，至于未来会走向何处，没人能说得准。

北京，是另一种景况。

先从新闻出版总署于2009年4月6日发布的《关于进一步推进新闻出版体制改革的指导意见》（以下简称《指导意见》）说起吧。这是被《中国周刊》记者陈远誉为“一个被称作‘中国出版业春天’的改革已经启动”的重大政策宣示。

4月下旬，网友寄来《指导意见》，希望我读读，增加了解。可是，官式档实在引不起我的兴趣，随手转到硬碟，存入档案。

不久，陆续发生的事，引起我好奇——我没想到《指导意见》影响层面如此深广，不论老少、位阶高低，不管身在何处，几乎无人能避。

另一位听口气像是中坚干部的网友，在给我的电邮上说，《指导意见》颁布之后，他们面临的挑战：

您几次谈到出版业的变局，这类变局其实已深刻影响到我们。最近内地出版界一个大的变动是**出版社改制**，由原来的部委事业单位，改成企业单位，自负盈亏；另一个是**重组**，目前全国一百多家出版社，重组为二三十家出版集团。……资金不愁了，但出版什么？**选题是一大问题；还有产业结构的问题，即网络出版，如何把传统出版和网络出版合理结合，是更重要的一个问题**。对于我们而言，这最大的两个问题，如果解决不了，重组之路会很艰难，即便重组，未来的发展也会是一片茫然……

所以，对于您近几次谈到的问题，真的是深有同感。

我回头仔细读了《指导意见》和其他相关文稿，发现除了出版社改制与重组、全面民营化之外，还宣示**民间资本**也可以投入出版经营。开放“民间资本”投入的政策，反而更让人关心，它预告着什么样的未来？

——松绑了。

一步一步走向开放、更开放，这是回不了头的路。

换言之，不久的将来，我们即将目睹“**全竞争时代**”的来临，会看到私人资本一点一滴地渗入出版市场各个角落。

台湾就是活生生的例子：曾占有 100% 教科书市场及不可一世的公（党）营出版社，一旦失去政策保护伞，迅即丧失竞争力，在私人出版社步步进逼下，很快被赶出市场；幸存的少数几家，仅能惨淡经营，雄风不再[2]。

大陆公（党）营出版社的未来，会不会宿命地步上台湾公（党）营出版的后尘？恐怕没有任何人能够回答。

从上面那位网友的电邮所透露的讯息，应是大陆出版社的共同课题。他们要解决的难题，比台湾同业更加复杂而艰困。

在盈亏自负政策下，出版社希望通过改制与重组，变身私营企业体质。意思是说，在自由竞争的市场规律下，不但让自己活在今天和明天，还要一天比一天壮大。怎么做才能实现雄心壮志？很简单。企业**经营第一守则**就是把对的人放在对的位置上，放手让他（她）去做对的事，此即企业生命之本。

所以，最先发生的必然是**人才争夺战**，谁拥有人才，谁就拥有未来。

但，未来需要的是怎样的人才？

笼统地说，未来的人才必须认清整个时代处于什么样的变局之中，以及能否提出短、中、长期解决方案的人。他必须诚实面对“典范移转”的过程，容忍必要之“痛”，充分了解即将出现于眼前的是一个全新的“局”。他至少要有迫切感，明白传统出版若不能正视 U-出版的颠覆性，梦魇般的谶语（如：“只剩下 1826 天！”）就会淘汰跟不上脚步的人。

譬如，有人说“内容”即将化入云端运算（云计算），被归类“传统出版”的编辑 / 出版人，对内容虚拟化（云端）是信或不信？一旦采信，纸本书又将何去何从？

大陆出版界的朋友，不妨参酌何飞鹏在《最后的 5 年》中的坦述，即可知 U 因素带给传统出版的压力。他写道：“用 3 年时间，复制‘线上多媒体产品’……**用‘线上多媒体产品’的新生，给传统纸媒介送终。**”他要求所有成员同时经营线上多媒体与传统纸媒介，“如果两者不可得兼，以线上媒体为主，必要时得牺牲原有的纸媒体”。

他希望因此能找出突围之路。

挥笔至此，我只能赞曰：“勇哉！何飞鹏！”

找对人，做对事，只是第一步；实际上，问题没这样简单。

不论你身在北京或台北，我们很可能发现自己的角色要重新定义了。

你能想象吗？说不定，有一天**出版社不出版，编辑不编辑，发行不发行**，而且，我们从制造业慢慢转向为服务业。

所有传统出版所面临的情势太明显了，它必须抛却以往深厚的经验，一切归零，从“零”重新思考未来出版的存在形式。

从这角度审视，突然之间，大家都**平等地**站在万米起跑线上，所有以前既存的优势不但不是资源，稍一不慎，还可能成为阻碍前进的绊脚石。而我担心的是，明明裁判手上的鸣枪已经响起，耳聪目明的，一跃而起，为什么还有人呆呆地站着不动？

当“改变阅读习惯的一代”成了阅读人口主流，大家都人手一机（阅读器）时，请想一想：他们如何看待纸本书？他们阅读的内容从哪里来？如何取得？由谁提供？由谁筛选？

亲爱的朋友，你不觉得每句问号里头，都充满有待开发的机会？

或许，有人对纸本书仍恋恋难舍（啊！那浓浓的乡愁啊！），总认为唱衰纸本书是一种智能倒退。那么，我们来看看一个死硬派如何转向的故事。

一向深度迷恋纸本书、排斥电子书的 GigaOm Media 创办人欧姆·迈力克实际操作 Kindle 2 之后，说：“我前几天收到 Kindle 2 试用版……我居然不讨厌它，顿时了解 Kindle 的潜力，以及它对出版事业的影响。……用 Kindle 2 阅读，整体经验出乎意料的好。我可点选自己喜欢的章节、可以随意注记，当然也可以搜寻整本书的内容。有了这些功能，阅读变成一个更有深度、互动性更强的经验。”

亚马逊 CEO 贝佐斯在 Disruptive by Design 大会上解释 Kindle 如何改变人的行为，他的话更是无情：“几千年来，我们人类自身的进化，总是伴随着工具的不断演化……阅读，是一种非常重要的活动，因此值得为其建造一台专门用途的设备。现在阅读纸质的书会让我感到难受……纸质书盛行了 500 多年，现在是改变的时候了。”

当我们还在争执纸本书死活问题，贝佐斯早跳开无谓的讨论，考虑将 Kindle 的市场一剖为二：一是 Kindle Readers，是手持设备；一是 Kindle Books，是电子图书。他把 Kindle 做成两个各自独立的生意，前者是平台，后者是内容。

太了不起了，这些先驱们。他们细腻而**贴近使用者**的思维，使纸本书的命运变得不足挂齿。我们要学习的是，如何存活于类似亚马逊内容供应平台和Google搜索引擎的无远弗届，并从中脱颖而出；或如同《Google会怎么做？》一书中，作者贾维斯大声劝导的话：

“出版社应该学学Google：**控制自己的命运**。”

向Google取经，首先该学什么？

贾维斯说，Google最了不起的一点，是**了解自己是干哪一行**的。

他在书上问：“Google到底在哪一行？”

——是搜寻事业（当然是！而且功能世上最强）？服务业（从电子邮件、文件管理、地图、文书处理、社交网络、电话查询到影片传播……）？内容产业（不拥有内容，但让客户自由运用强大搜索引擎搜寻而得的内容）？

答案：是，也不是。

因为它从来没向使用的我们收取一文钱，它的“获利来自广告，因为它精于搜寻，因为太多人使用它提供的服务，我们在Google上的一举一动，使它了解一切，以致能提供精准有效的广告”。贾维斯说：“终极而言，Google是在做组织和知识的行业。”

雅虎和AOL为什么成为Google手下败将，因为它们误认为自己是内容产业，以及太急于早早获利。

Google的成功奠基于开放、放弃占有、不争，以真诚而精算过的奉献与服务，化为一系列为使用者着想的措施，吸引以“亿”做计算单位的会员，佐以IT新科技的威力，使它聚集了史上最大社群，创造出独特的商业模式。它的经营心法和老庄精神还真有那么一点契合呢！

《Google会怎么做？》里有段呼吁“**了解你是谁**”的文字，值得摘录下来，请出版同行一起省思：

> 你也该自问：我是在贩卖知识，还是贩卖资料？我是一家社群公司，还是一个平台、一个网络？我的价值到底在哪里？收入从何而来？要记住：价值和收入有可能来自不同地方；收入可能是从另外一个门进来。
>
> 此时，你若是无法**清楚定位**，就危险了。

从以上的叙述，你了解你是谁了吗？

我必须说：难啊！（假如我有答案，早写下来了。）

眼前，有个范例似可作为参考的样板：盛大文学。

盛大文学是华文出版中，率先勇于和U–时代接轨，于日积月累中发展出的新商业模式，可肯定地说，它也是少数对自己定位清楚的内容产业经营者。它在U世界创设平台，成了华文原创内容的最大聚集地。

根据网易科技讯报道："成立于2008年7月的盛大文学有限公司旗下拥有'起点中文网''晋江原创网''红袖添香'等最领先的原创文学网站，占据国内原创文学市场份额的80%以上。该公司专注于营运文学版权，为电子付费阅读、线下出版、电影、游戏、动画等提供有版权的内容。目前日发布量超过4000万字，拥有30万部以上的原创小说版权，并签有中国最有商业价值的近万名作家的全版权。"

早期的"盛大"在传统出版轻忽的心态下，迅速窜起，如今更是来势汹汹，宣称和10家出版社合作，读者不必前往书店，就可以直接通过手机浏览这些出版社的正版图书。还宣布与卓望科技合作举办首届"3G手机原创小说大展"的活动，以一字千元（RMB）的高额版权金，征集手机小说创意，拟打造中国第一批手机小说家。

从现在看来，盛大和传统主流出版仍属井水与河水，但再下一步，盛大向左向右向上向下、向全领域渗入，传统主流出版还有招架之力吗？

过去的日子里，传统出版没有在第一时间创建出亚马逊模式的渠道平台，错失第一次良机；继而没有创建似盛大文学模式的内容原创平台，错失第二次良机；现在，在更趋成熟的、无所不在的网络世界，云计算又再一次将大家拉回起跑线，我们还有机会吗？野心勃勃的盛大，它的意图，或许是想成为未来云计算中最大的中文内容产业供应者与管理者。

传统出版做不来的事，对他们而言，驾轻就熟，只举手之劳而已。

所以啊，光把内容数字化不等同U化，那是远远不够的。

请大家一定要认清现实：挑战来自全新的定位、重铸的产业链、新的组织结构、经营的新思维以及找到新盈利模式。

从纸本书是不是只剩下1826天，谈到未来云端中文内容产业谁属，背后自有脉络相系。由于牵涉的因素太过庞杂，我没能力"击破"，取出答案。这封信的目的，旨在提醒，外在的大情势，确实似何飞鹏所言：**时间不多了**。

当手机、电子书阅读器、小笔电"聚合"为一；

当电子书阅读器成了成熟产品（成本低廉到可免费搭配赠送）；

当纸本书无利可图时——
朋友们，我们就可能是人类纸媒介的末代工作者！

注 释

[1] 请参阅《非凡新闻周刊》第167期（2009年6月28日出刊）李文娟《总编辑的话·阅读大未来》。在这一波飞扑而来的滔天巨浪中，台湾还能做什么？李文娟总编辑去请教了制造Kindle，并囊括全世界九成电子书阅读器的台湾厂商元太科技董事长刘思诚。刘董事长告诉她：元太技术绝对领先，要做出“会说话、能画重点、能触控、能查字典、能翻译”的电子书阅读器都没问题，**但像亚马逊这样强势、能出面整合中文电子书平台的出版商在哪里？**其次，他们可以做出“**电子书包**”，以最优惠价格供应给国家。李文娟指出两个要穴：一是台湾出版社还不肯正视现实（或财力不足以发动改革）；一是政府教育机构宁可耗费12亿台币去做空洞的“台湾有品运动”，却不肯实事求是赞助“电子书包”彻底推行到九年义务教育环节之中，以全面性“阅读”来提升学生的气质，那才叫“有品”。李文娟总编辑的话，说得真对。

[2] 正中书局即是例子。2001年中，我曾应正中书局总经理单小琳之邀，担任出版顾问。正中书局是国民党党营事业。听公司资深人员说，在国民党执政早期，所有教科书印制与分配等利益均由其一手掌控。最风光时，单月发单薪，双月发双薪，遇重大节庆，奖金之丰厚，令人咋舌。但随着在野力量崛起，咄咄逼人，正中书局原先拥有的书市版图逐一丧失，长期酬庸式的人事布局，终至使它失掉竞争力。单小琳虽力图振作，可惜时不我予，延至2003年，难逃廉让的命运。

17 经营时间，还是经营机会？

有一种“永不落架的书”，它们始终占着书架，不受流行口味变化的影响，在书市角隅默默矗立；它们销量不大，但积久成多，收成丰厚，反而长命百岁。

亲爱的朋友：

出版是低门槛的产业，只要有意愿，一抬脚就跨入了。

它可以做得极简，一个人便可随意开张；也可以百人、千人齐聚，成庞然大物。两端看似矛盾，实际上并行不悖；信仰者各有胸怀，也各有活法，无所谓是非对错。

在我认识的各式各样**编辑高手**之中，有些人认为出版应回归素朴，无须高悬理论来强作解人，而出书的目的，无非寻回阅读的原始乐趣罢了，搞得太烦琐，反而忘了区区初衷；也有人认为，书既然需要市场才能生存，自然有读者(客户)、有营销、有策略、有竞争……由此衍生“经营”的问题。一涉及经营，所有企管知识，就像套在孙悟空头上的紧箍儿，全进入出版领域的深层里头了。

身处出版核心地位的编辑人，很快就会发觉自己徘徊在十字路口：一边是做好“守门人”的筛选工作，挑选出最佳、最多读者的作品，舍此之外，似乎都是次要之事；另一边则是学习承担更大责任，以公司整体发展、存亡为己任。

因此，往左看，**“找到世上每一本‘能卖的好书’来出版”**，似是编辑人的天职；而往右看，怎么创建出能发挥己长，步向发展大道的组织平台，也是一个重大课题。两种发展，常因个性不同（倾向于“任事”或倾向于“成事”），有时同一方向，有时背道而驰；因限于篇幅，我们先谈谈“守门人”角色——归根结底，学习如何“找到畅销好书”，应是编辑人首要修炼的功课。

如何才能学会找到畅销好书的本领?

——言人人殊。

有人善于运用人脉，深信“名家作品，必属佳构”，不惜成本，争取名人之作，经之营之；有人善于寻找话题，认为议题至上，找到好议题，就找到好市场；有人从古籍入手，赋予时代意义，再展新局；有人从国外引进，他山之石必可攻错；有人喜欢发掘新人，同时经营现在与未来……总而言之，条条道路通畅销，能畅销的书可能来自每一个角落。

可是，“畅销书”与“畅销好书”，两者不一定画上等号。我们常常看到批判畅销书的文章，认为畅销书不等于好书，只追求畅销书，很容易误导了阅读方向，将出版引到流行与时髦的档次；而对书店设立“畅销书排行榜”，更是不可原谅的举措，是屈服于市场、屈服于市井口味，将出版崇高使命丢弃一旁了。这些人认为只有推出“畅销好书”，才是编辑的终极使命。

你看！光就“畅销书”与“畅销好书”孰是孰非，两造人马，各执一端，即可吵得没完没了。然，持平之论，不管是前者或后者，均得之不易。

日本出版名人小林一博就认为，“出版业本来就有强烈的赌博性，很多新血（编辑人）都抱着‘一击中的’的心态”，结果是“原本以为会畅销的书，结果竟然没人要买”，使得“每一本书的出版，都成了一项冒险，一种赌注”。

出版过很多动辄百万册畅销书的知名出版人俞晓群先生，在他自己的书里，虔诚告白“真正主流的畅销书，往往是在无法预知的情况下产生的”。他说：

记得2002年《几米绘本》畅销时，我也被巨大的印数吓了一跳，一面安排工厂赶紧加印，一面接听记者的采访电话。记者问：

“你怎么知道几米会畅销？”

我无言以对，只好说：

“蒙的。”

他们的话，我信一半。

不信的那一半，是因为若是全信了，怎么解释成功的编辑人“为什么成功”？为什么成功的总是他?

所以啊，俞先生说“蒙的”，便谦虚得有点儿矫情了。想想看，幸运若始终眷顾，其中必有可玩味之处[1]。他们建立事功的奥秘既不便透露，相关院系似可纳入专业研讨，予以深剖细析，以造福后继之人。

对投身出版大业的广大编辑人而言，“畅销书”是凝在心头、丢弃不了的情结。但放眼芸芸众“编”，能有几人得登“名编”殿堂？我还记得刚加入编辑行列（约20世纪70年代），眼见隐地的尔雅出版社预约王鼎钧和琦君的书，动不动6000册起跳；上市之后，每家书店门口的平台上，堆的全是他们的书，那股排山倒海的气势啊，惊人之至！很快，我从隐地和其他杰出的同事身上，了解自己不可能超越他们——无论人脉、经验、能力等等，都瞠乎其后，我若跟着亦步亦趋，将永远找不到自己的价值。

既然样样不如人，要靠什么能耐在这行谋生？

有一天，我终于想通了。第一，必须诚实面对真相。既知不足，就应寻找弥补之策。第二，我相信路是人走出来的。在已经是路的“路”，若是挤不上去或挤了上去却只能随波逐流，失去自我，那么只好去找地图上标示的荒野之处（没有竞争者），拿起工具“逢山开路，遇水架桥”了。

然而，到了荒野，举目望去，问题不但没有解决，反正增多了。

这就是我加入枫城出版社时遇到的状况，感谢老天，我边做边学、步履蹒跚地走了过来。

在永不间歇的学习途中，我体悟到在那种环境里，冒出来的“畅销书”和我的缘分有限，必须另起炉灶，才有生存机会。诚如何飞鹏说的，“畅销书，是老天爷赏饭吃”，那么，除了“畅销书”，还有什么是编辑可以创新价值的地方？

当时，找到一个概念：**长销书**。

我们发现在书市，不论时地，有一种书始终占着书架，历久不衰。仔细分析，可归诸“经典”与“类经典”，几乎都属于“公共财”；它们不受流行口味变化的影响，在书市角隅默默矗立；它们销量不大，但积久成多，收成丰厚，反而长命百岁。这类型的书，我们称之谓“**永不落架的书**”。

这就形成与“畅销书”相反的思考方向。我们发现“畅销书”固编辑人之所欲也，然“永不落架的书”才是我们真正向往的原乡。

编辑人在汰选出版书籍时，不就是看出手中内容的不凡之处才积极付梓？若是泛泛之作，早已束之高阁或退回原主了。

所以啊！每一位编辑人对亲手处理的书，一开始都持着“某类型的经典作”的尊崇之心送上书市的。我们把新书的完整生命期，称之谓**“经典化的过程”**。然而，在“经典化的过程”中，有多少书经得起考验？

我们可以这么问：光是台湾一地，年出书量达 4 万册，1 年之后，还有多少书活在书市？5 年以后呢？10 年以后呢？30 年以后呢？

顺着这脉络想下去，做编辑的难免惊出一身冷汗。可不！我们数以万计的编辑人，不舍昼夜努力的成果竟然如此经不起时间的锤炼，绝大部分的书，有的连灿烂一闪的机会都没，便化为时间深积层里的养分了。

从这结局往前推想，心里立即生出疑惑：

——“长销书”与“畅销书”熟重？

——我们希望创制的产品是“恒星”还是“流星”？

——我们是“经营时间”还是“经营机会”的人？

——哪一种才是编辑人的至爱？

疑惑既生，困扰已成，我至今不得正解。

从我编辑生涯所见所闻来说，各执一端者，都有成功及失败的例子。归结众因，仍可以一字解之，曰“适”。先了解自己的性向，再决定去“经营时间”还是“经营机会”，背逆了性向，恐怕反而一事无成。

我自己则选择了前者。

我在以前的信内一再重复的编辑心法是：“做别人忽略做的，做别人不敢做的，做别人不能做的，做别人已经做而做不好的。”这四条小原则，恰巧和流行与时髦格格不入。经由书系（利基）的诞生，替“经营时间”拓展出广大的空域，将缺点变成优点；我们也在书系经验的累积中，知道如何在时间的洪流中学习“经营概念”“经营领域”“经营书系”“经营作家”，所有想法像麻花卷儿，互缠互绕，难分彼此了。

写到这里，我心中忽生恍惚，强烈感受到一个传统编辑的想法是如此不合时宜。在 U–出版时代，内容将长居云端，永垂不朽，哪儿还需要喋喋不休地以旧思维看新时代？

当年，我们用自以为是的方法勇闯天下，而今新时代应当用新时代的方法纵横云端。他们的抉择，绝非“恒星”或“流星”的二择一，而是另有一套我们无法理解的竞争规则来主宰世事。

注释

[1] 俞晓群先生还是非常慷慨的。他犹如春蚕吐丝般、毫不藏私地畅述做书的独门秘诀。他在《不才独钟出心裁》中透露了部分："我做编辑工作，最喜欢'**出奇**'，虽然未必制胜，却常常可以扬长避短，创造取胜的机会。……思来想去，自觉只有**平中见奇、变中取巧**最有突破的可能。也许有人说这是小家子气，但《孙子·兵势》中却写道："故善出奇者，无穷如天地，不尽如江河。"可见它是一种大智慧，至于大家小家，却在个人的悟性了。……总结起来，丛书成功的关键是……**深则求奇，广则求新，动则求变**。"原文极为精彩，可惜网络上已断了链接。若想了解中国出版，请读"俞晓群的博客"，阅读他的文章，确是一场难得的飨宴。

18 在“云世纪”活得理直气壮

管它什么 1.0 或 2.0，万变中仍有不变的元素，我们要学的是怎么跨入虚拟空间，学到驯化网络的技巧。不妥协，不从俗，走不同的路。

亲爱的朋友：

出版界的 Y 君，读完我的一篇文章后，难得回了电邮给我。他关注的是“云计算”，他说：

最近不少人在“云端”行走，嘴上挂满崭新术语，仿佛都已进化到 22 世纪，实际上，所言都是资讯业的云端，脱离了文化出版、编辑的核心思考。

我特别将您这一篇寄给最近接受云端洗礼而雾煞煞的同仁分享，化解大家一些虑。

他的话触引我一些感慨。

据我所知，Y 君所属的出版社在台湾地区首屈一指，经常邀请各领域专家到公司对员工进行“在职训练”。但请来的专家，或求功心切，或敝帚自珍，常把简单的道理解释得高深莫测，使听者听完以后，变成丈二金刚，更摸不着脑袋了。公司除了浪费金钱与时间之外，使员工对新知添生敬畏，结果导致畸形现象：一是强不知为知；一是敬而远之。Y 君所观察到的现象，一点也不令人惊讶。

以“云计算”为例，从某个层面来看，除了最初发现云端现象、架构理论并将它落实到工作与生活层面的少数先驱之外，我们（包括所谓的专家）都是随风起舞、一知半解的转述者。作为转述者，既然不能发明在前，不如等而求其次，将力气专注于应用层面的深化和针对挑战拟订解决方案，才是正途。舍此，只绕着空泛的理论打转，恐怕难修正果。

《非凡新闻周刊》总编辑李文娟的专栏“总编辑的话”，一向是我爱读的文章。前不久，她针对某些所谓的“专家”，为了怕被专业同行嫌其言语浅简，每每爱用业内术语，卖弄专业领域的普通常识，而写了一篇《说穿不值钱》，戳破令人困惑的文字迷障——文字迷障背后的那些含义，原来不过如此！

她举例说，大家开口闭口就 QDII、QFII，加上 MOU、FED……使一般读者如闻天书，其实那几个字是陆资法人、外资法人、两岸金融监理备忘录和美国联准会的缩略简称。可是专家不这么搬弄，不显得自己太没水准了？

她在文章末尾，戏谑地引了一个“关于经济学者的笑话”，形容他们连说笑话都用编号的：

“嘿！你们看，那个人的动作不正是 No.7 吗？”

大伙儿听了哈哈大笑。

另一个人回应道：

“瞧！这行为更 No.11。”

大家又是一阵捧腹大笑。

此时，旁坐一位不相识的客人，可能听不下去了，突然故作正经地加入讨论，说：“这根本是 No.15 嘛！”

大伙儿面面相觑，看看插嘴的人，不知如何回应。

彼此私下抱怨，这乡巴佬没水准！

读了之后，我可一点也笑不出来。这票人乐在其中，外人谁懂他们在搞什么名堂？不过，在故弄玄虚中，好像有些特殊的东西出现了——我称之谓“落差”。

我钦佩的詹宏志就曾经在类似“专业”与“非专业”不同水位形成的落差中，看到潜在的强大动能。

1996 年 2 月，詹宏志创办 *PChome*（《家庭电脑杂志》），引起书市轰动。他把 IT 杂志界每期发售 2000—5000 份并视 10000 份为销量瓶颈的市场，一举突破到 10 万以上——我特地登门向他请教：为什么创办这本杂志，以及用了什么魔法创造了新的传奇？

他告诉我，其中一个原因来自他学习电脑时所遭遇到的苦恼：市面上没有给初学者指引式的实操教本，当时书市上的电脑杂志，都是专家们高来高去的言论，他们写得开心，读者却无福消受，因为他们忽略了购阅杂志的人尤其是初学者的需求；专家们爱用圈内人才懂的术语解释基本应用规则，所以杂志销量始终画地自限，没有起色，久而久之，资讯类杂志也认为这才是杂志内容应有的走向。

詹宏志**不一样**。他自己就是从初学起步，非常了解使用者的痛苦，但资讯杂志界太自以为是了，没有**倾听**来自地面的声音。这两者之间的落差，给了经历痛苦学习之旅的詹宏志一个崭新的机会。他迅速抓牢——以"**无痛苦学习**"为号召，创制传统资讯杂志不屑做的内容：一个动作一张图片解说。不厌其烦地把学习者遭遇的问题逐一图解，立刻把初学以及想学的潜在读者一举兜入袋中（扩大读者群，把平常不读资讯杂志的人也吸引进来），依《数位时代》编辑总监卢谕纬的专业形容，是"发现消费者没被满足的需求，然后把价值做大"。

PChome 创刊号再版连连，据说印量高达 14 万册，建造起资讯杂志的"贝蒙障碍"（Beamonesque）[1]。

除了内容的"不一样"之外，营销手法采用强力的"**价格破坏策略**"。一本菊 8 开、200 多页、全彩、定价新台币 180 元的杂志，再加上免费赠送 32 开本大小的硬盒、内置入号称价值千元的应用软件，整个用透明胶膜裹装起来，在书店及便利商店的实售价格，只需区区新台币 49 元。这样的低价，配合易读易解的贴心内容，创刊号销售热度可用"狂热"两字形容。我亲眼看到台北街头有些便利商店将几十本 *PChome* 从地面堆叠起来，一天之内，下单补书数次之多。

有人跟我说，因特惠的长期订阅价格，一个月内订户数直冲 2 万，不到一年，订户有 7 万上下，加上零售，每期销量在 10 万左右。[2]

PChome 本身是卖一本赔一本（或勉强做到损益两平），但破天荒的销量所带来的广告，才是盈利之源。那时又正逢 IT 产业起飞阶段，*PChome* 一枝独秀，可说名利双收。

詹宏志创办的 *PChome*，就这么水到渠成，建立起他新的王国。

说开了也不稀奇，詹宏志从学习过程中，了解到必须谦卑、必须学会"**说使用者听得懂的话**"，要和使用者并肩齐行，和他们做朋友，而不是想去领导他们。他将专业的理论简化成使用者不必问为什么的动作，在“懂”与“不懂”之间架起沟通的桥梁。他看到了**新科技导引出新形势，新形势带来新需求**，他不谈艰涩理论，直接从使用者需求出发——这是做任何事业的入门之阶。（奇怪的是，这么简单的道理，在当时为什么只有詹宏志理解并付诸实践？他看到问题，改变思维，转换位置，开拓新境。等他做成功了，所有竞争者才恍然大悟！）

PChome 创刊之役，是传统编辑面对新形势的克服之道以及产销一体化的经典之作。

话分两头，请容我绕到另一个话题继续切入。

两个月之前，台北有位认识多年、任职于某出版集团的中坚干部来访，谈到目前编辑的处境，他告诉我仍有为数不少的编辑可能害怕网络带来的冲击，不知如何因应，只好墨守所传承的工作形态，但求平安。在他看来，该来的冲击一定会来，祸福难料。

他是位充满斗志的、企图心极强的、工作狂型的人。他告诉我，多年之前已经在台北组织了来自不同出版社、不同专长的七个人，每月聚会一次，交流看法。最近，曾讨论到我写的一系列信，他们对信里触及的网络演化，印象深刻，并提出一个有趣的问题，希望我给出答案。他的题目很长：“我们所投身的出版社，领导阶层都明白网络时代的不可逆性，经常开会，导出一些结论，这些结论似乎无济于大形势的掌握，只能随波逐流活着。出版界的中、基层编辑，面对未来，心里都十分茫然。网络带来的变化太快太大了，诚如我参加元月中旬的‘天下经济论坛’，上海复旦大学管理学院陆雄文院长在会上的一句话：‘这个世界不是我看不清楚，而是变化太快。’道出与会者普遍的心声，我觉得‘日新月异’都已不足以形容我们面临的变革。没多少年前，Web2.0才冒出芽，短短几年工夫，新科技接连出生，如今又面临终极形态的‘云端世纪’罩顶而下，传统出版的训练与规范，似乎有捉襟见肘的尴尬；一个想在‘云端世纪’生存并图发展的编辑——我们姑且称他们为**‘编辑 2.0 时代’**，必须具备什么样的 DNA？”

我承认，一听到他的问题，立刻愣住了，不知如何答复。

我太孤陋寡闻了，头一次听到“编辑 2.0 时代”这类字眼，我顿时明白自己理所当然应该归于 1.0 旧时代的传统编辑之列。也许他们看到我书写的文字，评估我是“一脚踏在 1.0，一脚踩进 2.0”的老编，对活在“**云端世纪**”的年轻编辑可能有些另类的建言。

我心里的直接反应是他们高估我的程度。

我纯粹是个学习者，对“U–出版”的认知非常有限，所有常识来自少数杂志和书籍的介绍，唯一沾上边的原因是我退休了，所以拥有用不完的时间，可慢慢啃读我在年轻时疏忽的应用知识——就因为这样，才在无意中接触到一般性的 IT 资讯，然后自以为是地融合过去的经验，以请益的心情写成一篇篇反省与探索的文字。

这位年轻朋友的第一个问题便触了礁，我们的谈话难以为继。……他带着困惑和失望辞别，但问题却留了下来，让我彻夜难眠。

最根本的困惑来自编辑能用 1.0 或 2.0 区别吗？从 1.0 到 2.0 是连续的、切不断的演化还是一种跳跃（突变）？所谓“编辑 2.0”这个时代，他们是不是像詹宏志一样，面对挑战时，看得出“新科技导引出新形势，新形势带来新需求”？

那么，新科技导引出什么“新形势”？新形势带来什么“新需求”？

能发现“新形势”与“新需求”的编辑，需要具备什么能力?

具备这种能力的编辑，就是 2.0 编辑？就有机会活跃于 U– 出版时代?

思索多天之后，我强迫自己回到论述核心，一如从前曾反复引述的说辞：当前这时刻，我们碰到的是百年难遇的**典范移转**，旧的一切正在崩解，新的秩序正在构筑。眼前所见的实相，似明未明，如真非真，快速的变化令人时时刻刻处于不确定中，没有人能精确描绘出最终的样貌，我们恰巧走在“途中”，终点好像很近又好像很远。

我很想向那位来访的朋友，重述詹宏志发生的故事。重述故事的目的是攫取它背后的意念，那才是要牢记于心的。

隔了月余，我决定趁北上之便，到台北回访他。

这一次会面，彼此做了准备，有些谈话片段似可请大家一起思索——我们只有讨论，没有答案，即便言辞间讲得斩钉截铁，也仅仅是语气运用而已（以下内容，未经对方过目，所以文责由我负责）：

某（暂隐姓名）：周爷（这是我当年职场上的绰号），我知道您来趟台北不容易，我就开门见山、直接请教了。上个月从台中回来不久，“七人组”又相聚一次。我们一致认为，既然来到 Web2.0 时代，编辑不可能沿袭过去的经验一以贯之。

您曾特别引用了《Google会怎么做？》的作者杰夫·贾维斯的一段文字：他认为未来的新社会应奠基于“**关联、连接、透明、开放、公开、聆听、信任、智慧、慷慨、效率、市场、小众利益、平台、速度和丰富之上**”。我们讨论很久，认为很可能就是打开“编辑2.0”之门的密语，像“阿里巴巴和四十大盗”中，打开藏宝窟大门的口诀“芝麻开门”一样灵验。我们的结论是，活在“编辑2.0时代”的朋友们，不妨将它们移用在**出版新产业链**里重新检验这些字眼，这些带有魔力的字眼，正静待召唤，编辑的未来或许正好隐藏其中。

周：虽然你用了“或许”“很可能”等不确定的词句来描述，我还是认同你切入问题的角度。我没想到你会把你所谓的“密语”和“编辑2.0”联系起来，不过，和我今天准备提出的例子，倒是非常契合。

某：我最喜欢“例子”，请尽量多举实例。

周：先说说编辑人的“**恐网络症**”吧！且不管迎面而来的是维基经济也好，云计算也罢，传统编辑们千万别被这些字眼的表面意义给糊弄了（我举了《非凡新闻周刊》总编辑李文娟《说穿不值钱》的实例）。一旦理解它们的真貌，一点也不复杂。侧身其中，我们仍有难以取代的价值。重点是必须振翅而起，毫不畏惧地融入网络（U）时代（我举了*PChome*创业实例），学习詹宏志的谦卑、聆听并迅即提供满足饥渴层面“新需求”的解决方案与执行胆识，我们就没什么好担心的。

某：嗯，有理。我也来贡献一个例子佐证一下。举例来说，当博客兴起时，你在想什么？你做了什么？反应快速的人，见机不可失，立刻聚集资金，投资平台，以免费与服务吸引会员在平台架设博客，希望有朝一日形成规模，再图盈利；只有极少数聪明人理解到这潮流意味着**人的创造力的全面释放**，我们迎接到的是个全民创作时代，这股创作能量，不是书写个人感想的博客能够完全吸纳的。所以，像起点中文网这样的平台，应“需要”而生。

起点中文网，直接由产业链的内容创生源入手，所有创作无须筛选，人人都可以在平台自由张贴呕心沥血的得意之作，由会员点阅数决定作品价值。数年之间，新作家、新作品如风起云涌，席卷市场。**组织**这类趋势的创作平台，身价随时间水涨船高——它放长线，钓大鱼——创造独特的价值，盛大文学终于将起点中文网纳入其家族成员。

周：是啊！处在同样的年代和背景，有人看到不一样的机会。不过，你刚才说到“出版新产业链”，我想多了解你的看法。

某：对您我不会隐瞒，实际上也无须隐瞒。我们一直想绘制“出版新产业链”，我深信能绘制的人，才是未来的赢家。目前，大家的理解都不够完整，但光是不完整的新产业链，就展现了一堆商机。

周：的确，我们的思维朝着同一方向。我曾经举5个年轻人以20万台币成立一家线上印刷网站Hypo（百集斯公司），从2006年创业，到2009年时，营业额已近千万。他们掌握到云端时代“出版新产业链”的后端——“制作”那个环节，成就了创业之梦。最近又有一个号称“云端出版”的实例：点点印公司。台湾的非凡电视台《台湾真善美》节目，特别介绍林建宏、陈函薇这对年轻夫妇的创业小史“年轻闯王，把照片变成书”。“让网友直接在网络上，编排自己的照片，还能加上文字注解再印成实体的书，2009年创业至今，每个月业绩都成长2成，预估今年营业额突破千万元！”你看！一旦有人解开谜语，商机就出现了。

某：我同意，假如这也算出版产业的一环。但不能否认的是，他们的出版方式和一般人心目中的出版不在同一范畴，一般人对出版的认知仍是在书市流通的读物。编辑的主要任务是“**如何从中找到好东西**”，能够在最短时间被读者购阅。不管编辑活在1.0或2.0，主要任务是不变的。麻烦的是在Web2.0时代，人人都可以成为作家，内容来源增多，使得选择性更为丰富。编辑对内容的筛选功能不再享有独占优势，而有了更具说服力的替代方式，也因此，作为2.0时代的编辑，必须重新找出难以替代的新功能。

周：是啊！我也曾尝试寻找解答，但显然大家仍在摸索，还没有共识。

某：外人看出版这块产业，只是帮人出书的嘛！——但，看似简单，稍一涉入，可复杂呢！

周：像印书小铺张辉潭的例子很值得玩味。他把“自费出版”经营得有声有色，我刚收到他们的电子报，出版的书已突破五百本，而且频频攻上传统书店排行榜（谁说自费出版的书都是被传统出版淘汰的书？），成绩超出预期。印书小铺越来越强，它把出版（制造）业百分之一百转为**服务业**，张辉潭这位前行者的经营眼光，有他过人之处。

某：坦白说，他们都是“例外中的范例”，是特例，但若少了领导者的坚持和执行力，也会一事无成。倒是您刚才提到“如何从中找到好东西”，很值得追索下去，因为“找到好东西”的方式，刚好可区划1.0和2.0两个时代编辑的不同。

周：传统的"找到好东西"的方式，行之有年，我们都已耳熟能详；进入Web2.0的"U–出版时代"，编辑所担任的筛选角色，慢慢地被网络替代。在从前，像当年明月的《明朝那些事儿》这类几百万字、未完稿的小说，很难被传统出版接受，但在网络时代，作者凭借兴趣每天发表续作，可连载多年不辍，并由数百万网民疯狂地点阅，让作品脱颖而出，等转为纸本书贩售时，动辄以百万本计。这样的出版模式，完全推翻了传统编辑的经验——网络作品越来越多，有人用"海量"形容内容如排山倒海而来，传统的筛选功能已无用武之地，我们的编辑将何去何从？

某：您的话让我想起"盛大"。3月初，我读到盛大文学在北京推出"一人一书计划 (One Person, One Book)"，发布他们的"电子书战略"。在新闻发布会的记录上，盛大文学首席版权官周洪立先生透露，光是资料库里就存储了500亿字的创作，每天在他们所属的网站，还继续有6000万字新内容贴出，而专属作家高达93万人。[3] 天啊！这只是一家公司，若加上其他创作平台，那是什么"盛况"？

周：这份记录流传很广，我也看了，我只能说，热闹啊！真要编辑去筛选，岂不累死！

某：所以编辑的角色功能非改变不可！一旦重新定义编辑的贡献是什么，"编辑2.0"的迫切性就浮现了。

周："编辑2.0"意味着再也不能自外于网络，学习驾驭网络而不是受制于网络。网络是无性的，会运用的人，会给它意义、价值和生命。

某：说得好，周爷！讨论到这里，再回想"关联、连接、透明、开放、公开、聆听、信任、智慧、慷慨、效率、市场、小众利益、平台、速度和丰富"这些字眼，您不觉得通体舒泰，浑身是劲？盛大里的大小人物（包括编辑），玩的不就是它们？我对盛大好奇得很，他们一连串的大动作，连远在台湾的我们都感受到震动。我认为他们是狠角色，你对盛大有什么看法？

周：我想用"了不起""不凡"来形容盛大。人人知道"云计算"来势汹汹，只有盛大真正剑及履及在云上展开细腻布局。当大家还在讨论"如何""何时"，他们已默默地打造出独有的商业模式，他们铸造独一无二的产业链，也等着打通任督二脉。盛大最了不起的是它的"规模"以及由规模支撑起来的"微支付"等支付系统。如今它有1亿会员，每天有1100多万人，用千字两毛、3毛钱支付线上阅读费用，加上周边广告收入，就这模式够吓人了，何况他们的野心岂是这么一点点？“云中书城”是另一波大小均收的策略布局，他们造云，打造云基地，他们的冲锋号响彻云天，只等着看传统出版界如何接招了。

某：美国有句谚语：打不过它，就加入它。面对盛大，出版界的选择其实不多。

周：现在的出版业——不！出版业已不足形容，应该泛称文化产业——盛大在替“战国时代”寻找句点，然后再重振汉唐盛世。

某：哇，“替‘战国时代’寻找句点，然后再重振汉唐盛世”，这说法太震撼了！

周：盛大的霸气隐匿在谦恭、礼让之下。但不管他们在新闻发布会上说得再小心翼翼，总是使我想起凯撒大帝。凯撒的帝业，建立在远征高卢时，率军“跨过卢比孔河（Cross the Rubicone）”的壮举（转捩点）——意思是说：**不能再等了，现在就是最佳时刻**。这也是陈天桥的心境写照吧！

某：周爷，我欣赏您的剖析，您的剖析对照我的理解，应该可以把现况弄得更清楚。以我们的观察，盛大老早准备好了，只等老板一个决心，就下达“总攻击令”。我们可以从不同的面相透视盛大。目前盛大干的是“合纵连横”，想兵不血刃，一统江山。据我所知，他们向各地出版社派遣人员，拉拢入盟，台湾的出版社也是对象之一。我们看盛大，是以“Google、亚马逊的合体”的高度视之，当然，在世界版图上，盛大不如它们，但在华文出版领域，就不是等闲之辈了。总结地说，它正在打造独特的中国模式。它想涵盖华文的文创领域，做法周延而全面，渗透力道惊人，长此下去，出版社是没有招架能力的。

周：不至于这么悲观吧！我不知道你注意到百道网没？

某：周爷，没想到您也关注到了。百道网是由知名的媒体人程三国、孔燕红夫妇联手策划经营，宗旨是“为书业打造价值过滤、筛选系统”，简单说就是**把生产链上“筛选功能的极大化”，紧紧掐住从生产到销售的咽喉**，太聪明了。大家不是说书太多吗？百道网替你过滤，让书店、媒体、图书馆和出版社连在百道网内，由它提供最完善的服务[4]。

周：不知道是不是我太过关心，我觉得百道网是传统出版企图在网络时代努力转型的重要布局。

某：您的推测应该八九不离十。

周：时间上有点“巧”，对盛大的“一人一书计划”和“云中书城”有针对性吗？

某：您想太多了。不过，这是有趣的想法，应该放在“**竞合**”的脉络里去理解吧！若是顺着您的思路推想下去，可不得了——百道网能促成传统出版的大团结，形成对盛大的制衡？这想法太有趣了，那谁是那位组织者？谁是佩六国相印的苏秦？哈哈，呼之即出——太好玩了！

周：（笑）是我想多了。今天已经占用你太多时间，我最后想请教一个问题：你身为台湾出版的一员，如何在盛大虹吸效应下，保有你的竞争力？

某：（表情非常复杂，侧头想了半天才开口）我真的不知道。像盛大这样的对手，光凭它1亿会员的规模，我们就被边缘化了；您想想看，会员1亿，1100万的付费用户，那是多大利基？

周：除非——？

某：除非大陆开放这块版图，让大家都有公平的机会逐鹿中原。

周：到时候还来得及吗？

某：（大笑）我们唯一不怕的，就是竞争。

离开他办公室时，已华灯初上。坐在回家的火车上，我的心情仍不免起伏。这回谈话，其实难有结论，连什么是编辑2.0，也只是方向性的描述，并不具体。倒是我在盛大文学内部刊物《我们》上，读到“30省作协主席小说巡展”及耗资千万的“全球华语原创文学大展”，为之大乐，这类案子不正是我们传统编辑最擅长的本事吗？要是被尊为“纸上风云第一人”的高信疆在世，看了必定哈哈大笑，因为相似的企划早在三四十年前被他在《中国时报》的人间副刊上发挥得淋漓尽致。

亲爱的朋友，管什么1.0或2.0，万变中仍有不变的元素，我们要学的是怎么跨入虚拟空间，学到驯化网络的技巧——如高信疆在当时引爆的“**副刊革命**”，把传统副刊换上新的引擎，一新世人耳目。想想高公的事迹，他留给我们的就是：不妥协，不从俗，走不同的路。

注释

[1] “贝蒙障碍”是指1968年奥运会于高海拔的墨西哥城举行，因高原阻力减低的缘故，美国选手贝蒙（Robert Beamon）跳出惊人的8.90公尺的世界纪录，23年后才被打破，这是奥运史上保留最久的田径赛记录，史称“贝蒙障碍”。之后，在各个领域，举凡难突破的事务，都被称之为“贝蒙障碍”。

[2] 这些数据都是当年听闻所得，未经查证，但依*PChome*创刊时如日中天的声威，虽不中亦不远矣。

[3] 2010年3月10日，盛大文学在京召开新闻发布会，推出“一人一书计划”（一人一书的计划，意思就是一个人手上只要有一本电子书，就可以阅读成千上万部的图书。“书”在这里泛指“阅读器”）发布电子书战略。发布会上，盛大文学首席版权官周洪立先生透露：“在我们资料库里，500亿字的作品已经有了，而且我们每日的更新是6000万字。现在我们有93万作家，网络作家每天在不停为我们写作，这就是6000万字的来源。迄今为止，我们累计的作品已经达到了300万部。与此同时，我们还有一个很大的队伍，专门来采购国内外出版的优秀畅销图书，我们购到的畅销书的数量已经超过万部。到现在为止，各个网络文学阅读排行榜上面，前十位，90%都是来自盛大文学的各家网站，这还不算，我们已经得到了1000余种电子期刊的版权，有200多位当代一线作家在为我们写作，为我们提供版权。”

[4] 别忘了微软全球副总裁张亚勤提醒大家的公式：**云计算＝（数据＋软件＋平台＋基础设施）× 服务**。

下篇

编企力

谷歌力：以Google为师

几乎没有任何企业、管理者或机构，真正了解该如何在网络时代（U–时代）生存与壮大——除了 Google 这家公司。从前，条条大路通罗马；现在，条条大路都从 Google 出发。

亲爱的朋友：

不久前，住院开刀，只好在入院之前，将上篇第 17 信匆匆收尾。信里，没说完的，理应在此用最简短的话，稍予补充。

未清楚交代的是“经营时间”和“经营机会”两者之间的调谐关系。除了曾提到的“**适性**”之外，实操经验告诉我，它们并不必然是对立关系（非此即彼、两极性原理），而是可以互融并存的。也就是说，在“经营时间”的同时，寻找“经营机会”；在“经营机会”的时候，也应兼顾“经营时间”。这种互相渗透、彼此融合的情形，在“书系”之中最能彰显。例子太多，恕不赘述。

从今天开始，我将在下篇里和大家讨论“编辑 2.0 时代”必备的各种企划能力。

休养期间，将平时粗读的报纸、杂志，细嚼慢咽。精读之下，发现科技新知所占篇幅多了起来，像“云计算”“电子书”“微网志（微博）”等新词及其相关讯息，不停地从字里行间蹦弹出来，不禁感叹：新时代真的在重重叩敲我们的大门了。

我随手摘录 2009 年 9 月出版的《数位时代》的一些标题，感受一下气氛：

——发现台湾下一波**创业新势力：电子商务**。（李欣岳）

——再一次，我们发明了书：**电子书时代来临**！（庞文真）

——教科书也要电子化？（庞文真）

——电子书这样用；亚马逊 Kindle 2 大公开。（卢谕纬）

——电子书 1100 亿元商机涌现！（谢佳宇）

——“数字出版”角力战：发行平台浮出水面。（樊兰）

——把 SEO（搜索引擎优化）融入工作中！（何飞鹏）

报纸上的消息更多，选录几则和出版息息相关的，供大家参考。

《联合报 · e 世界》的标题是：“Google 印书比煮咖啡快”。编译彭淮栋、林沿瑜报道：“网络搜寻龙头 Google 不仅积极扫描数百万本**绝版书**供网民在网上阅读，还和纽约快速印刷机厂商‘随选图书（On Demand Books）公司’签约，在短短几分钟内（煮一杯意式浓缩咖啡的时间），取得装订成册的、已绝版书籍的实体书，一本只要 8 美元，让绝版书风华再现。”

另一则新闻说：“当年，唱片业因为未能及早开发网络商机，而让苹果公司的 iTunes 成为全球最大的数字音乐商店。杂志业者唯恐重蹈音乐出版业者的覆辙，因此积极串联，争取谈判筹码。”他们一方面**推动业界结盟，组成自己的数字平台**；一方面据此实力，增强和亚马逊与 Google 的谈判力，希望重新拿回主导权。

几乎所有重要刊物都无法漠视网络（U）世界的无所不在，它冲击的层面，既深且广。《商业周刊》近期封面，写着“乔布斯、Google、郭台铭、三星都在抢‘电子书大商机’”。封面上，光是“电子书”三字就占了 $4\times12cm^2$ 的面积，彩色大字，绚烂夺目。陪衬的小字，一样引人注目：“它，只有 1 公分薄，却正在改变世界。”内文的小标，更是耸动，预言美国 13 万家出版社，将面临消失的危机。而，Google 誓言做全世界最大的图书馆……

《商业周刊》不惜篇幅将电子书影响所及的生活情景详加描述，还告诉我们“实体课本即将消失”，“全球逾 100 个学校宣布推广电子书，其中包括美国普林斯顿、维吉尼亚等大学，香港及马来西亚的小学……”（台湾地区从 2009 年 8 月 1 日起，推动“电子书包实验教学计划”，预定试办 2 年；“一童一笔电”[One Laptop Per Child，OLPC] 理念，乌拉圭全球跑第一，全国 40 万小学生和老师人手一台能够无线上网的免费笔记型电脑，2010 年将把计划延伸至中学和学龄前儿童。）

企划这个专题的《商业周刊》，以警惕的语气问大家：

“这场知识阅读革命，已经到家门口，你准备好了吗？”

《远见》杂志也不落人后，2009 年 9 月号推出重量级封面故事：**《愈云端，**

愈有商机》，整整 47 页，将云计算做了周延的介绍。它说，云计算“已被视为科技业最大成长机会；未来几年，全球科技业将重新洗牌，诞生新获利模式，改变我们的生活方式”，并引用台湾科技大学资讯管理系卢希鹏教授的话：“**信云端者，得永生**”。

《天下》杂志一向自诩“观念领先”，制作过许多叫好又叫座的专题，我曾多次引用。最新两篇文章《电子书，让出版业活起来》与《电子书，在华文市场行得通吗？》，一乐观，一质疑；另外还介绍了 Google 如何创新，拒绝“老化”上身，随时盯紧变化。

瞧！够热闹吧！

很清楚的，世界上每个层面都在打散、重组，而出版业身处其中，那我们该怎样再次找到新的、不可替代的存在价值？

环顾周边，变局中的出版界不外以下三类反应：

一是**老神在在，处变不惊**。深信全面替代纸本书的“新生事物”尚未定于一。即便吵得沸沸扬扬，就“电子书”是不是网络阅读的终极形式这件事，仍难有定论。——有了“云计算”，谁能一口咬定电子书就是内容表达的唯一形式？关键在，内容将由“**云**”（cloud）承载（谁需要带着整座图书馆趴趴走？），想要阅读时，从云上下载即可；若需笔记、注记要点，随时存入使用者的“**端**”（end）——传统概念里的“书的形式”完全比特化（想想詹宏志说过的话：“电子书”的概念已过时了！），因而，我们需要的，很可能仅仅是个遨游网际的阅览器，就替代了一切。当前最紧要的是强化“**内容是王**”的核心能力，唯有加强优质内容的掌控，才是王道。这种观点坚持认为，少了内容的“内容产业”，什么都不是！

一是**顺势待变**。由于不知事态演化的终极形式是啥，所以无法判断所选择的对策是否正确，只好采取“**Me Too 策略**”，让不知戒慎恐惧者去打头阵，然后紧紧尾随，且战且行。主要目的在不冒不必要的险，一旦机会来临，全力扩张战果，以求后来居上。

一是**勇敢求变**。对企图心旺盛的出版人而言，既知趋势发展的规律已头也不回地朝向没有地图指引的未来，急奔而去，我们只剩下两个选择：“参加”或“退出”。“退出”代表前功尽弃，一无所有，所以选项其实只剩下“勇于接受挑战”，去做开疆辟土第一人。

对这些无惧改变的拓荒者，我们应该多些关注。

即便积极因应新时代带来的新挑战，传统出版仍时有捉襟见肘之憾，然我深信各出版社的领导层非常了解，这波“大海啸”当不是用肤浅的花拳绣腿能应付的。但若深入观察，多数人还是丢不掉包袱，仍从传统的**“出版本位”**思考大变局中的自处之道，下意识地步上“维持性创新”的道路，这是无法解决“典范移转”带来的结构性颠覆，因为过去的经验，已不足以用来解决眼前的困窘了。整个出版界，鲜有跳出框架、以网络时代（U–时代）的大架构做原点，彻底反思行业的命运。

这段话的另一层意思是说，少了镜子似的反射面，人是看不见自己形象的。所以，偶尔换个位置（立场）看问题，或可收“他山之石，可以攻错”的效果。

以下，采撷两位业外人士的想法和做法，供大家参酌。

譬如说，从 IT 业界看现在出版业，他们看出什么？

首先，借鸿海科技集团大老板**郭台铭的眼光**用一用。他接受《商业周刊》访问时，称：“鸿海未来成长动力来源，还是以 3C 产品为主，包括**电子书**等。”郭董通过“3C 产品”，把手伸入内容产业——事实上，他已经做的远比现在说的范围更大，我们从他注入远流“Koobe System（电子阅读平台）”合作资金一事，就知道他的野心绝不止这么一丁点儿。

他心里盘算的**最终鹄的**是什么？或许回到《商业周刊》揭示的重点“整个电子书价值链最肥美的地方：**内容**”中，可求得答案。远流是台湾历史悠久的大型出版社，它手上握有厚实的“内容”和巨大的社会影响力，是台湾文化界的象征之一，不论是谁和它合体，都将撼动业界。

鸿海的郭台铭有没有觊觎出版（内容产业）之心呢？我们不敢妄加揣测。若无，那只是单纯的某项合作案；若有呢？——相对于全球营收逾兆元的跨国大企业而言，台湾再大的出版社和他们相比，都是小虾米。

至于广达集团董事长林百里接受《天下杂志》访问时，为什么会说，他特别看好“台湾的**文化创意产业**的发展条件”，这句话背后的暗示，也同样值得细细玩味。

这时候，中国大陆出版界也波涛汹涌。

大陆“传统出版”的进展和台湾一样，甩不掉旧思维的羁绊，倒是数字出版方面，特别活跃。樊兰在《数位时代》写的报道“数字出版的角力战：数字发行平台浮出水面”，虽区区一千多字，只掀起帷幕一角，却饱含启发性。

他在文中指出，Kindle 的热卖，刺激了大陆的电子阅读市场。我们看到汉王不但推出阅读器，更积极寻求**跨界合作**，染指“内容”；中国移动正式在杭州建立“移动阅读基地”；方正阿帕比推出番薯网，目前已拥有 180 万册书（含电子书）；被称为“新兴内容基地”的盛大文学，它的 CEO 侯小强宣称自己“不仅仅是文学网站，我们是**版权营运商**”。知名的中文在线，在 CEO 童之磊领导下，信心满满地沉着布局。樊兰引述他的话让我眼睛一亮，他形容中文在线如同 IT 领域的系统整合商，**“把硬件、软件、内容整合在一起，形成一个完整的出版解决方案”**，原创文学网站 17K 就是他们的实践成果——如其所愿，成为拥有原创内容的提供商。他们的手，伸得很快很长，迅速和四百多家传统出版社（占全国出版社的 80%）签约合作（可怕啊！），攻占了中小学 80% 的市场（真的？）。

假使我仍是出版的现役人员，看到这些，一定大惊失色。樊兰文章的背后，隐藏太多讯息，或许真的如何飞鹏所描述的，传统出版业若不努力转型，“像手上捧着一块即将融化的冰块般，就会消失”。长此下去，《商业周刊》引述专业网络杂志《快公司》（*Fast Company*）的预言，可能很快见到：

> 出版业会消失不见。……就像寒武纪的三叶虫，曾是最先长出眼睛的生物，但因**无法适应变迁环境而灭绝**。

我们看到 Google 鲸吞数百万种绝版书（含公共财），在云端精心经营“**长尾**”；亚马逊网络书店与作者直接签约，贩售电子书；实体书店缩减纸本书展台，增设读者下载使用的休憩空间（如“咖啡店”）；随着 Kindle Dx 出现，百家争鸣，加快教科书市场沦陷速度；更多的作者以 Blog 作为发表园地，作品交由网络经营……传统出版社在整个脉络中渐渐边陲化了。

眼看着纸本书的市场慢慢萎缩，我们却没有遏阻的能力。

我们从不知迫切的危机离我们这么近，直到城邦的何飞鹏高喊“传统出版只剩 5 年好光景”、要求旗下成员迎向新时代，大家才惊觉大事不妙。可是，我悄悄告诉你，他真正设定的时间表是“**3 年**”，5 年是说给外人听的。他并未欺瞒大家，在他写的那篇文章里，“3”这数字，在小小段落的句子里，一闪而过。

改造，只剩3年？对！

更让人吃惊的是，他嫌3年仍太久。

从上面所述，我们约略知道**勇敢求变**者，以不同方式承担的例子。远流的王荣文开辟新的战线（经营文创产业基地及研发电子阅读平台）寻找跨界机缘；城邦的何飞鹏则不畏挑战，采取正面迎敌，至于他研拟的对策如何，外人难以闻问，或许假以时日，可见端倪（城邦集团宣布：将于2009年年底推出线上创作和销售的全新网站）。其实，台湾出版人的心态多半拘谨，做多言少；特别是杂志界，已练兵多时，转向数字化，只弹指之间耳。

综合以上所述，我们看到科技发展带给出版界的巨大冲击，也看到业界的挣扎和努力，但出版社却困于怀旧，怯于往新的轴线移动。

问题症结是：传统出版不晓得该如何重塑自己。

我们试着提出一种可能性——这“可能性”也许有用，也许无用，整理于后，供大家做个参考。

其实，最重要的是**改变思维**，以“破坏性创新”为本，学习“U–时代的拓荒者”，了解他们怎么看世界、看变化、看问题？

而，以Google为师，当是一条捷径。

我们不妨回头检视Google的崛起。

Google最了不起的是，从1998年一成立，即洞悉隐匿网络兴起之后的巨大商机。

它的创办人谢尔盖·布林（Sergey Brin）与拉里·佩奇（Larry Page），比所有人更早知道由于网络的出现，推动经济发展的模式变了，传统的游戏规则已经走到极致，替代它的新游戏规则等着新领导者重新建立。而，Google就是新游戏规则的主要制定者，他俩显然是少数认知“比特经济学”即将促成“新商业模式”的奉行者。他们找到少人关注的“**搜索引擎**”切入，用的模式是“**免费**”，以求快速形成**使用者规模**，建立独有的利基，再在利基的基础上，扩展影响力。

但“免费”一定会赢？当然不！网络兴起之后的U–时代，只有Google将“免费经济”发挥得最为淋漓尽致。太多网络事业缺乏了解“自己是谁”，而做了错误的定位——例如雅虎（Yahoo），误以为自己身处“内容产业”，特地找来好莱坞的特里·塞梅尔（Terry Semel），把雅虎变身“数字电影公司”，结果因太早要求创造“新盈利模式”，反而将原本可以和Google平分天下的网络搜寻龙头地位，白白弄丢了。梦醒时分，大势已去。

Google的聪明，是自始至终知道自己在哪一行，它不认为自己是内容产业，它是一个“**组织者**”，它创新商业（盈利）模式，“终极而言，Google是在做组织和知识的行业”。

Google怎么扮演它“组织者”与“创新商业模式”的角色？我从大前研一的观察分析中，找到两个支点：

——“Google思维”与“Google策略”。

所谓“Google**思维**”，就是“**事事从网络思考**”，以“**使用者为尊**”，经由“**免费**”的高品质搜索引擎，加上完全奉献并不断改善“**诚心服务**”的Gmail，使它成为“网络搜寻”占全球75%、以亿为单位计算的“**巨型社群**”，把竞争者远抛于后。它本身**不收费、不生产、不拥有、不控制**——它只做两件事：

一是将搜寻所得、芜杂零乱的知识，组织得更有效益，满足使用者的需求，来维系忠诚度；

一是严格记录并分析每一个使用者搜索的每一个步骤，以求了解（洞悉）他们的年龄、性向、兴趣、嗜好等，创造出他们的附加价值，再针对个人置入为客户量身定做的广告。大前研一名之谓“终极版点式营销”。

统而言之，Google的目的是：**了解一切**[1]，评估出反应率最好的广告，以便有凭有据告诉广告主，让他们心甘情愿付出代价，从“Google思维”形塑而成的“**广告模式**”，构成了主要盈利来源。

所谓“Google**策略**”则另有追求，将自己打造成“网络购物通”，创建一种无所不包的“**购物模式**”。以书为例，“使用者只要在Google输入书名，就可以直接联络到出版社或书店的购物网站，不必通过亚马逊便可购买书籍”，换个方式说，“**搜索网站＝购物网站**”。这就是为什么会使微软和亚马逊感到不寒而栗，必须联手对抗Google的原因[2]。

大前研一认为，目前Google之所以还在足球门前游走盘球，迟迟不肯举脚射门，是因为害怕遭到《违反独占禁止法》（《反托拉斯法案》，*Antitrust Laws*）起诉，它非不为也，是时机未到。

Google不但在“广告模式”和“购物模式”上绵密布局，战火还一直延烧到虚拟国土“**云计算**”，那更是兵家必争之地。依Google目前所拥有的服务器数量，高达数百万台（而且仍在快速增加），就晓得它志在必得的决心。前不久，它不再公开服务器数量，这和亚马逊隐匿Kindle销量的心态是一致的：

让竞争者失去攻击着力点。

谁拥有“云端”，谁就拥有未来。这是攸关“网络霸主”谁属的关键一役，也是“Google 策略”是否能坐拥江山的重要依恃。从出版的角度看，Google 用心经营云端无主的、达数百万册的内容——**这长尾市场，有着庞大商机**（Google 不怕长尾长，只怕长尾不够长）[3]。未来，百万、千万的长尾书籍之中，每一本书都有被选择的机会——在万亿次点选中（啊！那个大写的N！），Google 是唯一的大赢家。

Google 最让我佩服的是它**超前的眼光**，它设下明确、宏大的目标，从不偏移。它是具备“**大布局力**”与强大“**进化力**”引擎的巨兽；它不断推陈出新，推动世界朝向它既定的方向演化；它是真正掌握了老子“反者道之动”真髓的最佳实践样板[4]。

说了这么多，正从传统出版走来的我们，能从 Google 身上学些什么？

面对 Google 的天罗地网，我们似乎无能为力。它所建构的崭新社会，依杰夫·贾维斯的观点，这新社会打造在“**关联、连接、透明、开放、公开、聆听、信任、智慧、慷慨、效率、市场、小众利益、平台、速度和丰富**之上”。

显然的，从这观点来看，出版社光是把内容数字化，搞个没生长力的平台，是不足以因应的。我们面对着前所未有的挑战，若遵循既有思维谋求对策，恐怕难以图存。所以，首要之事在观察 Google 怎么想，如何做？——多个参考坐标，再思量发展之策。

从 Google 身上，我们至少能明白下列几项：

第一，建立“网（U）本位”观念。

既然迈入了网络时代，请事事以网络作为出发点。

世界的的确确跟过去不一样了。如今，我们活在同一张巨网之中。事实上，没有任何一个国家敢轻忽未来**竞争力之源**的网络建设。以网络普及率高达95% 的芬兰来看，竟还立法强制要求“电讯公司于 2010 年 7 月开始，520 万国民都应享有宽频上网的权利，且上网速度不得低于每秒 1 百万比特（1M）。而，政府的目标是在 2015 年之前，把频宽提速 100 倍，达到每秒 1 亿比特（100M）”。芬兰虽小国寡民，但其高瞻远瞩的眼光和魄力，令人肃然起敬。

第二，了解“我是谁”，重新认识自己，定位自己。

我们不再是传统出版中那位“做书的人”，我们是网络世界中内容产业经营者（连这定位都有人不愿苟同）。

假如“内容”是我们最大资产，那么，该怎么确保不入他人之手？

如今，我们面对的是全民写作的时代，人人都是作家，光是中文每天可能有上亿的文字发表于浩浩网海。在时间洪流冲刷下，除非是顶尖作品，否则都会淹没在长尾之中。然而，拜科技之赐，所有图与文得以比特形式，永存云端，而挑战也来自于此：**市场归属，取决于新筛选功能的强弱**。

我们也看到原创者渐渐和网络经营者（如中文在线、盛大文学等）合作，传统出版功能逐渐被新经营形态取代了。

从这些层面看，出版社的角色削弱了，传统编辑的未来在哪儿？

Google和大前研一不约而同指出，**未来需要的是制作人，一个组织者**。在出版这一行，无疑的，更突显**企划力**的重要性。这类人不采取在既有成就上努力改善的“Do More Better”策略（大前研一语），他们是典型的拓荒者，知道机会在框架之外。用沈公（沈昌文）的话引申，就是策划力之极致表现。他特别强调：“一个高明的编辑……最好能够做到‘**在无序中间建立有序**’。‘有序’是一种灵魂，是一种指导思想，也可以说是一种导向。”将这话放到网络背景理解，给出版人创造出无限的挥洒空间。

不过，假如“内容”不是我们最大资产，那什么才是呢？

——好可怕的问题，但愿是个假命题。

第三，将“演化”观念植入思维之中。

譬如，若你以为亚马逊纯是一家网络书店的话，错了；它已经把自己改造成“资讯科技服务公司”，同时提供储存与运算服务。我们看到，不断演化的新科技带来新能力，新能力创造新机会。亚马逊的例子告诉我们，切勿忽略各方面突飞猛进的发明和发现，它们正在不断改造世界。

第四，勿忘：个体崛起。

网络使每一个个体的意见都能发表，每一个生命都被尊重，新立足点上，众生平等。谁都不可再被轻忽——星火也可燎原。

第五，善用网络上“巨型社群”（N）的能量。

传统意识中的“大众”被撕得粉碎，但通过“**连接**”，使聚沙成塔的力量，变得更大、更难控御。Google、亚马逊、微软、百度、盛大等均是。

但，首要大事是你如何成为大写的N。

第六，变身Google。

既然Google是唯一的、无法取代的，那么，设法将自己变成你身属领域中的Google吧（**把局部当作整体**）。例如，在儿童心目中最红的网站是哪个？答案是大家熟知的迪斯尼（Disney.com），它在孩童界地位，等同Google。

在以前的信中，我曾引述出版界大佬的话：

记得当年，社会进展到e时代，杰克·韦尔奇接任美国通用电气公司董事长大位时，曾要求部属："要在所有动词前面都加上e之后，再进行考量。"例如：e制作（eMake）、e销售（eSale）、e设计（eDesign）、e采购（ePurchase）等。大前研一评论说："**因彻底使用新的资讯科技**，在韦尔奇时代，通用电气的生产力足足成长了5倍，营业额也增加了5倍。"我们呢？是不是**该将所有与出版相关的工作，都加上U，再往下思考？**

距离他说这些话还不到一年，似应在文章末尾多添一句，才跟得上形势变化了："请在'加上U，再往下思考'之后，再用'G'思考一遍吧！"

注 释

[1] 至于Google的企图心有多宏大，不如由Google自己说。根据伍迪·曼伯（Google九位工程副总之一）声称："Google的使命是'**组织世界资讯，使它在全球共用、共享**'。"并指出"20世纪只知征服自然，而21世纪强调的将是**了解世人**；不仅要了解世人说些什么，还要从最微不足道的行为线索中，推断他们心里想的是什么……**搜寻**，是这其中的一大要项……"（引自《今周刊》第668期，2009年10月12日登载的《Google的王座保卫战》一文）。

因为了解，才能投人所好，而盈利则从另一个门，满溢出来。套用尼采的话，这一切即是："人性的，太人性的。"

[2] 大前研一说，电子商务成功关键在于"入口网站""结账系统""物流系统"功能，一应俱全。Google早从搜索引擎发展成入口网站，目前也拥有Google Checkout线上付费系统，而物流可由供货者完成最后一里的配送。所以啊，Google策略令人生畏！

[3] 2009年10月16日台湾《联合报》编译田思怡报道"Google**将推线上书店**"，称："Google图书搜寻部门主管特维（Tom Turvey）15日在法兰克福书展表示：将于2010年推出Google Editions（线上书店**服务平台**）。Google在2004年时，曾推出免费的线上图书搜寻服务（Google Books），这次Google Editions将是Google首度尝试卖书，每本书的

价格将由出版商决定，2010年将供应40万到60万本书。Google将提供浏览服务，让读者能在任何地方阅读，是电子书市场的利基。Google将收取55%利润，并把大部分分给零售商，其余45%利润则归出版商。Google Editions将允许与Google结盟的零售商卖书，预期大多数顾客会向零售商，而不是向Google买书，因为我们是大盘商，书的批发商。”

[4] Google不是没弱点的，最大的弱点在它的“大”和“通吃”。这也是为什么会有人担忧“**假如Google统治了世界**”的原因了，甚至有人说，乔治·奥威尔（George Orwell，英国作家，《一九八四》作者）笔下的“老大哥”已经出现了。在华人世界，他姓谷，名歌（Google）。

构想力：疯点子的诞生

二分力量放在既存的主流市场（可形成局部优势机会之处），八分力量集中于未来新主流的探寻与经营，找出最有兴趣、最适合自己一展身手的“无主之地”，全力以赴。

亲爱的朋友：

1990年前后，我在远流出版公司曾和同事罗丽芳制作了**《构想备忘》**小册子[1]，把我们想到、听到的任何奇奇怪怪的点子搜罗起来，做参考之用。

现在回想起来，册子上有些想法的确荒诞可笑。

有位同事，建议出一本《家庭相簿》。理由是，在人手一相机的时代，他发现每个家庭里拍摄的照片越来越多，但在相片簿中，却普遍出现一个现象，爸爸的照片很少，有时甚至不见了。

父亲“隐身”或“少见”的原因不一，最大的因素是忙着给心爱的孩子和妻子留影，反而忘了自己。所以，他建议设计一本大团圆式、人人不缺席的《家庭相簿》。这本相簿必须经过精心设计，像编排杂志内容一样，妥善分配家庭成员在相簿上应占比例，替每个人（包括父亲）留下专栏、特写及专页——重要的是，这本相簿中每一页，都不是随意贴放的，而是预留照片位置、说明栏，并另外印制附赠空白的、像漫画对白格式的贴纸，嵌入情景对白，让照片生动起来。这些努力，使《家庭相簿》成为一页页热闹有趣的生活实录，不再是冷冰冰的静态照片而已。

然而，有人从同样的思路出发，把想象延伸到大、中、小学《毕业纪念册》的制作，那可是个梦幻市场。原始的想法是做成活页的，封面与各种不同格式的空白内页，放在以贩售文具、纸墨的商店零售，由购买者自行组合。跟传统印制的纯空白纪念册最大的不同，除了形式（从固定改成活页）外，每一页都事先规划填写内容——姓名、地址、电话、留言栏、得意的照片，并纳入各种创意的栏目（形成最大特色）等等。

假若这类自填、自创风格与乐趣的方向可行，还有什么可囊括袋中？

一本新形态以照片为主的《家谱》。

一本家家必备、精致印制的《贵客留言簿》。

一本记录婴儿成长的《宝宝日记》（早有人捷足先登）。

一本《恋爱手册》。

限于篇幅，无法一一描述所提个案，在此简略介绍《恋爱手册》的执行过程。那时候，社会风气渐开，各个层面都弥漫着对既有成制的挑战。有艺人高喊："只要我喜欢，有什么不可以！"某大学教授公开鼓吹"自慰"："只要性高潮，不要性伴侣。"口号，反映的是匮乏、不足、渴望。所以，在这关口，出版一本让青年男女记载恋爱进展的册子，似乎是个可以一搏的构想。

于是，兴致勃勃地动工了。

既然是恋爱手册，男女有别，所以书分两册：女用粉红，男主蓝色。开本特大（菊 8 开），类似市售大型记事簿，以布面精装，内页用 180 磅雪铜精印，外头加锁。可是，内容呢？

基本资料不可少，越奇、越新颖、越详尽越好。翻过基本资料，以后的内容，就海阔天空，百无禁忌了。（咳！请发挥你的想象力吧！）

在某次内部讨论时，大家觉得平时寄送各类慰问卡，单薄的卡片难以承载更多的关怀及情意，若想把寄卡人内心的话表达清楚，光靠薄薄一张慰问卡是不够的，于是"卡片的延长"，发展成"卡片书"，"卡片书"发展成作家和画家的结合——针对不同境遇、不同节日，诉说独特的心情故事，绘写成各式各样的作品（有点接近著名绘本作家几米的作品）。

我们一寸一尺往前推进，诱发出奇奇怪怪的念头。

有一天，蓦然惊醒，这些"出版物"已走火入魔，偏离了正统，一不小心跨入了礼品业界。我们尝试的出版物，称作"**礼物书**"——这个社内临时的任务编组，差一点跨界出击，成了开疆辟土的"烈士"。

而今，社会进展到网络的云时代，价值观也有了翻天覆地的变化，以上案例早已失去原先设计的目标功能，写在这里的目的，是要让大家看看一个传统的编辑人也可另类到如此不成体统。幸亏我不久就离开了工作 8 年的岗位，展开人生新的冒险，所有计划戛然终止。

从传统编辑的角度来看，这些构想确已逸出常轨，我用来自我解嘲的形容词是：想赚钱想疯了。时至今日，退离职场之后，反而可以平心静气说说当年让好友们时时为我捏把冷汗的某些“英勇”事迹。有些案例和“礼物书”不同，但编辑人在其中有了不同的角色扮演和新的体验。

话还是得从“编辑所为何事”谈起。

对任何一个编辑人而言，他的核心任务在**内容的经营**，希望自己经手的每一本书，投入书市之后都能够名利双收。可是，这是“可遇而不可求”的艰巨使命，市场不会随我们的主观意愿而屈从的。那么，我们怎么做才能从竞争激烈的书市中脱颖而出呢？

我从《优秀编辑的四门必修课》写到《如何提高编辑力》，目的即在寻觅问句背后的答案。走在编辑的路上，三十多年光阴，倏忽之间如指隙流沙，溜得无影无踪。回首我在那些日子的作为，肯定不是成功的编辑，所做过的书，多半随风而逝，不知所终。正因为这样，更引发我好奇之心，试着运用杂食得来的智慧，解读业界我所熟悉的人和事，挖掘书市成功者“赢的秘密”，让后来者作为借鉴。

书海浩瀚，人生苦短，一个人一生能读几本书？我读书有限，亦自知本质愚拙，所以我对拿在手上的书，不敢轻忽，始终抱持崇敬的心，仔细拜读。例如，我居然幸运地从老子、石涛……彼得·德鲁克、克里斯汀生（Clayton M. Christensen）、约翰·奈斯比特（John Naisbitt）、克里斯·安德森、伊塔罗·卡尔维诺、大前研一等等的著作中，找到开启秘门的钥匙。我小心翼翼用它打开成功者的宝匣，拣取匣内闪亮的珠玉，把它们嵌进书写的字里行间。

我用的方法极其简单：引取他们的智慧火花，移入出版与编辑工作，强作解人。那些杰出心智流泻出来的观点，帮我拨开“知其然，不知其所以然”的迷雾，求得一种有力的解释，我也趁此开阔视野，获得成长。

找到的解答，虽不一定能恰如其“实”，却一定程度贴近了事实。

通过对成功者贴心的认识，我发现优秀的编辑人都各有各的长处，我曾将成功者粗分为人脉取胜或议题取胜，有本土至上或域外为尚，聚焦于一或放眼四方；总的来说，是各擅胜场，各有依归。他们创造特色，脱颖而出。

面对强敌如林的环境，投身竞争圈的我们，所凭持的生存法则是什么？该不该拔剑而起，去抢强者的嘴边肉？

——唯有真正的勇者或十足的笨蛋才这么做。

我的解法是二八法则。二分力量放在既存的主流市场（可形成局部优势机会之处），八分力量集中于未来新主流的探寻与经营，找出最有兴趣、最适合自己一展身手的**“无主之地”**，全力以赴。

所以啊，我的编辑生涯经常沉溺于海阔天空、漫无边际的遐想之中。然而十想九空，提案的生命，常常一闪即逝，唯一的好处是活泼脑子，以痴想（点子多）取胜。

以下，是我三十多年编辑生涯、乱枪打鸟似的构思中，可能还留存少许参考价值而尚未成案的编辑发想，有兴趣的朋友，阅读时请小心考量。

习惯上，我是**“壹”**[2]的寻索者——壹个概念（构想）、壹个领域（范畴）、壹个群组、壹个梦。有时候，壹太小，小到像一星烟火，一经点燃，一灿即灭；有时壹太大，大到无法掌握，只能切割处理。我时常困在“壹”的时间与空间的互依、互斥中，而在“反”“极”“最”“分”（细分化、以局部为整体、化整为零）“合”（整合、化零为整）等的那端，得到导引。

譬如说，壹个范畴（领域）：**历史**。

但，历史的范畴太大，无人可以穷尽，光取一瓢，都不易负荷。

在远流，我曾经用**“实用历史”**概念作为凝结剂，去黏合“性相近”的作品，以远流独有的营销手法，开辟出一块新天地[3]。

那时，我看到日本作家喜欢以历史人物写小说，而萌生“以人物为经纬”整合成一套**“小说日本史”**，取代正经八百的正史，来快速填平国人对我们周边最大、最强的竞争者——日本——认知上的鸿沟（我读过不同作者的日本史，读完就忘，不如小说易解易记，对不做研究的小老百姓来说，这是一条认识日本的捷径。坦白说，我是不折不扣的民族主义者，但仇日不如知日，越认识她，就越敬佩她。**以竞争者为师，才有机会超越**）。首役由“战国群雄”担任头阵，武田信玄、织田信长、丰臣秀吉、德川家康、上杉谦信等纷纷亮相；接着，想跳到幕末（德川幕府）的动荡时代，再过渡到明治维新、改变日本成为现代化国家的英雄豪杰；然后回顾源平之争、镰仓幕府，再从南北朝、室町幕府切入……一点一滴，透由历史人物勾勒出日本史的轮廓。

这计划的野心颇大，至少需10年以上的时间，投入大量人力与物力，才有可能完成。

一开始表现不俗，尤其是日本历史小说名家山冈庄八的《德川家康》，预约才短短一个多月，爆出一万多套的预购量，凝聚出爱读日本历史小说的社群，引发一股新阅读风潮。虽然获利丰厚，但人事变动频仍，“小说日本史”难以继续，徒留遗憾。

1985年8月到翌年4月，我在时报出版公司时，历史范畴亦是发展重心之一。在职8个月中，除了“南宫博历史小说集”外，筹划了3个没有完成却始终惦记在心的案子：

(1) 改变历史发展的文献汇编；(2) 策论研究；(3) 大决策。

说到这里，细心的朋友，也许有了疑问：为什么喜走偏锋，常和主流出版方向背道而驰？

我的答案是：竞争使然。

我初出道时，和别人没有不同——搜寻、追逐国内外知名作家与作品——即使到了今天，这个方向仍然是没人敢轻忽的利益之源。

可是，激烈的竞争教导我必须学习如何“**和而不同**”[4]，努力寻找“应许之地”，一旦找到了，那儿没有强力的竞争者，才能独领风骚。这番道理，我到远流观察总经理詹宏志如何经营时，才恍然大悟。那时候，远流持续扩张、奇迹般的竞争力，即奠基于此。

经营历史范畴时，如果有什么策略性思考，这就是。

“改变历史发展的文献汇编”的起念，非常单纯。种因于我年轻时读过今日世界社出版的书《美国历史文献》[5]，它将美国短短二百多年的历史，整理出一册珍贵的文献史料，帮助外人了解美国、尊崇美国。我们中国五千多年历史里，不应采撷出更多、更精致的文化遗产？当时，台湾有本狂销书《改变历史的书》——我把两个概念合而为一，决定编一本《改变中国历史发展的文献汇编》，将艰深的文言文翻译成现代话文，让读者在最简短时间内，掌握中国历史与文化的精髓。

在当时的出版环境，这个企划案算是很另类的。案子交予陈恒嘉执行，邀请龚鹏程教授组织一批年轻老师共襄盛举。

随后，我们更进一步，准备把它扩大成“**套书**”，包括世界重要国家及民族的“改变历史的文献”，择定美、英、法、俄、意、日、印等逐步纳入规划，我们认为它是开启了解不同国家及民族与文化的捷径。

《改变中国历史发展的文献汇编》进行得非常顺利，可惜构想变质，龚教授以《国史镜原：改变中国的划时代文献》单独成书（精装上下两册，外加匣盒，厚一千多页）。我非常喜欢这部书，它依原典、作者简介、译文、注释、背景说明、影响，按年代先后排列，做得通彻。读它，如同听到中国的心跳。

这也勉强算是某种**“中国读本”**吧。

至于“策论研究”案例，则是另一个故事了。

那时候，报端常看到“汉学中心在××”的新闻，一会儿有人说在美国，一会儿有人说在日本，一会儿有人说在法国，一会儿有人说在瑞士……反正啊，就是没人说在中国大陆、在台湾地区、在香港地区。

我的民族意识被刺激起来，心想：为什么世界性的汉学中心不在中国人住的地方？有什么方法能把“汉学中心”的旗子插在台北？

第一个问题我没能力，也轮不到我回答；第二个问题，让我窃喜不已，这是天上掉下来、给编辑人做的功课，若加上好运，可在此领域抢占领导地位，大放异彩。

我默想：把“汉学中心”看作“壹”，它是由什么样的成分组成的？我能从整体的“壹”之中，突出某一成分或填入新的成分，再以“突出或填入的内容”高举“汉学中心”的旗子，这样做行得通吗？用我一贯的心法来解释，意思是说，把“属于整体的局部”重新当作“新的整体”时，特色出现了，在新创的领域里，我们很有机会成为领导者。

很幸运的，我在“**策论**”这个小范畴内，看到待垦的沃土。

“策论”是古代中国在朝为官的知识分子，独特的意见表达方式。而，统治阶层物色人才时，通过科举制度“以策取士”，从应试文章布局和陈述中，看人的见解、逻辑、文采、视野与格局。

在朝廷上，“策”往往是国家或社会面临变化或危局时的因应之道，它是一种解决方案的建议。因此，“策”所涉及的层面极为宽广，从国家大政方针到地方涝、旱、饥馑，几乎无所不谈，所以“策”是贮藏中国人挑战/回应的智慧宝库，可看到历代最优秀的头脑，如何面对困难，开创新局；也看得到因应失策，导致灾祸临身，而带来毁灭性的后果。

中国人该怎么善用先民留给我们的智慧宝库？

“策”除了是先贤们解困、解惑的智慧之源，更是汇集文学瑰宝的集中地。泰半策论均出自名家之手，传诵不辍（《国史镜原》中就汇整了不少策论）[6]。在这基础上，把“策”移入**现代知识系统**来重新诠释，过滤出令世人惊异的崭新理论，看来是个可行的主意。

当时台湾的《中国时报》如日中天，与《联合报》互争台湾省第一大报的地位，都夸称每天印报量突破百万。《中国时报》董事长余纪忠先生的识见和胸襟，在当时少有人能出其右；他发掘人才和用人的魄力，让许多被他不次拔擢、重用的人，都念念难忘。《中国时报》有钱有人，样样不缺，我们还有什么可着力之处？时报出版公司总经理张武顺认为，加深加大“**企业影响力**”、以利己利人为努力的方向，应该是不错的抉择。

就这样，我们大胆提出成立“**策论研究中心**”企划案。

因没留底稿，现在只能徒凭残留印象，简述于此。

“策论研究中心”怎么进行？我们建议“先舍后收”，先投入资金与人力，待时机成熟时，让回馈自然而然溢出来。

这是一个至少需要3—5年才看得到绩效的中、长期计划，累积的是奠基于社会公益的**形象资产**，但持之以恒，仍充满盈利机会；它既谋公司长期之利，亦谋天下永久之利。所以，我们建议先成立工作小组（不另聘人，是任务编组），委身在由《中国时报》设立的“余氏基金会”下运作，实际作业交给时报出版公司负责执行。

具体的做法是兵分数路，一路是，和知名大学相关科系（如历史系、国文系）长期合作。合作什么？第一步，将史上策论从古籍里找出来，按年代序，汇编成集，交由时报出版。如有疏漏，可以“续编”“补编”继续充实。第二步，和志趣相投的老师合作，以策论作为其研究方向。凡研究所学生以“策论研究”为博、硕士选题者，酌发奖学金，论文则交由时报审核出版。

另一路，筹编《策论杂志》及《策论研究学报》。

再一路，申请国家资源赞助，筹办3年后（或5年后）世界性的“第一届台北汉学（策论研究）会议”（两年一轮），向各国的大学及汉学家广发武林帖[7]。

接着，广开言路，筹办3年后的“第一届策论征文”（两年一次），采取首奖百万的重赏策略。

……

时报出版公司有何收获？

我想，细数收获，未免太无趣了。

1985年的未竟之志，叙述到此暂告结束，至于另一个企划案“大决策”，等完成下一封信后，再向大家报告。

[1] 退休之后，在家清理事物时，因《构想备忘》中，所记录的几十个案子多半不够成熟，早失去参考价值，所以立刻付之一炬。其中有个别案例收入《优秀编辑的四门必修课》第136—137页。

[2] 请参阅《优秀编辑的四门必修课》第22—32页。

[3] 同上注，请参阅该书第65—102页。

[4] 请参阅本书上篇第13信。简言之，就是我一向强调的四句口诀："做别人忽略做的，做别人不敢做的，做别人不能做的，做别人已经做而做不好的。"

[5] 今日世界社是隶属于美国大使馆新闻处的文教机构。当年，美新处坐落于台北市南海路、建国中学附近（这幢楼房废弃很久，2010年6月正全面翻修）。它给人开明、开放的印象，二楼时常举办各种展览，任何人都可从大门自由进出。今日世界社的出版品，无论装帧、内容都非常突出，远远超过当时国内的水准，而售价低廉。它引进许多最杰出的美国文学作品，《美国历史文献》亦是系列丛书之一。美国新闻处似另有一本中英文对照的《学生英文杂志》（？），以赠阅为主，介绍台湾各大学不同才学的杰出学生及各种新知，嗅不出一丝丝八股味，深受学生与知识分子喜爱。宣传能做得如此不落痕迹，紧紧贴近阅听者需求，实在了不起。

[6] 我曾在坊间看见专门翻印30年代旧书的出版社，将历代策论集成的套书复印贩售，有6—8册（书名及册数已记不清楚），可惜当时阮囊羞涩，错失机缘。

[7] 按照计划，来参加会议的人员，吁请他们回国之后，成立所在地的"中国策论研究学会"。两年一次的"汉学（策论研究）会议"可从第三届起，由各地轮流主办。

3 云端力：云计算的出版意义

云计算是典型的、百年难遇的“典范移转”，它颠覆传统，以重铸的产业链使既存的一切，都面临打破重组的巨变。云端的趋势已进一步证明，应用与服务才是王道。

亲爱的朋友：

就像Web2.0和无所不在的U–时代一样，喧腾一时的“云计算”，终于演化成了常识。云，是贮存所有资料的中心；端，是趋于更轻便的使用者及使用工具。我们再也不需要购置很多不同功能的软件以及强大的硬碟与存储器，因为这些电脑必需的配置，全上了飘浮的“云”。

换个角度看，“云端”也不再神秘，它只是替代了旧有的IT资讯系统，开始拥有类同“自来水公司”或“电力公司”一样的功效，成为**新产业链**里的供应者。而我们这些使用者，不必家家自备水井或发电机，用一句话来概括，就是连接上云之后计量付费：**用多少，付多少**。

然而，在简单道理的背后，却隐藏着全新的大好机会。

因为云计算是典型的、百年难遇的“典范移转”，它颠覆传统，以重铸的产业链使既存的一切，都面临打破重组的巨变。所以，我们必须正视在新产业链中，“我”在哪里？还有没有“位子”？至少要站在已知的云端基础上，掂量一下“我”的存在价值和未来性。若是忽视“重新定位”，很可能从新产业链里消失无踪。

摆在眼前的事实是，每个企业都在积极检视“自身（我）”和云计算的结合，以确保在这新兴世界里，谋得最大福祉。例如，微软全球CEO史蒂夫·鲍尔默（Steve Ballmer）在2009年11月3日旋风访台，于公开演讲中，以“运筹云端：共创三‘萤’”为题，坦率直言“**云计算就是未来**

（Cloud is future）”，并详细说明微软“三萤一云”**的未来战略**。他认为未来资讯科技的新面貌，必然建立在“电脑屏幕”“手机屏幕”和“电视屏幕”等“三萤”与火热的云计算（一云）之上，这是微软生存与发展之所寄。

若对财经及IT界稍加留意，“云计算”这块无主之地战云密布，Google、Yahoo、IBM、亚马逊、苹果、微软等巨无霸，四处布桩，你来我往，互不相让。尤其是新野心帝国Google，它放眼全球，已预见自己无限膨胀的“云世界”（目前Google已设立24座资料中心，仍在继续增加中）耗电日增，必须自设电厂满足需求，月前向美国政府申请以“零碳排放”为目标、收购绿色（洁净）能源“电力营销商”的执照，准备因应下一波更艰巨的挑战。你说，这个新“绿巨人”可怕不?

但资料中心的设立，只能算是必要的前置作业，有它，才能开展后续布局。对于云计算的潜力，无论大陆和台湾，都不敢掉以轻心，政府机关与大小企业纷纷设立了专责部门：北京有云基地，而台湾的工研院则成立“云计算应用中心”，各大小企业也莫不摩拳擦掌，积极投入，口口声声要“**搞自己的云**”[1]。据说，云还区分为“私有云”（Private Cloud）与“公众云”（Public Cloud）——铺天盖地的造云运动，轰轰烈烈地拉开序幕。

云，老早飘在天空。每次使用电子邮箱、看YouTube、用MSN、上网查地图、下载软件时，就在享受云端之乐了；我们现在说的云端和已存在的云端之间最大的不同在“**规模**”。现在的云端规模巨大到足可形成新的商业模式（1与多、从量变到质变），它不再是诗意翩翩的云彩，它长成了“**云霸**”。

在这波巨浪冲击下，传统出版业又该如何看待“云计算”？如何认识“云计算”型构中的新产业链以及隐身其间的商机，我们的机会在哪里?

有人认为，这门功课能考及格的，才看得到明天的日出。

我很幸运，从一篇访问稿里得到启发。

2009年11月初，微软全球副总裁张亚勤来台参加“华人企业领袖高峰会议”，接受《远见》杂志记者杨方儒访问时[2]，提出一个简单却充满想象的公式，掀起“云计算”的神秘面纱。他说：

云计算＝（数据＋软件＋平台＋基础设施）× 服务

这个公式依我的理解是说："云计算"的终极价值，取决于"服务值"的大小，**当"服务值"为零，一切均化为乌有**；只有增大"服务值"，才能创造括弧内各个项目的最大价值。云端则是策略工具，懂得运用才是王道，而在应用的基础上，多大的服务就带来多大的成效，没有服务就没有成效。

最近，我从《今周刊》特别企划的《云计算对台湾冲击大过商机！》报道中[3]，读到走在云端的IBM如何善用云端服务的例子，令人印象深刻：

IBM从电脑硬件起家，但它老早看到电脑硬件未来的"红海"，必须提前脱壳蜕皮，筹谋换装"成长引擎"，抢占5—10年后更高层次、新商业模式下的主导地位。IBM在"2004年时，把个人电脑事业部卖给联想公司，朝向软件及服务转型"。发展到现在，它成了**"科技整合专家"**，针对不同企业的不同需求，设计服务内容。较近的例子发生在大陆的无锡，IBM推出"盘古天地方案"，将耗费动辄百万美元的ERP（企业资源管理系统）简化成一般中小企业付得起、开心付的精要版ERP。它知道天上和人间可以搭建直通车，所以，它承担，它服务。譬如，用于面包店的ERP，只要每天付人民币6元，借由IBM的云，就能顺利运作，把"云计算"的节省成本加上IBM的贴心服务，发挥得淋漓尽致。因此，面包店不必购置大量软、硬件设备，IBM的"云"包揽了一切，提供给面包店**"完整的解决方案"**。面包店像月付水电费用一样，乖乖地纳入IBM客户，很难离开它了。不过，若从面包店的角度看，它充分利用云端，以小驭大（IBM），如臂之使指；它把省下的时间和成本，用于提升客户服务品质，确是聪明之举。

另几个例子，来自《商业周刊》的报道《善用云端资源，三个小公司跑赢同业》[4]。2006年，5个年轻人以20万台币成立一家线上印刷网站Hypo（百集斯公司），到2009年，营业额已近千万。他们怎么做到的？最根本的原因是，他们不像一般创业者，花很多钱购买办公室软件。采访记者杨之瑜、林俊劭说：

他们直接通过网络，连接到Google，利用Google的软件服务，省下近50万元的软件与网管成本，解决了小公司创业初期最头痛的网络投资难题。……因为不用花心力维护机器、带宽这些事情，工程师只要专心研发，每月至少省下25000元开销，还可以把时间用在更有价值的地方。

上海智翔信息科技（Ultrawise）也一样，这家“针对大学毕业生提供科技产业职业训练的人力中介公司”，通过IBM云端服务，降低了成本，缩短了磨合时间，提高了服务品质。

弘煜——线上游戏公司，将产品交给“云”（智冠）营销，自己专心于游戏的研发和生产。第一款线上游戏《风色幻想 Online》，上市不久就累积近60万会员，也顺利卖出国际版权。

亲爱的朋友，就如此这般，“云”把世界变平了，即使资本很小，仍拥有均等的发展机会；而眼看着各行各业都以不同的方式造云、运用云——我们传统的出版／编辑人，难道只能“望云兴叹”吗？

张亚勤的简单公式，似乎告诉我们，真正的关键在找出云计算和出版与编辑的连接点，从连接点注入以服务为核心的产销大计，则很有机会打开僵局，否则将坐看江山如夏日积雪，渐渐消融。

连接云计算的路，亦有千万条。现在，请允许我略述一个未成案的构想：“智慧银行（Wisbank，虚拟字）企划案”。当初这个失去机会推动的构想，到了今天，从云端的角度重新思考，似乎增添了可行性。

1997年，“网络”成了台湾社会最疯迷的词汇，弄得大家产生错觉，仿佛只要沾上“达康”（.com），几乎就一路绿灯，畅行无阻。

那时候，我突生奇想：在网络上开一家以“知识与智慧”作为交易物的银行。

一般而言，编辑人辛辛苦苦做成一本书，印行之后立刻交给业务部发行到各种渠道，畅销的书在渠道终端的书店，停留久一点；滞销的书很快从书店退回，躺进书库，这就是书的生命历程。

我服务过的远流，在詹宏志领导下，改造这种营销传统，把出版社聊备一格的**“新书预约”制度化**，强化“新书预约”成为营销过程中的重中之重，将决胜点移到预约阶段。利用预约（主要是运用报纸广告及客户名单做DM邮购营销）创造业绩并积累声势，等到店销时，如泄洪一般，奔腾而下，锐不可当。所以，在他主导社务期间，固定以公司当年营业目标额度的10%作为广告／营销预算使用，他打了一场接一场经典性的预约之战（“柏杨版资治通鉴”的营销案例，即其代表作之一），这在当时保守的出版界是极其震撼性的创新作为（有些竞争者甚至不明白远流制胜之秘）。几年下来，远流的出版物强力吸引了爱书人的目光，在各种细腻的动作配合下，营收急速爬升，成为出版界不容忽视的力量。

在书的生命历程中，远流将“出版前”（预约）与“出版中”（上市）两个阶段做得出神入化，旁人显然不易超越。那么，“出版后”（从书店退回的库存书）这一段远流尚未照顾到的书的最终历程中，还有没有可被挖掘的潜在价值？

若干年后，我们都离开了远流。有次我在省思远流成功史，回顾到这一段时，突然发觉在“出版后”的阶段（长尾），隐藏着“**价值再生**”的机会，这个机会可以把“跨出版社”的部分库存做有效处理，打造新的价值。

说来有趣，我的领悟出自与银行的往来经验。

我们跟银行打交道时，出面的是**理财专员**。我们把钱存入银行后，积极的理财专员会针对每位客户提出量身定制的理财建议，他们的主要功能是销售银行推介的各种如共同基金、外币、黄金及原物料资源买卖等理财工具，在这个基础上争取主客双赢。

当时，我被“理财专员”这个角色功能与理财工具中的“共同基金”这样的组合和关系迷惑了。倘若把这样的组合和关系放在“出版社／编辑／读者”三方共构基础思考，会发生什么效应？

“智慧银行”四个字，突然从脑海跳了出来。我继续问自己：

倘若有个银行以“贮储知识与智慧”为主要业务，这个银行的具体服务是什么？它怎么诠释并落实“知识与智慧”的实体化？客户在哪里？如何形成规模？会发展成商业模式吗？

倘若“理财专员”这个角色理的不是“财”，而是“知识与智慧”，我们可否暂称这些人为“**理知专员**”？

有什么东西能成为“理知专员”手中如“共同基金、外币、黄金及原物料资源买卖等理财工具”的“**理知工具**”？

第一个闪入脑际的是书单的集中，**请名家开书单**。

倘若不同领域的顶尖人物所开列的书单，都有明确又吸引人的主题，这样逐一推出（甚或量身定制）的套书，是不是可视之为类似“共同基金”的理知工具？

我们姑且称它是“**共同知金**”。

好了，现在智慧银行里有了理知专员，理知专员手中有了共同知金，一个最基本的运作模式形成了；接下来，我们怎么赋予银行灵魂和更多、更强的动能？

有个区块立刻可以推动的，那就是广收古今中外各领域杰出人士曾开过的书单。据我所知，历史上开过书单的人，多到难计其数。

我手边刚巧有顾颉刚先生开给“愿意研究中国历史的青年”的书单[5]，共14册，在他那时代，这份书单颇具代表性。我们还可以请政经领袖开出自己的书单。

依此类比，像早期畅销书《改变历史的书》，本身即是书单，也适用这个模式。

其他如在20世纪80年代前后，全美国的教师曾开列中学生必读书单100册，世界上的重要作品，包罗无遗，洋洋洒洒，叹为观止。从选单上可看出美国基础教育的深厚实在，这组“‘中学生必读100’共同知金”，市场潜力巨大。

我主编《新书月刊》时，有鉴于企管经营的书越来越多，一般读者看得眼花缭乱，不知抉择，特别情商《统领》杂志总编辑黄明坚撰写《阶梯五〇》，由浅而深，分出4阶，共50种书，提供读者购书参考。这篇文章引起金石堂书店副总陈斌的注意，立即在书店辟出专区，放在最醒目的平台陈列，冲出漂亮业绩。由此可见，导引性的阅读指南，确有市场需求。

“读什么？怎么读？”给智慧银行点亮了一盏方向灯。

路，慢慢踩出来了，下一步怎么走？

无疑的，倘若今天有人想设立“智慧银行”，不妨**以云端为家**（可自己造云，或运用免费的公众云与私有云：如盛大、中文在线、城邦、远流），可节省很多成本，然后以无所不在的、贴心的、免费的咨询服务，抓住需求者的心。“共同知金”是未来多样服务项目之一，而挂出的各式各样不同属性的“共同知金”，当以组合者名字、书的类型或特殊目的来定位、定名，并附上推荐理由、导读等等。这里面可运作的空间极大，也是发挥创意的地方，至于利益分配问题，也是个关键。

除了创新的“共同知金”，智慧银行的服务可与实体结合（多想想！）。

理知专员呢？我认为应该正名为**“读书咨询顾问”**。

而，如何让智慧银行提供给客户最大、最佳、最多的服务，这道门槛似乎是有兴趣投入的人，必须详答的第一份考卷[6]。

请模拟以下情景：有一天，打开电脑，银幕上设为首页的是“智慧银行”，呈现的画面跟Google或百度一样朴素而简洁，只看到一个小长方形的空间，那是填写问题用的。

假使有一位关心子女成长与学习的母亲，问道：

“我女儿4岁，聪明，好动，她可以读什么书？”

按下搜寻键，画面跳出一组某儿童文学专家推荐的“×××共同知金”。同时在画面上还有另外简化呈现的其他书单建议，以及纸本、电子文本等各种选项。当然，它不会忘记提醒你，“读书咨询顾问”正在线上等着为你做更深化的“一对一服务”。

首页上除了“问题框”外，也有“智慧银行首页”“共同知金首页”“读书咨询顾问团”等栏目，从栏目点入，那又是一番天地。

一旦成为智慧银行的会员，还能享受哪些权益呢？

请大家一起来“想想”吧！

注释

[1] 云计算的商机有多少？据“美林证券”推估，未来5年将达950亿美元，占全球软件市场12%。落后于Google的微软急起直追，大力“造云”。2009年1月4日出版的《今周刊》称：“最近微软新盖的资料中心，有11个足球场那么大，内部拥有超过30万台服务器。”Google的服务器数目，从50万台到数百万台都有人说，真实数字，迄今无人知晓。

[2] 请参阅《远见》杂志第282期（2009年12月出版），第362—364页。记者杨方儒访问微软全球副总裁张亚勤特稿：《云计算，有“云”商机，更有“端”商机》。微软除了努力造云，也不忘时时强调“端”的不可忽视。

[3] 请参阅2010年1月4日出版的第680期《今周刊》第62—77页，这篇由林宏文执笔的《云计算对台湾冲击大过商机！》，让人清醒。他强调：“云计算概念越炒越热，但对于IT业者来说，真能抓住这个庞大商机吗？真相是：不管硬、软件，台湾目前都远远落后，若台湾不能好好因应这股大潮流，恐怕不仅抢不到生意，还会沦为这个大趋势中的输家。”

[4] 请参阅2009年11月出刊的第1146期《商业周刊》由记者林俊劭、杨之瑜撰写的《云计算为何改变10亿人？》专题系列文章。

[5] 《走在历史的路上：顾颉刚自述》中“顾颉刚先生开的书单”是：《山海经》《梁武石室画像》《世说新语》《洛阳伽蓝记》《大唐西域记》《唐人说荟》《宋元戏曲史》《元秘史》《马可波罗游记》《陶庵梦忆》《徐霞客游记》《桃花扇》《西秦旅行记》《南洋旅行记》等14种。

[6] 1997年6月前后，实学社同仁黄验和我共同撰写了《智慧银行企划书》，在实学社的股东会议上征求大家支持公司转型为“以网络销售渠道为经营核心”，最后没有成功。这份企划书我手上尚存一份，如今细读，内容过于简略，也了无新意，所以不愿抄录献丑。当时还有一张参考银行信用卡申请书形式，写就的“智慧之友申请书”，里面有“智慧银行15问”。

4 究通力：洞悉“际”与“变”

不管是活在 1.0 或 2.0，编辑的基本功能完全相通，不同点只在“网络”，只要时时记得无所不在的网络（U 世界）就在身边，世界将大大不同。

亲爱的朋友：

司马迁在《史记》中说：“究天人之际，通古今之变。”对编辑人而言，这似乎陈义过高了——难道做个小小编辑，还非得如此吗？太夸张了吧！

是的，的确夸张了。但夸张有夸张的理由，将司马迁著述的理念，移用于编辑人身上，你不觉得充满了动力和张力并具有强烈的指引性？不瞒你说，我把司马迁著述理念工具化了，把它视为一具引擎，若肯试着启动“究”与“通”这端的动能，去寻找“际”与“变”那端的答案时，经常能带来机会与力量。

若换个角度看，也许能更清晰明白它的目的性：

——通过《史记》，司马迁舞起那如椽之笔，想说什么？

总归一句话，就是要**鉴往知来**。他想让后代子孙知道“兴的为什么兴，亡的为什么亡”，然后以史为鉴，识机变于纤末，防忧患于未然。

这种道理，放在产业界的公司经营上，也一样“通”行无阻。依我现在的认知来看，司马迁著述的理念也可借来增强现代编辑的素质：处于当今巨变中的现代编辑人若缺少由“究”到“际”与由“通”到“变”的能力，恐怕在激烈竞争的现实环境下，很快就被逼出生存圈了。

我们启动“究”“通”这端的动能的目的，即在找出“天／人，古／今”被人忽略的空隙，找出“没有竞争者的领域”，独树一帜，以图发展[1]。我们在各类研究报告中，观察到不同的专家和学者、在不同的时间点、以不同的词汇描述这个“没有竞争者的领域”：有时称它“蓝海”，有时叫它

“无人地带”，有时是“破坏性创新”等，不一而足。

寻找这种生存契机的**“究通力”**，对目前最火热的IT产业界那些影响世界的巨头们来说，全难不倒他们。例如，微软的比尔·盖茨当年（1975）一手打造的“软件帝国”、亚马逊贝佐斯的Kindle、苹果乔布斯的iPad等，都是典型的例子。他们所怀抱的初衷虽不尽相同，但在从“究”到“际”、从“通”到“变”层面上，意义是类似的；至少，他们都自以为掌握到“际”与“变”的窍门。借用某位专家的话来形容，他们是“对未来的市场有敏锐的‘直觉’，在转折点做出至关重要的抉择”的人。

作为编辑人——尤其是台湾的编辑人，我们身处的产业虽规模不大，但从经营层面看，面对挑战时所用的心法并无二致，同样需要从实践中，找出新的竞争优势。

我们不妨回到文化产业面，求取世俗的理解。

在一般人眼中的出版编辑，就是“帮人家出书的人”。假使我们同意以下的说法：一切现象都有脉络可循，不会凭空蹦出来；即便“典范移转”、即便“突变”，仍有一个对照的现实存在——那么，我们会不会希望自己除了埋首日常编辑工作之外，偶尔举目窗外，还能拥有“洞察”与“发现”新方向、新范畴（新领域）的视野与能力?

譬如说，编辑做久了，天天周旋于理想与现实之间，见识既增，不免在不同专长的作者及内容中，窥破被轻忽的领域——称职的编辑人，自然而然顺应本能去追索“周边环境”跟自己契合或不契合之处，往下刨根挖底；也自然而然顺应本能去理解“过去与现在”发生了什么落差。聪明人在杵、凿之顷，一旦有了新的发现，立刻趁势开疆辟土。

高信疆的“文化副刊”、詹宏志的*PChome*都展露了他们的与众不同。大陆地区的盛大陈天桥“一人一书计划”与“云中书城”、程三国的百道网等，也不约而同地打造他们的思维之峰，为我们树立了好榜样。用大前研一的词语来描述这些人，再恰当不过：“他们拥有能察觉看不见的事物的洞见力……他们的眼光永远放在未来，他们永远可以在变动中学到新的技能……所面对的永远是未知的、无穷的希望与待开发的版图”，他们击碎平衡，在创新的路上，成为支撑新平衡的支点。

这种能站上思维之峰，“找出未来可拓展的领土”的气魄和眼光，且称之谓**“策略之眼”**。

我认为处在以“犬年”为周期[2]、变化快速的Web2.0时代的编辑，能否拥有“究通力”，培育“策略之眼”，当是区隔其他竞争者的重要分野。

可是，出身基层小编的我们，怎么锻炼出“究通力”？

在我长期工作中，经由周边优秀人物（如隐地、高信疆、詹宏志、王荣文、林献章……）的启迪，加上几十年实务经验的沉淀，在退休的日子里反复推敲，归纳出一个辅助的门径：**局势理论**。年轻时，我曾经试用过，今曝晒于此，请勿笑我浅陋。好在我把这些很私密的所谓“心法”定位为“练习簿”，了解我的朋友当体谅区区初衷。

“局势理论”意味着人在职场，万万不可自外于“**势**”，必须时时刻刻了解所投身的事业和社会发展之间的脉络关系，清楚自己的位置在哪儿。明察“势”之所趋，趁机而起。**局**，则可解释成时间静止时、封闭的空间概念，在特定条件下，帮助我们看见现实的样貌究竟长成什么样子；通过趁势而成的“局”，才能创新特色。势，则是由无数的“局”，在时间河流中串联而成。“大势”若无法明确，“大局”一定难为。必须尽可能厘清“局”与“势”互倚互助的辩证特性，集“小1”而成“大壹”[3]，当目标贯注其中，澎湃的气势，莫之能御。

古人常说，做事要“**审时度势**”，就是教人如何在大形势的波澜中，掌握到变化的关键，做出正确的抉择，而不流于盲从或盲动。

道理极简单，做对了，也不难。但如何审时？如何度势？如何看透“势”的去从？如何从大势中从容布局……可真难！我在很小的时候，曾在一本谈美术的小书里读到日本画家学习绘画时的技巧：**鸟虫法**。那本书其他内容（及书名）我全忘了，只剩下“鸟虫法”残留下来。所谓“鸟虫法”，是说要学到像空中翱翔的鸟一样，俯瞰大地（大“壹”）；也要学会像地面爬行的虫一样，看清眼皮子下的细节（小“1”），才能够清楚描绘内心深处的风景；若再通过时间的流变与蚀刻，必有机会产生一幅幅深具风格的创作。总之，讲的是掌理全局而勿忘细节。

越说越不具体了，还是从实例中体会吧。

【实例1】苹果乔布斯的布局游戏

苹果的iPad开卖第28天，冲破100万台，有人预估，未来将有1000万台的销售量。乔布斯赢了，赢得漂亮！

乔布斯不仅赢在当下，他赢在更早的时间。他是个默察变化、掌握先机的人，在由“究”到“际”、从“通”到“变”中，窥破网络时代的局与势，采用“与时俱进”的创新策略，沉稳布局。在《iPad 掀起三场大革命》文章里，作者黄亦筠如此形容他：

乔布斯在笔电和智慧手机间，**创造出新市场板块**。

这新板块的核心商业模式，在**硬件整合软件服务**。以苹果来说，从第一王朝 iPod 结合 iTune、第二王朝 iPhone 结合 App Store……一路到第三王朝 iPad，除了已有的 iTune、App Store 的坚强后盾，苹果还发展出 iWork 及 iBook。试过 iPad 的网友形容：iWork 是个专业文案制作套装软件，能实现日常电脑的所有应用，让商务人士真正拥有“行动办公室”；iBook 则是苹果联合出版商推出的服务，可以下载电子书。

这段文字揭露了苹果强烈的企图心，远远超出一般人早期的评估。乔布斯不论在战略或战术上都彻底藐视 Kindle——黑白的 Kindle 聚焦于阅读，而彩色 iPad 除了文字阅读，还拥有音乐商店、应用软件商店，同时还是个功能齐全的工作平台及上网的好工具。苹果即将推出的 iAd（广告平台），准备抢食 Google 的广告市场，乔布斯左打亚马逊，右踢 Google，他的胃纳量奇大，可不是只一点点看得到的小利益能满足他的。

乔布斯的策略之眼，看到网络无远弗届的影响力所形成的**大势**，精密布“**局**”。他清楚明白一旦“云计算”时代来临，必将重铸一条新产业链——他必须在新产业链卡位，成为游戏规则制定者，否则只有退出竞赛。

【实例 2】云端超商 7–Eleven

多年前（2005），我曾在《出版界需不需要一本读书杂志？》[4] 的信内提到便利商店 7–Eleven 的新功能：

一个看不见、隐藏在运作系统内的功能，终年无声地运行不息——将 7–Eleven“**橱窗效应**”发挥到极致。便利商店本是一个和客户面对面、快速完成交易的场所，如何从有限空间延伸出无限商机（例如“**提货点**”的功能），无疑是一大跃进，这几年“年菜”及“节庆特定商品”预约贩售大获成功，足以证明。

概念的连接点即在“**型录营销**”——最小空间、最大承载、定期运转，进而产生有效产值。

从7-Eleven的经验里，实体（读书杂志）和虚拟（网络书店）之间，能找到共生模式吗？

2010年，我们看到7-Eleven在台湾推出一个全新的零售体系。他们由“实体门市”带动**物流**（大智通文化营销、黑猫宅急便）、**金流**（icash——电子钱包、ibon——提供B2C购物网站订单到门市支付）、**资讯流**（unimail，统一购物便、博客来网络书店、台湾乐天市场、取货便、交货便），全部整合于一（门市），以“**虚拟二楼**”概念，摆脱传统以“坪效”评估绩效的计算方式，充分发挥虚拟空间的无限延伸的特性，使门市的获利迅速得到两位数的成长。

7-Eleven的经营层，透由“究通力”，看清局势走向，明白新科技“云计算”延伸出来的效益可非同凡响，他们一旦认识清楚，立即重组供应链，驾驭新局。

他们的策略眼光，犀利而精准。

【实例3】盛大证明自己既能“识势”，又能“布局”

盛大也一样犀利而精准。

我好奇的是，当初进入线上游戏的公司不少，为什么只有盛大慧眼独具，入据原创小说这一块内容领域而成其霸业？

盛大，经过一次又一次由“究”到“际”与从“通”到“变”，重新定位自己，步步变身。从线上游戏商→原创内容发表平台→版权管理→内容产业供应者与管理者，到了现在，盛大展现出更大的决心，准备打造“云中图书馆”并提出“一人一书计划”，想借此一统天下。假如我是传统出版的经营者，心里不犯嘀咕才怪！

其实，在我先前的书信中，不止一次说出内心的忧虑。

2009年年中，我在一篇报道中，读到最新的统计资料：一般人的“上网时间”大于“阅读书刊时间”的**长期趋势**已经形成时，惊觉我们正坐在一座即将爆发的火山口上，我不禁自问：传统出版何去何从？

我带着反省及愧疚的口吻写道：

过去的日子里，我们（传统出版）没有在第一时间创建出亚马逊模式的**渠道平台**，错失第一次良机；继而没有创建似盛大文学模式的**内容原创平台**，错失第二次良机；现在，在更趋成熟的、无所不在的网络世界，云计算又再一次将大家拉回起跑线，我们还有机会吗？

我想问的是，当网络上原创内容出版平台的“最佳时机”出现时，为什么传统出版失之交臂？

我还想问的是，为什么陈天桥的“究通力”这么强？能以策略之眼，看透局势，从容因应？

【更多实例】沈昌文、程三国、王亚民、俞晓群……

其实，出版史上也充满“走在变化前端”、善用“究通力”的前辈。

在“俞晓群的博客”里，我们认识到许多中国出版史上不同流俗的、非凡的开创性人物。

最令人难忘的当是张元济先生。就出版言，据俞先生的整理，在民国初期，他至少有三大贡献：开辟了中国新式学校用书的新纪元；介绍西方学术；编印古籍的工作。[5] 俞先生也介绍了在大陆备受争议的王云五先生。王云五主持台湾的商务印书馆时，对20世纪60年代戒严时期无书可读的青年学子，造福无穷。他不畏权势，巧妙地把30年代商务在大陆译、著的作品，隐去敏感的人名或书名，仿“万有文库”形式，在台湾新起炉灶，缩小开本，以“人人文库”名之。老书翻印，低价供应，适时填充了知识空白期[6]。

大陆“文革”末期和改革开放初期，也不乏有识人士，他们由“究”到“际”、从“通”到“变”的能力，一样出色。我对大陆出版所知甚少，光就手边有限的几份资料，就看到了沈昌文先生和他的朋友、河北教育出版社的王亚民先生（现为紫禁城出版社社长）、辽宁教育出版社的俞晓群先生（现为海豚出版社社长）……在他们那个年代，出版了很多令人怀念的好书。

台湾也是。有一长串名字，前仆后继地写下台湾辉煌的出版史。

若从“究通力”这个角度来重新审视他们对出版的贡献，真还不能轻轻一笔带过。

现在呢？身在传统出版的编辑们，能从上面介绍的人与事中学到什么？我们总得找到方法活下去。

北京铁道出版社的张艳霞，2009年曾发一则电邮给我，说：

……我觉得编辑没必要在现状下诚惶诚恐。在我看来，编辑所从事的

“编”与“辑”的工作正是社会分工的产物。社会发展或者说产业化发展其中的一个标志就是“**细分**”。

回顾历史，为什么福特的T型车能够实现平民也能驾车的梦想，究其根源就是流水作业。只有社会分工不断细分，才能实现高效运转。如果随着网络的进步，反而让编辑消失，这难道不成了某种意义上的退步么？

如果出版进入自印刷时代，那作者就要自己完成编辑、排版等一切过程，这绝对是低效的。作者应将他的时间放在写作上，才能实现利益或者效用的最大化。“新时代的编辑”自然也会应运而生，只是“老板”变成了“作者”，而不再是“出版社”。

所以，我觉得编辑这个职业、编辑所从事的这份工作、编辑在出版中的这个流程是不会消亡的，会一如既往地存在的，而变化的仅是“雇用者”而已，**即便是真的有一天出版社消亡了，编辑也仍然会存在**。

她说得对极了，这也正是驱动我探索“编辑 2.0”的缘由之一。我一面思索，一面动笔，我发现不管是活在 1.0 或 2.0，编辑的基本功能完全相通，不同点只在“网络”，只要时时记得无所不在的网络（U 世界）就在身边，世界将大大不同。

注释

[1] 当我们引用“天、人”两字时，“天”在学术研究中有非常丰富的诠释，连接到“人”，家家有不同的意会。我没大学问做各式各样的探索与引申，为了方便，我宁可将它还原成最简洁的含义：我们身处的环境。在不断演化的大环境里，活在其中的“人”必然产生摩擦和适应新局的问题，这是“必究”的功课；“通”，也一样，不去了解现在与从前有什么改变，墨守成规，是很难驾驭情势的。司马迁用短短几字，道出中国人千古长存的奥秘。

[2] 大前研一说：“进入 AG 纪元以后，常听到‘犬年’的说法。”所谓“犬年的说法”，意味狗的年龄和人相比，约为 1:7 倍率。狗活 1 年约等于人寿 7 年——这个隐喻在这儿，是在说明网络时代的变化太快了，快到岁月更替的“年”，不应以 12 个月做计算单位，而应以 2 个月为基准。简单说，原来有一年生命周期的产品，现在两三个月就得更新。不管喜不喜欢，我们已经置身这样的**新经济空间**，再也无法回到过去了（请参阅本书上篇第

14信)。

[3] 请参阅《优秀编辑的四门必修课》第22—32页。

[4] 请参阅《优秀编辑的四门必修课》第138页。

[5] 请参阅"俞晓群的博客"《张元济逝世五十年祭》,该文对张先生的生平和贡献有深入介绍,我引的过于简略,请亲炙原文。

[6] 请参阅俞先生撰写的《王云五:一位备受争议的文化奇人》。让我感动莫名的是这段话:"我曾经写过一篇文章《关于一个奇人的奇思妙想》,其中写道:'**为什么一提到王云五,人们就争论不休;一抛弃王云五,历史就发生断裂呢?**'"在台湾,王云五可是位备受尊崇的大出版家。

5 发想力：未完成的企划案

超凡的竞争力，即建立在创新的发想基础上，即做别人忽略做的、做别人不敢做的、做别人不能做的、做别人已经做而做不好的。

亲爱的朋友：

出版是个很特殊的行业，一些编辑人高悬个人理想与志趣，视出书为精雕细凿的艺术，只接纳情意相合的内容，若是不认同或违逆原则的人，必嗤之以鼻；即使赔了本，倒下，社会上又不知从哪个角落钻出一批不怕死的后继者，凑了资金，接下自以为是的理想主义旗子，继续冲撞。（我曾经也忝为其中之一，搞过独资的小出版社，虽然自认出了些在当时看来还不错的书，仍赔光老本。）另一些编辑人则视出书为商业竞争一环，和任何产品一样，必须接受市场机制的制约，力求竞争优势；追求的是利润、成长、规模化和永续经营。

两种观点，究竟谁是谁非？

如今，回首崎岖坎坷的来时路，我想跟年轻朋友说的，反而是“没有所谓对错”了。理想当然不可轻言丢弃，因为时代巨轮能否往前、往上发展，全靠它；但另一方面，在未能证实你拥有开疆辟土、独当一面的能力之前（说得更白一点——替你所服务的公司赚大钱之前），不妨谦卑一些，因为不论怎么说，归结到最后，**市场决定一切**。能活下来，才有明天，才有资格大声说话。事实上，很令有识之士伤感的“市场决定论”，却是命运的裁决者，你能走多久、多远，读者会用购买力，圈出你最终的疆域。

当我们一旦迈入完全竞争的大开放时代，市场因素如此强大，身处其中的从业人员，为谋求生存，不得不重新思考自己在竞逐中的价值和贯彻意志的方法：该怎么做才能远离红海，找个最少或零竞争的利基市场，厚植实力？

企图心旺盛的编辑人，常常一不小心就跌入两难困境：或此或彼，或两者得兼？事实是，追求短期利益也好，经营长期理念也罢，的确难分良窳，我的经验总结，**适性**就好。就像棒球比赛，有人善于触击，有人善于长打，总而言之，**能打胜仗，就行**。

依我个人喜好，喜欢圈一块少有人（最好无人）碰触的领域（概念），长期打理，设法在领域内打造代表性作家与作品，全力经之营之。

我会这么做，跟我在远流的工作经验有关。

去远流之前，我对出版编辑的想法和大多数从业者一样，尽可能认识跟工作相关的作家、尽可能争取名家名作，天天埋首案前，沉浸于日复一日类似的编务，不悔不倦。到了远流之后，看到詹宏志的布局，打的是**理念战**和**组织战**。他策划"大众心理学全集""柏杨版资治通鉴"两大案例的细腻和大胆，让我大开眼界，在那时候才醒悟，原来出版可以这样玩的。再想想自己当年和所有出版界的编辑们、集中抢夺少数知名作家和他们著作的年代，坦白说，做得辛苦而乏善可陈。出版社与出版社之间的出版资源，甚少差异，而彼此实力的消长，常系于人脉的巩固和扩张。而，谁握有资源或是资源分配者（如报、刊主编或发表园地掌控者），谁就是赢家。

认识作家，广结善缘，确是做编辑人的日课，但若天天奔波于稿件收发来消磨青春，当非我们进入这行的初衷。若用一年、两年、五年、十年、二十年等作为刻度来观察、检讨我们的编辑生涯，将看到怎样的人生？

我们能永远（从年少到年老）和所有编辑一起追逐稀有的畅销作家和作品？

我们能永远（从年少到年老）忙碌于进出世界各大大小小的书展场合，像游牧民族逐水草而居一般，择"畅销书"而猎？

不！**一定有不同的角色与路径，等着我们发现。**

内地学生都曾在教科书上念过美国诗人弗罗斯特（Robert Frost，1874—1963）创作于1915年的一首名诗《未选择的路》（*The Road Not Taken*）：

两条路在树林中分歧，（Two roads diverged in a wood, and I—）
而我选择了人迹稀少的路，（I took the one less traveled by,）
这样的抉择注定了我不同的旅途。（And that has made all the difference.）

"选择了人迹稀少的路"这千古名句，被很多人引用。熟谙西方文学的詹宏志，在领导远流发展方向时，或许借用了这诗的智慧，没为了赶路，去成为市场跟随者。他的特立独行——在王荣文信任与授权下——把公司捏塑成与当时竞争者完全不同的模式和格局。这种策略抉择眼光，应是“究通力”的极致表现吧（这时候的詹宏志还不到30足岁）。

但，“选择了人迹稀少的路”，策划推出第一击“大众心理学”，之后呢？

詹宏志并没有闲下来，他必须证明他没把大家引领到荒郊野外，饥馑度日。我们或许能从沈昌文先生《知道》里的一段文字，所描述的编辑能力中，理解詹宏志如何运用发想，迅速掌握稍纵即逝的商机。沈公说：

> 一个高明的编辑，是能够让作者写他最想写的东西，让译者翻他最想翻的东西——这样出来的东西才会是精品。我们做编辑是干吗呢？就是把这样一些东西组合起来。

亲爱的朋友，这正是我们编辑人该做的事，试着从不同的途径得到“什么是他们的最爱”的情报，让著、译者做他们最想做的事。

可是，会不会发生更富戏剧性的事？

例如，“他们的最爱”和“我的最爱”重叠在一块儿呢？追求“心有灵犀一点通”的合作境界，以使命感将彼此结合成命运共同体，这是多么美妙的编辑之旅。

“柏杨版资治通鉴”的企划实例，刚好诠释了沈公的经验之谈。

事隔数十年，柏老已远离我们，这案例的缘起难以查证。我听到的说法有多种，比较可信的有二：一说是柏老和远流老板王荣文会晤时，柏老提案，王荣文拍板，詹宏志把构想化为可行性方案；一说是王、詹在家中讨论出这世纪大案后，翌日即赴柏老家商谈，一拍即合。凑合了三颗大脑袋，促成一段佳话。

就像沈公说的，“让作者写他最想写的东西”，然而“把这样一些东西组合起来”——就如此这般，远流没去主流市场搅和，它远离竞争，为出版界创制出一个新的模式。

类似的企划实例，全都内化为“远流经验”，我们这些后来加入的成员，各自携带梦想来到这片实践之地，所做的只是“詹”规“众”随。

远流超凡的竞争力，即建立在**创新的发想基础**上。

从远流实例中，我们见识到这种奠基于创新、由无到有的“发想力”在市场上的爆发力，到了“编辑 2.0 时代”、网络上资讯如海的时刻，能否拥有“发想力”，更具迫切性（我会在讨论“凝聚力”的信里，再做细谈）。“发想”两字，语出《何典》[1]，有人以为用语是来自日本，错了。不过，日本的确用得出神入化，让“发想”有了更丰富的内涵。没几年前，大前研一还以《我的发想术》为名，出了一本书[2]。

我查了辞典，在《汉语大词典》中：“发想，犹言动心思。”用现在的话解释，就是“**动脑**”。发，即发明、发现、发扬、发掘、发挥，发动；“想”呢？应该作想象、想法、念头解。合在一起，可以说是“**启发想象**”。我也请教了通晓日文的丁希如小姐，她说：“日文的‘发想’和中文意义差不多，就是‘想出一个新的或与众不同的点子’。如果要从字面解释，是‘开发想法’，喻指‘创造性思考’吧。”

做编辑的，要是少了“发想”的本领，想在出版市场引领风骚，恐怕不容易。出版家王云五曾苦口婆心地勉励大家：“我认为一个出版家能够推进与否，视其有无‘创造性的出版物’。”这句话值得大家记诵于心。

我在远流工作期间，自以为默识“远流经验”，继而东施效颦，策划了“实用历史”书系，获得一些成果。我离开之后，这条书系渐渐边缘化，失去往日光彩。我在这里重提，倒不是为了重温“当年勇”，而是因为“实用历史”方案中还有些未实现的构想，交代于此，或许能**启发读友想象**，从而引出新的发想。

这儿，先献上两个案子。

【方案 1】“大决策”系列

“大决策”系列的构想，乃“策论研究”的延伸产物。

发想的源头是：历史的重大转折，往往来自关键的人、在关键时刻、提出关键建议，而做出决定，改变了历史的发展轨迹。小决策可以小到战国时期赵武灵王的“胡服骑射”，大决策可以大到西汉武帝的“西域经营”。假使我们把历史上大大小小的决策找出来，依序搜集 1000 个决策，再加以扼要的功过评述，收拢成册，它既是历史缩影，也是国民历史辅教材料。

假使我们从 1000 个决策中，拣选出 100 个重要决策，每个决策若用两页篇幅（也可以用更多篇幅，随人高兴）说明，就是 200 页的小书，再加上配图，是本可爱的简明本。想要了解中国的重大事件与人物，以及因应挑战的智慧，都握在手心。

假使我们从100个决策中，再拣选出10—12个改变历史演变方向的重大决策，代入不同的、具代表性的决策模式，同时将每个决策的背景、事件本身、影响，详加记录，再委请专家以最新的理论加以剖解——这已远远超出我的理解范围，但我知道倘若真能成案，这10—12部厚达四五百页的大书，才是我们追求的标的。

【方案2】“中国帝王学”系列

根据柏杨的说法：“中国有史以来，至19世纪结束为止，大大小小，共有83个王朝（政权），出场过560个帝王。”发想一下，编辑的机会有没有隐藏在柏老的话中？

我曾在“实用历史”后策划“商用25史”，企图把每个朝代看作一家上市公司，每位皇帝看作公司的董事长（CEO），从公司治理的角度，评估他们的经营能力，最后做成25本的系列套书。陈文德写出第一本《秦公司兴亡史》，轰动书市，可惜他兴趣太广泛，写了《北宋危机管理》和另一本之后，便放弃了续写计划，不了了之。

原本，我还有一个规模较小的备案，即“中国帝王学”系列。

这个备案的发想，同“商用25史”完全一样，只扩大了范畴。从研究中国历史上25家公司的兴衰存亡，转换为研究一家名叫“中国”（China.com）的公司，在长达三千多年的经营史上，所出场过的560个CEO的功过是非。命长的、丰功伟业多或是非多的，多写些；命短的、乏善可陈的，少写些；有的CEO，可能只占一行。

560个CEO，排列在眼前，那是多么壮观的行列！说不定有聪明的研究者，从中发明新的理论，使历史有了新的读法。表面上，讲的是历史，骨子里，表达的是公司治理之道。所以，它既是历史学的一部分，同时更是管理学的一部分。

这个案子从未实施过，我不知道还能不能刺激有心人在这基础上重新发想。

我必须承认，书写这些实例的思维，基本上仍延续着传统编辑的路子发想，可是一旦面对云端时代，无限的内容都贮藏于云，编辑的功能将会有多大进化？教人勇于想象的“发想力”，是不是还有用处？

2010年，很长时间没接受出版界访问的詹宏志，在厦门和《书香两岸》

杂志的骆莹莹交谈了好几小时，访谈内容化为三篇文章（分别刊载在该杂志的5月和6月两期上）。其中《纸本书变电子书是很小的事——詹宏志谈数字出版时代》碰触到非常敏感的话题。他谈到电子书，见解独到。他说：

电子书是在解决过去的问题。出版者要解决今天的出版困境，他必须到未来的学习者取得知识的地方去做出版，不能继续使用现在出版的形式，使自己愈来愈跟这个社会不相干。注意，不是不好，是不相干。

他提醒大家真正带来改变的是**搜索引擎**，但也正因为搜索引擎太强大，强大到资讯满溢，所以我们做编辑的刚好能满足未来“最佳资讯管理”的角色需求。再往深处推一推，我们的发想力，说不定在其中有大展雄风的机会。

注释

[1] 请参阅《何典》第二回：“饿杀鬼：也晓得活鬼是个财主，只因蚂蚁弗叮无缝砖阶，不便去**发想**。”《何典》的作者是晚清张南庄（化名“过路人”）。张南庄是清代乾隆、嘉庆年间的一位“高才不遇者”。《何典》是一部话本式的讽刺带滑稽的章回体小说，它借鬼的世界展示“活的人间相”。鲁迅曾给以极好的评价：“作者便在死的鬼画符和鬼打墙中，展示了活的人间相……便是信口开河的地方，也常能令人仿佛有会于心，禁不住不很为难的苦笑。”

[2] 大前研一在《我的发想术》中，将构想形成过程分解成“怀疑成见”“从网络思考”“追求‘独一无二’”“从历史中汲取教训”“站在对方的立场思考”和“讨论”六阶段。

6 学习力：它山之石，可以攻玉

尽早认识自己的所长，发掘什么才是兴趣之所在；再根据自己的兴趣，求得能充分发挥所长的知识。总之，认识自己，塑造一个独特且唯一的“我”。

亲爱的朋友：

我的童年恰逢20世纪40年代的“抗日战争”与“国共内战”。那时候的大人们，忧心时局的动荡与变化，惶惶然不可终日；然而战争和逃难的印象，始终残留在儿时的记忆里：屋里和走廊下疲倦而吵杂的兵士，枪支撞击声，在上海住房的屋顶上远观家乡方向像施放烟火一般的炮火在空中交织一片，街头拥挤的人流，急促的脚步……在那人人自顾不暇的年代，还能上学，已是侥天之幸。

当时，父母都远行在外，家姊和我留在家乡（南翔），两人的课业时断时续，也自然乏人督促了。我们全家直到19岁的堂兄冒险回乡带我们姊弟两人直奔香港，于1950年（我未满9岁）历尽艰辛，到了台北，才团圆相聚，过正常的生活。

在那什么都匮乏的日子里，从童年到少年，除了课本，几乎没有课外读物，少许流通市面的老书（如《东周列国志》《薛平贵征东》《万花楼》……），遂成为无可替代的“最爱”。直到70年代，台湾慢慢放松政治约束，风气渐趋开放，书的选择性多了起来，眼界和思域才得以扩展。所以，我的读书生涯跳过了所谓“启蒙阶段”；再则，我生性愚拙，就学以来，关于“学习”之种种，就是“听老师的话”，按部就班做交代的功课，努力背诵书本上的知识。到了最近时日，心底才逐渐澄明，了解学习的目的，“求知”乃是第二义。

既然“求知是第二义”，那什么是“第一义”？

我曾经问了一些人，有趣的是，对于“求知是第二义”一语，有异议者少；对于什么是“第一义”，就有仁、智之别了。对“第一义”之解，依我现在的心境，颇认同苹果首脑**史蒂夫·乔布斯**的想法。

2005年6月12日，乔布斯大病初愈不久，应美国斯坦福大学之邀，在毕业典礼上发表演讲。隔天，演讲内容立即传遍世界，大前研一在《低IQ时代》书内，评论这篇激动人心的演讲是构成现代人的“**新教养**”之一，它通过网络，“在一瞬间成了全世界共有的知识”。演讲的要旨即是“**你必须找到自己的所爱**（You've got to find what you love）”。乔布斯以他亲历的人生，印证他的呼吁，他告诉那些毕业生，勇敢地去**寻找真爱**，不要受外界任何影响，让内在的声音，自然而然地引导人生的方向。而乔布斯自己，上了大学之后，实在看不出大学教育能给他些什么，念了6个月，决定退学，去追寻自己的人生目标。1976年4月1日，和挚友沃兹尼亚克（Steve Wozniak）在家里的车库，共同创立了苹果电脑公司，希望制造出人人买得起的电脑。正因为他找到所爱，所以才能不屈不挠；因为不屈不挠，才能克服万难，屡创新局。

我深深以为像乔布斯那样“找到自己的所爱”，即是学习目的的“第一义”。它的意思是说——从学习中，尽早认识自己的所长，发掘什么才是兴趣之所在。跟恋爱一样，一旦找到，当以身心许之，这一生已非她（他）莫属了。

的确，当我们“找到自己的所爱”之后，“学习的第二义”（求知）才显出它应有的意义和重要性。我们面对的是学习的崭新阶段，专精于“自己所爱”的锻炼，求得能充分发挥所长的知识。

问题又来了：我们该如何追求需要的知识？

《中庸》里面有一段文字如此形容“求知”，有“或生而知之，或学而知之，或困而知之”，又说“及其知之，则‘一’也”。这段文字在网络上有各家解释，非常详尽，一搜便知。但在这儿，依前后一系列信函内容的脉络，我宁可理解为，因人的资质不同、际遇不同，造成获得知识的途径也各有不同，但“及其知之，则‘一’也”。“一”，乃是全句的要旨所在，我的认知是喻指“在完整、专注、一致性上的同一高度”，更进一步引申，这个求知而得的高度（“一”），不仅是“专家”的高度，更是“**专业**”的高度。读过我一系列信件的朋友，明白我采纳了大前研一在《专业》中的诠释，前信多有引用，不再赘述。

以下四则有关“学习的故事”，从不同层面阐明学习的本质。我们会发现故事背后的理念脉脉相通，读完之后，会不会低声惊呼：原来啊！学习就是这么一回事：**认识自己，塑造一个独特且唯一的“我”**。

第一个故事，在台湾艺文圈几乎人人都耳熟能详。之所以放在这里重述，当然有特别的含义，因为他的奋斗史，是早期那一世代具体而微的象征。现在，脱贫了，上一代经过的荆棘之路，早排除于记忆之外；但，不知过去的困陋，如何珍惜既有的一切，更别说如何面对未来的挑战了。

那个年代，物资匮乏是普遍现象，多半的人生活穷苦。然而，艰困的生活条件反而促进人的上进心，他们从不放弃自己，从不怨天尤人，从社会底层往上攀爬，不断自我惕励，寻找跃升的机会与力量。

这位代表性人物，他的名字叫**朱川泰**。

1938 年，朱川泰出生在台湾省苗栗县通霄镇。他说，从小有记忆以来，唯一记得的就是“穷”。父亲多病，家里食指浩繁，生计全靠母亲，因为穷，心里充满改变现状的愿望。小小年纪的他，只有一个志向：“赶快长大，来帮妈妈。”

小学毕业就无力升学了，可是身无一技之长，将来靠什么过活？拖到 15 岁（一说 13 岁），去拜苗栗县通霄镇上慈惠宫的雕刻师李金川为师，开始他的学徒生涯。朱川泰非常认命，心无旁骛地花了整整 3 年零 4 个月（1953—1957）学习雕刻及绘画手艺，在严师李金川教导下，打下非常扎实的基础。

他接受 Discovery 电视节目专访时，坦率而真诚地披露他的感恩，他说恩师李金川的严格要求，让他学到两件事：第一，学会绘制草图。恩师说：“要把东西刻好，一定要懂得画草图，不要只会照着别人的图或样式来雕刻。雕刻师不会画图，就像建筑师会造屋却不会画设计图一样。”素描的基础，就这样打下。第二，刀功要踏实。朱川泰自豪地说，“最宝贵的就是练功力，一刀下去，要三分就三分，要一寸就一寸。如果没有这种功力，人家告诉你什么，你都刻不出来。”

练就一身本事出师之后，朱川泰这年轻人的想法跟其他学艺而成的同伴很不一样。他一方面庆幸自己学到手艺，一方面也看到雕刻师父发展的极限。他永远有“不甘雌伏现状”的心理需求。

——难道这就是我的一生？

不！他不甘心。他渴望求“**新**”、求“**变**”，他的内心深处暗藏着一个梦想。

不久，在他20多岁时，成立海洋工作室，希望自己的角色，能跳出雕刻匠的格局，蜕变成艺术家；作为艺术家，可不光是为神祇服务，也可以宣泄内心的秘密。

他凭努力加上天分，很快就在艺坛脱颖而出。1966年第一次参展，作品《相悦》获选“台湾省第21届全省美术展览会”雕塑部优选奖，隔年《久别》又获“台湾省第22届全省美术展览会”雕塑部第3名。

换作别人，对以小学学历、没受过正规教育以及出身庙宇雕刻师父背景的参赛者而言，这些殊荣够他光宗耀祖了。可是，朱川泰不满意，总觉得得奖事小，若想更上层楼，自己显然缺少某些质素——他不知道那是什么，希望找到能告诉他不足之处和新方向的人。

他决定觅寻良师，重新出发。

他遍读资料，都指向一个名字：杨英风（1926—1997）——曾在罗马、北京和东京学习过的台湾雕塑界的大师。

几经波折，31岁那年，入杨英风门下。

在Discovery节目中，他回忆跟随杨英风老师的8年，是一段寻觅自我的学习之旅。入门之日，杨英风老师说了一句让他毕生受用不尽、待他成名后时刻挂在嘴边的话：

“可以跟我学，但千万不要学我。”[1]

杨英风不要跟随者，他不希望他的学生成为“杨英风第二”，而必须认识自我，做他自己。

杨英风认为“朱川泰”这三个字在他身属的圈子已经太有名气了，变成自我改造的阻碍，不彻底忘掉过去的荣耀，将永远沉溺在孤芳自赏之中，成了他跳不出的牢笼。杨英风亲自替他改名，希望抛却既有的光芒，从新的基础找寻未来的方向。

一代雕塑大师“朱铭”就此诞生。

杨英风对朱铭的影响至深且巨。杨英风认为朱铭在寺庙里学习到的基本功已绰绰有余，反倒是担心朱铭拘泥于技巧的枝节而失掉整体性的宏观能力，所以要求朱铭的首要之事是“丢”。“丢掉已臻精湛熟练的技法和留在脑海中的形式（朱川泰时期学到的）”，要求他“抛开形式，摆脱写实，留住神韵”，从而建立“朱铭风格”。

朱铭说，杨英风引导他“认识自己，肯定自己”，并“强调东方美学的特质和技巧上的返璞归真”以及“简约的力量”。朱铭回忆在艺匠时代，要求的是仿真、细腻与光亮，杨英风刚好相反，他说“不要太细腻，要简化”，朱铭粗犷、大胆的刀法，就是从中体悟而得的。杨英风时时提醒他：“中国的精神更重要，要留意这个问题，不要说你去学了西方，就把自己的祖先忘记了。”我们欣赏朱铭作品时，每每被他作品中所蕴含的“中国元素”感动不已，其中“太极系列”即是代表作之一。

1976 年 3 月，朱铭在台北“历史博物馆”的首次个展，引起注目。当时主编《中国时报》“人间副刊”的**高信疆**（1944—2009）慧眼识英雄，特别邀约艺文界年轻一辈佼佼者如蒋勋等艺评家撰文推介，以号称“台湾第一大报”的巨大影响力为之造势，用副刊最大版面，一连五天以专文介绍。可以这么夸张地形容：一夕之间，名满天下，朱铭成为台湾艺坛新的象征。

之后若干年，他的作品在世界各地巡回展出，我们看到一位艺术创作者，勇敢地走出台湾，走向世界。

有关学习的**第二个故事**，来自吴德朗医师（享誉国际的心脏医学权威，台湾长庚医院的创建者）。

他在医界服务多年之后，写了一部回忆录《理想的国度》，详述他一生经历。其中有段描述他在美国寇克郡医院担任住院医师时，旁观血液科老教授施华兹医师（Schwartz）风格独特的教学方式，让他体验到何谓“临床教学”。以下引述的文字很长，但只有原文实录才能了解“**教**”与“**学**”的脐带相连：

血液科是第二线的专科，不做第一线诊疗，工作的方式是由资深住院医师先看病人，收集资料之后，再由主治医师来回诊督导。施华兹教授一星期回诊两次，每次看 5—6 个病人，总有 10—20 位年轻医师参与。

回诊时，谢教授先静静地仔细观察病人，从头发、脸色、指甲，一直到脚跟等全身各个部位，之后开始询问身边的年轻医师：

“病人几岁？男性还是女性？你看到什么？”

犹记得有一次的对话如下：

“这是一位 75—80 岁的白人，他的脸色十分苍白。”

“脸色苍白，你想到什么？”

“贫血。”

“贫血的话，下一步要看什么？”

“看眼结膜、牙床、皮肤和指甲。”

住院医师检视了病患的眼结膜、牙床、皮肤和指甲。

“你看到什么？”

“眼结膜及指甲都十分苍白，牙床及皮肤没红色的出血斑。下一步，我想量他的血压，摸他的肝脏、脾脏、淋巴结，并且听听他的上锁骨窝，听听心音……”

住院医师再次检查病人。

“有什么发现？”

“血压160/60 mmHg，上锁骨窝有呼呼的声音，心脏有第三心音（S3），在肺动脉区有第二度收缩期杂音，淋巴结没有肿大，肝脾也没有肿大……”

“你有没有问题想问病人？让你问几个问题吧！”

“先生，请问你到医院来的主要症状是什么？近来的健康状况如何？有没有喉咙痛？大便的色泽怎么样？饮食习惯如何？你的祖先来自何处？”

“几个月来，我下肢麻木，感觉迟钝，步态不稳；我的健康一向良好，食欲没有改变，并不挑食，喜欢肉食，没有喉咙痛，大便色泽正常，我是瑞典人。”

“现在请你做神经学的检查。”

年轻医师检查病人的运动神经、感觉状况、肌腱反射及步态等。

“他的下肢感觉异常，肌腱反射也异常，步态不稳，像是脊椎神经有问题。”

“请你列出三个可能的诊断。”

“恶性贫血、再生不良贫血及慢性骨髓性白血病。”

“你猜猜他的血红素多少？”

“我想是4—5 gm/dl。”

施华兹教授在床边一步一步引导、观察、检查……整个过程像刑警办案一样，训练你整套的观察病人、做理学检查及逻辑分析的能力，经过整合而得到结论。

上面这位病人，后来的诊断，果然是恶性贫血。

从实例中，清楚显示**“实操”**的重要性，良医就是这样培育而成的。

各行各业从业者的成长，莫不如此？！

关于学习的**第三个故事**，就更有趣了。我实在没能力把彼得·德鲁克在他的回忆录**《旁观者》**中《怀恩师》那一章，谈“学习”时所领悟的道理，转述得比他更贴切。《怀恩师》是《旁观者》里我最喜欢的一章，德鲁克不遗余力地分析“教”与“学”的特殊性与普遍性，不厌其烦地介绍了好多好多例子。

他钦佩苏格拉底从不以“老师”自居的所谓“苏格拉底的方法”，教的不是学科知识，而是“学习方法”。他怀着感恩的心追念教过他的老师，他从不同老师的身上发现不同的教学法，自己反而获益最多。

他心目中的好老师都采用启发型的教学，教（teach）和学（learn）之间，若太偏于“教”（育），就容易被诟病为“填鸭式教育”。我们不能忽略“学习者”不同性向、天赋、环境等影响，导致互有长短的学习能力，而疏忽了他们个体优点的发掘。“教”的真正且唯一的目的，不仅仅是知识的传授，而且是要让“学习”变成“学习者”自己的事，并从学习过程中“认识自己，肯定自己”。

在德鲁克叙述的众多教、学例子里，我最难忘的是他**“顿悟”**的故事。

他无意中闯入一间教室，目睹同学的姐姐——年约14岁、已经以技巧娴熟而誉满维也纳的女孩，和名师施纳贝尔（Artur Schnabel，世界著名钢琴演奏家，1882—1951）的互动过程，看到学习者如何在谆谆善诱下，找到独特的自己。

施纳贝尔先要同学的姐姐弹上一次指定的作业，也就是一个月前在这儿学过的，我还记得是莫扎特和舒伯特的奏鸣曲。即使我只有12岁，听她一弹，也知道这样的技巧已是非常高深。

施纳贝尔称许她的技巧。然后，给她下一回的作业，也就是一个月后要上的，要她先读谱，试弹。

我又再一次发现她的技巧实在非比寻常，施纳贝尔也说到这一点。之后，他回到前一个月的课程（一开始她复习的作业）。施纳贝尔说：

“莉莉，你知道吗？莫扎特和舒伯特的奏鸣曲，你都弹得好极了。但是，你没有把耳朵真正听到的弹出来。你弹的是，你‘自以为’听到的。但是，那是假的。如果我听得出来，听众也会。”

莉莉一脸困惑地看着他。

“我告诉你，我会怎么做，我会把我自己亲耳听到的舒伯特用慢板弹出来。

我无法弹你听到的东西，我不会照你的方式弹，因为没有人听到的跟你一样。你听听我所听到的舒伯特吧，或许能听出其中的奥妙。”

他随即坐在钢琴前，弹他听到的舒伯特。

莉莉突然开窍了，露出恍然大悟的微笑。就在此时，施纳贝尔停了下来，说：

“现在换你弹了。”

这次，莉莉表现的技巧并不像以前那样令人炫目，就像一个14岁的孩子弹的那般，有天真的味道，而且更令人动容。

我也听出来了，我的脸上必定露出和莉莉一样的微笑，因为施纳贝尔转身对我说：

“你听到了吧！这次好极了！只要能弹出自己耳朵听到的，就是把音乐弹出来了。”

莉莉在琴音中找到了自己，但故事并没有停止在这里。德鲁克发觉这次经历使他明了“可以从成功者的表现中学习”，他写道：“我了解到——至少我自己不是在错误中才能有所体认，我必须从成功的范例去学习。”这次偶然的机缘，经过很多年后，他才明白自己的幸运，在无意中“发现了一个方法”，而直到他读到哲学家布伯（Martin Buber）引述一世纪前犹太智者的话，才“**内化**”成自己的理念：“上帝造出来的人，都会犯下各式各样的错误。**不要从别人的错误中学习，要看别人是怎么做对的。**”

“正面看问题”这一点，构成他研析企业与经营理论的主要内核，“**正面的力量**”之强大，无远弗届。

相较之下，**第四个故事**显得单纯多了。

奇女子**伊莎多娜·邓肯**（Isadora Duncan，现代舞派创始人，1880—1927）被尊称为“19世纪第一舞蹈家”，在我心里，她是位革命家[2]。

她的学习生涯太另类了，因为她没有传统观念中的所谓“师承”，她的教育可说是在母亲引导下自学而成的。她是个天生的颠覆者，来人世间走一趟，就为了推翻既存的秩序，打破成规，走一条自己的路。

她鄙视舞坛那种保守、不思改革的芭蕾舞形式。她认为身体在层层衣裳包裹下的表演是一种反动，违背了古希腊一脉相传的传统；真正的“舞”，根源于人的天性与自然的融合、出自舞者内心的感动——不是那种在条条框框束缚下刻意去扭曲姿势，那是反自然、反人性的。

她要解放这一切。

她以赤脚、透明的薄纱，随着诗与音乐以舞姿演绎，使世人惊艳。

林语堂几乎用呐喊的声音赞美她："邓肯的舞蹈虽说发端于崇拜希腊的艺术文化，见解立说却是她自己的。她的跳舞的教师，不是希腊的石像，而是由惠特曼诗中的节奏得来的，是由尼采的文句与精神，由贝多芬、瓦格纳、肖邦的音乐得来的，尤其是由自然界的山川、河海、树木、花草天然的波动得来的。"邓肯大胆创新的编舞和跳法，把自己推向争议的巅峰，却因此赢得当代知名文学家、音乐家与艺术家的肯定与推崇。

她在希腊精神中发现被遗忘的真髓，她用舞蹈招魂，唤醒最原始的、令人心悸的、源于人的根性——**自由**。

四个故事，讲完了。

故事里面会藏着开启学习之门的钥匙吗？

我想，现在我唯一该做的事是，搁下笔，闭上嘴。

祝您学习快乐！

[1] 关于朱铭和杨英风的故事，网络上的参考资料非常多，请自行阅读。

[2] 请参阅《死亡与童女之舞》（邓肯著，詹宏志译，长鲸出版社1977年9月版），林语堂的代序《读邓肯自传》。当年，坊间有盗印30年代大陆译本，书名为《我的一生》，此书被列为禁书。长鲸出版社请詹宏志重译此书，并易名为《死亡与童女之舞》，以避开警备总部的查缉。

7 理念力："壹兵法"的实践

如果毫无理念可言，只是畅销书的追逐者，那么就成了"素人出版商"。他们将一时的幸运错解为自己的独特能力，忘了出版业的竞争本质，最终必定不可持续。

亲爱的朋友：

某日清晨，我刚打开 Skype，出版界的 K 君就在网上呼叫我。有相当时日，我没看到他上线。他的事业正值巅峰，不可能像退休在家、时时挂在网上的七十"宅"翁——我。

对我们这些上了年纪又爱上网的老家伙而言，网络形成了新的交谊厅。还好，我尚知分寸，不敢随便骚扰他人，就像客居美国西雅图的徐唤民女士（笔名雨僧，20 世纪 60 年代著名记者、作家，曾以《大豆田里放风筝》一书闻名文坛）曾跟我说的话："浩正啊！每次上网，看到你在 Skype、G-talk、MSN 的灯亮着，知道大家都安好无恙，就宽心多了。"除非有事，我们才会呼叫对方，否则就让那亮晶晶的小点儿陪侍一旁。我们是好几十年老交情了，她先生周长生是我高中同学，也是最要好的朋友。我常向朋友转述她的话，来表达老人该有的自制和网络礼貌。同时，我也以这种心情关注和我有直接联系的网友——不搭讪，只默默关心——这或许就是所谓"君子之交淡如水"吧。

K 君是我二十多年前在出版界认识的小友，他多才多艺，既搞出版也办杂志，都做得轰轰烈烈。这阵子网上不见踪影，我猜他若非工作繁忙，就是搜集资料去了。这回，他在 Skype 现身，说道：

"周爷，月初我跑了趟欧洲，前天才转从日本回来，看了您讨论关于《学习力》的信，感触良多，我都快忘掉自己年轻时是怎么一脚跨进编辑这一行的。不过，今天不说它，今天我是来抗议，也是来请托的。"

他的话引起我的好奇心了，问他究竟抗议什么、请托什么。

“周爷，请允许我说句逾越分际的话，您所写这些信的内容，对我而言，顶多是预警或提示作用，您不说破，我迟早也会留意的。倒是您很早之前谈到的‘**壹**’，那是您的创见，可惜谈得不够透彻，吊足我的胃口。所以，拜托您老多谈谈，让我有机会跟您一起温习您独特的‘**壹兵法**’。”

啊！原来是这桩事！我还以为什么事为难了他。

他的话惊醒了我，确实是我忙于理解眼前科技带给出版的巨变，试图找出编辑人的因应之道，而把原先书写顺序给扰乱了。这一耽搁就好几年过去了（我是从2004年1月开始动笔写这些信的），倏忽之间到了“从心所欲，不逾矩”之年，但关于“壹”之种种，我并没忘记，始终忽隐忽现于字里行间，不敢或忘。

不过，我应该先坦诚告白，“壹”谈不上“创见”两字，我本身也是个摸索者，只抓了片瓦，用来整理芜杂的、极其个人化的编辑经验，纳于可便宜行事、勉强自圆其说、自我指导的简明系统。别人是不是适用，我是存疑的。它唯一的功效是**提醒**大家，人人都可以建立属于自己的“工作指导原则”，它也许似“壹”，也许以另一种面貌呈现，而且只归属于你个人私有。

（2010年8月9—21日，我和内人在西安、天水、南京、上海绕了一圈。14日参访天水伏羲庙，看见匾额高挂着“一画开天”，大为感动。明知此处的“一画”指的是伏羲氏以“一”及中分的一，构成阴阳，组成八卦，而开一切之始，但其内涵，大大扩张了我所谓的“壹”。）

在我私有的“壹”之下，并无新事，用来运作的全是老东西，但因以“壹”切入，对我来说，就舒卷如云了。K君为了方便沟通，将它简称作“壹兵法”，我就顺应他的思路，把他的要求当成功课，缴上第一份作业吧。

关于“壹”，以前谈过一些[1]。我对“壹”的领会，是从石涛的“**一画**”开悟的，它教我学习如何从某个使命（工作目标、任务）“整体性”的宽广角度，去理解并掌握何谓“**使命的全貌**”，再从全貌中定位手边的工作，觅寻生存最佳方策。这个全貌，不全然是眼睛所见的实体，它有时通过策通力、发想力、凝聚力、整合力与制作力，预见一个即将诞生的、未知的、新的生命体，经由我们的实践，呱呱坠地。

唯有掌握了整体的全貌（“壹”），细节（局部、实施细则）才有意义；在这背景下，尼采的智慧之语（对于整个组织而言，美丽乃其余事）[2]，才显出他是多么睿智。

但，把这个观念移植到出版与编辑的工作脉络时，“壹”又是什么？

我在以前的信中，将从彼得·德鲁克的名著《管理的实践》中读到一段描述“三个石匠的故事”[3]，编撰成一则小品，说明我所追寻的境界：必须找出最爱、最具想象与发展潜力、最少竞争（无人地带）的领域（“壹”、范畴、愿景），用产品构建“不竞争”的优势。而，**领域与完成领域占有**之间的关系，恰如拱桥与构成拱桥的石头（材料）之间的关系[4]。

拱桥，象征诉求的理念；石头，则是实践理念的具体内容组合。两者相互支持，才能屹立不摇。

当然啰，世上难有绝对性的“壹”（整体），“壹”的现实性是相对并存的。所以，某个报纸副刊主编心目中的“壹”和杂志主编心目中的“壹”、出版社主编心目中的“壹”——甚至每一位编者所认知的“壹”，都各有异同；而每一个推动的个案，也都各有它追索的“壹”。关于这些，希望在后文中能有交代。

对我来说，“壹”像是孙悟空使用的兵器“如意金箍棒”，是“可伸缩自如”的、鲜活的概念。

以杂志编辑为例，负责编务的人，首要之事是问：我们为什么办这本杂志（使命）？有没有竞争者？若无，利基能支持长期发展？若有，在哪里？有多强？能取而代之吗？我们想通过杂志传递什么内容给读者？所诉求的读者群会大到足以让杂志长存？

办杂志，总得先搞清楚使命是啥，然后在这基础上广搜敌情，再针对现况及后续发展（布局），研拟方策（编辑方针），强固／扩大读者群，以求使命必达。理念与实物的两端之间（空白区域），就是编辑可用心之地。

使命，经常通过方向性的理念陈述，充分表达出来，目的在“找出并占据一个生存利基”。我们判断某本杂志有没有生存机会或欣不欣赏某本杂志，常依理念层次作为判断的第一依据。彼得·德鲁克在他回忆录《旁观者》里，谈到与美国“出版大亨”亨利·鲁斯[5]交往时，鲁斯常征询他对编辑这行的看法。他说，鲁斯对他评估该不该支持一本杂志诞生的观点，非常信任。德鲁克认为，“任何一种出版刊物是否能成功，第一个要考虑的，不是资金，而是编辑作业——**编辑方针是否正确？**如果正确，提出这个企划的人是否能胜任编辑工作？之后，再来看财务数字方面的问题”。他所提出的建议，做编辑的刚好可用来反省。例如，对某些企划案的评语是：

——很棒，不过晚了50年。

——编辑方向大抵正确，但是提出企划案的人，无法实现目标。

《旁观者》此书，虽然成书于1994年（写作年代更早），但德鲁克对杂志与出版的见解仍不容轻忽。他提醒我们，“采用昂贵的生产、邮寄方式，生存必定会受到威胁……而电子杂志终将成为事实”。

假使你决心投身编辑行列，并希望有朝一日肩挑重担的话，德鲁克写的书，切勿错过，特别是《旁观者》——你会读到使心灵澄澈的文字，也会读到当代杰出人物的心智写照。

理念的建立，如同打造“一座拱桥”——在办杂志或出版社时，应念兹在兹，牢记在心。至于有关理念之摘取，我用“壹”（领域）解之。这“壹”的根源，就是**蓝海**之所在（做别人忽略做的，做别人不敢做的，做别人不能做的，做别人已经做而做不好的），在这片**独享的领域**（不竞争原理、打造拱桥）里，专注于经营理念、作家和路线。

理念，除了展现愿景之外，同时亦可用作切入或分割市场的利器，或可视为能否囊括市场的杠杆支点。那是什么？像是一种经营者及其产品的身份证明，让消费者知道：

——我是谁？

——我是做什么的？

——我有哪些是别人没有的特色？

——为什么我是你的必须？

这样说起来，也多多少少触及了CI（Corporate Identity，企业识别）的范畴。没错，从提供解决方案的层面上来理解，我们殊途同归——跟广告中的“定位”（Positioning）一样，参与竞争游戏的出版/编辑人，和那些不同领域的执行者怀着共同的信念。

这乃是生存的必须。

台湾有本非常优秀、以“**前进的动力**”自许的杂志《远见》，在它创刊20周年庆（2006）时，初上任的总编辑杨玛利把杂志从里到外，做了一次革新。她以总编辑的身份，说了一个“G的故事”：

本期《远见》的封面做了很大的改变，读者是否发现了？

封面上红色大大的G边框，是今年《远见》迈向20周年的新视觉形象。

我们用G来强调定位，也用G强化自己，莫忘初衷。

G代表什么呢？就是国际观、国际视野、传播进步观念。《远见》在20年前、1986年创刊时，英文名字就是*Global Views*（《国际视野》），取Global第一个英文字G，正是最可以代表《远见》的DNA。

大红G框也强调《远见》为台湾所有读者“聚焦”国际重要的关键时刻与事件，发挥影响力，让读者在国际舞台绝不缺席。

简而言之，《远见》的使命（“壹”）就是Global Views。我们从它2010年7月号的封面故事是《全球创新大本营MIT麻省理工学院：**直击20个大未来**》，就可看出它的坚持。

另一本拥有巨大影响力、创刊于1981年的《天下杂志》，它自剖道：“《天下》取名自‘天下为公’，表示大家对一个美好社会的向往与追求。”反映在编辑理念上，以“观念领先”为任务目标，它是台湾少见的内容严谨的政经杂志。

我非常爱读的《数位时代》，以它的英文名字*Business Next*作为理念的表述，最新一期的封面故事《2010：**趋势**100》，介绍了未来生活、创新科技、经济模式、品牌营销、绿色潮流、科技前瞻范畴内的变化，内容非常扎实，让我这个“数字盲”大开眼界。

出版界也有人借助使命，建立共识，打造王国。

远流刚成立时，那时候的台湾社会正值开放前夜，书市出版物稀少，而老板王荣文的政大教育系的背景，赋予他自己的使命是建造一个“**没有围墙的学校**”，来充实现实社会的知识空白。随着经济快速成长，台湾的出版社如雨后春笋般冒出地表，激烈的生存竞争使弹丸之地陷入书满为患的处境。王荣文明白出版环境已起了质变，进入了“人才争夺战”的新阶段，所以他将远流重新定位为“**理想与梦想的实践之地**”，来吸引有志之士献身远流。

詹宏志创建城邦出版集团则以“**花园主义**”号召出版界精英，带着人才和资金共创未来。

经营理念结合任务目标，将自己从竞争场域区隔出来，形成独特、不易取代的优势而占有足以生存并可日趋壮大的利基——我以“壹”浓缩之——这也是我用来观察与评估出版社及其编辑能力的指标之一。

我投身在出版与编辑近30年的岁月，看过不少兴衰起落。曾有某实业界人士出面成立出版社，推出第一本书即席卷书市，后续出版的几本书也一样迭创佳绩，盘踞畅销书排行榜达数月之久。该出版社老板从此踌躇满志，自信有识书之能，认为出版太容易做了，做不好肯定是能力与学识不足的缘故，于是趁势大力扩张。然而，不出一年，这家出版社所出版的书迅即回归常态，所有资金全化为库存，如今这家出版社销声匿迹，已难见踪影了。

业界的人，回头检视这案例，从专业角度看，他可归为“素人出版商”，没什么理念可言，只是畅销书的追逐者（天下哪里有那么多的畅销书啊！），并将自己一时的幸运，错解为个人的独特能力，忽视了出版经营也有必须遵循的内在逻辑，忘了竞争本质是什么，把出版运作过于简化了。

就此而言，我和某些出版／编辑人的观念殊异。畅销书不是不可追逐，但**在追逐畅销书之前，有更重要的事必须缜密考量**：若从如何保有竞争优势立场审思，我们该不该去发掘无人地带（或没有强大对手）的蓝海，而不自陷于同质化危机的红海？答案若是肯定的，那么，**设定一个独特的理念，寻找一个独树一帜的领域**，在这领域里独领风骚——我们已经从太多先驱者的实践中得到印证（请反刍《优秀编辑的四门必修课》）。所以啊，亲爱的朋友！你当不会讶异于我一再强调避开竞争、另辟蹊径的呼吁，而正确又适宜的理念能指出实践的方向。

出版／编辑人拥有明确的理念并不能保证成功，但**若想走长路，明确的愿景（理念）可形成一个长期策略，以共同追寻的目标，来结合众人之力**，不正是美事一桩？年轻的时候，读过《西德联邦总理阿德诺传》[6]，深深被他的人格特质吸引。他在二战后错综复杂的国内外情势中脱颖而出，自非等闲之辈。书里他引用的意大利谚语，迄今我仍置于座右，它可以解释理念长期的渗透力道：

“走得慢，走得稳，走得远。”

对这句我视之为格言的九字教训，我恪守不疑。

浓缩如一的理念，一旦开放诠释，自有力量从里面源源而生，如何善用它向周边漫延的侵蚀力，当是我们永恒的功课。

从这个角度来理解，“自一以分万，自万以治一”“须弥纳芥子，芥子纳须弥”……这些文字，表面上与出版／编辑似不相干，实则道理完全相通；经营理念犹如种子，播什么种，得什么果；经营理念亦如在母体等候出世的胚胎，蕴藏着令人惊奇的生命密码。看似简单而平凡的几个字来陈述理念，但意义深远。

天下、远见、远流、城邦替我们树立了榜样，它们把愿景立碑，宣示世人，读者也从宣示中寻找认同，一个向心力极强的社群就是这样建立的。

“壹兵法”由理念切入，带给我不少方便。随后，我将尝试从不同层面阐述：如“壹”是数量和流量的概念；是空间与时间互依互存的概念；是平台操作的概念；是活体（混沌）的概念；是成长（否弃）的概念；是熵的概念；是寻找与诠释“无人地带”（No Man's Land）的概念……

注释

[1] 请参阅《优秀编辑的四门必修课》第 22—32 页。

[2] 请参阅《优秀编辑的四门必修课》第 145—154 页。这是“影响我编辑生涯的一句话”。不过，这句话的另面也不可偏废：疏忽了细节，整体必松弛如一盘散沙。

[3] 请参阅《优秀编辑的四门必修课》第 3 页。故事如下：

三个石匠正专心于自己的工作。

“你们在做什么？”一个路过的行人问道。

“我正在赚钱过活。”第一个石匠说。

第二个石匠头也不抬，小心翼翼地修整着眼前的石块，答道：

“我要雕凿出最合用的石块。”

第三个石匠举首望向空旷的荒地，眼里闪着亮光，说：

“我正在建造一座大教堂。”

[4] 参阅同上注第 4 页。我借用了伊塔罗 · 卡尔维诺（Italo Calvino，1923—1985）在《看不见的城市》里的故事来诠释：

马可 · 波罗描述一座拱桥，他正一块一块石头地仔细诉说着。

“到底哪一块才是支撑桥梁的石头呢？”

忽必烈大汗问道。

“这座桥不是由这块或那块石头支撑的，”马可 · 波罗回答，“而是由它们所形成的桥拱支撑。”

忽必烈大汗静默不语，沉思良久，然后说：

“为什么你跟我说这些石头呢？我所关心的只有桥拱。”

马可 · 波罗回答：

“没有石头就没有桥拱了。”

[5] 亨利·鲁斯（Henry Luce，1898—1967），著名的美国出版商，创办了《时代周刊》《财富》与《生活》三大杂志，被称为“时代之父”。

[6]《西德联邦总理阿德诺传》，包尔·魏玛尔著，关德懋译，拾穗月刊社1959年版。康若德·阿德诺（Konrad Adenauer，1876—1967）这部传记被誉为二战后名著，描写传主“人生悲欢离合，浮沉升坠，恍如一部传奇”。

设计力："壹"的整理术

出自设计思考的"设计力"才是创新的动能。拥有"设计思考"的能力，就能看到市场的"空白"（"壹"），看到别人没看到的、待开发的"无人地带"。学习"像设计师一样思考"，从虚无的"发现"，通过对使用者的充分理解，设计出他们期待的作品。

亲爱的朋友：

（1）一个样板人物

既然要讨论"编辑2.0时代"必备的企划能力，请容许我跨界探一探IT业界高手在"无所不在的网络时代"的存活之道，作为他山之石，看看人家是怎么面对变局的。

苹果公司的灵魂乔布斯是我仰慕、学习的对象之一。他的崛起、放逐、荣归、重病、康复、病故的人生经历，高潮迭起，扣人心弦，令人叹惜。我最感兴趣的一段，是他被逐出到重回苹果大振雄风（1997）——那一刻的他，内心必定百感交集吧！

我好奇的是，面对衰败，他准备如何挽救垂危的公司？怎么迈出第一步？如何展开布局？有一个中、长期策略吗？怎么确知一定赢？

乔布斯重振苹果的传奇，早已脍炙人口，无须我再炒冷饭。2005年6月12日，他在斯坦福大学的毕业典礼上所发表的演讲中，已将自己内心世界的演变做了坦率的剖白，告诉年轻人若想掌握自己的未来，得不害怕外在世界疑惧的眼光，勇敢地去**找到自己的所爱**。演讲内容迅即通过网络传遍世界每个角落，激励了一颗颗向上、奋发的心。

乔布斯和Google的创办人谢尔盖·布林和拉里·佩奇、亚马逊的贝佐斯、微软的比尔·盖茨一样不同凡响。苹果在Google的步步逼迫下，毫不退缩。我对他了解越多，兴趣越增。有一天，突发奇想，倘若能走进乔布斯的心灵一窥究竟，我们能看出什么？能找到乔布斯性格背后支持那股桀骜不驯的神秘力量吗？

2007年1月9日，苹果电脑公司（Apple Computer Inc.）宣布改名“Apple Inc.”，中间的Computer不见了。IT界一阵惊愕，没人理解乔布斯的葫芦里藏了什么药，甚至有人幸灾乐祸地大胆预测，苹果准备退出电脑相关行业了。

当外界猜疑四起时，乔布斯在想什么？

我猜他一定掩不住嘴角微微漾起的笑意。

他知道，除了由精英组成的小小的工作团队成员外，世上可能只有屈指可数的人明白他的想法，而这些屈指可数的人也未必真正了解他的最终目的。

很少人从他人格特质方面去认识他，他的思维相较于有西方背景的那些竞逐者而言，乔布斯拥有更多东方成分。他年轻时（19岁），曾赴印度灵修，回来时剃了光头，披上袈裟，成了**佛教徒**的模样。据说，他深受东方禅学思想熏陶——光从初始的出发点，就和主流意识背道而驰了。

西方文化强调达尔文主义的“物竞天择”，所以采取的手段是攻击、攻击、再攻击，是全方位的鲸吞掠夺。东方文化恰恰相反，是收敛、容忍、共生、同享，是**“但取一瓢饮”**。假如用西式思维来猜度乔布斯的战略布局和生存战术，那就差之毫厘、失之千里了。

苹果始终信守不渝的基本信念是Think Different（思索不同、不同凡想），喜欢别树一帜，**走不一样的路**。乔布斯身处西方社会，却以东方思维切入竞争场域，立刻像在他四周升起一道水帘，使竞逐者如在雾里看花，搞不清苹果去从了。

倘若以上的推断勉强成立，可想见乔布斯面对所有竞逐者时，或像翱翔在苍穹的大鸟，以睥睨的眼神扫视众人，说道：

“嗟乎，燕雀安知鸿鹄之志哉！”

我曾模拟乔布斯心态，杜撰了一篇虚构的游戏短文，和大伙儿热闹一下。

（2）乔布斯的心情故事

最近，连串的好消息让乔布斯的心情好得不得了，必须控制“好心情”，才不至于在笑容中泄露内心的激动。

他缓缓举起右手，下意识地轻抚头顶所剩无几的头发。

他老觉得世人误解他，搞不清楚为什么让别人了解自己是如此困难。他不复杂，和常人一样热情、单纯、专注、坚持；要一定说有所不同，可能太爱家人和工作，以至于在人际关系上不能尽如人意。

譬如说，当苹果电脑公司改名为“Apple Inc.”，它丢掉 Computer 的意义如此明显，偏偏有人聪明过头做了“太超过”的推断，反而模糊了焦点。苹果从没说过要退出 IT 界，相反的，苹果更热情地紧黏着它。

事实证明：苹果每项产品都是一次革命，苹果壮大了 IT 界。

乔布斯把玩着手上的 iPad，笑得开心极了，因为根据最新销售预估，今年（2010）iPad 的全球销售金额近 80 亿美金，而 iPhone 销售总量将达 1900 万支，把竞逐者远抛在后面。而由“i 家族”凝聚成的数以“千万”计的社群，它们所释放的力量，谁能轻忽？

有人推崇他是“**游戏改变者**”，他打从心底喜欢这字眼。不错，谁会心甘情愿去做跟随者？从出道到现在，不变的乔布斯，使命只有一个：**颠覆**（不同流俗、走自己的路）。

假使有机会一吐心中块垒的话，有些事或有些观念的确需要澄清。譬如，众口铄金地形容苹果与 Google 的战争。天啊！这是天大的误解！

“我们从来都秉持一个原则：**不竞争，只做我们爱做的**（别人要跟我们争，那是他们的事）。”

Google，则和苹果大大不同，他们从开始就立志做大事。他们在人们对“搜索功能”一知半解时，便理解它未来的巨大力量。Google 掌握契机，从搜索功能切入 IT 市场，以它作圆心，把半径扩张到无限大——Google 要的是囊括世界全部资源（all，“壹”），利用开放原始码、免费与服务等等，在很短时间内创造出规模庞大的使用者。这种企图心与实践力，令人震撼。

苹果也有野心，但选择的目标小太多了，**苹果只做自己**。

双方的差异之一，在定义何谓“开放”与“不开放”。

苹果不开放——更精确地说，苹果不像 Google 那样“全方位开放”（如同 Google 开放 Android 的原始码一样）。相对于 Google 那样“全方位开放”，苹果只对自己的社群开放。

苹果之所以这么“拘谨”，是为了不愿做“等同 all”的大事，苹果做 all 之中的“部分”，而且只做它自己。

乔布斯很早就看出苹果只做自己的重要性。

因为只做自己、因为Think Different，所以他从来不参与竞争，绝不会赶集似的去和Google争它那块大地盘（苹果可一点也不稀罕），只有蠢蛋才会做那种蠢事。

乔布斯喜欢**“无中生有”**。

他最近在网上仔细读了曾经担任苹果CEO的约翰·斯卡利（John Sculley，做过百事可乐总裁，应乔布斯之邀加入苹果）以忏悔的心接受访问的谈话记录[1]。斯卡利终于明白，当年把乔布斯逐出苹果是他一生最大的失策。斯卡利认了错，也重新提出他对乔布斯的评价。

乔布斯耸耸肩，他不但不在乎这迟来的歉意，相反，他感激斯卡利及早、及时否定他的努力，使他有了反省并再起的时间。若非那次沉重的打击，现在的他，恐怕老早失足于过度的自信中。真实的人生，就是曲曲折折前进的，从来都不是直线。乔布斯在自己身上印证了东方先哲老子的智慧：“祸兮福之所倚，福兮祸之所伏。孰知其极？”他发现自己居然一点也不恨斯卡利，甚至有点怀念久不相往来的“老同事”了。

在乔布斯心里，斯卡利虽属后知后觉，至少不是不知不觉。乔布斯很想跟他讲：

“老史啊！我们本来可以成为很好的搭档，一主内，一主外。可惜你错估了苹果存活的核心理念，而把我们当作一般泛泛的、百事可乐式的制造者。真是太离谱了！难道你不知道我们打从开始就是不同流俗的创新者？我们不跟随，不抄袭，不人云亦云。”

可是，要怎么说才能让老史这类型的人了解苹果？了解Think Different不是口号，而是身心许之的信仰？

乔布斯对斯卡利在接受访问时，描述自己和发明“拍立得相机”的艾德温·兰德（Edwin Land）见面时的观察所见，十分赞许。斯卡利对访问者说：“他们两位都有这种能力，不是发明产品，而是**发现产品**。他们两位都说——这些产品一直存在，只是以前从来没有人看到，他们觉得这些产品真实到仿佛就摆在面前，虽然一台都没做出来。”[2]

的确，在某种意义上，乔布斯没有发明，只是“发现”。就像“美洲新大陆”一样，始终在那里，直到哥伦布发现它。对乔布斯而言，未来即将出生的产品也一样，早存在于肉眼看不见的空间，等着他制造出来。斯卡利还特别指出大家习以为常的电脑外形就出自乔布斯之手，他是“第一个把所有机件放进塑胶盒子内、把键盘集成到电脑上的人……他是个具备强大想象力和愿景的人”。

在某些对乔布斯怀有敌意的人眼里，乔布斯是个喜怒无常的疯子。斯卡利下面的话足以辩驳这类恶毒的中伤，他说：“当我思考不同类型的CEO——有的是优秀的领导，有的是扭亏为盈的大师，有的是聪明的谈判代表，有的是很棒的激励者——但乔布斯最天才的技巧在于，他是伟大的**设计师**。在苹果的每一件事情，都可以通过设计的镜头来理解。”

想到这里，乔布斯感到非常得意，斯卡利终于看出端倪了，虽然足足晚了30年，但他完全说对了吗？也不完全对！因为乔布斯之所以成为乔布斯，在于他与众不同。

“假使有人称我是个‘**设计思考者**’(design thinker)，我会欣然接受，”乔布斯自己评价自己，“因为我拥有‘设计思考’的特殊能力，能看到市场的‘**空白**’(‘壹’，筑梦之地)，看到别人没看到的、待开发的‘**无人地带**’，这领域可能不大，但延展性很大。”

那么，什么是“设计思考”？

“设计思考”就是思考如何迈向创新之路，**寻找出未开发的市场**，让它在眼前成形的一种工作程序。这是聪明人提姆·布朗（Tim Brown，全球十大创意公司IDEO掌门人）创造的名词，依他的卓见：“创新过程不是线型的、秩序井然的步骤，而是一系列彼此重叠的空间，可用‘3i’理解它：‘发想’(inspiration)——刺激你寻找解决方案的机会与需求；‘构思’(ideation)——想法的催生、发展和验证；‘执行’(implementation)——从研究室通往市场的步骤。”苹果的系列产品的推出，即是非常标准的案例，苹果也恰巧是IDEO的重要客户之一。

若将上述的话浓缩成一句，就是：“设计思考”即创新——无中生有的孵化器。

所以，乔布斯很想大声告诉大家：“我没大本事，只有设计力，出自设计思考的‘设计力’才是创新的动能。”奇怪的是，为什么大家不愿正视？优异的**设计**（思考）**力**，是从事创意企划工作者必须具备的要件。

市场“**空白**”的发现，那是出自人的修为，是从了解人性而得的。人的喜新厌旧、趋吉避凶、好逸恶劳等是天性，有时候“空白”正好隐身于人性之内。

亲近乔布斯的人应该知道他对彼得·德鲁克的推崇。德鲁克在《创新与创业精神》里，介绍了一个有趣的“**半杯水理论**”，他写道：“在数学上，‘杯子是半满的’与‘杯子是半空的’之间并没有什么差别，但这两句话的意义完全不同，所导致的结果也不一样。如果一般的认知从认为杯子是‘半满的’转变成‘半空的’，那么其中就出现了重大的创新机会。”他提到“**认知的改变**”即是创新力的来源之一。[3]

诠释这个观念最为大家耳熟能详的例子，就是老掉牙的“两个推销员的故事”了。

两个推销员到非洲推销鞋子。

下了飞机，进城之后，举目尽是光脚丫子，没人穿鞋。

其中一位难掩沮丧之情，急忙发电报给公司，道：

“不浪费时间了，我立刻坐下一班飞机打道回府，这儿没人穿鞋。”

另一位推销员发回公司的电报，则洋溢着一片喜气，写着：

“感谢老天爷！这儿没人穿鞋，我们的未来希望无穷。”

乔布斯认为每个人都不妨扪心自问：换作自己，面对满城的光脚丫子，反映在心里的是半满还是半空？

“空白”到处都在，只待有心人发现。一旦发现了空白的无人地带，设计力便有了用武之地。乔布斯知道，若能善用设计思考，便可制作出占领空白市场的产品（提姆·布朗特别提醒大家必须充分理解“做一名设计师”和“像设计师一样思考”之间的差别）。

优异的**设计**（思考）**力**，是从事创意企划工作者必须具备的要件。

没错！乔布斯老早看到IT产业中没人看见的“空白”，这片空白形成一个自成天地的“**领域**”（“壹”，新的王国）。乔布斯组织了精英中的精英——“百人团”[4]和他一起进行头脑风暴，寻求如何在“空白”内，用新产品打造苹果王国。

他们发现关键在“人”。乔布斯和他的精英团队永远把“人”（客户）放在第一位，用心观察人们一天24小时的行为举止予以解构，一系列奠基于“**人本位**”的新产品依序上市，经营出独有的节奏。

譬如说，有个人，不论他坐着、站着、走着、躺着，当他想听音乐时，有没有一种无须受限于随身听（Walkman）携带的卡带所提供的有限内容，而做到“想听什么就能听什么”？

就这样，音乐数字播放器 iPod 降临人间，它是和随身听完全不同的革命性产品，跟卡带永远道别了。

想到这里，乔布斯难掩得意之情。IT 界没人预料到苹果居然扬弃卡带，把音乐放在云上，在虚拟空间设计了专属的音乐商店 iTunes Store[5]，有 1000 万首歌曲提供点选。

正因为抛掉了传统卡带，所以 iPod 变得特别轻盈，而有了让苹果表达产品设计的新观点，使 iPod 拥有领导流行的**极简风格**，横扫市场。

触控手机 iPhone 的诞生，也沿袭着同样的设计思维。除了通话的基本功能之外，它能让苹果爱好者得到更多满足。最突出的是“苹果线上软件市集”（Apple App Store）的支援，凡购买 iPhone 的使用者都可进入 App store 选购或免费使用各种应用软件。全世界的软件业者无不铆上全力把稀奇古怪的应用程式放上去，如今已有近 30 万种软件任人选择，其中有 33% 是免费的（到目前为止，Android 有 10 万种软件可供下载，其中 60% 免费）。有一款游戏《愤怒的小鸟》（*Angry Birds*）已被付费下载 700 万次（每次 99 美分）。世上有屈指数不完的大小公司能制造和苹果同样精美的手机，却没人把云计算的功能和手机结合得如此圆满，苹果巧妙地将“长尾理论”和“维基经济学”的精髓融入“云”里，不知不觉形成新的商业模式，不但赚硬件的钱，更长长久久大赚软件的钱。

接着，来到 2010 年，苹果带动科技界进入全新的“iPad 时代”[6]。

iPad 开卖才 80 天，就狂销 300 万台，引出一场科技革命——**平板电脑兴起**——它的革命性，人们究竟了不了解？知不知道这一切变化，尽在乔布斯的计算之中？

虽然一如预期大获全胜，乔布斯仍觉得大家对苹果充满误会——苹果最讨厌竞争，可是有些浅薄之士，却以狭隘的“隧道视野”（tunnel vision）咬定苹果正在和利益相叠者搏斗。以他对 Google 的了解，他们也不屑堕落到竞争层次，他们习惯只做自己。只因为在追求各自的终极目标时，不小心有互叠的部分，而外界却误认为两雄相争了。

“幼稚！除了幼稚还能用什么字眼形容这些人！”他怀疑人们是否真正理解他是一个**系统思考者**。若只看到眼前的“空白领域”（“壹”）的占有，而忽略了背后绵密的、层层叠叠的布局，那就太可惜了。

“脉络、节奏、布局——它们彼此密切关联，没有任何细节可以轻忽。”乔布斯皱起眉头自语着。他那么明显地张起网子捕捉稍纵即逝的商机，那些密切关注苹果一举一动的人，却眼盲心也盲，竟然陷落于“竞争观”，怎一个“笨”字了得！

前几月，家用机顶盒iTV（Apple TV）推出，那是对“人的生活领域”的占领。苹果暂时没去制造售价昂贵的电视（动辄1000—2000美元），只推出物美价廉的机顶盒（99美元），通过机上盒维持苹果全方位的线上服务。这是一场自己跟自己的竞赛，到此暂时可以告一段落了（iTV将是另一场重大战役）。

而，**苹果王国**就这样美妙地建立起来，屹立于世界市场一隅。

“现在，大家应该明白，什么是奠基于Think Different的经营理念了吧！”乔布斯不担心吐露更多经营的秘密，因为跟随者永远威胁不了苹果，当跟随者靠近时，苹果已经走上一条**新路**。苹果从头到尾有而且只有一个任务：维持苹果王国的独特与独立，除此之外，都是次要的事。

苹果从来就只关心“**人**”。说精确些——只关心“喜爱苹果这调调儿”的使用者。

“苹果要的不多，”乔布斯很想大声告诉所有人，“我们只取大海中的一瓢，把爱好者聚集起来，胼手胝足打造小小的苹果王国。”

乔布斯清楚看到一个崭新的“苹果王国”，矗立在过去从未被发现的疆域。但怎么把一个空白领域化约为**完整的概念**，并在现实世界落实下来，完成**利基市场**的占领，这仍然是严肃的任务。

发想、切割、整合、排序、产出——这是设计力的一大挑战，乔布斯深入人的生活行为，构建出爱好者的共通模式（最大公约数），然后把潜在需求转换成需要，一个产品接一个产品投入市场，和爱好者结合为一。至于，苹果王国的疆域能拓展多远、多大、多久，就让爱好者决定它的边界和国祚吧。

当大家的焦点集中在硬件，甚至有人扬言要把iPad在全世界的平板电脑市场从70%压到20%时，口出狂言的那位某公司的CEO忘了两件事：其一，即使果真他达成心愿，另外80%的市场必然让那些争利者，互斗到血流成河，而苹果还是苹果，小而弥坚；其二，苹果会傻傻地等死吗？战场早已转移，内容才是存亡的关键。君不见媒体大亨默克多视iPad为报纸救星，他的新闻集团（News Corp.）寻求与苹果合作，计划推出平板电脑iPad专用的数字报纸

The Daily。默克多预估明年（2011），iPad 全球销售量将达 4000 万台以上，“只要有 5% 的人订阅，就有 200 万订户”。

当业界把“云计算”喊到口干舌燥，苹果老早在云上悄悄地插满旗子。

志得意满的乔布斯下意识地拿起手边的 iPhone，用下载的软件把它变身“陶笛”吹奏起来。

他吹奏的这首歌肯定没人听过，那悦耳的旋律出自乔布斯之心，曲名叫：《苹果王国之歌》。

……

网络上有一则流传很广的话：“世人皆识乔布斯。不过，一百万人的心中，有一百万个乔布斯。”显然，现在又增加了一个。

其实，我不惜篇幅虚构乔布斯的内心世界，想表达两个观点：

其一，强调设计（思考）力的重要性。不论在哪种行业，不论是旧或新的从业者，设计力绝对是高手过招时，分出高下的能力之一。作为编辑，如何使自己的企划能力更上层楼，像乔布斯的例子是绝佳的学习样板。

其二，呈现编辑心法“壹”的切割与组合的整理术。我努力尝试表达“壹”就是“市场空白”、就是“待开发的领域”、就是无须竞争的“无人地带”。然后，看拥有一流开发和实践力的高手，如何运用设计思考切入，如何化无为有，创建出一番事业。在我的经验世界里，乔布斯把“壹兵法”的整理术，做了一次高水准的演出。

（3）出版界的新王国

在出版界，也不乏实例。

有些高明者，就是拥有不一样的胸襟和眼光，看到我们看不到的“空白”，经营成一个领域，将它整理成出版品，立刻令世人为之惊艳。

眼前，就有一个现成佳例：俞晓群社长[7]和他的“**海豚书馆**”。

回首当年，俞社长在主持辽宁教育出版社时，可说成绩斐然，特别是“新世纪万有文库”“书趣文丛”“国学丛书”“牛津精选”“茗边老话”“牛津少年儿童百科全书”以及《万象》等等，备受海内外同行的重视与钦佩。隔了一阵子，在台湾听到他高升要职的消息，一面为他肩负更大责任而高兴，一面为出版界失去开疆辟地的将帅而惋惜。后来，又听闻他难舍旧友而再度出山接掌海豚出版社时，为他放弃更上层楼的机会而惋惜，却再为出版界又将重见辉煌而高兴。果不其然，“海豚书馆”拔地而起，一出手就气势不凡。

我在海豚官网看到：

“海豚书馆”共设**海外文学**、**文艺拾遗**、**文学原创**、**学术原创**、**学术钩沉**、**翻译小品**等六个系列。作者尽为近现代中国文坛巨匠，如莫言、王安忆、董桥、张大春、葛兆光、叶兆言、傅月庵、周梦蝶、周炼霞、林行止等；内容上有小说、散文、诗歌、随笔、论文、考证等。古雅的文字里尽透着大家风范的盎然古意、精美情致，清寒中飘来挡不住的股股幽香。

今年（2010）8月，“海豚书馆”第一辑，包括董桥《墨影呈祥》、张大春《离魂》、王安忆《骄傲的皮匠》、莫言《变》、周炼霞《遗珠》、南星《甘雨胡同六号》，由海豚出版社隆重推出。

六种书系，统一封面，只颜色不同，一派典雅端庄，脱俗不凡，表现于外的也是极简风格，看得我心神俱醉。坦白说，我每次读到俞社长的消息时，总会联想到乔布斯[8]，这次也不例外。我不免胡思乱猜：俞社长或许像乔布斯那样崇尚“不竞争”，只做自己。他可能“**洞见**”（insight）一个“空白”，进行理解并展开布局，如同乔布斯打造“苹果王国”般，来筹建一个“海豚王国”？他是否“**观察**”（observation）到书市有一群饥渴者，期待某些散落在书市各处而越来越寂寞的作品，有机会凝聚为“壹”，重铸主流价值？他是否拥有“**同理心**”（empathy），聆听着那些来自四面八方的呼声，而成为“感性产品的创造者与品位的营造者”？俞社长慧眼独具，请出沈昌文、陆灏，加上自己组成“三结义”，把市场上分散的力量集中起来，在“海豚书馆”形成气势，握成有力的拳头，挥向书市？

我在俞社长大作《这一代的书香：三十年书业的人和事》里读到一段文字，提到他最景仰的梁宗巨先生的话，刚好可用来佐证“空白”的重要性：

梁宗巨先生成为我最重要的作者，他是辽宁师范大学数学系教授。

我请教他：“为什么选择‘世界数学史’研究？”

他说：“这是一个学术**空白**，也容易出成果。”

看！做学术研究都下意识地将发现空白作为形成研究方向的策略，出版经营者岂能背弃天性与本能，罔视“发现”于不顾？

由此可知，俞社长和乔布斯一样，当他看到杯子“半空的”那一刹那，他看到未来的发展潜力；也和苹果一样，海豚不做 all，只做“部分”，只取一瓢饮。借用彼得·德鲁克的话来形容，那就是“如何在一个广大市场或重要产业中取得一席之地”。

俞社长正在做的事，应该是运用资源组织一个“**海豚王国**”吧！

若能放开“我执”，在我们身边处处可**发现空白**。

2010 年 11 月 1 日的《商业周刊》（第 1197 期）有一篇文章《郭敬明：放大自己价值的多面人》，记者旷文琪介绍七度名列《福布斯》（*Forbes*）、身价高达十亿元、不到 20 岁所写的《幻城》销售量即高达 156 万本的青年畅销作家郭敬明时，写道：

> 当其他大学生还在忙着交女朋友跟玩社团时，20 岁不到的郭敬明，却想着：“我想改变这种模式……**当你看到一个空白，你就看到机会跟机遇**。”

空白出现了，怎么利用？旷文琪描述道：

> 21 岁，郭敬明成立“岛”工作室，一手包办自己跟新人出书的策划、市场定位、设计与后续宣传。……24 岁时，与长江文艺出版社合资成立文化传播公司、出版刊物《最小说》（每期热销 50 万本以上）、举办挖掘新血的作文比赛“TN”、再力捧新人……不到 5 年的时间，从作者变成经纪人、商人、媒体人。

“80 后”的郭敬明很快将他的“发现”经营成生存利基。他聪明地把自己社群化、品牌化，选择做自己（建造属于自己的“**郭敬明王国**”）。他跟旷文琪说：“我希望我的人生是立体的、饱满的。我不希望大家想起我，只是一个作家，这是我人生价值的体现。”

郭敬明的“人生企划书”写得还满独特的。

科幻文学作家黄海先生在博客“黄海牧园：文艺&科幻”上，曾经刊出由董仁威（世界华人科普作家协会理事长）执笔介绍**科幻界奇人姚海军先生**的故事**《科幻“掘金人”》**[9]，我读到一个典范人物的事例：姚海军如何发现空白，经营空白。

根据董仁威的采访所记，姚海军是个“不写科幻小说，学历仅是高中技术学校毕业、原黑龙江省伊春市的一个林场工人”，他“如何能坐上世界闻名的大杂志《科幻世界》副总编辑兼主编的高位”？董仁威在报道中，有非常动人而详尽的描述，那些故事让我钦佩不已。

他参与《科幻世界》杂志编务之后，所迈出的每一步都可充分印证“3i”（发想→构思→执行）以及洞见、观察、同理心的运作，若从设计思考与“壹”的整理术切入，可清楚理解整个脉理的走向。

我们来看看他是怎么打造出“**科幻王国**”的。

源于初中时期，姚海军接触到一本科幻小说《奇异的机器狗》（萧建亨著），从此沉浸于不可思议的未来世界，所有零用金全用于购书，熟读名家名著。1986 年，他还是高中学生，成立了自任会长的“中国科幻爱好者协会”，吸引同好加入协会，它的会员遍及全国。“他用最原始的方法，用手刻蜡纸、油印机出版了第一期属于科幻爱好者的《星云》杂志”。经十年耕耘，《星云》让他与外界有了更广泛和密切的接触。

1998 年，在朋友推荐下，姚海军加入科幻世界杂志社。不久，《科幻世界杂志》主编阿来调姚海军进编辑部，开始了他的编辑生涯。

作为一种文学类型，相对于国外的蓬勃发展，“科幻文学”在国内还是一片处女地，姚海军决心在这块空白地带建造“科幻王国”。

他把自己定位为“经营者”，不但需要经营领域（科幻），也必须同时经营作家，在科幻领域内要是没有指标性的“明星作家”，永远难成气候。

经过严密企划，美梦到了 2002 年终于实现，推出“**原创作家专辑**”，给当时的名家“王晋康、刘慈欣、韩松、何宏伟（何夕）、星河等，一人出一个专辑，使他们的影响力一下子提高到了一个新高度”。

下一步，紧锣密鼓地筹划出版大业。

他认知到“作家只是在刊物上发表他们的作品是不够的，还得为他们出书”，不但要出版国内作品，更要全力引进世界上第一流的科幻经典名著。他所持的理由之一，是：“作为出版人，我们有责任更新国人的想象世界。”

2003 年，定名为“**视野工程**”的科幻出版计划逐步推出。光是由四川科技出版社出版的“世界科幻大师丛书”已经累积达 130 多种，加上“世界奇幻大师丛书”“中国科幻原创基石丛书”“世界流行科幻丛书”“星云系列”等，成了他代表性的五大品牌。

他一面引进，一面不遗余力地力捧国内的明星作家，一面发掘“80后”的科幻新秀，组成一支创作大军。近年，更和网络密切结合，将网络上最突出的作品《星际争霸同人小说》《黑太阳》《幽灵五号》《反物质飞船》等，纳入实体书市场，迭创佳绩。

为了让中国科幻文学走出去，他精选韩松、王晋康等中国科幻大家的作品准备输出；为了厚植未来竞争力，一个“**更新代**”青年科幻作家的出版计划正在推动。

“科幻王国”就这么一砖一瓦建造起来（请反刍“三个石匠的故事”）。

他知道哪块空白该放哪些内容，使它不一样，使它在国内变得不可超越；他更期待，有一天它将茁壮到有实力向世界发声。

姚海军的故事，告诉所有编辑工作者：**事在人为**。他看到一个“空白”（“壹”，领域），牢牢握在掌心，然后细腻地把它切割成一个个可行方案，脉络相连，可圈可点，是个非常有代表性的企划范例。

（4）设计力是创新的源头

以上例子，告诉“编辑2.0时代”除了究通力、发想力之外，还必须把“设计力”内化成本能。学习“像设计师一样思考”，从虚无的“发现”，通过对使用者（人、读者）的充分理解，设计出他们期待的作品——所谓创新，也可以简化到如此单纯。

发现“壹”，破解“壹”，完成“壹”（建造王国），整个过程中，若把设计力作为动力之源，往往能履险如夷。除了上面介绍的出版／编辑人之外，沈登恩、高信疆、詹宏志、林献章（《讲义》创办人）、程三国、陈天桥等，都是个中高手，他们的故事，网上多不胜数，请自行搜寻。

不过，必须提醒的是：千万别误踩地雷，一旦错解“空白”或其生存利基不足以支持你的“发现”，那将是一场灾难。身为编辑／出版人，能不慎乎！

[1] 约翰·斯卡利于2010年10月14日接受Cultofmac.com的编辑利安德·康尼（Leander Kahney）的访问，流传很广。也有人将全文缩减成《苹果前CEO谈乔布斯的成功之

道》《乔布斯给年轻人的十句金玉良言》，都非常精彩。台湾《今周刊》第723期（2010年11月1日出版）从美国《商业周刊》移译此文（部分），标题为："乔布斯前老板的忏悔"（戴至中译），见第148—151页。又，稿成之日，读到张亮发表于2010年11月22日的短文《**乔布斯谈设计**》，这篇访谈成于1994年乔布斯在NeXT时期，特转录于此：

"设计是个好玩的词儿。大部分的人认为产品设计是关于产品的外貌和感觉，但是其实产品设计是关于产品的功能。Mac的设计并非指它的样子，虽然这是它很重要的组成部分呢。更重要的是，它是如何运作的。真的想把一些产品设计好，你必须搞懂它，对它胸有成竹。只有基于巨大热情的投入才能把一件事儿搞清楚，嚼个烂熟，而不是浅尝辄止。多数人并不投入于此。

"**创造力就是找到事物之间的联系**。当你问有创意的人他们是怎么做到的，他们会觉得有点负罪感，因为他们并非真的'做到了'，他们只是看到了一些联系。有些事儿对他们来说就像是显而易见的。这是因为他们能把种种体验关联起来，并吐故纳新。他们能做到这点是因为他们有更多的体验，而且他们思考这些体验比其他人更多。

"很不幸的，这能力并不多见。行业里的多数人并没有多元的经历。所以他们没有太多的点去连接成线，所以遇到问题时，他们只能完成缺乏广度的线性方案。一个人越充分的理解人性的体验，设计得就越好。"

[2] 见上注《今周刊》第150页。

[3] 请参阅彼得·德鲁克的《创新与创业精神》一书。德鲁克还列举了其他六个创新来源，包括："意料之外的事件""不一致的状况""程序需要""产业与市场结构""人口统计资料""新知识"等。这本书是经典中的经典，做编辑的，不但要读，还要精读，反复读。

[4] 有趣的是乔布斯永不扩张他的百人团队，他说"如果要想添新人进来，就得裁另外的人出去"，因为"我无法记住超过100个人的姓名，所以，我只想跟我私下认识的人待在一起。如果团队的人数超过了100个，就会强迫我们变成了另外一种组织结构"。

[5] 现在的iTunes更了不起了。根据《商业周刊》第1191期（2010年9月20日出版）林琼华报道：苹果公司在日本推出**免费的**iTunes U（线上教育商城），纳入东京、早稻田、庆应义塾与明治等四所知名学府的课程，完全原汁原味。未来也会放送外国名师在日本校园的最新授课内容。iTunes U已成立3年多，目前上传公开课程的全球大学有800多所，累积了35万份可供自由阅览的影音文件。

[6] 根据《商业周刊》第1189期（2010年9月6日出版）记者曾如莹分析整理iPad的魅力：一在丢掉滑鼠和键盘，使上网、游戏、听音乐等，一指搞定，**让过去不会使用个人电脑的消费者加入市场**。二在软件产业大爆发，让程式开发人员，睡觉也能赚钱。乔布

斯把 iTunes 从 Pod（Mp3）延伸到手机和现在的平板电脑 iPad 上，建立起一套“**生态系统**”（ecosystem），让全球百万软件开发程式人员，成了推广 iPad 的蚂蚁雄兵。三在颠覆硬件思维，通过下载软件，就能做到多功能，通过所下载的软件改变 iPad 的用途。当 iPad 下载赛车游戏时，立刻变身方向盘；下载网络书店书籍时，变身为一本电子书。美国《新闻周刊》以“Everything”形容 iPad，它改变你看待电脑的方式，iPad 可以变成你的个人电视、报纸、书架，甚至可出租电视频道。

[7] 俞社长有两篇短文，让曾以编辑为志业的我，获益良多。一是《**总编辑的理念**》，一是《**不才独钟出心裁**》。在前一文章里，他强调“理念”是一个出版产业的生命线，从他推崇的张元济、王云五事迹中，可看出俞社长的胸襟，他的使命感超乎常人；在后一文章中，提出他体会的经营心法在“平中见奇、变中取巧”，“通过时空的宏观把握，深则求奇，广则求新，动则求变”。我认为，这两篇文章当是现代编辑之必读。

[8] 请参阅本书上篇第 9 信《图书的企划》。

[9] 这篇《科幻“掘金人”：<科幻世界>主编姚海军的传奇人生》，我是在“黄海牧园：文艺&科幻”上读到的。作者董仁威文笔极好，有兴趣的读友，请上网阅读。我认为它应列为培训编辑的教案。本文中，凡谈到姚海军的资料，均出自这篇文章。

凝聚力：化无序为有序

我们必须找到自己的无人或少人竞争地带（N），凝聚出众多难以取代的优势（n），打造出自己的生存能力。

亲爱的朋友：

字多，有碍阅读，特切成块状，请慢用。

（1）N，到底是什么？

前不久，有人问我：

“你经常提到 N，有时用它来解释‘长尾理论’，有时说它是‘竞争优势’，有时形容为纳众于一的‘集合体’，有时说是‘空白’‘壹’等等；左看似怀着石涛的基因，右看又有康定斯基（Wassily Kandinsky）绘画理论影子；细细体会似在解决芥子与须弥的矛盾统一，浅尝却带着彼德·德鲁克浓浓的‘半杯水理论’的滋味……讲法越来越多，请问：N 究竟意味着什么？”

让他困惑这么久，是我的过失，现在借由“凝聚力”说个清楚。

N，一点也不复杂，它是“No Man’s Land”（**无人地带**）观念的缩简字。我曾借它写成简单的方程式来形容“长尾理论”：

$N = n_1 + n_2 + n_3 + n_4 + n_5 + n_6 + n_7 + n_8 \cdots\cdots + n_\infty$ [1]

把这式子移入编辑工程时，N 表达两层涵义：等式左边大写的 N，是右边众多小写 n（长尾）的集合，指涉想象中的、**没有敌手的完整领域**；同时，也是**凝聚力的表征**（集腋成裘）。虽然在不同情境下，N 有不同诠释，但核心只有一个，即“**不竞争原理**”。它告诉编辑／出版人在策划书刊时，除非到了“非不得已”的最后关头，只要能避开竞争就该避开，去打造只属于自己的乐园，凝聚出难以取代的竞争优势（请参阅上信《设计力》中各有依归的王国）。

所以啊，任何繁盛法则的基础，当以“不竞争”为前提（上上之策）。

我初当编辑时，从没想过这层道理，一心一意把日常邀稿、审稿、改稿、发稿、广宣以及版权交易等工作，认真执行。直到被赋予更多责任时，我才“惊”觉这些“基本功”虽是编辑必备的要件，但却不足以用来因应险恶的生存挑战，必须培养更上层楼的战力，才有机会在文化产业中脱颖而出。于是，在观察、分析、演绎、归纳“成功者为什么成功，失败者为什么失败”时，看出一些自以为是的诀窍，开始笨拙学步，慢慢地建立起很私密的编辑心法。就我而言，N这个字，把肩负的编辑理念表达得如此透明，用它剖析周遭编辑／出版界成功实例，几乎都可以得到解答。简要说，智慧的工作者选择远离红海，找到竞争场域上的空白，发现了新的机会和新市场。

我曾不止一次地以大家耳熟能详的事例，佐证“不竞争原理”的可实践性。譬如，高信疆的人间副刊，以“文化”涵盖“文学”而展现宏大的企图心（N），缔造出台湾副刊史上的辉煌年代；詹宏志避开激烈的战区，先舍去文、史、哲而就应用科学（“大众心理学全集”）的范畴切入（N），重新规划进据不同领域优先次序所推展的蚕食式布局，终至使远流脱胎换骨，变身为充满企业精神的事业体，同时引领台湾出版业及早成熟为现代化企业。把他们纳入这个脉络里面理解，便可清楚看出“无人地带”（N）的策略意义。

当高信疆们出现时，原先的领先者往往视若无睹，不以为意，甚至不知危机将至，最后只能眼睁睁看着市场版图朝向周边大肆扩张，自己却陷于一隅，丧失了攻略的能耐。早先据有要地的核心优势者，逐渐边缘化；而被视为多余的边缘开拓者，反而形成新的核心。

不久，领先群有了新的组合。

我部分的编辑经验，也可用它得到合理的解释。

对个人条件样样输人的编辑（如我）来说，发现N（无人地带）、经营n（凝聚力、长尾理论的活用）是我们的宿命，N是上天恩赐的“应许之地”，自当珍之惜之。（所以，假如您天纵英明，本领奇大，不论做杂志或编书，一出手即是畅销书市的企划高手，千万别碰我所写的内容，它不是写给您看的。）

（2）N的寻寻又觅觅

N的一体多面性，同时存有数种面相。

等式左边的N，呈现的是理念与力量的结晶；等式右边的n是长尾效应的展布，隐藏着奇迹之源，等待发现；把“左”和“右”画上等号的，是独特的识见与行动力（包括服务、维基效应等等）。有企图心的编辑人，即便在处理日常琐事时，仍不可或忘时刻挂在心头的使命，否则你很难从激烈竞争的工作圈中培养出个人风格与特色。

顺着思维发展下去，立刻面临必须追索的问题：

——N既是凝聚力的表征，如何得到它？

——活在“编辑2.0时代”的编辑，和N有什么特殊关联？

在正式回答问题之前，有些基本观念仍需重提，以便强固共识。

每回我们在描述网络时代带来的冲击时，最常见的词汇是美国社会学家托马斯·孔恩在《科学革命的结构》书中提出的“**典范转移**”概念。在“网络辞典”[2]中，是这样释义的：“……演进的过程不是演化，而是革命，**从昨日的新发明中，不会找到今日新发明的线索，它必然来自全新的创意和思考逻辑**”，在这样一场革命中，变化即使缓慢，颠覆现状的方向则从不变换。孔恩提示我们，“掌握了典范转移的脉动，即可掌握社会的走向，以作为永续发展的动力”。有趣的是，在流变过程中，偶尔会出现“**异常现象**”(anomalies，N可能隐身之处)——而，依我的理解，“异常现象”正是必须掌握的关键机缘。

假如我们同意孔恩的理论，不可避免的，编辑/出版也是社会大结构的环节之一，无法自外于它的影响。目前，我们已身不由己地走进Web2.0的U-出版时代，编辑舞台上如走马灯似的上演各种戏码，现在粉墨登场的叫“云计算”。

很显然，而今一切都飞跃云上。云，使我们的阅读习惯、消费行为、人际关系都有了新的游戏规则，它把网络世界的任督二脉打通了，在任何时间和空间里，人人都畅行无阻。光是寄身云端的Blog、Twitter、Facebook、微博……就让使用者拥有更自由挥洒以及互动、分享的空间；云，打破现状，引向全新的体验，一分一秒地改造世界，也改变了我们。

的的确确，因为“**异常现象——云**”的出现，很多事都不一样了。

2004年，麦当劳曾在亚太地区“针对20岁左右的年轻人做研究……把他们一天的时间记录下来，……看他们如何安排”。台湾麦当劳总裁李明元惊讶地发现“年轻人把一天当两天用”。他们率性而行，把时间自由切割，翱翔云端，再也无所谓白天或晚上。这份研究报告的结论有两个重点：一是现在的年轻人“**一心多用**”(multi-meal)，他们上网、用MSN、读书、吃麦当劳，可以同时做四件事；二是**行动消费崛起**，功能强大的智慧型手机及平板电脑，接通供应链的“最后一里”。麦当劳根据研究报告提出的警示，迅速掌握“异常现象”出现的契机，对策立即出炉：“推出 24 小时门市、外送服务、提早 / 延伸早餐时段并衍生出‘午晚餐’‘晚晚餐’（late dinner）……”

若站在传统出版 / 编辑人的立场，冷观周遭环境变化时，有没有注意到这些演变对我们而言有什么意义？有没有注意到这类消费行为改变的背后，有更深层的、结构性的脉络相连？这些年轻人，代表着现在与未来的消费者，他们很可能是或部分是构成我们的读者群之一。从他们身上，看到吸取或表达知识内容的新模式，明显和我们所熟知的传统模式不同。所以，活在当下的编辑人，应该怎么因应变异中的、未来的诉求对象？不妨再次咀嚼詹宏志的话：“出版者要解决今天的出版困境，**他必须到未来的学习者取得知识的地方去做出版**，不能继续使用现在出版的形式，使自己愈来愈跟这个社会不相干。”

当然啰，我们知道最终的变局不会在明天发生，但若不予正视，很可能在没有预警下，一觉醒来，发觉自己成了局外人。

“一心多用”和一天时间切割使用所折射出的是“**零碎化**”。《天下杂志》记者马岳琳和卢昭燕用“**新 F4 特性**”形容新崛起的一代：快速（fast）、弹性（flexible）、社群导向（facebook）与品牌关系变得脆弱（fragile）[3]。

请想想：一个人一天 24 小时，扣掉睡眠、吃饭、工作之后，还剩多少可自由支配的时间？在剩余的、可自由支配的时间里，再扣除娱乐、上网、写 Blog、玩微网志、社群联谊、家人相聚等等之后，留给“阅读”的还剩多少？所剩有限的阅读时间里，在何时、何地、如何吸取知识（内容）以及吸取什么知识？从这个角度看与“阅读”相关的内容产业的前途，还真让人忧心，因为跟阅读争夺时间的对手太多了。

由此知之，很多我们习以为常的、朝九晚五的生活，被彻底解构重组，速度、方向、节奏、内涵全都发生变化。他们——这些**构成网络世界的小 n 们**，吸收知识（内容）的方式和途径改变了，人际关系既单纯又复杂；他们可随时加入或退出社群，他们有专注的一面，却也非常容易被新生事物转移焦点。用比较宽容的词汇来形容，所有活跃在等式右边的小 n 们，有点像“**布朗运动**”（Brownian movement）的微小粒子那样“并非静止，而是向任何方向，呈现出‘随意的乱动’（random motion）”[4]。所以，谁能用某种观念或方式把 n 们组织起来，“**化无序为有序**”（沈昌文语），谁就是收获者（N）。

在这个意义下，N是以**巨集**（相对性的“大”）的姿态登上舞台的。

假如苹果的App Store（应用软件市集）是N，那么n就是目前高达40万种不同功能的软件程式和创制它们的工程师，以及上亿的使用者。光2010年在iPhone手机上就被下载了100亿次，以一次收费0.1元美金计，就是10亿美元的营收，n对N的贡献大不大？N的凝聚力强不强？

假如盛大文学是个大N，所有的在它网站发表的作品、写手和注册的网民都是n，盛大凝聚了数不清的n，才能形成规模，雄踞一方。

假如书系是N，构成书系的每本书即是n，彼此的关系犹如拱桥和建造拱桥的石头，n被更多读者接纳的成果全都会聚在N上。

最近，李开复为我们做了小小示范，他把自己发表在新浪微博、每次以140字为限的文字、用“**微博改变一切**”这观念为黏合剂，将自己及相关的微博n，凝聚、串缝成一部新书《140字的惊人力量》（N），为大家做了一次漂亮的凝聚力的实践。

例子太多，俯拾即有，不浪费篇幅了。

从n到N这些范例，使我想起宏碁公司（acer）大家长施振荣提出的“**微巨架构**”（MegaMicro）理论[5]，意思是说：**用巨架构**（N），**做微服务**（n）——“以大搏小”来成其“大”，可说是充满启发与前瞻性的策略思考，亚马逊网络书店、博客来网络书店、当当网、方正、腾讯QQ、百度、Google、Facebook、App Store、盛大、痞客邦……在网络上喊得出名字的，全都是。亲爱的朋友，这些现象和理论，你认为能为我们所用吗？

天天离不开网络和云端的我们，和从未接受网络洗礼的传统编辑人肯定不同。而未来的“内容吸收者”（读者），网络对他们来说，像空气和水一样重要，所以，随时关注网络引动的变革，是“编辑2.0时代”的存活根本。

总之，在U-出版时代，当我们面对主宰未来市场的读者，应该如何找到接触他们、影响他们、组织他们的切入点？呈现在眼前的现状，是自由、散漫、混乱、个人至上的零碎化现象；而另一端则是组织、纪律、集中和力量。我们用来连接n与N的等号（=）是什么？让我们重拾繁盛的机缘，会不会恰巧隐匿其中？

是的，寻找这些问题背后的解答，正是“编辑2.0时代”的创新之源，而“凝聚力”一如“策通力”“发想力”“设计力”，亦是不可或缺的能力。

（3）发现N，经营n

总而言之，发现N（无人地带），经营n（凝聚力范围），是我们生存、茁壮的不二法门。困难的是，怎么知道N隐身何处？如何能凝聚足够的n，形成可存活并成长的利基？

我必须诚实告知：没有人能替别人找到答案。

它一定在，迟早有人会发现它。

最近巧遇一个例子。

不久以前，我收到曾在《书香两岸》杂志工作的陈忠坤的新职异动通知。他离开《书香两岸》之后，到了“读客网”，现在委身于厦门凌零图书策划有限公司担任总编辑。从他发送的电邮上，谈到公司经营范围，第一个要项便是**“自费出版”**（其他项目为合作出书、委托代理、版权交易、图书策划、企业图书营销或编著）。在回信中，忍不住夸赞了他的抉择。

我称赞他是因为他发现的N，未来充满机会。在大陆，出版虽有书号的量的管理，事实上锁不住有创意的脑袋。在数量管理的特殊情境下，反而成就了不甘随波逐流的人，他们跳出框架自组公司，狩猎书号。听说光北京一地的企划公司就数以千计，家家活力充沛，而且各有各的通天本领。可是，过度竞争迫使他们相互学习、模仿，彼此的长相越来越像，同质化危机如影随形，导致竞争合流。陈忠坤另辟蹊径，选择远离北京，在厦门紧咬被轻忽的“自费出版”，找到**冷僻的、在地的杠杆支点**，积极投入。

好几年前，我就在大陆网上看到北京有些公司开始经营“自费出版”了，但整体而言，因为它被正统出版视为旁门左道或经营者“因‘道’不同，而各有怀抱”，所以参与者寡，使得这块领域至今尚未陷入红海。陈忠坤此时此刻，把边陲当核心经营，是四两拨千斤的做法，尤其取台版、港版（没有书号限制，不做内容审核）来吸引客户，确是妙招。以中国之大，想在一生之中出本印有自己名字的著作的人，应如过江之鲫；而“自费出版”可开发的项目极多，放眼望去，处处商机，若经营得法，成功概率颇大。

台湾“自费出版”先驱并以此为核心任务的**印书小铺**，即是颇具代表性的佳例（前面有多信谈及其自费出版的内容）。它刚成立时仅六七名成员，才不过几年光景，已扩张到二十多人的规模，成长力道惊人。

总结来说，陈忠坤在编辑／出版的**产业链**上挖掘隐藏的机会，从大家都熟悉的生产与供应链中定位出**新**N。他发现被众人忽视的环节，利用U–时代

“人人都是作家”的异常现象，以“服务”为立社之本，专心做人家不做的。他把作者群扩张到无限大——整个长尾（n）都是他的潜在客户，满足了新需求，开发出新市场。

以上对于诉诸N利基的凝聚力的描述，使我想起留存记忆盒子里“老编桌上还未实现的企划构想”，下列三案，全是陈年旧案：

（1）“无师自通2.0版”；（2）新·资治通鉴；（3）诸神复活。

它们是乏人经营的“空白”吗？

我不知道。

若你认为它们是，可放手一搏（很难做啊！）；不是，请一笑置之。

（4）凝聚力构想种种

【构想1】“无师自通2.0版”（DIY·自己动手做）

做了一辈子编辑，确有“未实现的方案”存留脑海。这些案子，有些在当时被看成“捞过界”，有些或因“力有未逮”，有些则纯属臆想，有些则时机未到，有些虽壮烈成仁，但移用于今日，或因时空不同而生新的机会。至于它们还在不在蓝海之内，就看你从什么角度来衡量了。

交代“无师自通2.0版”之前，先介绍和这构想息息相关、20世纪70年代活跃于台湾出版界的“**徐氏文教基金会**”[6]。在台湾年过60、对基础与应用科学稍有关注的出版/编辑人，或许对它留有印象。

有一则流传久远的轶事，介绍给大家看看：

早在19世纪90年代，美国长老会派了传教士到中国传播福音。有人到山东烟台开办了一间“益文商校”，一面教西方商业学识，一面教《圣经》，栽培不少穷困孩童。有一位名叫**徐铭信**（Frank M. S. Shu）的年轻孩子，从益文商校毕业后，赴美经商，发了大财。

发财之后，他没忘本，经常资助长老会在各地的机构，尤其关心传教士家眷的生活。

1948年圣诞节那天，他走进长老会纽约办事处，奉献100万美金作为筹建传教士养老院基金。该会获此巨款，在加州杜尔特（Duarte）购地30亩，兴建了“卫思敏家园”（Westminster Gardens），内有独户住宅81间，教堂、图书馆、游泳池、健身房、福利社、花园、医院（64床）、美容院、网球场等，让退休后的传教士，能在幽美的环境中，安享晚年[7]。

徐铭信也没忘记他的家国。他感慨中国的积弱不振，备受欺凌，他认为富强之道，首在教育。1969 年，他捐献巨资，在台北成立“徐氏文教基金会”，针对基础、应用各门学科的教材大量出版，平价供应，让社会失学青年，靠着自修也能学到一技之长。

那年代，书店的书架上到处看得到徐氏文教基金会价廉物美的出版物，填补了台湾科普及基础教材的空白，贡献极大。

这则故事告诉大家：即使不是出版人，也可以有这么大的出版抱负。

但今天的我，再看这件事，就有不同的想法了。

我曾提过一个被我模式化的题式，移此再问：

“假使徐铭信活在今天，他会怎么做？”

答案再清楚不过了：

——假使徐铭信活在今天，一定充分运用网络的凝聚力来遂其心愿。

——假使徐铭信活在今天，理所当然会向“维基百科”取经，凝聚社会群力，打造一个开放的、可自学的、公益性的、知识与经验交流的网站。

——假使徐铭信活在今天，他会虚心请教宅神朱学恒，问他如何号召全世界有能力、有意愿的同胞奉献自己，共同协作“麻省理学院开放式课程中译计划”的具体做法？

——假使徐铭信活在今天，为了帮助最需要帮助的人，用巨架构（N）做微服务（n），成立“**无师自通 2.0 版 / 自己动手做**”（DIY）网站，或许会是他的选项。

“无师自通”的发想背景，说来可怜复可笑。只因为我笨，在平时学习时老跟不上进度，别人都弄懂了，我仍然一知半解。所以，等我做了编辑，喜欢搞些自己不了解的内容来出书，借此成长。

在远流做“实战智慧丛书”，就是如此。我常想：“我不懂的事，会不会有很多人跟我一样不懂？我需要吸收的，也许有人有相同需要？”（这就是利基）当年畅销一时的高桥宪行写的《企划书》及其延伸的“企划系列”，就是这样出版的。我希望这些书能解决我不懂企划、不会写“企划书”的苦恼，显然它们也吸引了和我有同样苦恼的需求者——因为，这些书居然能一版再版。

由此，我学到宝贵的一课：谦卑些，别妄想指点读者去读什么，而是学着和他们站在一起，才能听见渴慕的声音。正因为我**承认不懂和不会**，知道自己的不足和需要，才因此贴近读者、贴近市场。

书市上畅销的工具性长销书，有时候就是这样做出来的。詹宏志创办*PChome*杂志成功之钥也在这儿：谦卑。

所以啊，我曾经想成立一家将知识普及化，以图代文，事事图解（甚至漫画化），把文字简省到极限，想学就学得会的“一书一技术”的“**图解出版社**”，来帮助有进取心的社会底层的学习者。然而几经蹉跎，始终未能成案。后来，这个想法与“无师自通”构想合而为一，迄今仍挂在心头。

“无师自通”的构想也来自生活体验。

三十多年前，詹宏志带我到日本进行学习之旅。他是识途老马，我是第一次踏上异国土地，视线所及，样样新奇。除见识日本书店之大、之美、之新颖、之以客为尊外，我曾在一家标榜“自己动手做”的百货公司驻足良久。在百货公司某个层楼看到自行车零组件大集合，意思是说，假如想组装一辆个性化的脚踏车，这儿即可一次购足，装配出一辆举世独有的车子。店里，还有老师傅随时可以请教。

多棒！我居然为之着迷。

这番经过，牵引出其他回忆。

其一，老妻年轻时留学美国，那时出国不易，出外念书得靠微薄的奖学金勉强过活，为了节省，锱铢必较。据她告知，一般女孩子常借当时流行的型录（商品型号目录，Catalogue）来购物，从型录上看到中意的服饰样式，才按图采购布料，再根据体型尺码订购衣服纸型。把衣料照纸型原寸剪裁，一针一线缝制，整件衣裳就做成了，既实用耐穿，又便宜美观。

其二，老友姜渝生教授某次从美国返台省亲，因多年未见，他特别带着阖家照片给我看。我一面看着照片里的人，一面赞美他漂亮的房子。

他居然得意起来，笑道：

“你相信吗？这屋子是我自己盖的。”

看到我吃惊的样子，他的笑意更浓了，说：

“在美国，一切标准化。譬如门、窗、墙壁都是标准规格，有各式各样、大大小小的成品，依此设计房屋蓝图，再从型录中订购，送来就可以组装，非常方便，造房子一点也不难。”

哦，我忘了说，他是成大建筑系毕业的。

看！DIY还真无所不在！美日的国力，全都藏在日常生活的枝微末节里。

“无师自通／自己动手做”这案子，从此在我心里生了根，心想，总有一天会在我的出版大梦里付诸实现。

大梦，从没机会实现。到了云端世纪，我仿佛看见一线曙光。

假使徐铭信活在今天，他或将拥有一个架设在云上、维基百科模式的“无师自通 2.0 版／自己动手做”开放性的巨架构（N），欢迎任何人发表“**一个步骤一张图片解说**”的经验传承（图解／彻底分解示意），做有益世人的微服务（n）。这是多么了不起的壮举，若能凝聚不加任何条件限制的小 n 们加入，这股力量会有多大？

还是举个有趣的、自己动手做的小小例子吧。

——蛋的烹调术。

蛋，谁没吃过？但你吃过几种不同方式料理的蛋？20 世纪 80 年代，台湾某出版社引进日本一套袖珍型的生活小百科套书，其中有一本介绍各式各样有关蛋的 100 种做法 [8]。听说，这本书，光在台湾就热销几十万册。

在未来的“无师自通 2.0 版”上，光是蛋的烹调术，家庭煮妇、煮夫们，或许能贡献出第 101 种呢！

从造飞机、组装电脑……到做酱油、腌泡菜……什么事都可贴上去，不懂没关系，照着网上“一个动作一张图解”的步骤做，准错不了。至于该不该从海量资讯中组织出版电子书或纸本书？如何出？大家一起来伤脑筋吧。

总之，用巨架构（N），做微服务（n）——先求存活，然而，利润或许是从另一个你从未预料到的方向流进来。

【构想 2】新・资治通鉴

这个构想正确的名称当是“**资治通鉴 2.0 版：大家一起写历史**”。

发想源头十分单纯。1983 年，远流创新出版模式，以杂志经营方法推出“柏杨版资治通鉴”全套预售专案，甫一上市，轰动社会，全集订单如雪片飞来，创造台湾出版史上的奇迹。1986 年，我成为远流的一分子，所策划的“实用历史丛书”也顺利达阵。那时候的远流，版图急速扩张，声势如日中天，工作伙伴们无不绞尽脑汁，寻求新的突破。“新·资治通鉴”就是在这形势下发想的案子。

最初的想法是仿司马光编撰《资治通鉴》编年史模式，创制一部中国当代史，情商柏杨领军，以年鉴方式一年一巨册，假以时日，可把历史解释权牢牢握在手心。

我曾尝试和报社的政、经记者请益，看看能不能组个班子，不让司马光专美于前。话题越深入，问题越多，他们认为这方案野心太大，支援不足，最后只好束之高阁。

在那没有网络，没有维基，没有云，当然更不识长尾（n）凝聚力伟大的年代，组不成强而有力的班底，一切免谈。

现在不同了，什么都有——所以，若是网络上诞生了“现代司马光”，聚集网络时代趣味相投的小n，依从国人的观点，把每小时、每天、每周、每月发生的与我们息息相关的世界与本土的大事贴上网，有文，有图（还带视频），如有需要，还可像“司马光曰”“柏杨曰”一样，月旦世事。例如，从最近的日本大地震、大海啸到核危机中，看到人类面对大自然反扑时的无力感，天地也为之含悲。这场人类史上少有的大灾难，有多少经验教训值得记录下来？

每到年终，再请专人整合出一本世上独有的、国人专属的、图文并茂的纸本／电子书读本。累积5年、10年、50年后……那是多么了不起的贡献。

你不觉得2.0版的《资治通鉴》似乎正在向谁招手吗？

【构想3】诸神复活

我对神话有一种难以形容的痴心。

我始终认为神话是民族最佳凝聚剂，有共同记忆的民族是拆不散的，即使用外力强加拆散了，也会寻找机会重新黏合在一起。表面上，神话距离我们的生活很远，看似无用，可是细细想想，它离我们很近，它活在每个人的心中。

我还清楚记得年少时候第一次读少年版《希腊神话故事》的感动，当时就在想：我们自己有一套叙述完整的神话故事吗？

等我筹办《幼狮少年》杂志创刊时，打算好好耕耘神话领域（N，无人地带）。成名前的苦苓，曾帮忙写过《十三个月亮》，介绍农历闰月的由来。故事内容似乎是说，玉皇大帝生了13个女儿，本该排表按月出巡，轮值时出了状况，不得已以“闰月”方式解决纷扰，我非常喜欢这样的故事。

我在主编《台湾时报》副刊期间，开辟过一个“诸神志”专栏，以开放性设计，呼吁大家一起创作神话（N）。吴继文写过多篇，篇篇掷地有声，印象深刻的有两篇，《夸父逐日》及《神农氏本事》。他笔下的夸父有着和传说完全不同的面貌，他赋予全新的现代意义，神似房龙《人类的故事》楔子中那位离开部落、走入未知的年轻人。吴继文创造出新夸父，夸父没接受部族长老劝阻，勇敢奔往日出的方向，追逐梦想。而《神农氏本事》描述神农尝百草的故事，却写了罕见的父女亲情。“诸神志”也有读者来稿，写共工怒触不周山、女娲炼石补天等，都非常好看。

中国神话里养分极多，可惜文学家、哲学家、艺术家肯进去挖宝的不多。

举例来说，因为卡缪（Albert Camus）写过《薛西弗斯的神话》（*The Myth of Sisyphus*），薛西弗斯永不止息推动巨石的宿命，多了一层哲学思考，成了人类命运的某种象征而有了不同的意境[9]。中国神话中**《吴刚伐桂》**的故事应有新意，可惜不见有心人挖掘更深层的东西。另一位曾经出现在《山海经》里的炎帝重臣**刑天**，愤慨蚩尤惨死而和黄帝单挑独斗，不幸被黄帝以诈术斩首。“然而，没了头的刑天并没有因此死去，而是重新站了起来，并把胸前的两个乳头当作眼睛，把肚脐当作嘴巴；左手握盾，右手拿斧。因为没了头颅，所以他只能向着天空猛劈狠砍，永远与看不见的敌人厮杀，是个悲剧性的人物”[10]，有人推其为史上最牛的战斗与抗议之神——也未见我们的文学家或哲学家，为他添上现代观。

作为伏羲和女娲后代子孙的我们，能不能借由《山海经》的传说，构建出像希腊奥林匹斯山（Mount Olympus）诸神的故事？

有一阵子，我请托心目中的专家：

“谁可以写出中国诸神的族谱？”[11]

没有人能给出满意的答案。

族谱？以现有的资料当然没有答案，空白多到形成太多断层。可是，神话本是十口相传的遥远的憧憬与想象，为什么不让现代写手（n）一起来填实？

我情不自禁胡思乱想：要是一个有雄心壮志的出版社结合理念一致的动漫界成员，共同投放一个巨架构（N），让喜欢做梦、说故事的人提供微力（n），协作完成一场民族大梦，不正是美事一桩？

我在《希腊神话故事》编者序[12]中，读到编者周宏问了四个问题：

⊙是谁第一个创造了希腊神话？

⊙是谁记录了这些遥远的神话？

⊙是谁整理出如此谱系清晰、情节完整的神话？

⊙是谁设计出如此“好看”的插图版本？

若是把问句中的“希腊神话”换作“中国神话”，再重问一遍，中国神话的未来，或许就在一问一答之间。

曾一度引领我们前行的袁珂老师[13]早已远去，到了网络时代，希望有更多袁珂老师化身网上，继续建设中国神话的梦想国度（N），让诸神复活。

注释

[1] 请参阅《优秀编辑的四门必修课》第156页。

[2] “网络辞典”由雷斯提克LSTIC网站2002年建立于台湾，是一个知识收集站。聚集超过2000位大学生参与，将课堂中教授的讲义、名词定义及网络搜寻的资料分类整理纳入可全文检索的资料库，提供给大家参考。

[3] 请参阅《天下杂志》第441期（2010年2月10日出版）第84页。“**新F4特性**”说明如下：**Fast**：想到就要买到，买到就要拿到，因为不耐等待，所以对商品价格的要求不见得要最便宜，但一定要快速拥有、立即享受；**Flexible**：对时间的运用更弹性也更随性，一心多用是家常便饭，零碎时间与移动时间已不再是无意义的打发，将成为更有效益的预备空间；**Facebook**：FB时代社群力量大，讲究时时交流、刻刻分享，在密扎的大现实里要小娱乐，在方寸的小页面里要大连接；**Fragile**：与品牌关系变得脆弱，朋友、网友的一句话，一分钟的服务接触或消费体验，都将胜过营销方案的千万规划。

[4] 请参阅《中华百科全书》“布朗运动”条目：1828年，英国植物学家布朗（R. Brown）于显微镜下观测花粉时发现：一般微小的粒子，在室温时并非静止，而是朝任何方向，呈现出一种随意的乱动，称之为“布朗运动”。

[5] 请参阅“宏碁公司”的经营理念。N与n的关系在《优秀编辑的四门必修课》（第156页）中曾经探讨过，请参考。

[6] 请参阅“徐氏文教基金会”官网。我曾去电基金会询问徐铭信先生的相关资料，工作人员只知道他是捐赠者，其他一概不知，太遗憾了。基金会目前和大陆方面有合作项目。

[7] 这段文字改写自《喻道故事26·报恩的人》，我也在网上查到有限的新资料做了补充。徐铭信曾应胡适之请，赠送奖学金给许倬云赴美深造，这段佳话被记在许氏的回忆文字中。

[8] 读友朱瑞翔先生告知，是《蛋的食谱100种》（出版家出版社1980年4月出版）。

[9] 薛西弗斯被神祇惩罚，必须推巨石到达山顶。然而，每当薛西弗斯费尽千辛万苦将巨石推上山，看似要实现目标时，巨石却因本身的重量而滚落山底。于是，薛西弗斯只好日复一日地继续同样的苦工。

[10] 刑天，又作形夭，原名形夭，是中国远古神话中的神祇。在《山海经》里则是一位无头巨人，为炎帝的武臣。引文出自《山海经（现代版）》（上海古籍出版社出版）。

[11] 有没有人肯运用创造力把神话世界的“无序”变成“有序”？老实说，天宫在哪里？应该住哪些人？这些人的关系如何？有玉皇大帝吗？他跟王母娘娘是同一系脉还是各有所本？……我全好奇得很。我好奇的还有：太阳神是谁？月神？火神？水神、花神、爱神、婚姻与生殖之神、时间之神、药神、战神……？

[12] 《希腊神话故事》，[德]古斯塔夫·施瓦希著，丁伟译（陕西师范大学出版社，2007年10月2版1次印刷）。

[13] 袁珂先生（1916—2001），本名袁圣时，笔名丙生、高标、袁展等，生于四川新繁县。四川省社会科学院文学研究所研究员、中国神话学会主席、国际知名学者，当代中国神话学大师。我年轻时受惠于他的名著《中国古代神话》颇多。

平台力：做长尾的头部

平台必须建立在不竞争的基础上，才能营造出无可替代的竞争优势，塑造领域内独占或独大的地位。“平台力”包括平台的创建能力，以及平台的应用能力。

亲爱的朋友：

感谢苍天！我们终于悠游于网络无所不在的Web2.0时代。

Web2.0时代带来的革命，冲击我们生活的每一个层面，从事文化产业的编辑／出版人，也一样必须面对产销秩序全面重组，活在职场上的我们，岂能无动于衷？

这场革命，几乎是在传统出版掉以轻心（轻敌）的情势下，一点一滴侵蚀进来，不知不觉中，它的影响力与日俱增，终于撼动根本。突然之间，渠道末端的书店开始萎缩，网络营销则日有起色，市占比不断提升；而因Blog兴起，接着原创平台纷纷成立，内容生产跟着移动，随着终端阅读设备不断推陈出新(如平板电脑iPad)，纸本书面临存亡挑战；新科技日新月异，渗透到生活的细微末节处。我们蓦然发现，在云端之上，彼此水乳交融，再也离不开它。

渠道，能最快感受到来自网络“既破坏又建设”的奇特魅力，同时发展出不同于以往的新游戏规则。根据《长尾理论》作者安德森当年观察网络带给书市变化的统计资料，“计算亚马逊书籍销售情形后，排名前10万本的书中，98% **的书籍每季至少会卖出1本**”，安德森从众多不同属性的类似案例中，发现新的现象，归纳出三个重点：“(1) 各类商品之多，尾巴之长，远远超乎想象；(2) 各式各样的商品，都能以合乎经济效益的方式接触到消费者；(3) 利基商品一旦整合，可创造非常庞大的市场。”换句话说，“长尾理论”颠覆了我们已经熟悉的“20／80法则”（在众多现象中，80%的结果取决于20%的原因）[1]，产生更合乎时代精神的“98% **法则**”。

它告诉我们，“长尾”为所有人开启了一条不同以往的成功路径——运用“凝聚力”，可以与长尾结合出独有的优势；它提醒大家，内容产业（书籍等）的生命拉长了，可以藏身在虚拟的空间（n），永垂不朽。而且，千万别小看那些小小的、看不见尾端的 n 们，谁能找出凝聚最多 n 的方法，谁就是奇迹创造者（N）。

若认真解读长尾现象的意义，当然不尽于此，产业链上各个环节（包括内容）全被影响。长尾颇似一把不小心打开潘多拉盒子的钥匙，打开的盒子里除了“希望”，所有“怪物”都趁机遛到人间兴风作浪，世界再也无法回到从前了。长尾揭开了网络神秘面纱，将它少为人知的真貌暴露无遗。诚如 Google 董事长施密特（Eric Schmidt）在接受专访时透露的观察所见，虽然他一再肯定网络创造出**“平等的竞技场”**，也呈现出够多的差异性、多样性、新意见、新生产者以及新市场，但他不得不承认，确实有了新法则，他说：

> 不幸的是……真正大行其道的是某种被称为**“权力法则”**的东西，它的特点是，**一小部分事物被高度集中**，而其他大部分事物却只有相对小的数量。
>
> 事实上，所有新的网络市场都遵循这一法则。
>
> 因此，虽然“尾巴”非常有趣，但绝大多数的收入却归“**脑袋**”所有。**这是企业必须汲取的教训**。尽管你可以有一个“长尾”战略，但你最好也有一个“脑袋”。……顺便说一下，为了获得完美的结果，你最好两者兼备，**既需要“头”，也需要“尾”**。

所谓“高度集中”，施密特指出它集中的强度甚至不再是局限于美国的“超级明星”，而是全球的“超级明星”，意味着全球品牌、全球业务、全球市场的兴起。施密特的肺腑之言，我们应予以肯定，他道出真实而残酷的现实：在网络时代，只有两种事业形式容易生存：成为 N（巨结构，如同 Google 自己）或者成为排列在小 n 们最前端的长尾头部（n_1、n_2、n_3……）——而强大的 n_1、n_2、n_3……仍有它自己的头和尾。

亲爱的朋友，用这段话来诠释公式 $N = n_1 + n_2 + n_3 + n_4 + n_5 + n_6 \cdots\cdots + n_\infty$，非常清澈。有了这番理解，“编辑 2.0 时代”岂能不锻炼**“平台力”**（完整的说法是“平台的创建与应用能力”，简略为“平台力”），学习“高度集中”的能力？

是的，我们需要能把小 n 集中起来的平台（platform，N）——有了独树一帜的网站，在网站设立营运平台，使自己成为“脑袋”或长尾头部才是王道。

或许有人质疑，现在再来强调平台力，会不会太迟了？放眼望去，大大小小企业单位哪个没有平台？全球每个角落，为了抢做有影响力的巨型平台，早已打成一团，还需要蹚浑水吗？

的确如此，但正因为**平台大战**是一场输不起的战役，身历其境的我们更应该熟悉平台力之种种，打造一个与众不同的、唯我独享的平台（一个像苹果王国那种“但取一瓢饮”类型的营运体，请参阅前信《设计力》），方是存活之道。

现在，碰触到的问题核心是：平台究竟该如何做出特色？

走笔至此，让我们站上平台，再温习一次“N”。

不论怎么说，N 的内涵从未变化，依然直指“**无人地带**”——然后，赋予它完整的意义（拱桥，“壹”），塑造**领域**内独占或独大的地位。意思很明白，这个平台必须建立在**不竞争**的基础上，才能营造出无可替代的竞争优势。换言之，学习如何避开红海，以独有的理念，凝聚长尾同一频率的“同类”(n)，做出规模，共建新的王国（N）。

理论一向后于创新，千言万语不如聚焦创造性实例。

阐述“平台力”，可从两个不同的角度描绘：一是创建的能力，一是应用的能力（假使能同时拥有这两种能力，当是最理想的境界）。两者都有无数实例，我特地摘录近日见闻，整理于次。

先从“平台创建力”的例子说起。

（1）平台创建力

每次遇到想法特殊的年轻朋友，我忍不住会以激励的口气跟他说：

“恭喜你，欢迎来到创业家的时代！”

信不信由你，现在正是有史以来创业门槛极低的时代，这一切都源自网络。施密特说得好，网络开启了“平等的竞技场”。就像当年 Google 创办人谢尔盖 · 布林与拉里 · 佩奇看出“空白”，以有限的资金，把别人忽视的网络搜索能力，作为创业唯一核心；也如同苹果的乔布斯和沃兹尼亚克看到“个人电脑”那片等待主宰的空白市场，在自家后院车库成立公司；也像马云创立阿里巴巴的故事，带给我们的启示——他们毫不畏惧地投入还未成形的新事业，用

满足新需求而开发成功的新市场，证明了先见力的重要。

怀抱这种心态的人，在我们周边依然活跃不已，不如一同来检视他们怎样创建“别人没想到或想到却不敢做”的平台，把潜在客户（n）组织起来。

【例1】“快书包”

热爱阅读的徐智明和高志宏这对年轻夫妇（龙之媒广告文化书店创办人），他们开书店、写书、参与书刊发行事务，等事业有成之后，总觉得这条产业链没有特别流畅，大有改造的空间。

小夫妻俩问了自己一个问题：

“有没有新的发行渠道和发行途径，更有商业潜力、商业前景和开创性呢？”

他们看出无远弗届的网络带来“宅经济”和新机会，蕴藏着大商机，终于排除万难，暂时放下宽裕而悠闲的快乐日子，面向新挑战，筹划“**快书包网站**”，并于2010年6月9日正式上线。他们标榜“网店价，免运费，1小时到货”，打动了读者的心，在很短时间内，营销新平台“快书包”，扩散到全国各地。

从此，产业链上又一个新王国（N）诞生了。

【例2】“科学松鼠会”

另一个令人敬重的平台，是创建于2008年4月28日的“**科学松鼠会**”，他们定位于内容平台构建。网站上如此自我介绍：

“科学松鼠会”是一个致力于大众文化层面传播科学的非营利机构，凝聚了当代最优秀的一批华语青年科学传播者，旨在“剥开科学的坚果，帮助人们领略科学之美妙”。《南方周末》评价说：“松鼠会的文字作品兼具科学精神和人文精神，已经成为本土科普作品的重要来源。”

据网站站长嵇晓华（笔名姬十三）说明，它的成员自称“**松鼠**”，截至目前，这支志愿大军已经发展到105只松鼠，他们遍布全球，大多数具有理工科背景。耕耘至今，得奖不断，2011年还获得第五届德国之声国际博客大赛“最佳国际博客公众奖”的荣誉。

2009年初，“科学松鼠会”从由松鼠们所撰写、近千篇文章里面选取54篇，交由上海三联书店出版，定名《当彩色的声音尝起来是甜的》。这本书得到读者的认同，首印6000册立刻售罄，佳评如潮。

2011年年中，“科学松鼠会”另一本《冷浪漫》，入选“新浪好书榜上半年十大好书”。其他已出版的书，如《一百种尾巴或一千张叶子》《吃的真相》《爱与性的实验报告》《宝贝别怕》等等使“科学松鼠会”达到“**让科普图书成为畅销品和时尚品**”的目标，他们也发挥出平台强大的活动能量，像是“看片会”“科普讲座＆阅读沙龙”“达尔文行走中队”以及观赏植物、征文、线上问答、户外观测……触须四伸，影响力越来越大。

这个平台（N），岂是区区“了不起”三字足以形容。

【例3】“青番茄图书馆”

马云在大学演讲时，有位年轻人问他：“马云，中国的互联网机会、所有创新机会都被你们做光了，在中国没机会了，我们要怎么做？”马云回答他说：“100年以前，爱迪生发明电灯以后，美国有位经济学家也预测说，世界上所有发明都发明光了。事实上，人类的发明却是层出不穷。”马云的结论是：“互联网出来后，先有了网景，后来有雅虎，雅虎所向无敌后，又出了eBay，eBay之后有谷歌，又有Facebook……——**人类永远在创新，创新不可能停止。**”

马云的话挑明一点：世界的未来动向，显然不会掌握在问这傻问题者手中。

我们从下一个令人为之动容的例子里，再次证实马云的话是对的。

有四位年轻创业家，于2010年8月在深圳推出让创投家为之惊艳的“**青番茄图书馆**”，他们聚合一批“85后”的小朋友一起打天下。他们年纪虽小，做起事来，不急躁，不盲从，可一点儿也感觉不出年少的青涩，步步谋定而动。看到他们摊在阳光下的成绩，不禁叹曰：“后生可畏也！”

当他们的创业之路决心聚焦于四个创办人共同志趣“书”时，一度似也困惑于“路在哪里”？他们拆解产业链上每一个环节，而每个环节都有巨鳄把守，投身其中，必死无疑。经反复推敲，以逆向思考“有没有被人忽视的环节”以及“为什么被人忽视”。

他们发现从企业竞争角度观察，做书不易，卖书也难，只剩下借书这个环节似乎是“西线无战事”。市场上有比较相近的所谓“租书店”的生意，都是小本经营，难成气候；而借书，则是图书馆的事。图书馆是属于以政府预算（或私人基金会）来维持运作的公益性、非营利机构，它所关心的是如何发挥最大、最广的公众使用价值，从没人会去讨论它的盈利，因为在所有人的观念里，根本不存在这个问题。

这时，他们或许在问自己：

“我们能否做图书馆相同的事，而且还能盈利？”

看！“**壹个空白**”忽隐忽现地在那儿挤眉弄眼了。

经过缜密思辨，他们找到切入口：若能做到“**免费借阅，免费送（收）书到家**”这“不可能的任务”，大事可成。

在这基础上，进行设计思考。花了两年时间准备，终于克服艰难，正式成立营运平台，为爱书人服务。一年后的今天，青番茄已拥有“超过50万的读者，服务范围遍及20多个城市，藏书超过10万种”，他们是怎么做到的？

现在回头看“青番茄”的商业模式，简单之极：

——立足于“免费”，百分百服务。

但，经营资金哪里来？

借来的。

跟谁借？

借书的人。那是押金，只要很少的押金寄存，就可以永远足不出户，免费看书；而且，一旦解除会员身份，押金立刻全数奉还，分文不取。

关于青番茄崛起的奥秘，网上有很多报道，请自行上网浏览，青番茄网站内花样众多，足以让人流连忘返。

在此想强调的是他们**系统性的规划能力**太强了，整个脉络清晰，条理分明，准备得非常充分。他们打从开始就知道自己要什么，知道区隔市场，知道加高门槛，知道横向、跨领域结盟，知道把未来可能的竞争者阻挡在外。

四位创业者全是苹果乔布斯的忠实信徒（连“青番茄”的logo都和苹果相似）。创始人之一、副总张丽娟（“75后”）接受访问时，坦率道出他们学习苹果的经营之道，最重视的是建立“**自己的企业文化和价值观**”。

有一段描述“青番茄”的文字，可发现他们的抱负与不凡：“在互联网时代，一个企业要不被其他人轻松模仿，就必须有自己独特的气质，而这种气质来源于企业的DNA中，需要**从企业诞生的第一天和细节之处就开始培养**。”从这些话里，读得出乔布斯的巨大影响，乔布斯本身就是有“独特气质”的“细节狂”。《世界跟着他的想象走：乔布斯传奇》（王咏刚、周虹著）一书告诉我们，苹果产品奠基于乔布斯的**完美主义**，要实现完美主义必须关注细节、重视细节、苛求细节。

毫无疑问的，“青番茄”是关注细节的实践者。举个最浅显的例子来说，“青番茄的核心是借阅卡和押金。用户需充值一定数额的押金后，才有许可权借阅。为此，青番茄设计了‘**阅读尺码**’M、L、XL、XXL（注意到没？没S！），来确定用户可以借阅的图书数量、时间和需要充值的押金。比如‘M尺码’需要充值人民币110元，每次可以借2本书，时间为14天。”“青番茄”把所有借阅人关心的每个细节都设想周延，不留瑕疵。

青番茄图书馆很快凝聚了50万会员，并从这规模上继续往上成长。此时，创投来了，嗅觉敏锐的企业加入了，广告跟着来，更多新点子出现了，盈利模式也模组化了（“每企一馆”“每校一馆”“每园一馆”“漂书码头”……），整个企业迈入“善的循环”。

以上，随手摘引平时留心的平台，就这样亮眼、令人叹服。近年来，优秀的新建平台多到算不清，最近我经常造访的有“百道网”“译言”“apple4.us”“数字出版在线”“云中书城”“读览天下”……它们各有所长，在各自领域里，拥有独创的风格，我天天遨游其中，常常兴奋地忘了时间。

（2）平台应用力

创建平台固然不易，应用平台一样需要创意。

应用，就在学习“**借力使力**”，无须为了想喝牛奶而去开个牧场。

平台应用的成功例子太多太多，下面的故事，可看出善用网络平台，威力无穷。

【例4】自助出版／0.99美金的奇迹

美国明尼苏达州奥斯汀城有位长得胖嘟嘟的可爱女孩，她叫阿曼达·霍金（Amanda Hocking），从小喜欢幻想和书写。17岁那年，她完成第一本书，投寄各大大小小出版社，都吃了闭门羹。直到26岁那年，2010年4月15日，她在不断挫败中，跳过传统出版，直接诉求读者，将自己创作的超自然小说作品推上了亚马逊网络书店。在那里，她的*My Blood Approves Trilogy*第一、二部各以0.99美元价格供Kindle下载。

销售过程是缓慢的，这两本书在两周内只卖出45本。5月，推出另一本书，这个月共卖了624本。6月，销售量开始起飞，总量超过4200本，现在呢？每天9000本。

她所写的 9 本书，利用网络平台已销售了 900000 本。各大传统出版社纷纷以高价抢签，圣马丁出版社以 200 万美金夺下她下一部作品，好莱坞制片商也不落人后，签下 *Trylle* 三部曲的版权。

另一位 60 岁的悬疑惊悚作家约翰·洛克（John Locke）也绕过传统出版，直接跳上 Kindle。他的 7 部小说，使他登上“Kindle 百万俱乐部”，成为第 8 位成员。他的电子书售价是 0.99 美金。

作家在网络平台上自助出版风气渐渐兴起，这两位样板人物，一时还冲不垮传统出版的铜墙铁壁。但对“编辑 2.0 时代”而言，明天职场上的幸运，显然离平台很近。

【例 5】App 上的《愤怒的小鸟》

《愤怒的小鸟》在 App 上爆红，引发媒体争相报道。它的软件开发商洛菲欧（Rovio）及 CEO 麦可·海德（Mikael Hed）的故事已经太多，似可不必重复。重要的是，《愤怒的小鸟》的成功充分佐证了只有做**“长尾的头部”**才有前途的道理。

对编辑 / 出版人而言，从它身上看到的是平台应用的超凡之作。

App 及具有庞大规模的平台，我们能不去占一席之地吗？

【例 6】Facebook 上的购物中心：“魔集客脸书线上开店平台”

这是非常有代表性的例子，少数聪明脑袋“借壳上市”，利用别人既有的规模，聚集小 n 们组成一支蚂蚁雄兵，成就自己的事业。

2011 年 5 月底，李育维带着“Mallgic FB（魔集客脸书线上开店平台）”企划案，到北京参加微软 BizSpark 创新企业大赛，“得到红杉资本等国际资金的最高评价”，李育维就如此打开淘金之门。

《商业周刊》记者刘致昕报道：“魔集客在脸书上打造开店平台，就像盖一座全球购物中心，坐拥 7 亿会员。……魔集客做的是除了各店面的内部设计，还要配合水电、通信……串接金流、购物车等结构性子系统。”李育维寄身于脸书的云上，用最小资本、最少人力，获取最大利益。上线半年，已有 1154 家线上商店，大陆的“凡客诚品”、台湾的“统一梦时代”都已经进驻，假以时日，潜力不可限量。

亲爱的朋友，据我所知，传统出版社面对 Web2.0 的网络时代，再也不敢掉以轻心，时时刻刻苦思生存之道，每有创新，出版界从不缺乏实践家以身“尝”新。在各式各样的平台上，到处看得到台湾出版人的身影，尤其是杂志界，如《商业周刊》《天下》《远见》《数位时代》《今周刊》等深具影响力的刊物，备战多年，早已活跃云端，只需一个转身，就是完完全全的云端产业。

大家心里都明白，云上平台是无法拒绝的归宿。生存在 Web2.0 年代的我们，不妨多懂一点平台，给自己多增一分实力，也添加更多成功的机会。

[1] “80 / 20 法则”也称为“帕雷托法则”（Pareto 法则），指在众多现象中，80% 的结果取决于 20% 的原因，而这一法则在很多方面被广泛应用。如 80% 的劳动成果取决于 20% 的前期努力，20% 的人做了 80% 的工作等等。

11 整合力：组织价值新优势

整合力，就是将各种可利用的资源，按新赋予理念的运作律则，形成系统化的组合而获得新面貌。自我设限，做出取舍和优先次序，把各种资源整合于一，做出独特，做出唯一。

亲爱的朋友：

(1) 何谓“整合力”？

整合，在不同学科都是重要观念，管理学谈到企业竞争力“九力分析模型”，整合力为其一（其他八力为：品牌力、研发力、营销力、制造力、产品力、资源力、决策力、执行力）；管理学家迈克尔·波特则认为“整合”乃是打造“竞争优势”的要素之一，和策略运作密不可分。我们把整合的观念移用于编辑时，除了吸收它在管理科学上既有的功能性外，仍应追索它的素朴本义。简而言之，所谓“整合力”就是将各种可利用的资源，按新赋予理念的运作律则，形成系统化的组合而有了新的面貌，它和强调“高度集中”的“凝聚力”有补强作用。

所以，作为编辑仍需明辨两者之间的异同。“整合”**不全是**“物以类聚”的“集中”，**也不纯然是** 1 与多的数量递增关系，“整合”是新理念与新秩序的完整呈现，得到的是建立在不竞争（N）基础上的综效。

1 变多，当然是实力展演，数大就是美；再者，量变会带来质变，创生新事物。例如，赌城拉斯维加斯能举世闻名，就是赌场“高度集中”的结晶。整合，则更近乎生态系统的建立，在诸多不平衡中（甚至是跨界的）寻求和谐，在和谐中融合为一，跟数量没有绝对关系，苹果产品中的“**i 系列**”是最具代表性的典范之作。

因此，当我们说编辑人是“组织者”或出版业在某层面是个搞组织的行当时，切勿忘记“组织者”一词内涵的丰富性。

说到这节骨眼儿，疑惑产生了：

——这些观念跟我们编辑／出版的关联，有那么密切吗？

（2）整合力与编辑力

话说在我年轻的时候，和工作伙伴经常碰触到“**编辑力如何优化**”的问题，讨论到最后，必然触及经营根本，必须先解答根本问题之后，编辑力的提升才能落实。譬如，出版社算不算“企业”？受不受商业律则规范？若是，需不需要“竞争策略”？出版社该不该跳离竞技场上的主擂台、建立独有的核心竞争力？以及研析未来出版方向的去从，怎么创制并强化新舞台的市场**独占性**，并由此形成**唯**一优势等策略性思考，都是编辑应当关注的事项。以我长期观察所见，编辑力唯有在这大框架里施展手脚，才能拳拳到肉。

所以，优化编辑力得放在大格局里，我们不可能自缚手脚、停滞于单纯“为作家／作品服务”的层面——我不是说作家／作品不重要，恰恰相反，正因为太重要，为了彰显辛苦取得的作家／作品，我们得比所有台面上的竞争者努力，找到作家／作品之上、更有力量的某种指导意识，让作家和作品得到最佳化服务。

1985 年，我曾将思索所得移回实操场域碰撞，写成一篇《“无人地带”的经营方略》[1]，试着寻找一个自我指导原则。我很幸运，在历史学家**孙隆基教授**的大作《势力均衡场论》里，领会了何谓“不竞争原理”（开发无人地带，N）。我以他的研究为本，为当时所服务的出版公司草拟一份《竞争策略分析报告》，选择“**开辟新市场**”作为因应之策。现在回头看二十多年前所写的内容，在那刚脱离威权的特殊年代，被认作遭到商业思维污染——即便到了今天，仍有文学界友朋认为这类观念逾越了那条看不见的线。

我记得，曾有人对我书写的这份报告提出异议，不以为然地问了一个也经常盘旋在我脑海的问题：

“出版就是出版。出版就是**出自己喜欢的书**，你说太多，把出版搞复杂了。我跑来当个小小编辑，就是因为从小喜欢读书、喜欢涂涂写写、喜欢认识心仪的作家；对我来说，工作即娱乐，工作即享受。你说的那些道理太向市场倾斜，也陈义过高，偏于苛求，应该跟我无关吧！”

然而，也有人紧紧握住我的手，说：

“谢谢你替我开启了一扇窗，原来出版可以这样想的。”

我在台北、深圳、北京和上海都握过热切的手，这些年来，有人有很不错的成绩。我依稀记得2002年末，曾在上海和一位主持创作平台的年轻网络作家会晤，进行了近两小时的坦诚交谈。我尽量做到“知无不言，言无不尽”，供他参酌。临别时，他告诉我，在意见交流中，突然照明一切，他知道自己下一步该怎么走了。隔了些日子，果然看到他打破传统的创新做法，成了新闻焦点人物。看到他非凡的表现，我有一种不足与外人道的欣慰。

对上述“拒斥”或“接纳”的反应，我一点也不觉得奇怪，也不认为存有对错的价值观的矛盾——那是两条殊途同归的路，各自选择了不同的目标，而在最后“完成工作”的那一瞬间，又合为一体，只不过有人以“大编辑家”面貌出现，有人成为“大出版家”，活跃于人生舞台。

就策略面看，不论是做“书”或“杂志”，为了在竞争圈里脱颖而出，确实需要“竞争策略”，有了它才知道避开竞争（红海）的重要性，并根据所拟订的策略，找出自己的独特性和存在价值。

迈克尔·波特有一段说明策略制定程序中的要旨，非常紧要，他说：

> 发展策略，最基本的步骤就是“**设限**”（limit），如果你想要抓住所有的顾客，提供所有的服务，那你根本没有策略可言。制定策略，就是**限制你想要做的事情**。唯有当你知道你的限制之后，你才能清楚将你的企业在产业中定位，也才能知道你要采取什么方式做生意。
>
> ……设限，是为了让你的企业得以壮大。当你设限之后，才有真正的优势、主控权、国内外市场等等。

“设限”，是很有意思的创见，意味着“取舍”和“优先次序”的条件设定。我到了耄耋之年，才感受到它内敛的智慧之光。用我现在理解的程度来诠释，“设限”就是**否弃惯性**，改变“理所当然”的念头，忘掉既有的成就和往日的光荣。套用哈佛商学院克里斯汀生教授的理论，“企业经营应智慧地透视市场机会与趋势，应该走向技术创新轨迹的差异化，以‘破坏性创新’另起炉灶，颠覆居于主流地位竞争者的‘维持性创新’。”波特说，“你无法只专注在自己做什么，而不关心你竞争所在的整个产业”，你必须“对产业结构、未来获利的空间与潜力，有非常敏锐的洞察”，当“**异常变化**”的讯号将现未现时，能够未雨绸缪地提出因应之策，波特提出的良方是让公司（出版社）在所处的产业中“重寻新的竞争优势”。然而，懂得“设限”才能聚焦并形成优势，这是经营的“最基本的步骤”。

出版社要怎么做才能建立“竞争优势”？道理很简单，必须了解自己当下的处境，找到新定位，然后运用“整合力”，筹建新势力。依波特的说法，如果你只有少数几样优势，很快就会被人模仿，你应该靠着“**整合价值链，大量衍生优势**”，使模仿变得非常困难。

苹果的乔布斯为我们树立了最佳榜样。2007 年 1 月 9 日，他公开宣布将公司名字从“Apple Computer Inc.”改为“Apple Inc.”，拿掉了中间的 Computer，引起世人惊讶和质疑。显然，他洞察到传统 IT 产业的生命已经来到转折点，如果再以“电脑公司”自居，将和“未来产业”失之交臂，因此需要“设限”，限制自己不可继续投入目前虽然成功却没有明天的事业，他重新规划苹果的产业链。此后，苹果公司一连串紧凑上市的产品（iPod、iPhone、iPad、iTv、iCloud 以及云上的 iTunes Store、App Store），令人处处惊艳。现在，我们很清楚知道，2007 年他的策略抉择，改变了 IT 界生态——他始终拥抱着他的至爱，从未离开 IT 界一步——但他的实际行动却是一次又一次革命性的颠覆现状，他再造了 IT 界。他没继续沿着原有的轨迹前行，他飞上云端，活化云端，以 i 系列产品占领云端，形成巨大优势，使竞争者“模仿困难”。

詹宏志也是。他献身出版、领导远流时，采取“设限”策略，暂时放下以文学为主流的出版市场（红海），勇敢因应开放不久的社会对应用知识的渴求，“大众心理学”成了他挥军书市的第一击，随即开始复制成功模式，大大扩张了书市版图。他所创新的“**远流模式**”，为当时的台湾出版界注入一道活水。

以我的了解加揣测，“盛大文学”“百度”们，也走在相似的路上。

当然，波特所讲的“整合”是产业大架构内的活动，牵涉颇广，我在这儿只偷摘一点，试将它植入出版内容经营，希望能从波特所期许的整合目标“竞争优势”与“模仿困难”中，汲取他山之石的经验和智慧。

我们来看一个非常成功的老案子。

（3）案例：“中国历代经典宝库”

从企划角度而言，编辑工作之一，是**默察情势，提出议题**，经讨论后形成一个可行方案，然后贯彻执行，使它达成预期目标。

1980 年前后，台湾正值戒严松绑前夜，书市产值虽然不大，但大环境正日渐趋于活络。那时候，号称百万印量的《中国时报》在创办人余纪忠先生领导下，已是一份极具影响力的优质媒体，报社内部人才济济，有不少 30 岁上下、具有强烈开创性格的年轻闯将被网罗社内。

人间副刊主编高信疆即是其中翘楚。在他主持下，副刊有一度甚至成了增加报份的主要因素。人间副刊的成功带来新的契机，但因报社没自己的出版部门，每天刊登的内容，沦为坊间各出版社猎取对象，副刊变成替外人孵蛋的育成中心；再加上主要对手《联合报》的副刊由痖弦主编，双方棋逢敌手，互不相让。可是，“联副”有联经出版公司支援，使得高信疆在“从邀稿到出版”的环节中缺了一角，导致争取稿件时，稍有疏忽便功亏一篑。所以，该不该拥有自己的出版社已经是不证自明的事。为了维护战力，高信疆在报社当局长考虑“该不该投资出版事业”时，毅然成立个人的言心出版社，但不久即并入《中国时报》新设的时报出版公司，统归高信疆掌理。

在那文学挂帅的年代，时报出版公司和人间副刊互为奥援，出版物倾向走年轻人的路线，象征着新时代力量的崛起。

可是，市场腹地实在太小，作家也就这么多，知名作家的著作，大家抢成一团，变成“你有的我也有，你出的我也出”，很快便陷入**同质化危机**，书不多却变得拥挤起来；另一方面，营收也因此无法持续成长。很明显，原来走的路走不下去了。

这种黏成一团糨糊似的感觉，令人很不舒服，那么，该怎么改善？

高信疆四处请益，寻觅制胜之道。

在众多建议中，有人看出书市“空白”，提出将中国古籍普及化的构想[2]，提案立即被采纳并排入优先出版日程，轰轰烈烈地把台湾出版界推上新的阶梯。一部历经 30 多年而不衰、迄今依然以“文库版”形式屹立书店、永不落架的长销书系“**中国历代经典宝库**”就这样诞生了。打开它的书目，重要典籍，一览无遗，包括《诗经》《左传》《山海经》《论语》《楚辞》《战国策》等，共 45 种 46 册。

这个企划案使“时报出版”的方向来了个大转弯，若借用波特“竞争优势理论”剖析，可清楚看出——它为了生存，选择了“自我设限”，在“限制你想要做的事情”方面（如：追逐知名文学大家）有了全新体认，决心存同求异，聚焦新战场，直接由**创新需求**入手。高信疆找到一个没有竞争者的大概念(N)，组成新的创作班底，走了不一样的路。

这案子刚开始发想时，只是一星火花，然后经由不同意见的交流、物色撰写人以及内容体例、产销、广宣和各种资源的整合，让高信疆打了一场台湾出版史上划时代的漂亮战役，光是在预约阶段即售出 1 万套（46 万本）以上。

“中国历代经典宝库”的出版有很多突破，可以说，它将编辑的“整合力”发挥得恰到好处。

一是**定位**。“中国”“历代经典”“宝库”三个概念结合成奇特魅力。他们非常聪明，一开始就把这套书的诉求对象锁定为“青少年版”，避开了很多敏感问题，使内容制作减少阻碍。收纳进“套书”中每一本书的定位，也同样一新众人耳目，譬如，《神话的故乡：山海经》《泽畔的悲歌：楚辞》《西周英雄传奇：封神榜》《御风而行的哲思：列子》……这样的用辞方式，在那个时代，融化了经典的严肃又刻板的印象，变得十分可亲。

二是，高信疆人脉宽广，**善用社会新生力量**。因为诉求对象是青少年，挑选每本书的撰写人时，几乎全由 30 岁上下、初露头角的精英包揽了。不出 10 年，这份名单上的人全成了各个领域中的佼佼者，不能不佩服高先生的识才之能。

三是**表达形式的创新**。这批青年学者、专家用的是新一代熟悉的语法和新观念作诠释，跳出老气横秋、八股式的传统说教，可以说是和时代同步的新作品，他们把经典激活，不再是冰冷的文字堆了。

四是**营销方法成功**。这套书采取“**整套预约、一次出齐**”的手法，这在当时需要大气魄，因为作业时间较长，资金积压严重，一旦失败可是一场大灾难。

从“中国历代经典宝库”出版过程中，学到的即是编辑的“整合能力”，印证了沈昌文先生的编辑准则：以简洁的概念统摄全局，“在无序中间建立有序”，当零散的著作在大概念下集合成严整的方阵时，是多么的壮观、慑人。

在台湾出版史上，“中国历代经典宝库”是一个统整各种资源运用、圆满成功的战例。可惜的是，当时能发挥整合力、窥破市场商机的概念太过稀缺，无法快速复制、衍生压倒性优势，徒留典范。

（4）“编辑2.0时代”更需“整合力”

传统出版运用“整合力”，做到“在无序中间建立有序”的例子太多了。远的像早年商务印书馆王云五策划的“万有文库”及他赴台之后的“人人文库”“国学基本丛书”等，都显示出一个大编辑家恢弘的文化抱负，对那个时代的年轻学子造福良多。近的像俞晓群的“海豚书馆”、姚海军的“世界科幻大师丛书”、郝明义的“经典3.0”等，从不同角度运用整合力，都属佳例。

台湾出版界最熟悉的开放式书系，则表征了整合力的具体实践。在一个**大概念**下，以一本本书支撑、丰富整个书系的编辑理念，赢取读者认同，形成社群。像我再三提及的远流“大众心理学全集”就是非常典型的例子。有一次我在业务部看到订单，在“大众心理学”项目下，经常成套、成辑（1辑60册）勾选，光是一张订单上的一个项目，就可能有百册订购量。成功的书系，市场威力无限，那段时光是崛起中的远流最为辉煌的黄金岁月。

到了Web2.0年代，快速的科技发明带来天翻地覆的变化，“**云**”开始囊括一切。有人说，我们何其幸运，来到“典范移转”进行中的世界，所有似小实大的变化，天天在眼前上演。蓦然之间，资讯如海，满溢四周。根据美国《时代周刊》2010年底公布的统计数据，在云端，光是Facebook每一分钟就有50万以上的评论、40万邮件、20多万讯息……；当我们在Google上搜寻词汇或文章时，动辄以千、以万、以百万则计，网上知识，应有尽有。这是个随意点点触触，便可获取知识的时代。

真相果然如此吗？

不！我们的麻烦才刚开始。

诚如Google董事长施密特接受《麦肯锡季刊》访问时，被问及如何面对“云时代”带来的挑战和压力，他答说：

> 现在已经出现“内容爆炸”的情况，但我们对它的了解少得可怜。因此，我认为在计算机能做的事情（海量的分析和复制工作）与人类能做的事情（本质上富于洞察力的工作）之间，存在**很大的差距**。在我们有生之年，将看不到这种差距的明显缩小。企业将会改变向那些获得计算机越来越多帮助的人们销售产品的方式，但最终**我们仍然控制着这个世界**。

壮哉斯言！施密特毫不掩饰Google的野心，他非常诚实——那些“很大的差距”，正是Google着力之处。坦白说，这段“很大的差距”对编辑人而言，也是老天爷赏赐的礼物。请想想我们面对的世界：网络制造出“海量”“零碎”又“快速萎化”的内容，其中虽或藏有不朽之作，事实真相则是多半像极了文明城市产生的巨量废料。因此，怎么筛选长尾中“哪些有用”“哪些无用”及“去芜存菁”，正是编辑人无法推脱的天职，其中“**整合力**”恰是我们急需强化的能力。

有人预言，进入Web2.0的成熟年代，编辑这行业将会消失。我不会如此悲观，我深信编辑仍在，只是“编辑2.0时代”存在的方式，本质虽和传统编辑相似，本事将大大不同了。

（5）“整合”即“创新”

20世纪90年代前后，詹宏志有鉴于台湾出版社的规模太小，待大陆崛起后的华文出版市场缺乏实力去攻城略地，他决心寻觅蓝海，自行创业。他没有时间遵循台湾传统出版成长的方式（设限），那将耗时太久；为了快速崛起，他邀约业界志同道合的朋友携带人才和资金、结合创投共襄盛举——城邦出版集团就这样诞生了。他提出以“**花园主义**”做黏合剂，认为在“城邦”这片大花园里，理应“允许奇花异卉，各凭本领，争奇斗艳，尽情绽放”，他说：

> “城邦”是一个基于这种理解而建造出来的出版团体，它自我分裂、自我变异，由一而多，由简单而复杂，直到它自身复杂到和生命现象一样。
>
> 我们因此将看到像现实世界的缩影在花园重现：有多种政体，多种价值，多种伦理秩序，因而留下多种思想样貌……看到众声之喧哗，这就是“**隐藏秩序于自然之中**的花园主义”。

他用一个简单概念，把人才、资金结合成大战斗体，若干年后，城邦成为台湾最大、最具影响力的出版机构，集团年营业额高达新台币30亿以上。

什么是整合力？一个人，一个新的概念，成就一个新事业体，创造了“城邦模式”——这个例子说得够清楚了。

然而，不可能人人都是詹宏志，而“整合”也有不同面向的模式。詹宏志的大整合力并不一定适合你我，他的辉煌战史，记住就好。因为人各有志，再加上客观环境、条件配合以及各自的利害考量，我们必须学会做自己、做自己最擅长的事。

举例来说，眼前有个无主的“空白”出现了：

——谁能告诉我，10年后的文化产业，还会像现在这样运作吗？海量的内容随着“云”而无所不在，生活在云中的“大众”，在读什么？怎么读？

——再20年后呢？纸本书还存在吗？或者它只是众多内容呈现方式的选项之一？谁能描绘那时候的读者如何学习、从哪儿取得所需要的知识？作品发表园地仍如今日？还是被大大小小、各有怀抱的创业者（如不甘寂异的编辑人），整合成各具特色的平台？

我不晓得国内有没有出版机构针对可预见的未来做各种推演。

例如，因为搜寻太廉价了，只需零点零零几秒，就有数不尽、读不完的资料列在眼前，我们得花费多少时间才筛选出所需要的内容？此时，编辑人的功能就有挥洒的机会，我们能掌握住这类共同需求的客户形成社群，适时满足他们？我们有可能变身为**“读书咨询顾问”**[3]，提供各类进阶书单？

或许，像托儿所那样，整合资源设立一个**“托文所”**，接受委托，经纪作品？

未来，线上出版的平台能成功吗？

图书/出版的定制化时代会来临吗？

在内容产业长长的“链”上，不论是从生产端或从供应端看，处处隐藏着“空白”。快书包、科学松鼠会、青番茄图书馆、魔集客……它们自我设限，找到“蓝海”（无人地带），然后把各种资源整合于一，**做出独特，做出唯一**，所谓成功的秘密，也可简化得如此单纯吧。

注释

[1] 请参阅《优秀编辑的四门必修课》第179—186页。

[2] 这企划案原始发想源头已难考证。有人说，出自詹宏志之手，30年前我曾问过，他没作答。但从版权页所刊编委名单来看：周安托、高大鹏、詹宏志、柯元馨、姚文义、龚鹏程、颜崑阳、李正治、李瑞腾、蓝吉富、吴克等人，加上总编辑高信疆，原始发想应来自以上成员之一。

[3] 请参阅本书下篇第3信。

12

策略力：追求差异化

为了“独特”，就得聚焦；要能“独特”，必须自我设限。制定一个有用的竞争策略，就是要“限制你想要做的事情”，做什么或不做什么，选择什么或不选择什么。若是一家出版社什么都想出版，什么读者都想抓住，那就没有策略可言了。

亲爱的朋友：

我没想到上一封谈论“整合力”的信，会引起一些涟漪。来自不同层面的回响之中，对迈克尔·波特重要学说**“竞争策略”**（Competitive Strategy）中所提出的**“设限”**（limit）一词，意见最为热络，也恰巧触及**“策略力”**的形成，我觉得理应进一步阐述，讲个分明。

（1）

若将波特的竞争策略理论应用于出版界，同样通行无碍。

把一家出版社的经营策略摊在阳光底下检视，最重要的是看它有没有正确的目标，而查核目标正确与否，唯一的标准是“投资回报率”。我们不妨站在经营主立场想想，假如编辑出版的书不以诉求能构成生存利基的读者群并赢取足够的利润，出版社能活多久？

所以，波特提出的观点，就不可掉以轻心。他说，良好的经营策略“必得自产业着手：**你无法只专注在自己做什么，而不关心你竞争所在的整个产业**”。从这段话引申出来的重要议题即是：**如何让公司（出版社）在所处的产业中建立竞争优势**？要想达成愿望，需要拥有能够孕生一个独特的竞争策略的能力(简称“策略力”)。

在往昔传统出版的观念里，大多数人是不存在这种思维的。

年轻时候的我，就是活生生的例子。我跟大家一样，天天不辞辛苦，追捧国内外知名作家和专家的著作，来彰显编者的人脉、识见与敏锐，至于是否因为大家抢成一团、各出版社的书全长成一个模样、争食着同样的读者群、最后演变成恶质竞争——类似这种反省，从未在我青涩的脑海里出现过，也从未质疑过这么做是对或不对，因为整个文坛、整个出版业都在做同样的事。

很久以后，我读到波特的文章时才蓦然惊醒，我们一不小心走进了他所谓的“营运效益（operational effectiveness）竞争”[1]的阶程。彼此在“**营运效益竞争**”下，很自然地向同业中的“最佳示范”（best practice）模仿与学习，一步步踩进“竞争合流”（competitive convergence，或译“竞争趋同”）的陷阱里头，迷失了。

我们因此掉落在红海中挣扎而不自知，以为这就是出版生态。事实真相却是发生一场同质化危机，只有少数先行者，才活得出尊严。

然而，有脱困的方法吗？

波特提出以“策略竞争”来跨越“营运效益竞争”形成的障碍，他说：

> 策略竞争就是选择不同的目标，也就是选择公司自己独特的目标。这目标并不是绝对最好，而是你的企业独树一帜所要达到的目标。这并不意味你比竞争者优秀，而是各有所长罢了。……**策略竞争会促使企业各具特色，创造出独特的价值**，而消费者根据不同的需求，选择他们想要的产品。

简略地说，这段文字也含括了追求**差异化**（differentiation）。假使我们接受波特的见解，出版社之间的竞争，是不是也该如此理解？但要如何制定赢家策略，那可是更上层楼的考量了。

追求竞争策略差异化，首在塑造一个与众、与前迥然不同的**策略定位**（strategic positioning）。波特有段话说得棒极了：

> 谈到策略竞争，必须考虑定位问题。
>
> 你需要知道“你在和谁竞争”？
>
> 如果你真的有策略的话，那么答案应该是：
>
> “**没有任何竞争者！**”
>
> 因为，你在同业中是**独一无二的**。

为了“独特”，就得聚焦（focus）；要能“独特”，必须设限。若是一家出版社什么都想出版，什么读者都想抓住，那就没有策略可言了。

因此，诚如波特所言，制定一个有用的竞争策略，就是要**“限制你想要做的事情”**，你面对的生存情势，常常是一连串取舍（trade-off）——做什么或不做什么，我们在“或此或彼”的抉择中，决定了自己未来的命运。乔布斯是此中高手，在回答关于苹果为什么能够屡创新局，做出让市场惊艳的革命性产品的提问时，其解释值得玩味，他说：“创新来自拒绝1000件事（设限），以确定我们没有走错路或做得太过分了。我们一直在思考可以进入的**新市场，但唯有对其他的事说‘不’，你才能专注在真正重要的事上。**”他先用减法和除法来锁定“独一无二”，然后以加法和乘法筑起高墙，使**“模仿变得困难”**。

当你在某个领域是独一无二时，你无须竞争，就独占优势了。

亲爱的朋友，你不觉得以上的话很熟悉吗？它和“N”（No Man's Land，无人地带）完全相通。我们自始至终，追求的就是策略的理想境界——**不竞争**，也就是老子在《道德经》里倡导的“道”的主要内涵：**不争**。

了解这些道理之后，我们不妨扪心自问：

“在所生存的出版产业里，我们位居何处？需要一个竞争策略吗？我们的独特性是什么？拥有独一无二的优势吗？成长引擎在哪儿呢？”

假使我们愿意诚实回答，有些答案恐怕令人暗暗吃惊。

好在出版产业界内，仍有“走自己想走的路”的人。

(2)

还是让实例来证明，好的策略抉择，的确可以凝塑“竞争优势”。

一般而言，出版社为了生存，必须高举愿景（vision）以及筹谋达成愿景的种种部署，这些部署得通过书市的考验，才有存活可能。在种种部署中，“竞争策略”的拟订，无疑是最为迫切的事。因为在激烈竞争的环境里，任何一家公司（出版社）除非甘于捡拾余羹，苟延残喘，否则必须要为自己寻求生存优势，找到赖以击退或超越竞争者的特殊利基。

且来看一个热腾腾的范例。

网友黄蓝曾推荐一篇访问，随着电邮附寄过来。

这篇由记者宋平执笔的**《磨铁执行总裁离职：看书业运营之弊》**，原刊于

《中华读书报》(2011 年 11 月 2 日第 6 版),百道网转载时,把标题直截了当写成:"张凯峰:我为什么离开磨铁?"

张凯峰在访问中诚恳回答了宋平的提问,从他执行面的坦述中,恰巧诠释了波特"何谓'竞争策略'以及如何形成'竞争优势'"的理论,详细道出出版业的经营窍门之一——策略的重要性。

文中,有些要点似可略予引申,他特别提醒我们"**不要沦为作坊,要做企业**"。他说:"畅销书……这种需要天才的敏锐去捕捉的东西,远远不可能用工业化的思维方式去解决。但是,你会发现,能出几本畅销书的民营出版公司多了,但当他们开始做大的时候,都死了。"宋平描述,"在张凯峰眼中,这就是作坊和企业的区别。"

张凯峰的话,听入耳中并不舒服,因为我就是作坊心态的编辑。可是反省自己一生,我不能不钦佩他的真知灼见。

换言之,只要甘心做"小"——像是台湾知名的"雅言文化"负责人颜择雅(本名颜秀娟),她是 1 人出版社,看到喜欢的才去争取出版,出书量极少,我数了数博客来上展示的书才 8 本(从 2002 年成立至 2011 年底只出了大约 15 种),但本本都卷起千层大浪,销量动辄万册到数 10 万册,如《正义:一场思辨之旅》《世界是平的》《优秀是教出来的》《微趋势》《魔鬼诗篇》等等。有次接受《30 杂志》记者游惠玲专访时,颜女士大咧咧地说:"确认畅销书的方法只有一种,那就是——咱们商场上见。"真是豪气千丈。另一位 1 人公司"自转星球"的黄俊隆,从网上发现可爱的弯弯,光是《弯弯涂鸦日记》系列,就创造出高达 40 万册的销量。他们,悠游于边缘角隅,自得其乐。

所以啊,作坊也自有作坊的存在价值。

但若想做"大",就必须导入现代管理思想,遵从不同的游戏规则了。譬如波特研究企业制胜之道,得出精辟的"竞争策略理论",就不可等闲视之。

张凯峰提到在"磨铁"最吻合经营管理原则的编辑,是磨铁图书第二编辑中心总经理刘杰辉。我把原文摘引于下:

刘杰辉主管**黑天鹅品牌**,做得非常好。他是怎么做的呢?

既然黑天鹅瞄准经管类图书市场,对手就是中信出版社,因中信已经牢牢占据这个市场。中信面对顾客的时候,他们的强项是什么?他们有长期建立的良好品牌,有非常好的引进版权资源,但中信的问题是翻译的东西不太容易懂，多是高端人群爱读。

所以，第一，黑天鹅的经管书要**通俗**，而本土作家就可以写得很通俗。

第二是价格，正因为中信所服务的人群是价格不敏感的人群，他的顾客对此不敏感。但是通俗经管书，面对的人群对价格是敏感的，黑天鹅就把**价格与中信差异化**。

第三是出版资源，打不过引进版权资源，我们就去**发掘本土原创**。

这就是策略力。

从引述之中，我们看到刘杰辉做出了取舍（市场区隔），他不做跟随者，没一头栽入“营运效益竞争”陷阱。聪明的他，在书市竞争中找出新的、独特的策略定位，以创新需求，培植出自己的核心能力。

张凯峰总结他的评语：“刘杰辉带领磨铁的经管书，进入了一个非常难进入的市场，并与中信、湛庐形成了三足鼎立的格局。”

(3)

台湾也有过相似的例子。

1983 年，詹宏志应“慧眼识英雄”的经营者王荣文之邀，承担远流出版公司再出发的重任，随即他所采取的一连串措施，可说步步掐住书市软穴。他把王荣文立志将远流办成“**没有围墙的学校**”的立社精神，一步步化为图书，既圆了梦，也壮大了公司，远流成了台湾出版界重镇之一。

在此，我们再一次快速温习詹宏志如何以“策略创新”建立竞争优势，重写一家濒临停止成长困境的公司历史。现在运用迈克尔·波特竞争理论解析他当年作为时，轨迹变得十分清晰，他所付诸实践的策略并不难懂，他替远流找到了新的定位，选择走一条与当时所有书市竞争者不一样的路。

他拟订的竞争策略很简单，就是“**以开发替代竞争**”。

刚开始，他避开以文学书为主的出版战场，利用远流存稿，把处于边陲的心理学书稿组成**新战线**，第一个月就一口气推出 40 本新书，引起书市震撼，报刊、电视纷纷追踪报道，使远流的“大众心理学”丛书成了书市宠儿。

接着，又将“柏杨版资治通鉴”化整为零，用首创的“**丛书杂志化**”，以月刊方式出刊，同时以全集 72 册特价预约，订户高达万人。

他一面打出版仗，一面广揽人才。陈雨航、涂玉云、苏拾平、郝广才、陈嘉贤等陆续加入，建构一组组能独当一面的强力团队。

我是在 1986 年 6 月成为远流人。到了 11 月，袭用**“开辟新市场”**之策，延续“大众心理学”书系模式，推出经营管理类的**“实战智慧丛书”**。当年，阅读经管书的风气已开，书市竞争进入白热化，为了区隔竞争者，“实战智慧”刻意做了差异化的努力。王荣文在丛书的“出版缘起”写道：

……这套丛书的基本精神，就是**提供实战经验，启发经营智慧**。每本书以人人可懂的文字，综述整理，为未来建立**“中国式管理”**铺设牢固的基础。

我们将会用心选择优良读物呈献给大众。一方面请专人搜集欧、美、日最新有关这类书籍译介出版；另一方面，约聘专家、学者对国内杰出商业领导人物或机构，做深入的专书研究。我们希望这两条智慧源流并行不悖：前者在汲取先进国家的智慧作为他山之石，后者则是强固我们经营根本的唯一门径。若今天不做，而会在明天后悔的事，就必须立即去做。台湾经济的前途，或许系于有心人士一起参与译介或撰述，集涓滴成洪流，为明日台湾的繁荣共同奋斗。……

丛书内容，早期架构以美、日、本土成鼎足之势，书系运作中，本土力量缓缓兴起，隐隐然形成骨干，出现了不少引领风骚的名字——郭泰、陈文德、张永诚、梁宪初、陈忠庆、陈明璋、萧富峰、张金鹗、董时睿、林训民、邱义城、陈再明、陈伟航、苏拾忠、小管、李仁芳、陈生民……其中数人，对实战智慧书系贡献特别大。

郭泰，是我时时感念在心的作者。他有点像是书系的共同主编，投注非常多的心力，不但把自己的著作缴出、经常帮我拿主意，还推荐好友陈文德和张永诚加入作家阵容[2]。

郭泰的作品，粗略算来有 20 余本，都是既畅销又长销，除了高达近 20 万册销量的《王永庆奋斗史》外，我特别喜欢《悟——松下幸之助经营智慧》《道——松下幸之助奋斗史》《鼓舞——推销之神原一平奋斗史》《企划案》《智囊 100》等书，他译注的《识人学——三国（魏）刘邵〈人物志〉白话解读》是一部经典之作，不知简体字版，有人捷足先“得”乎？陈文德的“商用 25 史”中第一部《秦公司兴亡史》，甫出版即引起震动，他让历史有了新的读法；《北宋危机管理》推出后，再也没人质疑他的独特见解了。**张永诚**的《计策学》《事件营销100》《卖手》《卖典》也风行一时，目前他在大学开课讲学。

后来，我们从历史新解中抽离出历史要素，另辟**“实用历史丛书”**。推出的第一部《曹操争霸经营史》（天之卷、地之卷、人之卷／陈文德著）就魅力十足，一版再版。

另一方面，书的封面采纳詹宏志大胆的**颜色经营**，他将大众心理学书系全部绿化，实战智慧书系一律黑色，励志馆的书一身鲜红，实用历史的书则黄、黑并重。那时候，被业界昵称为“黑皮书”的经管书，曾一度抢占书架最佳位置。

被王荣文誉为当今**“稀有才”**的詹宏志经营远流的方法，处处开了出版界风气之先。

（4）

从上面不厌其烦的描述中，“策略力”的重要性已毋庸置疑，进入编辑2.0时代的我们，岂可视若无睹？我们看到“对的策略”如何在所属的产业里找到安身立命的位置，即使到了网络时代，波特的竞争策略理论依旧熠熠发亮。

关于编辑2.0时代必备的企划能力，可谈的不少，除了究通力、发想力、设计力、凝聚力等等之外，尚有制作力、服务力、搜筛力、跨界力、营销力、人脉力、情报力、经纪力、科技力、先见力、社群力、维基（wiki）力、颠覆力、知产力等可发扬，但即使具备了所有能力，就可高枕无忧吗？

不！它们全围绕着一个核心：**创新**。

抽离了创新，必一无所有。

如今，我们面对急遽的变革，在“典范移转”中，从1.0时代跃升到2.0时代。如果借用黑格尔辩证法中的**“扬弃”**（aufheben）[3]来描述这段过程，也许可以帮助我们从不同的角度贴近“创新”的真义。相对于其他各种应具备的能力，策略力是一把非常好用的万能钥匙，因为整个过程中“既有抛弃，又有保存”；至于抛弃什么？保存什么？取舍之间，恰是每位编辑人必须主动追索的课题。

注释

[1] 根据波特的解释，“营运效益竞争”指的是和竞争者做同样的事，你能做得比他好。你和竞争者有同样的目标，但是你能超越他，为什么？可能是因为你有比较好的

资讯系统、设备或管理能力等等。……但不论能跟上或能超越，都不可能长久维持优势。请参阅《哈佛商业评论》中文版第 7 期（2007 年 3 月出版）中波特的重要文章《**策略是什么？**》

[2] 郭泰、陈文德、张永诚曾服务于哈佛企管顾问公司，先后主编《管理文摘》，在业界有“**哈佛三剑客**”之称。陈文德已因病逝世（1946—2010）。

[3] 在行文时，偶尔使用到哲学家黑格尔的辩证法中的术语“扬弃”（也有人译作“蜕变”或音译为“奥伏赫变”），来表达“上升”或“进步”的意义。事实上，“扬弃”一词的内涵非常丰富而饱满，不仅仅是“上升”或“进步”字面意义所能涵盖的。大前研一的著作《低 IQ 时代》的译者刘锦秀，曾在译稿中对“扬弃”下了简要而贴切的诠释：“扬弃，是黑格尔辩证法中最重要的概念。简单来说，就是一种同时具有否定和肯定双重意义的辩证概念。扬弃是三个内涵的结合，即取消、提升和保存。意指在辩证法的发展过程中，每一阶段对于前一阶段来说，虽然都是一种否定，但却又不是单纯的否定或完全抛弃，而是否定中包含着肯定，进而在事物发展的过程中，出现对旧事物既有抛弃又有保存的性质。”

13 服务力：出版的第一利基

服务上1%的错误，往往会导致100%的失败。在U–出版时代，服务力是决定我们能否成功的第一道门槛。在与众不同的平台上，善用服务力，或许可以找到专属的新天地。

亲爱的朋友：

“服务”真是个好概念。

有人认为，无论哪一类公司，锁定避开红海的策略定位之后，即应强化自己的核心能耐（Core Competence），然后以此为圆心、服务为半径，通过“服务半径”，创新**被需要的价值**——服务半径延伸到哪里，市场疆域便扩张到哪里（苹果乔布斯以人为本的“i系列”产品，干的就是这档事）。

简而言之，我们犹似活在一张巨大的、无所不在的服务网内。如同电话的发明，拉近了人与人的距离；汽车和飞机的发明，改变了空间与时间的观念……；而网络的出现，则是建立了崭新的服务模式。

先来看一些发生在我们身边的例子。

（1）“服务力”模式举隅

在前几封信里，曾从不同角度诠释了某些网站，让我们粗略理解“编辑2.0时代”必备的凝聚力、平台力、整合力等等企划能力，若将这些网站，移入“服务力”的范畴，可更加凸显它们的特质。

就像“博客来”网络书店利用同属统一企业集团关系企业7–Eleven便利商店便捷的提货功能，提供“今天上午订购，明天上午（可指定台湾全区任何一家7–Eleven）取书”的高效率服务；就像总部设在北京的“快书包”所标榜的“网店价，免运费，1小时到货”的承诺，立刻打动读者的心；就像致力于大众文化层面、传播科学的非营利机构“科学松鼠会”，成为推动科普的重要力量；就像“免费借阅，免费送、收书到家”的“青番茄图书馆”，通过网络平台不求回报的贴心服务，让书本有了生生不息的新生命；就像借用Facebook七亿会员的优势，“魔集客脸书线上开店平台”承担了网上店面的内部设计，配合通信、串接金流、购物车等等结构性子系统，来招揽客户；就像很多原创文学网站（如“盛大文学”旗下的各个网站），不设门槛，任何人都可以发表作品，由读者点阅决定其市场价值……总之，要诀就在抓住**平台即服务**——服务力决定了企业体质的良窳。

世上有太多聪明人懂得运用新工具（网络）、新观念、新形势，来创造新需求，但若这些聪明人漠视Web2.0时代独有特质的话，即使拥有一切善意，缺乏了服务力，仍然无法长期维持竞争力的。

除了上述这些从产业链（从生产到供应）中窥破服务缺口的商机，而做出特色的平台之外，我特别引荐两个奠基于服务的经营模式，请大家参考。

【案例1】“妈妈晒”

2011年7月12日，我在“数字出版在线”读到“妈妈晒”副总裁屈艳莲发表的文章《一本书，一个社交网络》，得知她不断省思：“全媒体出版时代来临时刻，‘全媒体出版’是否就是简单的纸质出版+数字出版+……的叠加？全媒体出版的核心，到底是什么？”

她借着“一套图书”的出版，说道：

新型育儿网站“妈妈晒”通过对其首发的一套图书《男孩手册》《女孩手册》的展示，生动展现了其‘一本书，一个社交网络’的全媒体生态圈……发源于其专栏频道，而专栏频道的创作者们，是一群活跃的专栏达人父母，他们都具有丰富的育儿体会和教养经验……“妈妈晒”在全媒体出版生态圈中，属于“**内容聚合端**”……将纸质图书的出版／管道／发行／推广、数字图书iPad版／iPhone版／Android版的上线，以及社区化交互阅读的梦想，一一予以实现。

只要打开数字版本，除进行一般的数字阅读之外，还可以针对任一部分，进行分享与讨论，这些分享和讨论，会同时发布在“妈妈晒”网站，提供一个**“互动式交流平台”的服务**……形成与“**内容输出端**”的对应。

她的讨论非常周延（我的摘引过于简略，请直接阅读原文），并将“一本书，一个社交网络”视为实践成果。可我从App上头介绍“妈妈晒”的文字中，发现这是一个百分之百的、**“以服务为核心”**的内容网站，不信？请看：

孩子在不经意间长大，却遗憾没有记录下Ta成长的点点滴滴？

育儿遇到了问题，却没有人可以沟通？

“妈妈晒”可以帮助您解决上述烦恼。

“妈妈晒”有众多和您一样年轻的父母，与您一同记录和分享……

这网络平台的功能，包括：

微博：育儿生活即时记录；

宝典：按月龄贴心推送的育儿知识；

问答：同龄父母实战经验，即时交流；

专栏：育儿达人独家原创，每天更新。

祝愿您在“妈妈晒”能有所收获。

所以，从它贴心设计**无微不至的服务**来看，“妈妈晒”当是数字出版摸索中的发展模式之一。

【案例2】百道网

“百道网”，是由著名出版研究专家程三国，于2008年创立北京百道世纪网络资讯技术有限公司时，所建立的集出版、编辑服务之大成的**资讯集成平台**。这家公司自我定位为：“致力于为数字阅读全产业链提供**资讯服务**与**知识服务**的专业机构”。

在台湾，我偶尔与业界朋友接触，总是呼吁他们不管多忙，一定得抽出时间去百道网走走，并订阅它每天寄送的各种电子报。它承载了中文世界有关出版事务的最大信息量，借由它，可了解不同地区、不同发展阶段的出版／编辑人在想什么，做什么。

百道网不但广收国外最新数字出版的前沿理论的动向资料和趋势报道——例如最近介绍了新书《图书：未来主义的宣言》，虽然原著只出版了前两卷（共3卷，第3卷近期出版），它立刻移译作者的专访，让关心者得知世上那些精明脑袋正在探索些什么；同时介绍了《数字出版告别2011：记住5个数字》，烙印出重要的里程碑；而《2012：出版业应该从2011学什么？》则如醍醐灌顶，向传统出版发出预警：**好日子不多了**。

百道网也将所搜集的各种中文相关资讯——前瞻的、实验的、反省的……以最快的速度刊登在平台上，像是《张凯峰：我为什么离开磨铁？》，启导我们从不同角度看问题；我也看到有人重回传统寻找、企图重建失落的价值，如张立宪重印了民国元年（1912）的一套名为《共和国教科书》的小学教科书，“这套老课本由11册线装教科书和6册与之相配套的平装《教授法》组成”[1]——所谓“不出门而知天下事”，就是**平台服务力**了不起的贡献。

成立才三年多的百道网，成果丰硕，随手拈来，便有：

• 根据IBM发表的《IBM 2011年全球营销研究报告》指出，**“资料爆炸”**名列全球营销首要挑战。面对资讯如海，我们如何找到有价值的内容？感谢百道网，从海量的资讯中过滤出它们。

• 正因为百道网称职地发挥搜寻力和筛选力，它成功地化身为出版／编辑的**知识库**，并具备了研发与指引未来方向的功能。

• 它不但源源不绝提供数字资讯，也是一种导航工具；并适时扮演**培训**（已开办“数字出版培训班”“市场与营销培训班”）、**咨询**、**研究**、**讲座**（“书业观察论坛”“电子书产业峰会”），搭建起**产业交流平台**，协助提升出版专业人员的素质。

• 它的“百道新出版研究院”，尤其亮丽。其《2011中国电子书产业研究报告》提出“电子书的三个世界（电子书1.0、2.0、3.0）产业结构框架”，读了为之折服，那是一份走在很多人前面的智慧结晶。2012年，百道继续深化改造，不断推陈出新。

总结起来说，“百道”是**出版2.0时代的新服务模式**之一，它找到自已独特的价值和利基，所发出的光亮，照明着一条原本朦胧的路。

（2）出版／编辑是服务业吗？

若有人问：“出版业是服务业吗？”

你的答案是什么？

在台湾，向新闻局申请成立出版社时，产业分类栏中，归属于“制造业”，顾名思义，我们是制造书籍的行业。但，依我个人之见，我们越来越像服务业了。

回想一下，我们之所以能存活，不正是站在“帮人家出书”的基础上？

为作家服务，是编辑／出版人的天职。

我曾在一篇报道中读到日本编辑人的辛勤。小编辑为了及时取得著名的推理小说作家松本清张（1909—1992）的连载稿件，天不亮就得起床，赶赴松本家静候。听说，大清早他家玄关内便坐满不同报刊的编辑，等着唱名，取稿：

“×× 杂志！”

“到！”只听见一声洪亮的回答，小编辑拿着递交出来的薄薄几张稿子，兴高采烈回杂志社去了，没被点到名的，仍得苦苦等待。

周而复始，天天如此，从没人以此为苦。

为作者服务，花样也多。有时，作者的笔像一把利刃，当利刃钝了，我们得变身磨刀石，供他研磨。我在主编报纸副刊时，常有熬夜煮字的朋友，在深夜大家好梦正酣时拨来电话，念起他得意的句子或情节，而且逼着你琢磨内容，交换意见。睡眼惺忪中，还得强打起精神，不敢随便敷衍。

有时，当我们成为企划案发想者，去组织作家的稿件时，必须放下身段，谦虚地将构想婉转陈述，最好借着“请益”的机会，于不知不觉中转化成对方的创见，那就一帆风顺了。

每个编辑都有一箩筐的经验之谈，其中甘苦，多少涉及隐私，难与人一一分享。

为读者服务，更是编辑人的宿命。

读者的需求非常多元，常常因人、因时机、因环境、因需要而不同。

我们不可能让出版的每一本书满足每一位读者，但是寻求**特殊利基**（无人地带），足以赚取维持生存与成长力道的利润，仍是充满机会的。所以，结合一己使命感，打造一个小小王国（请参阅前文《设计力》一信）的竞争策略，不失为良善的存活之道。

二十多年前，远流刚推出“实用历史”书系时，曾成功地将爱好者组织起来。

我记得有一次接到一位中年读友的电话，在电话那端热情地说：

“台湾终于跟日本一样，注意到历史和经营管理结合起来这片领域了，谢谢你们做了我们期待已久的事。”

詹宏志也曾以自身学习电脑的痛苦经验，为学习者办了一本“无痛苦学习法”的电脑杂志 *PChome*，以“一个动作一张图片解说”的方式，把畏惧新科技、从不读电脑杂志又渴望成长的潜在读者聚集起来而赢得最大市场。

我们看到从“服务的心”出发时，读者的回报也同样甜美。

早年，飞利浦（Philip）公司促销电烫斗广告，有个荣获“广告流行语金句奖”的口号（“飞利浦之后，一片平坦！”）或可借来一用：

“服务力之后，一片平坦。”

(3)“服务力”是第一道门槛

放眼周遭，服务无所不在。

以和我们日常生活难以分割的现代化便利商店（如 7–Eleven、全家、莱尔富、OK 等）为例，它们强大的的服务力，改变了我们的生活方式和生活节奏。全台湾有超过 1 万家 24 小时营业的便利商店，分布在各地的街道与巷弄。以我居住的地方来讲，方圆 500 公尺内共有 11 家不同品牌的店家（还不包括两家中型超市），竞争之激烈不在话下，最终拼比的焦点就是服务力的高下。现在的便利商店，跟虚拟的云端结合，除了开门七件事之外，几乎囊括了所有生活机能（提供日常用品、书刊和餐饮外，还可缴纳各种费用，购买各式各样车票、戏票以及影印、洗衣、预订产品等，最近有一家宣布可代客倒垃圾，太夸张了！），把有限空间延伸到无限领域。

它们的服务是如此贴近生活和需要，出版业呢？

有些先行者（如博客来、快书包、青番茄、百道、盛大……）已经起步，我们还有机会吗？

机会，当然在，问题是我们看得到、抓得住吗？

当我们有了“云”，传统出版的功能渐渐弱化，不论在内容及渠道方面，全都面临解构、重组，在这一长一消之“间”，谁能读懂“**间**”[2]的内涵，将它化为梦想，付诸实践？若把**服务力**作为出发点，王国维在《人间词话》里那句“众里寻他千百度，蓦然回首，那人却在，灯火阑珊处”（辛弃疾词）恰可提醒我们，问题（困境）的答案或就在你我周遭或方寸之中。

未来出版究竟会如何变貌？还能用“出版”两字概括这个产业吗？内容创生源只能用“**井喷**”描述之，光是中文，每天有“亿”作单位的文字生产出来，而且只会有增无减——我们该怎么面对[3]？

当人人都有话要说，时时刻刻都有人在网上说故事，我们如何从中筛选出有价值的内容？

当有一天，所有中、小学师生都用上由政府免费配送内建教材的平板电脑时，能想象那情景吗？这是梦想？不！南美洲的乌拉圭率先做到了。对身负教育出版重任的机构而言，这是危机还是转机？若干年后，使用平板电脑上网学习的一代，会像我们一样眷恋纸本书吗？

当有一天，在特定条件下，阅读器可能完全免费（如手机一般，号称0元起），传统出版的骊歌，终会响遍大地，我们将何去何从？

一个新时代正在成形，你是旁观者还是参与者？

有一条捷径：从云端出发。

有一个思维：善用服务的力量。

在本书下篇第3信中，我引用了张亚勤（征软全球副总裁）介绍“云计算”时所写下的公式：

云计算＝（数据＋软件＋平台＋基础设施）× 服务

我写道：“这个公式依我的理解是说：‘云计算’的终极价值，取决于‘服务值’的大小，**当‘服务值’为零，一切均化为乌有**，只有增大‘服务值’，才能创造括弧内各个项目的最大价值。云端则是策略工具，懂得运用才是王道，而在应用的基础上，多大的服务会带来多大的成效，没有服务就没有成效。”

“百道”“青番茄”……这类新事业的诞生，证实了这个公式。

（4）新价值和新贡献

不论我们喜欢与否，一条相异于传统的产业链（从生产到供应）出现了。谁能掌握其中关键，谁就能拥有那半边天。

网上有句话：“Content is king”及“Platform is king kong”，意思是说，若善用服务力，在与众不同的平台上，同步组织内容和读友，或许可以找到专属于你的新天地。

这个道理丢回到现实面，我们首先遇到的挑战，即是：

——如何在云上经营作家和内容？

——如何创新模式，满足作者和读者的需求？

我要大声说的是：每一个答案都将是创新事业的机会。

只要你解读出“间”（N，无人地带）中的需求，那就是你的应许之地。

已经有不少人听从U–时代的召唤，找出自己的新价值，勇敢地去开疆辟土、圈地为王了（如前述各个网站），你还在徘徊、留恋昨天的芳香，不敢跨步迈向崭新的世界吗？

眼前，有数不清的“可能性”（N）等待开发：

• 如何设立专题平台，择优、择专而经之营之？

举例来说，日本有位以研究中国古典文学知名的学者守屋洋（1932— ），涉猎极广，著作甚丰。年轻时曾自创“**兵法研究塾**”，出版过《兵法36计》《孙子兵法》《吴子·尉缭子兵法》《诸葛孔明兵法》等（“实用历史丛书”曾收入其《兵法36计》，易名为《小谋略学：兵法36计新解》）。他的经历启发我们，活在出版2.0时代的编辑，谁有能力为学有所专者提供服务，打造他的私有云（如：兵法研究塾），替他照料一切？做到这一步，就有可能得到这位作家的充分授权。倘若你的兵法研究平台，能聚集三五十个响叮当的一流高手，吸引全球爱智者以你创建的平台为家——在兵法领域内，你的平台很有机会独步世界。

• 如何为“自助出版”提供所需要的服务？

因为亚马逊、苹果App的缘故，作家“自助出版”风气渐盛，可是作家多半不善于出版工程的细节处理。我们能否以专业的“**托文所**”，开展全方位服务？

• 如何做个大写手，写出庶民史？

谁规定“口述历史”只是高官达人才有资格做的事？因为Web2.0，因为云，人人都可以在网上说自己的故事。所以，拙于笔、舌的平凡百姓，通过编辑的生花妙笔，一样可在云端让一生事迹，感动众生。一个个小人物的“个体历史”，远比钦定的官方历史，更贴近人性和具有更强烈的对照性。假如有个开放平台能让每个人说梦、说自己的瑰丽人生，编辑即使穷毕生之力，也写不完“人的故事”。

• 如何迎接定制化时代降临？

多年以前，曾读到一则新闻，美国有位妇人从网上精选她最爱的食谱，传送到某网站客服中心，印制一本世上唯一的食谱。这则新闻透露出的讯息是：假使社会上有成千上万的人需要类似的服务，显然，这模式肯定是桩好生意。我们不但可代客装帧，还可应不同需求，代客搜寻、组织资料，制作成指定形式的产品。

有了近乎万能的网络搜寻力，没有编辑做不到的事，关键在于你是不是大前研一笔下那种**"会思考的人"**。

• 如何做个专业的、推广阅读的咨询顾问？

光是全世界中文书籍，每年新书出版高达近40万种，阅读的抉择对不少人形成障碍，这里面有没有隐藏着新的商机，让编辑人的服务力有一展抱负的机会（请反刍本书下篇第3信）？

• 如何设计一个会自动创作的App，自娱娱人？

• 如何创建"21世纪新经典"，把当代最具影响力的图、文、声音汇整于平台？

• 如何……？

从服务力开始发想，一道道门，将迎面而开。

不过，要提醒大家一点：服务不是点的突破，得从"系统"全面建置，它属于系统论的知识范畴，万万不可挂"万"漏"一"。

它有个非常有名的定律："100 － 1 ＝ 0"[4]。

它告诉我们，"1%的错误，往往会导致100%的失败……服务工作中的任何一项不满意，都会对整体带来否定"。

[1] 百道网引自2011年12月28日的《中国新闻周刊》中马多思的文章《张立宪：独立传媒江湖》："这套老课本由11册线装教科书和6册与之相配套的平装《教授法》组成，封面用的是传统线装书常用的瓷青纸。制作者还专门设计了一个带精致小竹片的蓝印花布书袋，用于包装全套书，以至于有人说这书'美得让人发呆'，甚至有人埋怨'过于精美，舍不得翻阅'。把这套书做得如此极致的，就是出版人张立宪。"

[2] "间"的意涵，很有意思。我曾读到可能是王国维的话：**"读书得间，间得，从字缝里看出些意思来。"**（没查到出处）我认为，用来解读创意源头，也十分贴切。

[3] 台湾的《创新发现志（ideas）》有一篇《新内容王》的文章："根据网络设备厂商思科（Cisco）2011年6月发表的Cisco Visual Networking Index统计调查指出，全球各国通过网际网络传输的资料量，将从2010年每个月20.2 exabytes（1 exabyte = 1073741824 GB），到2015年预估成长到每个月80.6 exabytes，年复合成长率（CAGR）达32%。换言之，2010年全球的网际网络每天要传送1.5亿片DVD这么多的内容资料；到了2015年，这个数字更会高到将近6亿片。

“在网络上，内容呈现等比级数不停被复制、转寄，个人的困扰是，必须花数倍的时间才能搜寻到有价值的资讯；对企业而言，完全无法针对目标客群精准营销。

“但，危机也是转机。有一群‘新内容王’，完全服膺‘Content is king；Platform is king kong’的理念，在庞大的资讯海中，通过内容的加值、平台的建置、管道的散布，找到属于自己的蓝海商机。”

[4] “100 − 1 = 0”定律，最初来源于一项监狱的职责纪律：不管以前干得多好，如果在众多犯人里逃掉一个，便是永远的失职。后来，这个规定被引入到管理学中，很快就获得广泛的应用和流传。它告诉我们：对顾客而言，服务质量只有好坏之分，不存在较好较差的比较等级。好就是全部，不好就是零。这个定律，与“千里之堤，毁于一穴”的道理异曲同工。（编者注）

14 架构力："型"的打造

"型"奠基于架构力，即"架构"与"组合"。架构的设计是为了方便于组合内容时，充分彰显理念的一贯性。在架构之中，内容的"组合"是一种动态艺术，"理念"才是驱动一切的内在能量。

亲爱的朋友：

（1）迟到的兑现

好些年前，有位年轻网友问道：

"我是刚入行的杂志编辑，从您的经历可了解您不止一次参与了出版社、报纸副刊的编务以及几份不同性质杂志的创刊，因此您可否多说一点有关杂志编辑的实务经验，给我一个可以参照的学习坐标？"

我当时是这样回复的：

"在我而言，编辑就是编辑，做什么像什么。参与杂志时，就是'杂志编辑'；投身出版，就成为'出版编辑'。即使服务性质不同，在操作时虽有所差异，但若追根究底，运用的心法则几无不同。"

我答应她，会略述两者互通的个人心得，供她参考。

几年过去了，因"大局"变化奇妙，我困于网络时代带来的挑战，为了寻找答案，碰触了更多跟网络相关的事，离我的承诺越来越远。

而今，年岁益添，体力和脑力的使用都已趋于边缘，再不对杂志编辑生涯略述私见，往后的日子恐更难兑现。但，有些话仍需说在前头：我的经验从未纳入主流（我也不识主流是何物；在那年代，也没什么出版／编辑学系，大家都是从前人经验传承中学习、成长），放在今天的编辑圈子，恐怕更不足为训；勉强地说，所存剩余价值，只是遥看一位如白纸般的新手，如何在实操中，建构起自我指导的原则而已；既片面，且偏执，请小心过滤。

面对自己当家做主的杂志时，一开始我是困惑的，现在回想起来，首需解决的是确立编辑的“基本理念”——在你想投入的产业里，找出合于理想与志趣，也能切割竞争者，并占有生存利基的“**策略定位**”。

随时需要回答的问题应该是：为什么要办这本杂志？办给谁看？竞争者何在？独特性？凝聚的读者群能支持生存吗？资金在哪里？够支撑到盈利吗？盈利从哪儿来？

我常常讲，无论如何都该用“SWOT 分析”[1]自我检查一遍。

编辑们日日夜夜埋首在工作堆里，不可能有贴身的老师天天耳提面命，全得靠自己在实操中摸索前行。从经验总结中，我慢慢理解：只有解决了上层结构，才能架设下层结构。我在前文《理念力》一信里，初步交代了上层结构“编辑理念”的基本特性（灵魂）。在今天的这一封信中，我将续谈根据理念设计承载内容的架构与组合（下层结构）——**型**（“壹”）**的打造**（骨架），观察主掌编务的人如何将完整的“壹”加以切割/组合，使理念得以圆满呈现。

（2）“型”是什么？

在过去书写的信里，我经常提到“型”这个字。也许会有人问，那是什么玩意儿？它，并非新创之词，放眼周遭，处处都在造“型”，甚至有的纯以“型”取胜。小的小到理发店墙上张贴的“发型海报”，大的大到巨型的、特殊的地标式建筑物，如北京的“水煮蛋”与“鸟巢”、台北的 101 中国式塔形高楼、澳洲雪梨市如剥开橘子般的歌剧院等等，可说无所不在。记忆中，最让我惊异的是观看某次电视转播“亚洲区空手道大赛”，一上场居然是“型”的比赛，并分成“定型”和“自由型”。“定型”规定所参赛的型，必须使用大会所指定之流派（刚柔流、系东流、松涛流及和道流）为基础所教导的型，不得任意变更，并由此评量训练扎实程度；而“自由型”则是根据上述基础做出的创意发挥，评量选手举一反三的能力。

这次电视转播的内容，带给我强烈的冲击，它竟然和编辑育成之路如此相似：从踏实的基本架势训练，进展到武术招式创新，最后进入实战（对打、市场竞争），一决雌雄。

“型”奠基于架构力，即“架构”与“组合”。架构的设计是为了方便于组合内容时，充分彰显理念的一贯性。在架构之中，内容的“组合”是一种动态艺术，“理念”才是驱动一切的内在能量。但成熟的表达，必须在“型”的形式下才得以完善呈现。

简要地说，“型”是形而下的结构体，基本理念得通过它的脉络（编辑理路），才能予以实践。它们是一体成型的，将它们切割解析，并不是适当的做法，然而不如此挥刃，难以理解彼此的血肉相连。

若是刻意将“型”剖解开来，可依外观与内在分别陈述。

先从“外观”说起。外观即是“型”给人的**第一印象**，目标非常直接，希望借由第一印象，留下烙印，被读者牢记，每当新刊推出时，能够在众多杂志中，立刻辨认出来。所以，开本、封面设计、Logo、基本色调等，外在形式的**视觉规格化**是必要的。

其次，是内容编排。例如，字体选择（标题、小分题、内文），版型的基本格式（两栏、三栏、四栏与特殊编排）以及文章的列序，都有定规。一个常看各种不同杂志的人，通常能在一瞥瞬间，即可辨识身旁的人，正在看哪一种杂志，甚至是当期的哪一篇文章。例如，台湾有一本周刊，每篇文章的题目特别爱用楷体标示，久而久之，那种版式的清秀和洁净感，成了它与众不同的亮点。

一本成熟的杂志，自有它独特的风情。经由主编者的诠释能力，制作出不同于竞争者的特色，而市场法则负责筛选出优胜者。

（3）他山之石

当年，在学习之旅途中，除了广泛阅读国内刊物，我曾订阅美国的《国家地理杂志》、《时代周刊》（*TIME*）、《新闻周刊》（*Newsweek*），仔细观摩它们的编辑模式。从它们身上，我悟出“型”的打造。

这三种英文杂志的“型”，各有千秋。最近，我特地到台中茉莉二手书店买了它们近期杂志，内容和20多年前的印象相比，因网络兴起，显然有了差异。相较之下，《时代周刊》与《国家地理杂志》和传统的连接依旧紧密，感觉变化较大的是《新闻周刊》。不知是否因与《每日野兽》（*The Daily Beast*）网站合作的缘故，《新闻周刊》的“架构”分为三个区块：

第一区块：“Newsbeast”（找不到恰当翻译）。

第二区块：“Features”（特写）。

第三区块：“Omnivore”（全方位）。

具体说明如下：

• 在“Newsbeast”栏目下，展现的页码和内容为：

6 National Notebook

7 International Notebook

8 Person of Interest

9 The World on a Page

10 Business

Tech

Sports

14 Social Diaries

13 Compass

15 Europe

20 Reporter at large

• 在“Features”栏目下，展现的页码和内容为：

22 The Irresistible Islamist

28 The Mystery of the Multiverse

34 The French Connection

38 The Return of the Circassians

• 在“Omnivore”栏目下，展现的页码和内容为：

42 Film

45 Theater

46 Music

49 Books

50 Manuscripts

52 The City

有时因应当时新闻事件或需要，在区块内的项目有所增删或移动，有时会增多区块，如“Plus”。

《新闻周刊》的“型”和我们所熟悉的切割方式，如“封面故事”“封面人物”“专栏”“专论”“特别企划”“特稿”等不太相同，填入它架构的内容和表现方式，反而给人一种新鲜感。但，《新闻周刊》的“架构组合”（型）不好学，稍有差池，便会落入东施效颦之讥。

台湾蓬勃的杂志圈中，《数位时代》是我的充电站之一，从创刊到现在，我一直不离不弃，是它的忠实订户。前些年，它经常改版，努力寻找最贴切、最能表达自己特色的“型”。近来，似乎“安定”下来，它打造的“型”也和一般稍有不同，且来看看《数位时代》第220期（2012年9月1日出版，内文共170页）分割的六大区块：

- “What's New”：包括“编者的话”“新闻人物”“App动态”“数字图解”“Mini Special”等。

- “What's Hot”：包括“投资图解”“投资焦点”“焦点个股”“创业圈”“创新企业”“网络生意经”“网络话题”“微型趋‘识’”“数字应用”等。

- “Cover Story”：介绍“不景气中的夯产业：2012人气卖家100强”(pp.48—85)。

- “Special Report”：介绍“全面抢攻85亿屏商机”，包括“内容商机”“应用商机”“广告商机”等。

- “Column List”：包括何飞鹏、托马斯·弗里德曼、保罗·克鲁曼、欧姆·迈力克、简立峰、张锡、郑国威、苏丽媚、Mr. Finance等人的专栏。

- “Explore”：包括“名人社群”“设计前线”“焦点产品”“数字工作术”“创业现场”“这样也行”等。

有些区块下列的细目太多，有兴趣进一步研究的读友可购来一阅。可惜的是，这本杂志落版时的叙述方式不够明确（例如，在目录页上居然出现两次“What's Hot”栏目），文编与美编之间似沟通不足，内容虽有佳构，组合时图文比重时有失衡，无法一体成“型”，略带遗憾。但，《数位时代》编辑部内高手如云，这点小瑕疵，应该非常容易导正。

台湾杂志圈内，编辑技巧纯熟、可当成样板学习的，为数不少。《天下杂志》（双周刊，以下简称《天下》）是此中佼佼者，它打造的“型”几无错失，能以适宜的架构与组合，赋予贴近时代脉动的内容。以手上的第505期为例，212页内容切割成11个大小区块：“封面故事”“双周焦点”“CEO谈管理”“竞争优势”“亚洲与两岸”“经营管理”“全球视野”“人与环境”“《经济学人》在天下”“专栏”“Off学”等，配置合理，节奏合宜。

每期除了令人惊艳的“封面故事”外，在众多喜爱的栏目中，我特爱“双周焦点”中的“Leaders Talk”，它刊登的每一篇，引荐世界上顶尖人物最新、最具代表性的谈话，篇篇发人深省。洪兰的专栏也能打动我心，她总是正面解读种种人性或社会现象；读完之后，心是温暖的，似乎有一股积极的力量缓缓由心底涌生，会觉得人世间尽管不美满，但只要不放弃努力，就有希望。

不过，近期的《天下》“有些”篇章，老让我错认自己在读《财讯》。因为我也是《财讯》的爱读者，难免心中犯嘀咕，生存竞争已激烈到这种忘我的程度吗？

值得一提的是，《天下》为了迎向数字化时代，采取果断的因应措施：只要订阅纸本杂志一年，即免费赠送数字版本一年。我现在读 iPad 上的《天下》，越来越得心应手，长此下去，我为纸本忧。

（4）实例：台湾《商业周刊》

我每月都会涉猎一些不同面向的杂志，最喜欢的当然是台湾《商业周刊》。严格地说，我认为这本周刊在“型”的打造上还有努力空间，但以目前“架构”所组合的内容而言，已经让我爱不释手。

不妨借桌上的第 1286 期《商业周刊》(2012 年 7 月 16 日出版，本期内文共 182 页，以下简称《商周》)，来佐证何谓“型”的构成吧。

假如将《商周》看成完整的“壹”，编者应当如何在创社理念**“洞悉世界经济板块变化，以速度及深度的报道，创造读者‘先进观念·轻松掌握’的学习经验”**[2] 的指导下，细分版面，贯彻理念，创制议题，引领话题，聚集最大量的读者？

且让我们一步步走进去，看它如何吸引读者的注意力，聚焦在哪些议题上。

从外观看，刊名“商业周刊”四个红底反白、略显浮雕感觉的大字，醒目而突出，构成“型”的主要识别符号。放在书摊，立刻从众多刊物中跳入眼帘。

而，这期封面主诉的**“世界反过来！”**那行大字，迅速捕获了我的目光，心里立即浮现问号：**反什么？**下面有一行略小的字写着：“美国制造 in、中国制造 out”(特别把 in 和 out 两个英文用红色圈起来)。这些文字刺激我脑子联想翩翩，不禁想进一步追问：**发生什么事了？**再细看另行说明文字：“两份关键报告预言：中国制造独霸翻转，美国制造大复活！”

哇——，事情开始变得有趣啦！

主诉标题上方的句子，强调它的目的性，文曰："**独家追踪：**台湾出口为何连跌4个月？《商周》5000公里长征寻找原因"。

原来啊，《商周》派出一支采访团队，深入美国南方4州，去搜集第一手资料。他们目睹美国用尽方法，如何力挽狂澜，扎根制造业，寻回竞争力；如何在美国本土宣扬与各竞争国拉近薪资、贴近消费市场的新思维，填平价格落差；如何吸引大陆、德、法、韩、澳洲制造商，纷纷赴美设厂，再次定义了"美国制造"。

世界终于"反过来"，而台湾因为没有掌握新浪潮翻转的商机，导致出口萎缩（这个结论下得太快，有待商榷）。

光从封面诉求的第一印象来看，它完成了外观的"型"——面向读者，做了漂亮的主题呈现。

往下，继续翻开内页，一起来欣赏编者如何从企划的长短文章中，组织成"型"。通过它的脉络，把理念（朴）"打散又重组"为"壹"[3]。

"**目录**"：光是目录展演，足足占了4页（有时5页），依编者的判断，以不同字体、位置大小、先后次序，突显各篇文章的重要性。

首先映入视线的是"封面故事"。由大标题"世界反过来！"之下9篇文章题目所涵盖的范围，让我们对于"美国政府、企业和人民，如何纡尊降贵、同心协力，力挽颓势"有鸟瞰式了解。

接着，一页接一页，由**落版技巧**，完成理念的展示。

"**总编辑的话**"（半页）：言简意赅地概述这一期内容，通常是一篇非常有启发性的、感性与理性兼具的短文。《商周》编辑个个不凡，约800字的篇幅，写得晶莹剔透，可说字字珠玑，可当范文来读。这期是总编辑郭奕伶执笔的《老街上的卖菜孩子》。

"**专栏**"有三：

• "创办人／CEO聊天室"（1页，隔周轮写）：由已交下编辑棒的两位前总编辑（金惟纯、王文静）轮写，这回刊登王文静的《该有"乡下朋友"》。

• "商场自慢塾"（1页）：是何飞鹏的专栏，他的专栏结集红遍海峡两岸，这期题目是《一张单程机票》。

• "去梯言"（1页）：是公孙策的专栏，以古论今，发人深省。它是我成为《商周》长期订户的主要原因，这周写的是《诸葛亮不亮》。

"**大师开讲**"（3页）：礼聘6位国际级大师共同主持的专栏。本期执笔人是萨克斯（Jeffrey Sachs，哥伦比亚大学地球研究所所长、联合国秘书长特别助理），谈的是《20 年永续发展：成绩被死当》。其他 5 位也赫赫有名，计有费德斯坦（Martin Feldstein，哈佛大学经济学教授、美国国家经济研究局前局长）、奈伊（Joseph Nye，美国国防部前助理部长）、拉詹（Raghuram Rajan，国际货币基金 [IMF] 前首席经济学家）、艾肯格林（Barry Eichengreen，加州大学伯克利分校政治经济学教授）、辛格（Peter Singer，普林斯顿大学生物伦理学教授）。

“管理相对论”（4 页）：这个专栏最近改采开放式主持，由学者 VS. 企业界的 CEO，针对争议性主题进行对谈，本期由台大工商管理系朱文仪教授和全家便利商店董事长兼 CEO 潘进丁共同探讨：“PK 市场老大，老二该走模仿还是创新？”

“CoCo2012 **传真**”（2 页）：是政经讽刺漫画专栏。

“童言识李”（1 页）：由该刊研究室主任杨少强新辟观念性专栏，此次讨论《投机只是风险转移——论投机（三）》。

“科技风云”（共 3 篇，5 页）：

•《一纸合约，让美光并尔必达多花 38 亿：黄崇仁当钉子户／逼美光掏钱内幕》（1 页）。

•《LINE 转型手机入口网站，联手电信商淘金：一支 App 竟敢向脸书、雅虎宣战》（2 页），报道“LINE 不甘于只当一支通信 App，决心跨足行动平台，与电信商合作，要赚移动电子商务财”。

•《冷池塘联盟，把半导体鸡肋变黄金》（2 页），报道达尔联手德微，创 86 倍投报率的秘诀。

“教育线上”（共 3 篇，8 页）：扩大篇幅讨论极具震撼力的题目《开学危机：新北市中小学校长，1/3 是菜鸟／台湾爆 10 年来最大校长退休潮》（4 页），这篇报道引爆台湾其他媒体疯狂跟进，震撼全台。其他两篇为：一位绩优校长含泪告白《我不想走，但我不得不走！》（2 页），以及《史上首见，新人“破格”掌大校》（2 页）。

“产业风云”（共 2 篇，4 页）：

•《新光三越淡季出招，10 天创造 40 亿业绩》（2 页）。

•《穿越剧〈步步惊心〉被批，陆媒急挖台湾电视人》（2 页）。

“焦点人物”（3 页）：台南女孩胡茵菲，罗浮宫办珠宝展，全球第一人。

35 岁珠宝女王说 :“我太渴望伟大! ”

“特别报道”(3 页):《台电危机! 近半员工十年内走光! 》。

“大陆焦点”(2 页):《台湾街未满两岁，成台商新梦魇》。

“名医问诊”(2 页):《夏天如何避免得冷气病? 》。

“日经严选”(4 页):《日经》(*Nikkei Business*)是日本发行量最大的经营商务类杂志，由《商周》每期译介一篇，本期《门外汉改写超商“老二”宿命》，介绍日本第二大便利商店罗森（Lawson）在 43 岁社长新浪刚史领导下，如何找出自己特点，使公司连续 9 年成长。

“封面故事”(25 页，pp.104—136)“世界反过来! ”，由 9 篇文章组成 :

- 《故事，从一间筷子工厂说起……》
- 《追踪之旅 : 遇见州长 CEO 和遥控器工人 / 深入南方 4 州，发现美国制造不贵》
- 《波士顿现场 : 两份关键报告大预言 / 3 年后，制造业到中国不如到美国》
- 《阿拉巴马现场 : 全球车厂涌入 / 牛仔转行工人，帮韩国人做车子》
- 《北卡罗来纳现场 : 美国企业返乡 / 百年家具厂，第一个从中国搬回来》
- 《南卡罗来纳现场 : 中国企业来了 / 电价太便宜，大陆老板闻香抢进》
- 《乔治亚现场 : 新制造梦摇篮 / 欧巴马“搭桥”，让太阳能反攻中国》
- 《抓住 Made in USA 两大趋势 / 中国制造不再，台商赚什么? 》
- 《采访后记 / 台湾人，你怎么缺席了? 》

“说闻解趣”(1 页，2 则):《欣海老董百岁秘诀》及《中钢护士薪情太好》。

“国际视窗”(2 页，看见多元的世界和机会):《美国核能神童创业，立志让核灾绝迹》。

“优生活 / alive”(刊中刊，介绍各种生活情趣的别册，pp.143—180):这是一份深受读者喜爱的、独立作业的特刊，本期主题为“夏日清凉，酒 Party”。刊中另有固定专栏 :“董事长嬉游记”(陶传正)、“饕姊双周记”(王宣一、胡天兰)、“发现酷建筑”(李清志)、“生活新鲜事”(徐铭志，本期介绍“全世界最美丽的书”展览会)、“生活书摘”、“新闻万花筒”(填字游戏)等。

“其他”(广告 81 页)。

我们看到编者如何将 160—220 页内容（因广告数量影响每期页数），在编辑理念指引下，由看似被切割的零碎篇章，结合成完整的“体系”（壹），捏塑成独特的“型”。只有确定了型（定型），才能使工作者举重若轻，而杂志的特色和风格，也从中建立起来。

依我长期阅读《商周》的印象，历任的总编辑对“创社理念”都有其独特领会，但始终“**胸怀本土，放眼世界**”，像是搭桥者，成为知识与经验的交流中心。

《商周》的特色和风格的建立，就这样形塑而成。

（5）“架构”与“组合”

现在，功课来了。

我们能从《商周》（以及其他杂志）上学习到什么？

第一课，不妨借用“**空间管理**”的概念来寻找答案。

《商周》内在的空间，应当放进什么样的文章，架构出能在“编辑理念”和“读者需求”之间画上等号的内容？同时，还能区隔竞争者，在所提出的议题中，让自己保有领先地位？

编者心里念兹在兹的该是：所组织的稿子，**如何吸引读者贴近你、期待你、离不开你、爱上你，而且还要拥有你**。所以，在限定的空域内所呈现的内容，彰显的是杂志秉承既存的编辑传统和主编者的信念、识见和品位，这是对诠释能力暨企划能力的挑战。换言之，跟主编者拥有的专业修为有关，与其究通力、发想力、设计力、凝聚力、平台力、整合力、策略力、服务力等等有密切关联。当然，天底下没有满分的编辑人，互有长短，各具特质，因此大家编出来的杂志才繁复多样，争奇斗艳，各领风骚。

《商周》的“架构”，无论外观与内在都在水准之上。我们见到所有栏目刊登次序和篇幅几乎是固定的（其中有少数栏目视当期稿件而有所调整，如“管理线上”“投资焦点”“金融街”“地产风云”“商周书摘”“特别企划”等，都没在本期出现），有的专栏每月出现一次，例如“葛洛斯专栏”（葛洛斯即William H. Gross，被誉为债券天王，PIMCO创办人）、全球最权威科技杂志的“Wired严选”。内部虽然有定期检讨，架构也或偶有变动，但有些专栏从创刊到现在从没异动过。一方面，中长期固定的专栏组成基本的“型”，由执笔者随着时潮变化，说他该说的话；而开放的、企划性强的栏目，尤其是挑大梁的“封面故事”，考验着编辑部门的识见及执行能力。本期主攻的“世界反过来！”议题，就充分反映出这组人马非凡的究通力，他们见微知著，掌握先机，写出来的报道可圈可点，是少有人能够超越的功力。所含的9篇报道总共25页，在厚达182页总篇幅中，扣去广告之后，整整占了四分之一，这是一次漂亮的、强劲有力的出击。再配合话题性十足的“最大校长退休潮”，像在湖心接一连二投掷石块，在这一周内，涟漪不断。

《商周》在编务上始终创意频频。我还记得曾有一期封面故事**《影响全世界的60公里》**（第1226期），为我们介绍“全世界只有这个地方，能在短短距离内，解决苹果产品制程、良率、美学的所有挑剔要求；Google、太阳能、西门子生技、保时捷的关键齿轮，都要仰赖他们的精密技术和弹性。这个秘密，就藏在台中大肚山脚下……”编者发掘出一个几乎被主流媒体忽略的产业聚落，他们以图文并茂的方式，把小小台湾对世界的潜在影响力，袒露在世人眼前，读来令人感动。

好杂志的影响力能创造出自己的新价值，结合社会上的新生力量。最近读到一篇《全球最会说故事团队解密》（第1295期）的文章，介绍别具一格的“TED组织”，就是佳例。

TED非常特别，成立宗旨也充满启发：

> 这是从赢者圈开始的私人聚会。1984年的硅谷，由“资讯建筑”（Information Architecture）的先驱沃曼（Richard Wurman）发想，结合科技、娱乐、设计的TED聚会，他邀请最顶尖的人来说他们的创意故事，包括美国前总统克林顿、副总统高尔、微软的比尔·盖茨、Google的布林、亚马逊的贝佐斯等，每人限时18分钟。这些名人不但是讲者，也是台下的听众，让精英们可以互相串联好点子。……每年一场、四天三夜的论坛，一张门票约NT.（新台币）22万元，每场仅有1500张，还要申请核可，才抢得到。2006年把演讲内容搬上网后……已被点阅超过一兆次。[4]

采访记者单小懿描述TED的贡献时，说：“每个18分钟的故事，透露出未来的趋势，也改变了世界。”文中，详细说明如何在18分钟内，讲出感人的故事的诀窍。

2012年的台北TEDxTaipei，也在9月底登场，用的口号是“TEDxTaipei rising stars”。

从上述介绍《商周》的内容里，我们清楚看到它既能见大，又能见小；

既为我们打开窗户，远眺户外风景，也不妄自菲薄，不敢轻忽自家人对世界的贡献。

若硬要挑刺儿，或许在与读者参与／互动方面可以更开放些。像《天下》和《远见》虽然都走精英路线，但并没关闭读者发声；再者，在“小”与“微”的讯息量方面，似可有多些发挥，使内容更活泼、多元并增添趣味性；软与硬、长与短之间的调谐和节奏，也似可有更多弹性。

（6）经营时间的人

处理好有限空间分割之后，千万别忽略了另一个要素：“时间”。

我相信资深编辑人多半会同意这句话：我们是经营时间的整合者。

时间融入“架构”，“架构”就有了纵深、有了生生不息的生命，不会成为一摊死水。换个角度说，没有“架构”难以永续，有了“架构”，“组合”的功能就可以在“时间河流”里活化架构。

且举一例。多年以前，《商周》曾策划“客座总编辑”专题，邀请世界级领袖担任客座总编辑。包括：通用电气集团前CEO杰克·韦尔奇、台积电董事长张忠谋、英特尔CEO欧德宁、国际保育专家珍古德、经济学大师莱斯特·梭罗、维基百科创办人吉米·威尔斯、日本7–Eleven之父铃木敏文等10人。编者设计一个架构，由他们10人分期现身说法，经一年半时间的纸上演出，制作出超水准的内容。这10位大师的每一篇言谈，都带来新的观念和新的视角——杂志能编到这样，夫复何言。

所以啊，“时间”运用得好，是编辑最好的朋友。在这一年半中，我心甘情愿被它捕掳。我曾以“**放线与收线**”形容这种编辑技巧，它很容易做，若要做到“客座总编辑”这种高水平，难!

总之，“架构”是把一定的空间规律化，“组合”则是呈现时间最新、最适的发酵物。坦白说，“架构组合”人人会，巧妙各有不同，多看、多分析高手布局，牢记于心，久而久之，必定会找到突破口（大陆《新周刊》于2012年6月，派了多达七十几人到台湾采访，在7月中即推出约两百页、超过15万字、几百张相片的“台湾，最美的风景是人”**专刊**，也是一种“型”的典范）。

而我深信，唯有从实操中积累经验，才能踏实成长，舍此，别无捷径。[5]

(7) 结语：守常与求变

既然完成了“型”的打造，有了吻合理念的架构，并在时间之河里进行组合，经由这样的实践，完成了恒定的“型”，杂志风格才会形成。

但需提醒的是，“型”是用来颠覆的。

理论上，一旦确立好“型”，将内容“填入架构”即可。就像《商周》的架构始终如一，但呈现内容期期不同。犹似我们凿了井，定时从井里打起一桶桶智慧之水，取之不尽，用之不竭。

所以，在确立编辑理念之后，架构设计（型）是重要的一步，一本好杂志必有好主编，他是位优秀的组织家，知道怎么运用既有的资源，把内容做最佳演出。但，从人性面分析，人性之中有喜新厌旧的一面，不变的“型”很容易引来**惰性**。一旦被“型”捆绑了手脚，就只知依循前例，忘了进取与创新——积极的编辑，必定不肯安于现状，时时想推陈出新，抽梁换柱，新人耳目。

因此，当我们追求**“守其常”**来塑造风格的同时，勿忘**“求其变”**，随时保持清新，坚守优势。

编辑工作做久了，有时不妨轻声问自己：

“是我在编杂志，还是杂志在编我？”

注释

[1] “SWOT 分析”是一种企业竞争态势分析法。通过评价企业的**优势** (Strengths)、**劣势** (Weaknesses)、竞争市场上的**机会** (Opportunities) 和**威胁** (Threats)，在制定企业的发展战略前，对企业进行全面分析，定位自身竞争的优势。

[2] 请参阅《商业周刊》官网。该刊创刊于 1987 年，经发行公信会 ABC（Audit Bureau of Circulations）稽核，每期平均有费发行量为 147339 本（2009 年 1—6 月数字），为台湾发行量最大的财经周刊。

[3] 请参阅《优秀编辑的四门必修课》第 23—24 页。文中，我引用了“儒学大师”杜维明的话，他说和“管理大师”彼得·圣吉相遇时，得到的启发：“圣吉给我一个以前没有想过的思路：就是怎样**让没有结构**，**成为一种新的优势**。这个想法是比较接近道家的，讲究**‘朴’**，**一块木头有无限可能性**。……他的这种想法表示，即使你完全被**打散了**，也不一定是祸。因为‘打散了’不见得是 out of control（失控），而表示可以在另一个领域里有新的 integration（整合）。”

[4] 请参阅《商业周刊》第1295期（2012年9月17出版）第60—66页：《全球最会说故事团队解密》。TED在1984年于美国硅谷成立，是科技（Technology）、娱乐（Entertainment）、设计（Design）的简称，总部在纽约，是个非营利机构。目前推出的商品有：TEDx——品牌授权；TED Book——介绍演讲者的著作；TED ED——利用TED演讲为基础的开放教育推广计划；TED Active——青少年讲者培训。台湾地区也在2009年左右成立TEDxTaipei。在TED网站点阅率最高的三篇演讲为：1. 学校扼杀创意；2. 我脑内的两个世界；3. 第六感的惊人潜力。

[5] 更多文字请参阅《优秀编辑的四门必修课》第17—32页。

15 制作力：不从众，不从俗

制作功力的深浅，区划出谁才是产业中的佼佼者——这门功课，任何人都不敢轻忽；它的本质就是要与众不同，用创新的方式，走一条别人没走过的路——见人所未见，做人所未做。好编辑人是负责企划，找到适合的作者，和作者一起合力制作作品。

亲爱的朋友：

关于“编企力”，陆陆续续写了不少，有位朋友一再提醒，认为我把“制作力”遗漏了。“制作力”这么重要，我怎可能忘记？延迟书写的原因非常简单：一是人人都在谈，所以不必赶凑热闹，反正它是绕不开的，晚一些讨论，一点也不耽搁；二是我认为在编辑2.0时代，要考量完全不同于传统视角所衍生出对企划人的**新需求**，因此我已写下了前面提及的各种能力。除此之外，尚有搜（寻）筛（选）力、跨界力、营销力、人脉力、情报力、经纪力、科技力、社群力、维基力、系（统）脉（络）力、颠覆力、知产力、制作力等待写。

事实上，以我现在年龄的体力和脑力，已不足以完成所有工作，只好写多少算多少，这也是为什么我将押后的“**制作力**”提前的原因。

（1）向“策展人”学习

谈起“制作力”，不管在任何领域，只要触及“企划”或“创意”的人，都会将它列为不可或缺的要件。对于那些从事电影、音乐、戏剧、电视、电台、游戏等工作的人而言，“制作”功力的深浅，区划出谁才是产业中的佼佼者——这门功课，任何人都不敢轻忽；但让我心神一震的，却是一次偶然的机遇。

那是在1998年7月某一天，我到台中“国美馆”（“国立台湾美术馆”的简称）参观画展时，看到“国美馆”筹办“第一届全球华人美术策展人会议”

活动。路过的时候，我被馆外巨型海报上“**策展人**”三个字吸引住了，但令人沮丧的是——我不懂什么叫“策展人”。

回家之后，立刻上网搜寻，才知道自己孤陋寡闻。等我将网上搜寻所得逐一消化之后，立刻联想到：编辑人的制作能力想要更上层楼，是不是应该向“策展人”学习？

从网上众多的资讯中，我过滤出两篇论文，推荐给大家：一是林平教授的《策展人的光环：台湾策展事业的漫漫长路》；一是杨应时博士的《Curator 的兴起》。这两篇论文大体上解答了我初步的疑问。

现在，不妨了解一下，什么是“策展人”。

关于“策展人”（curator）的定义以及词汇的演化，有其复杂性，上面两篇论文都有详尽解释。在这里，只撷取它最简便的说法：策展人就是**策划展览的人**。也可以用一句话形容，策展人是“在艺术展览活动中担任构思、组织、管理的专业人员”（杨应时语）。

再往深层挖掘，立刻感受到它内涵的巨大张力，光是“构思、组织、管理”就延伸出极大的想象空间，优秀的策展人，涵泳其中，乐趣无穷。

我们且引用杨应时在文中的例子，看看策展人如何“Think Different”（苹果公司经营理念）：

> 在第一次世界大战前的法国巴黎，独立沙龙和秋季沙龙相继成立，追随印象派先驱开创的、举办“另类展览”的传统，展出被当时官方沙龙评审委员会排斥的“**新绘画**”，并提出了“**不要评委、不要评奖**”的口号。以马蒂斯（Henry Matisse）为代表的“野兽派”的首次群展，就于 1905 年举办。

这次展览的策划人，即是马蒂斯的好友乔治·德瓦里尔（Georges Desvallières），用现在的术语称呼，他就叫“策展人”。早年，这些先驱留下的典范所表征的精神——具备了**不从众、不从俗**的叛逆性。德瓦里尔发现画坛这一群选择“**走不一样的路**”的创作心灵，洋溢着新生命力，他勇敢认同、接纳、宣扬、经营，一个新画派（野兽派）因此诞生。

在世界绘画史上，这类例子不少。杨应时写道：

• 在后来的“超现实主义”流派中，法国作家、艺术批评家安德鲁·布勒东（André Breton）作为该流派的主要发言人，于 1942 年在组约策划过大型展览“超现实主义的最初文本”(First Papers of Surrealism)。

• 美国艺术批评家克莱门特 · 格林伯格（Clement Greenberg）曾于 1950 年在纽约策划“新天才（New Talent）”展。

• 瑞士人赫拉德 · 史泽曼（Harald Szeemann）于 1969 年在纽约策划的展览“当态度成为形式：作品—过程—观念—情境—资讯”，为当代艺术史创下重要坐标，被尊为“独立策展人”的鼻祖宗师。

一言以蔽之，“策展人”即是宣达“艺术观念的创新”者，他们总是能够敏锐地发掘“勇于找寻自己、旗帜鲜明地表达和别人不一样的声音”。

（2）“策展人”的特质

读到这里，亲爱的朋友，会不会觉得有一种似曾相识的感觉？“策展人”所隐含的道理，和大前研一经常提起的“制作人”何其相似？他们嗅出空气中与众不同的芬香（创新的观念），迅速掌握住它，然后把“不同”组织起来，形成新的潮流，这些做法和大前研一眼里的“制作人”如出一辙。大前研一定义下的“制作人”，他们的“眼光永远放在未来——面对的永远是未知、永远可以在变动中学到新的技能、永远乐于接受挑战而不疲累。所以，在他们的眼前，是无穷的希望与待开发的版图。……无论前提条件如何改变，他们都能看出潮流底层的本质，因此，比谁都能发挥应变的能力。”[1]

在小林一博著述的《出版大崩坏？！》一书中，提到的日本名编神吉晴夫于 1945 年提出“**编辑人等于制作人**”所孕生出“**创作出版**”理论，也在在说明编辑力的源头和潜力。他强调“好编辑人是负责企划，找到适合的作者，然后和作者一起合力完成作品”[2]，神吉晴夫的观念和“策展人”的内涵可相互支持。

大前研一在他的书籍《专业》里不断疾呼，未来需要的是制作人，一个组织者。而杨应时在评论国内展览体制时，则指出大家的通病是“缺少策划，更多的只是‘组织’”。综合两位的见解，在在点明了：一个称职的制作人，除了是个组织者之外，他背后的驱动力源，值得一探。

林平教授《策展人的光环》中进一步整理出优秀策展人的身上，所流淌着的某些特质，如：

• **中介者的身份本质**：可以根据自我的特质和机关（单位）的期待，在众多面向中选择自己所扮演的角色。例如是观念传播者、情感交流者、产品营销推广者、艺术作品诠释者、教育或社会工作者、搭桥梁提供服务的人等。

• **优质策展人的条件**：不只是要有艺术的知识、选件的好眼力、文字撰述传播和口语沟通的能力、展览呈现和处理物件的技术、创意和解决问题的能力，更要具有团队合作的精神、组织领导的魅力和一个职业该有的伦理和道德观，还需要有一个愈挫愈勇的意志力。

• **整合和实践角色**：从策展人的经验论述中，有的人认为策展人好比乐团的指挥、导演、大厨师等，有的人则认为是针线师、化学工程师、酵母、鲶鱼等，强调他／她在艺术生态圈或展览事业中连接、实验、催化、刺激的功能。

• **跨领域的背景**：策展人的学养背景不见得是具有美术史的学位，而由各式各样不同资历的人组成，这些人可能具有人类学、政治经济学、艺术社会学、文化心理学、文学、商学等跨领域的学位背景，具有灵活的操作手腕、丰富的人脉和资源管道，其中亦有许多是艺术家、画商，或身兼艺评人的身份。

作为编辑人，面对上面的描述，会不会觉得很值得参照？

（3）制作力的核心思维

顺着思路下来，想问的是：作为企划力构成要素之一的“制作力”，组成内核是什么？

追索答案，正好给我们总复习的机会。

回想我一生中见到那些独特人士，观察他（她）们的经历，可归纳出成就事功的秘密即在“**见人所未见，做人所未做**”，那样才会避开红海，在“无人地带”（蓝海）自由翱翔。

真正的强者，绝不做斗鸡场中的斗鸡，懂得避实击虚，懂得寻找可以支撑产业的杠杆支点，懂得无中生有。

十多年前，曾在电视上看到节目主持人高惠宇小姐访问美国加州大学伯克利分校第一位华裔校长田长霖（1935—2002）时，问道：

“您的研究如此杰出，请问您是怎么做到的？”

隔了这么久了，我依稀记得他爽朗的笑声和诚恳的言词，他说：

“那得感激我在美国攻读博士学位时的指导教授，他要求我们在选择研究题目时应该从学科范畴中‘**最**’‘**极**’那端去探索（田校长特别强调“做人不可以”，做人要守中庸之道）。意思是说，避开一窝蜂的热门领域，朝大家都认为‘不可能的’方向努力——事实上，化‘不可能的’为‘可能’，才是我们脱颖而出的唯一机会。”（事隔太久，这段文字只能记述大意。）

通过我的经验来理解，他的意思是“别怕与众不同，用创新的方式，走一条别人没走过的路”。这就是“无人地带”（N），就是那个“空白”“不竞争领域”，让我们魂牵梦系的“应许之地”。

我曾在《亚洲周刊》（第26卷33期，2012年8月19日出版）读到《他冲出超合金刚性极限》的故事。记者章海陵报道：

2012年6月3日，美国“制造工程学会”（SME）召开年会，颁发“**科技创新大奖**”给美籍华人科学家**刘效融博士**。他的心血之作是惊艳全美制造业的极碳晶材料，由于融入了纳米技术，其硬度、韧性已远超传统或现有的刀具材料，大会称“这是60年来继碳化钨及碳化硼刀具开发及运用以来最大的突破和革命”。

刘效融生于湖南湘乡，成长于台湾，上世纪70年代留学美国，后成为硬质合金材料界的奇葩与骄子。他对《亚洲周刊》说，他牢记中华文化对他的哺育之恩，也感谢美国大学与科技界对他的精心培养。

攀登科技及军工产业的高峰，刘效融摘取的不只是极碳晶材料这一项桂冠。他还研发及独创新型纳米瓷金材料，可以用来制作新一代防弹板或防弹衣，解除现有重达20磅、仅可阻挡一发子弹穿透防弹衣的困境，而成为新一代个人防护装具。

刘效融的创造发明领域之广、数量之多，令人感佩。有朋友形容，那简直就是灵感井喷的景观。

“莫非在特定时刻，你得到上天‘神助’？”《亚洲周刊》问。

刘效融说：

“不！没‘神助’这回事。在二战及其后80多年，硬质合金的发展一直如逆水行舟。这就奇怪了，**原地踏步的困境必有原因。在我想来，很可能就是研发思路出了岔错。我就在想，我的研发是否朝‘反方向’看一看、摸一摸呢？**想不到，竟然看准了，也摸对了。”

刘效融逆反常规，找到新的方向，实现了他所追求的梦想。身为编辑人的我们，启动“制作力”时，是不是该把这类教诲牢记心上？

（4）编辑人“制作力”范例

回到编辑工作自身，典型在夙昔。

他们在自己的时代，做了该做的事。

有人说，《易经》是上古智慧的总整合，孔子的制作力当是极致之举，相同水准上，很难再有超越者。而后，历代所见，举凡辑、录、编、选等作品都看得到制作力的凿痕；可大书特书的，如《永乐大典》《四库全书》等巨构，表征着中国文化中强大的编撰功力，参与工作的先贤，都或多或少具备了身属他那时代、制作力所要求的高端技能。

也有人说，中国最了不起的大编辑家，非冯梦龙莫属，他编著等身，光是《智囊补》搜集周延，结构完整，足资典范。

近代呢？

商务的张元济与王云五自是当仁不让，他们的事迹传述极多，已不需要我赘言了。倒是我们身边有些先驱者的制作力，颇具现代特色：

【例1】“点”与“领域”的突破

在20世纪七八十年代，隐地（柯青华）是出版/编辑界最具影响力的少数人物之一（现在，他依然坚守岗位），他是写而优则编、编而优则从事出版的代表人物，所成立的尔雅出版社是文学书领域的一方重镇，经营得非常成功。但他高瞻远瞩，很有忧患意识，在大家共同追逐稀缺的名家作品之余，他匠心独运，另辟新径，走向企划编辑。

成功的例子很多，印象最深的一次，是将11篇以女性为小说角色的作品合集成《十一个女人》问鼎书市。这种做法在当时非常新颖，立刻引起广泛注意，电视台还特地改编成11集连续剧，每周播出1集。不用想也知道，这书岂能不红？

他还新创“极短篇”文体，与报纸副刊合作征文，再加上运用人脉邀请名家共襄盛举，一集接一集出版上市，最终的赢家当然是尔雅。

隐地企划出版的《年度短篇小说选》把尔雅推上巅峰之位。后来，他陆续规划《年度文学评论选》《年度诗选》等，奠定他在文学领域别人难以企及的影响力。

在那年代，隐地的制作高度，象征着出版界的文创水平。

【例2】“线”与“面”的立体化

当台湾出版界仍以文学为主流，纷纷以尔雅为师时，书市很快步入红海，大家争得你死我活。詹宏志受命重整陷于经营困境的远流，在王荣文充分授权下，他因应废除戒严、社会渐趋开放的氛围，重新安排出版优先次序，暂时搁置文学路线，开发应用知识领域，以“大众心理学全集”为首的书系概念应运而生，随即“柏杨版资治通鉴”“趋势丛书”“实战智慧丛书”“实用历史”“小说馆”“电影馆”“艺术馆”“台湾馆”“传播馆”……接二连三诞生，一张新出版地图出现了。

他新写了远流，也新写了台湾出版史的一个章节。

他窥破商机，将所发现的空白补实——这种制作力，强不强？

【例 3】新定义、新定位

我一再推崇的高信疆（高公）先生[3]，是高手中的高手。假如我没记错，小说家张大春说，追忆那个时代，高公是他唯一感佩、怀念的人物。

高信疆非常开放，他把《中国时报》人间副刊的定义，从“文艺”扩大到“文化”，使副刊不限于少数文艺爱好者围猎的地方。他大大扩展了读者群，在他主持的 12 年间，整个内容走向起了革命性变化。因为创造了庞大的读者群（使平时不看副刊的人也开始看），培养出更多文学爱好者，当时的文学盛会如“时报文学奖”的公布，可说是万众瞩目的社会事件。他引导出一个文学盛世。

他改变副刊定义，重新赋予新的定位，他的企划力与制作力，令人赞羡。

【例 4】从产业链入手

来到网络的云时代，如何才能“见人所未见，做人所未做”？

有人从产业链找到着力点，如“印书小铺”和“青番茄”都把自己视为**服务业**。前者，以“人人是作家”彻底颠覆传统作家定义，锁定内容大爆发的契机，让“自费出版”合理化；而后者，化不可能为可能，将传统图书馆的借书功能发扬到极致，“免费送、收书到家”，再从其他窗口赢得利润。

他们的成功不是偶然的，而是建立在精密的计算上的。

（5）路在脚下

每个时代、每种行业、每个人的身边都会出现稍纵即逝的“空白”（无人地带），问题是我们看得见、抓得住吗？

马蒂斯的好友德瓦里尔发现挑战传统的“新绘画”，他结合这些画家向社会发声，取得画坛新的地位，这个策展人展示的实力，不容小觑。从这个例子引出一个话题：作为企划编辑，我们该“往前看”还是“往后看”？

网络时代，出版的定义正在重写，希望你就是那位像策展人一样的制作人，牢牢掌握机会，把制作力运行得恰如其分。

最后，愿以亚马逊CEO贝佐斯的话来互勉，他说：

“永远都要紧紧掌握最显而易见的事。”

注释

[1] 请参阅本书上篇第9信《图书的企划》。

[2] 请参阅本书上篇第5信《自制与他制》。

[3] 有关高信疆（1944—2009）的贡献和轶事，我写过不少，散见于各信，请自行翻阅。

16 知产力：当知识变成生产要素

社会进步的一切都是由“知识”引发的。20世纪的生存主调是“生产力”的竞赛，到了21世纪“知产力”必定是衡量竞争实力的重要指标。

亲爱的朋友：

若有人问起：“作为网络时代的编辑人，企划一个案子时，究竟该拥有哪些必备的能力，才能帮助自己有较多的机会脱颖而出？”答案很可能言人人殊，莫衷一是。

我曾自以为是地整合个人经验，再加上观察周边高手的作为和阅读所得，总结成前述各种能力。按理说，若能善用其中一二，已足堪大用。但我觉得似乎还有未尽之意，不予补实，思虑难免有欠周延，所以决定这封信谈谈“知产力”。

（1）何谓“知产力”？

“知产力”即“知识的生产力”的简称。

蹦出这样一个怪名词，也许有人并不以为然，因为知识就是知识，有需要跟“生产力”纠缠不清吗？把知识和生产力放在一起谈，对坚守传统的人而言——越线了。

但，这个命题实在值得推敲。追根究底要追问的是：求知的目的是什么？梳理清楚之后，再问知识与生产力的关系，就不会显得突兀了。

在下篇第6信《学习力》中，我曾试着申论，而提出的观点是“求知的目的，首在**找到自己的最爱**，然后全力以赴”。一旦专注于所爱，在所爱之上建构一生立足所需的知识，我们谱写的人生乐章，于焉而成。至于，动不动听或能否事有所成，就得各凭际遇了。然而，所求得的知识具不具生产力，很可能是人生胜负之所系，希望在这封信里，能找到部分答案。

“知识需不需要具有生产力”这命题之所以产生歧义，缘于我们对“知识”的定义，看法迥异。

彼得·德鲁克在**《后资本主义社会》**书里，从“知识史”的角度切入，理出知识演化的脉络，整本书都在说明我们迈向新形态的**“知识社会”**之不可逆。

以下，我试着用浓缩的方式，来描绘他的思想之迹，但短短数百字，恐难尽其意，想真正了解他思想真髓的读友，请亲炙原著。

德鲁克所述（见《后资本主义社会》第一章《从资本主义到知识社会》）的大意如下：

苏格拉底认为，“知识的功能只在促成个人在智慧、道德与精神的成长”，而他最强劲的对手普罗塔哥拉（Protagoras）却认为，“知识的目的是为了使人更能有效掌握要说什么及要怎么说”，并由此发展成逻辑、文法与修辞的“人文教育”的基础。他们虽也重视“技术”的价值，但在他们眼里，技术仍非知识，它只局限于特定用途，算不上是普遍原理。

东方的先圣先哲也一样，“对于知识是指什么，有强烈不同的意见，但对于知识不是指什么，却有完全相同的看法。对他们而言，知识不是‘工作技能’，也不是‘实用利器’；‘实用利器’不是知识，而是‘技术（艺）’。”在这样的背景下，技术常被视为一种“秘技”（mysteries），借由师徒来传承的。

但是，从1700年以后，随着新词汇“科技”（technology）的出现，世界开始变得大不同。Technology这个词是由techne和logy合成，前者是指“技术的奥秘”（the mystery of a craft skill）；后者就是有组织、有系统、有计划的知识。

“知识”的新诠释，终于引发社会全面的觉醒：

1747年，第一所土木学校在法国创设；

1751—1772年，狄德罗（Denis Diderot）与达朗贝尔（Jean d’Alembert）编纂《百科全书》。这部名著的根本思想是：每行技术要产生效用，就要有系统、有计划地运用知识去分析使用的工具、制程和产品，也就是**“技术知识化”**，让没有拜师学艺的人，也能经由学习成为技术人才。

1770年前后，第一所农业学校在德国创设；

1776年，第一所矿冶学校在德国创设；

1794 年，第一所综合技术学校在法国创设；

1750—1800 年间，英国的专利特许制改为注册登记制，鼓励运用知识发明新工具、新产品，创造财富；

1809 年，第一所现代大学（柏林大学）在德国创建；

1820—1850 年间，医学教育与实习合一，成为有系统的科技；

……

不断进步的科技力量，就这样把我们一步步带往全新的阶层，在不同进展的背后，启动的引擎都是“知识”。我们目睹光是《百科全书》的贡献就足以让人瞠目结舌，他们“搜集、编纂、出版流传千年的秘技，把经验转为知识，把‘以心传心’转为书本学习，把秘诀转为方法论，把熟能生巧转为应用知识”。到了现代，知识更加专精，“学科把‘技术’转化为方法学，像是工程分析、科学方法、计量法、病因诊断法等。每一方法学都把‘特殊经验’转化为法则体系，每一法则体系都把未被发现的事实转化为资讯，每一资讯都把技术转化为可教可学的东西……这种转变，赋予知识去创造一种新社会的力量。”

在以上德鲁克的认知中，**“知识社会”**水到渠成地降临人间。

所以，德鲁克在晚年殚精竭虑地献出他的最终观察——从“知识史”演绎出“知识社会”中新型的**“智识人”**，智识人将主导未来发展的新现实。

根据德鲁克的分析，“智识人”是后资本主义社会的“标记、象征和社会理想的承携者以及‘原型’(archetype)”，他们注重身体力行的“实践”，不崇尚空洞的“漂亮词汇”。其主要关键在**“把经验转为知识、把秘诀转为方法论”**。

德鲁克认为过去的年代里，资本主义与科技创造出世界文明，而所有各个阶段的变动，都是由知识“意义”的改变所推动的。他说：“无论是在西方或在东方，在这之前，知识一直被视为用于‘道’(being)，但一夕之间，知识就变成用于‘器’(doing)。这也就是说，知识变成一种资源、一种利器(utility)。知识原本一直被视为属于个人层面的东西，却变成属于社会层面的东西。”

在上述书中，德鲁克有段意味深长的描绘：

当知识被用来改良生产工具、制程和产品，结果就产生了“工业革命”；

当知识有了新的意义，被应用来解决工作的问题，这就引发了“生产力革命”；

当知识开始运用在知识本身，这就引发了“管理革命”；

现在，知识很快也成为一项“**生产要素**”时……这种社会铁定是“后资本主义社会”。

德鲁克认为，以往从经济视角将社会结构拦腰一刀，切成“资本家”和“劳工”的阶级分类法，将由“知识工作者”和“服务工作者”重新组合。

资本家退位，“受雇的经营者”形成新阶级（知识工作者），而劳工则化身“服务工作者”，纯体力的劳力工作，将由新兴科技分担。

这些新变化，必然打破旧有的社会结构，然而这一切都是由“知识”引发的，社会上每一分子（包括编辑人）岂能视若无睹而置身事外？未来的你，所拥有“知产力”的强弱，将决定自己是属于“知识工作者”还是“服务工作者”。

（2）“知产力”不可或缺

为什么“知产力”如此重要？

因为，未来的“智识人”重视“**实操**”。

由于强调实操，很自然的，德鲁克于回顾人类知识进化史时，用了不少篇幅介绍被后人尊为“科学管理之父”的泰勒（Frederick Winslow Taylor, 1856—1915）。他在1881年时，首次把知识应用于“工作研究”——分析如何工作，如何管理工作。他认为“所有以手操作的工作，无论是有技巧或无技巧的，都可以运用知识来分析、规划”。

泰勒的贡献太大了。

德鲁克举了一例。1941年，德国对美国宣战，事先，希特勒曾评估美国战力严重落后，既无庞大运输船队，也缺乏有组织的护航船舰，更别提战争所迫切需要的精密光学仪器以及制造它们的技术工人，所以他认为德国胜算在握。

美国及时运用泰勒的工时研究理论，把完全没有经验的农、工组织起来，利用“**装配线**”的生产方法，经两三个月的短暂训练，使之立即成为熟练的技术工人。这些工人做出的产品品质，与当时一流产品相比，不但毫不逊色，有时还会过之。出乎意料的巨大生产力，使美国不但赢得战争，并一跃成为世界首强。

由此可知，知识随着科技进展而不停演化的定义，一点一滴地改造我们的生存环境；倘若我们不能正视变化、与时俱进，到最后只怕连怎么被时代淘汰都不自知。

不知道有没有人想过：

——几十年以后，再回看今天，我们或许会惊讶地发现，在充满**新机会**的时代里，有人顺“势”（知产力）推舟，登上巅峰（像百度的李彦宏、阿里巴巴的马云）；更多人却错失良缘，辜负了大好时光。两端的差别，剔除了幸运，会不会出自对待“知识”的态度所导致的？那些幸运者“先行一步”的智慧来自哪里？

存活在无远弗届的网络时代所构成“**知识社会**”的这一代人，一旦错解“知识”和我们的关系，所付出的代价应该远远超出我们的想象。

先举两则距离我们不算太远的故事，看看知产力和我们的密切关系。

A. 爱迪生和通用电气

这一则故事是从洪兰教授（台湾认知神经科学专家）的专栏读来的，她以美国大发明家爱迪生与称作“被世界遗忘的天才”特斯拉（Nikola Tesla，1856—1943）之间那一场“直流电”与“交流电”之争，突显“知识”的重要性。

特斯拉出生于塞尔维亚，接受过正规的大学教育（似未毕业），是个科学怪才。2005 年，“美国在线”和“探索频道”共同举办“**史上最伟大的美国人**”票选活动，他名列 100 名以内。直到现在，我们仍处处可见他留下的遗产。除了在电磁学和工程上的成就之外，他在机器人、弹道学、资讯科学、核子物理学和理论物理学以及一些争议性极大的非主流科学，如幽浮理论和新世纪神秘理论等各种领域都有贡献。崇拜他的支持者，视他为“创造出 20 世纪的人”。现在核磁共振所用的单位为 T（Tesla），是测量磁场通量密度的国际单位，即以特斯拉的名字命名。在塞尔维亚首都贝尔格勒，也有一座以他的名字命名的国际机场。

他的特立独行和怪异发明，使他经常出现在科幻电影和小说中。

1884 年，特斯拉来到纽约，前雇主在写给爱迪生的推荐函上说：

“世上有两个伟大的人：你是其中之一，另一个就是这个年轻人了。”

爱迪生接纳了他。

洪兰教授在专栏中描述两人随后的争执，写道：

> 他看到爱迪生投资的直流电不可行，主张交流电。但因爱迪生只上过3个月的学，不懂交流电理论，加上他已投资直流电，便坚持直流电。最后，爱迪生为此债台高筑，连他创办的爱迪生通用电气公司（Edison General Electric），也被改为GE，把他除名了。
>
> 爱迪生有创造力和企业力，但缺乏数学和复杂理论的洞察力。所以特斯拉说，爱迪生用的方法效率很低，做事情是事倍功半。他说，爱迪生若知道一些起码的理论和计算方式，就能节省90%的力气。

“知产力”的重要性，由此可见一斑。

B. 石滋宜与“生产力中心”

被称作“台湾的彼得·德鲁克”“竞争力之师”“自动化之父”的石滋宜博士，曾运用“知识”改变了台湾中小企业的命运。

他，1937年生于台湾省南投县竹山，1972年获日本东京大学工学博士学位，1973年任加拿大Dunham-Bush公司副厂长，到了1978年，就任加拿大通用电气公司（GE）高级制造工程部经理……加拿大标准局铝合金焊接技术委员会主席，加拿大先进技术顾问公司总裁。

1983年，当时负责全台经济事务的赵耀东先生邀请石滋宜回国服务。石博士长居国外，一时难以承诺，赵就说：

“我这么大的年纪了，还在为台湾的经济打拼，难道连你都不愿意回台湾，为你土生土长的家乡服务吗？”

这一席话深深打动了石博士，他毅然辞掉工作，回乡服务。

他回国以后，于1983年出任工业自动化技术服务团团长，1984年底，就任他精心擘划的**“生产力中心”**总经理。

“生产力中心”的成立，是划时代的创举。在那个年代，台湾正值社会转型期，而出口导向的经济形态，唯有提高生产力，在降低成本的同时提升品质，才能使中小企业在世界上和别人一争长短。石博士运用从先进国家学到的知识，让小小的台湾脱胎换骨。台湾的中小企业就像蚂蚁雄兵，向全世界进军。只要有商业活动的地方，就看得到台商的足迹，即使英文欠通，靠着勤奋、专注、热诚和信用，仍比手画脚地把产品营销全球。

这些胜利果实，均源自石博士的心智奉献。

他很专注地把自己的心路历程写成一本本实录，我粗略算了算，有近20本。为了提携新的一代，他不辞辛苦，在温世仁文教基金会支持下，成立“**总裁学苑**”，有兴趣的朋友，可上网畅游。

他虽七旬有余，但观念新颖，充满锐气，请试读摘录的“**石语录**”：

• 并不是说我拥有了财富，就是成功了——当你说“我成功了”这话时，那你已经完了。因为如果到了这一个点，就该走下坡路了。

• 了解读者的身份，倾听他们的需求，设计提供超越读者需求的产品与服务，这就是出版界取得成功的法则。

• 何谓“准备好了”？准备好了，就是把自己所喜欢的事情彻底变为第一，比别人杰出。也就是说，你可以有弱势的地方，但是在你的专业领域里面你要优秀，那么在你专业的领域里就会有很多机会，你就有可能抓住那一个机会，开始迈向成功的第一步。

• 当机遇到来的时候，已经做好充分准备的人才能抓住机会，才有资格做出机遇所提供的选择。

•“市场导向”的结果，会变成人家做什么，我也做什么，产品供大于求，卖不出去。……竞争，使市场变得有限，生产者没有决定价格的能力，只能跟随大减价，进入恶性竞争。

• 企业成功的法则：一是和别人做同样的事，与之竞争，但须做得更好，这是非常辛苦的；一是和别人做不同的事，不和人竞争，创造最有价值的“产品”。

• 唯有不参与竞争的策略，才是真正的策略，避开了竞争，价格与利润都由自己决定。

• 别人没有，我独有，这是竞争力的核心。

他是活到老、学到老的实践家。

他常说：**“教育的目的，即在于学习‘如何学习’。”**

他是一位少见的、真正能“**学以致用**”的人。

1994年时，因读了《后资本主义社会》，我曾突发奇想，想套袭石博士成立

“生产力中心”的初衷，因应德鲁克的睿智，集结民间力量，筹设一个能够前引变化的“**知产力中心**”，可惜这不自量力、有欠熟虑的幻想，最后不了了之。而今，网络带动社会进步如此神速，迫切性更趋明朗，有心人或可重启行动。

（3）编辑人的“知产力”

存活在2.0时代的编辑，所面对的挑战和过去显然不同，整个关键当然是Web2.0时代的来临。因为新知识带来的环境改变，不仅是网络自身，而是它背后令人目不暇给的、连续创新的冲击。

电脑的诞生，从刚开始单纯的文字处理机到电脑与电脑“连线”形成网络；而有了网络之后，电子邮箱成为新事物，然后搜索引擎、Blog……微网志（微博）等一一登场。发展到今天，“云”来了，iPad也来了，作为编辑的我们，该如何自处？

眼看着和我们直接相关的变化，正在出现。

一是内容生产方式变了：人人都可以像作家一样，在网上发表作品。创作平台如雨后春笋般冒出地表，每天有上亿字的中文内容生产出来。因此，编辑该怎么从海量的、良莠不齐的内容中筛选出自己所需要的？不妨问问自己：我们的企划力还有用武之地吗？或者，换个方式问：怎么让企划力孕育出新能力？

一是内容获取方式变了：网上有非常多杰出的内容网站，有读不完的资讯。光是造访百道网、译言、数字出版在线、青番茄、网易、WIRED连线杂志、Apple4us、思维的乐趣……以及大小媒体的官网等各具特色的平台，就觉得时间不够用了，若还要广收国外资讯，哪儿还有空闲可用？再加上搜索引擎的功能强大，只要登上谷歌或百度，所需要的资料，一搜便有，比读完一整本书更为快捷。

这些事实告诉我们，在此时此刻取得“知识的量”不再困难，新问题是用什么方式能筛选出所需的内容。

所以，内容获取既已大开方便之门，引发的后果是纸本书首当其冲。买书的人一天比一天少，一些规模较小的书店便撑不住了，有些报纸和杂志也不得不关闭纸本，改在网上发行。传统的渠道正在缓缓崩解，而新渠道却尚未成熟。大家都不约而同地努力寻找新的、可长远操作的商业模式，可是摸索的路，似无尽头。

一是书的定义变了：书的价值 M 化——一边努力向经典趋近，一边快速向市场倾斜。更有甚者，因自费出版兴起，出版总量不减反增，书籍竟然具有名片和公关功能。而，书的另类的**定制化时代**来临，以形形色色、前所未见的刊印方式生存——我们在夹缝里，如何找到生路？

一是学习方式变了：传统的学习模式，在“云”和“iPad”出现之后，终于改弦易辙。我们过去习以为常的“由教到学”模式被颠覆，现在的编辑若不能认清变化，未来靠什么技能立足于崭新的时代？

往后，随着知产力的演进，将带给出版 / 编辑什么样的重击或惊喜？我们还能用过去的眼光看待现在与未来？

下一则故事，或许能够让我们正视提升知识生产力的迫切性。

（4）大变革时代来了！

我们都知道教育部门正在进行“数字化教育实验”，却不知道实验的真实情况，《商业周刊》（第 1300 期，2012 年 10 月 22 出版）编辑部为我们打开一扇窗。

读完整篇报道，我被说服了。我发现不必等“未来”，眼前的教育方式就让我心惊肉跳。诚如封面故事**《搞定你的数字小孩》**标题按语所示：“这是一场丢掉课本、黑板的革命，也是一场挑战师生、亲子关系的革命。”

《商周》在报道中说，平板电脑（iPad 等）问世才两年半，传统的“从教到学”模式变了。首先感受压力的是老师，除了自己的专业之外，还必须具备“跨专业”的统合能力，譬如熟知近 9 万个 App Store 教育软件，择需而用。再兴中学有位生物老师朱哲民运用 iPad 教学时，“通过类似 Facebook 的社群 App，先在上面丢出议题，开放学生讨论，到了晚上 11 点还看见学生热烈回应，然后可作为隔天上课讨论的方向。”《商周》说：“以往，老师下课等于下班，现在上下班的界线变得模糊，这也是跨越时间和空间的‘未来教室’的特色。”

《商周》认为平板电脑进入教室之后，最明显的变化是“让学习活了起来，课堂变得即时、互动”。它举了再兴中学“**远距教学**”的例子：

每次上课两节约 90 分钟。上课前，外师先将讨论议题丢上“云端教学系统平台”，学生课前可先抓取课网预习。正式上课后，前 45 分钟由远在纽约的外师，用英文讲解主题：日本文化。下半场开始，学生扮主角，以3到4人为一组，拟定主题，分工、上英文网找资讯。期间，学生还利用教学平台上，类似聊天室软件，进行辩证，辩证文字转贴到云端笔记本Evernote，再上传到该课程的云端教学平台。过程中，外师以引导代替讲述……学生专注于自己有兴趣的主题，随着一个个连接，原本单向的教室舞台，变成了国际讲堂。

如何？这正是我们下一代目前的学习方法，和整个云端结成一体，专家告诉我们时代变了："教学的目的不是准备考试，而是'引发学习热忱'与培养'将世界知识带着走'的能力。"

一位年方14岁学生郭彦真（国二）在**《i小孩告白：因为它**（iPad），**我看不到知识尽头》**一文中称：运用iPad自动上网学习，居然因此爱上中国古典文学，沉醉于谢庄的《月赋》："擅扶光于东沼，嗣若英于西冥。引玄兔于帝台，集素娥于后庭……美人迈兮音尘阙，隔千里兮共明月；临风叹兮将焉歇？川路长兮不可越……"他说他从此成了**"古文痴"**。

郭彦真列举iPad带给他的好处：

——它最厉害之处是"轻便如书"，却是任你翻阅的智识库，比任何百科都好用。而且这个智识库，它是活的。它不仅会给你带来与知识意想不到的邂逅，它亦是一个最尽责的老师。

——它像是衔接世界的管道，因为有它，我面对了世界的窗口，窗外则是知识的天空，看不到知识尽头。

——学校的教育，就是考试，我在压迫的情况下学习；iPad的教育却是我自己发自内心想学。

真实的情况，走得更远。

全球都在全力以赴：美国在2017年将全面转成电子教科书；到2015年，日本所有中小学生都将配置电子书包，韩国则从国小到高中完成"无纸化教学工程"。而2012年6月，联合国教科文组织和苹果公司合作建立"线上虚拟大学——iTunes U"，有高达5亿份研究期刊、教学课程、演讲影片等供免费观看。

由孟加拉裔美国人萨尔曼·可汗成立的非营利教育机构"可汗学院"

(Khan Academy)，通过网络提供一系列免费教材。维基百科介绍说，在YouTube上已经有超过3400部教学影片，内容包括数学、历史、医疗卫生及医学、金融、物理、化学、生物、天文学、经济学、宇宙学、有机化学、美术史、宏观经济学……部分教学视频在网易上已有中文翻译。台湾由“均一教育平台”取得授权，译成中文。难怪老师们忧心忡忡，再往后去，老师的角色会变成什么？

我摘引这些资讯，只为了唤醒以为数字时代对我们的冲击有限的人：“知识”用它独特的方法改造世界，诚如德鲁克警告的，“当知识也成为一项**生产要素**”时，我们假如再掉以轻心，忽视自身“知产力”的提升，将很快发现自己置身于完全陌生的环境。

詹宏志接受《书香两岸》杂志（2010年6月号）访问时的一段对话，非常值得大家冷静地想一想：

书香：现有的编辑该如何自处，去面对即将到来的大变革时代？

詹：对任何一种知识感兴趣的人，都有机会做一个好的编辑。但是如果你对任何知识都不感兴趣，只是把编辑工作当成是一份工，是很难的。我有两个建议：一个去了解你的朋友、现在的年轻人，取得资讯的行为是怎么一回事；你可以从那里看出，有什么东西是你可以做的，这个是积极的想法。消极的想法是，你可以等世界改变你；这个也会发生的，因为行业本身就会变，变了之后，老板叫你做的事情就会不一样，你就一定得变。但是，**当新的一代获取知识的方式已经彻底改变的时候**，或许就是这个时代到来的时候。

17 新·编辑力：大数据在出版业的应用

对编辑人来说，唯在大数据里才有蓝海，才有机会运用编辑企划力另辟蹊径，聚焦于没有竞争者的领域，将它做大做久——“弱者的兵法”，此其谓也。

亲爱的朋友：

以下记述的，只是个人近期（2014 年 4 月）学习心得的综合整理，分成七段，可分别阅读，也可移入“新·编辑力”的叙述脉络里彼此补充。

字里行间所呈现的云端世界似乎一片团花簇锦，但必须点明的是：这些都不是静止的，所有事态仍在**急速演化**，看不透最终的样貌。

所以，记录的仅仅是过程，切勿错认为结论。

（1）不得不改变观念

才交代关于“知产力”在“编辑 Web2.0 时代”之不可或缺，一些从新知识里衍生出来的新生事物又陆续浮上台面，让人不能再假装它离我们很远，可以搁置不理。目前，虽然还没有直接威胁到编辑这一行的生存，但继续发展下去，若不想成为温水煮青蛙中的那只青蛙，不妨正视近乎“未来式”的挑战，认真思索我们的下一步吧。

最近，“知产力”不断添加柴火：如 App 经济越烧越旺，甚至喊出“App 就是一切”，未来的出版社、作者以及内容（书），都可以简化为一个 App 当作沟通界面（北京“磨铁书栈”iPhone 版已在 App Store 上线）；而 O2O（Online to Offline）结合二维码（QR Code）的**营销模式**带来的改变，已经和生活打成一片（你想拥有个人的二维码吗？可到百道网免费申请）；“3D 打印”掀起新产业革命，有可能把家庭变成工厂，什么都能自制；然而，深刻影响编辑生涯的却是大数据（Big Data），我们面对的是史无前例的“新现实”。

的确，不断演进的知识，导引我们走向未知领域。喧腾多时的“云”终于有了清晰的面貌。想想看，不过短短数年前，我眩惑于新知“云计算”，开始以学习的心，半知半解地写下一些有关“云”与出版的文章。原以为登上“云端”，就可迎来光明，到了今天才明白“云”也仅仅是虚拟化的载体而已，而在这虚拟载体上承载的巨量内容所引爆的现状，展现出一个崭新的世界。

请看正在眼前发生、如火箭冲天、有增无减的资料数量：

· 全球**每秒**寄送的电邮有 290 万封；

· **每分钟**上传到 YouTube 的影片达 20 小时；

· **每天**上传到 Facebook 的文章有 300 亿篇；

· 亚马逊公司**每秒**下订的产品共 72.9 个；

· Twitter **每天**的推文有 5 千万篇；

·“盛大文学”注册用户 1.23 亿人，作家人数约 160 多万位，**每日**更新文字达 8 千多万字；

· 台湾 3 年前才成立的“POPO 原创市集”，目前拥有快两万位作家，网上生产了 3 万部作品，最近开始出版站内高人气作品，如石子的《画妖师》；

……

大数据堆砌成一座座矿山，矿山中会不会蕴藏着珍宝等待开发？编辑人最擅长的本领，就是处理内容——纯就编辑人的立场来看，这是激荡企划力的场域吗？

当然是。我们不能把大数据当成杂物堆放，而忽略了连接过去、现在与未来的变因，它等着我们善加解读与运用（如选题、组织、出版、营销），经由汰选和整理之后，制作出别树一帜（N，无人地带）的作品。

（2）从大数据出发

大数据带给我们的是全新的局面。

2013 年 1 月，《远见》杂志策划了封面故事《看见未来 5 分钟》，指出“Big Data 正在改变生活，创造新生意，甚至可以**预测**大自然的变化和人们的购物行为”。

北京“新经典文化”首脑陈明俊显然理解大数据的价值，雄心勃勃地绘制新出版地图，筹资 10 亿—15 亿人民币，打造“**私有云**”，在云上成立提供信息服务和物流服务的“**全国性发行网络平台**”。

根据《北京日报》记者路艳霞2013年3月19日报道，“新经典”虚实并进，“收购了民营渠道，对各省排名第一的社科、文艺、少儿图书经销商注资并控股，与各地新华书店、各大网络书店以及两三万家小书店的销售库存资讯对接，每一天把这些图书的销售库存资料更新到平台。”未来计划在全国20个省份设立分部，希望图书出版资讯管道往下延伸，即以各地分网站的形式，延伸到终端，将所有大小渠道产生的大数据汇整起来，提出解决库存暴增、利润减损等严重问题的对策。他公开表示，愿意和各地大小书店与平台对接，协助大家一起成长。

一旦掌握渠道和巨量数据，并以此推知书籍的印量与销量时，即掌握了出版市场的命脉。但这些重大措施，全为了构建核心竞争力——内容——而设。所以，当陈明俊进一步宣布“图书行业特别适合做‘小而美’的公司，我希望平台建起来后，**让小出版社、工作室与平台进行对接，以帮助他们创业**”时，这段话精确表达出他经由掌控大数据重组产业链，将上中下游尽纳掌心。他走的是一条**长期吸纳出版各路人才**的大道，“新经典”的明天，令人既敬且畏。

微软全球资深副总裁暨微软亚太研发集团主席张亚勤有一段谈话，可充分诠释陈明俊社长非凡的策略眼光：

> 大数据其实就像是一个决策引擎。企业如果懂得运用好的资讯科技，就可以萃取出大数据的价值，将资料转换成资讯，再将资讯变成知识，最后做出决策，来协助企业强化业务营运与市场竞争力。

陈社长在云上一分一寸细腻布局，不由得使我忆起前人的教诲：“自古不谋万世者，不足谋一时；不谋全局者，不足谋一域。”[1] 有为者，亦若是!

一朵“私有云”和背后的指导观念，可让一家出版社提升主导未来的战略高度，可见大数据里隐藏着种种可解决疑难杂症的智能。会解读的人，能掌握到潮流移动方向和人性幽微之处稍纵即逝的商机。

（3）新人才，等你来卡位!

不久前，《数位时代》（第224期，2013年1月1日出版）编辑总监卢谕纬书写的一段文字，让我见识到大数据对社会层面的冲击力道有多广泛而强烈，同时也喻示“云端”再一次给大家重回起跑线的机会。

她引用英国创意、文化与教育中心CEO寇特尼的话：

英国的**统计**显示，现在念书的孩子，日后将从事的工作，有60%尚未出现；我们要教导孩子的不是成为求职者，现在社会需求的是**工作的发明者**。

这段话的背景，就在反映大数据带来的变异。卢总监借着寇特尼的宣示，引出当期杂志封面故事《10**大跨界新人才，等你卡位**》。跨界新人才中，有数据科学家、UX设计师、Hadoop工程师、解决方案架构师、专利工程师、产品协作经理、策展人、故事管理师、社群经理、电子商务经理等[2]。这些职位都难和大数据切割（当前尤以“**数据科学家**”最为炙手可热），传递给我们的讯息是，世界已处于大改造的途中，编辑人既是大社会的环节之一，怎能不顺着发展脉络，面向出版的未来？

在U–出版的召唤下，编辑人当然应该积极投入——聪明或幸运者，或可发明/占据某一枢纽位置，用新的方法重新定义**守门人**的角色（如上文“新经典”在云上的战略部署）。

再看另一个明确的事实：因平板电脑的崛起，因App无所不在，因人人都能成为作者，因网络掀起了“学习大革命”的帷幕等造因，导致新生代以我们不熟悉的方式汲取知识并形塑他们独特的未来。这些现象落在“编辑2.0时代”的眼里，映现的是应如何去发现新的成功方程式，而非故步自封，自外于变局之外。

（4）“云”，编辑人的新战区

新知识（知产力）不断创造出新形势。当新知识本身成为“**生产要素**”时（例如把App、二维码作为营销界面），“虚拟的云”将它的影响力渗透到世上每一个角隅。请容许我夸张地说：谁掌控了云，便掌控了未来。

但，小小的编辑人果真能够在云端翻云覆雨、点石成金吗？

能！

因为机会正在处处冒芽，值得我们费心费力去云上布局。但，要想在云上布局，得拥有消化和运作“大数据”的能力，亦即“**新·编辑力**”。

从经营面看，“新经典”的陈社长为出版界在云时代如何“图强”做了最佳表率；从编辑实务层面来看，自古以来，其实我们一直巧用“大数据”而不自知。可参考的范例很多，俯拾便有：

【范例 1】《农历》

若是细究流传数千年的《农历》由来，多多少少可看出些许端倪，它是历代祖先留给后代子孙的珍贵资产。古早，先人们从日常生活中发现酷热、酷寒、丰雨、冰雪有其规律，所以有了春夏秋冬“四季”，跟着又将“四季”区分出“立春、春分、立夏、夏至、立秋、秋分、立冬、冬至”，靠着一代接着一代观察周遭资料，再辅以“雨水、惊蛰、清明、谷雨、小满、芒种、小暑、大暑、处暑、白露、寒露、霜降、小雪、大雪、小寒、大寒”等 16 种反映气候细微变化的现象，总结为“24 节气”，归纳出“春耕、夏耘、秋收、冬藏”等生存秘诀。

《农历》，就是我们祖先从几千甚至万年口口相传、看似无用的大数据所累积而得的智慧。

【范例 2】《易经》

《易经》也是。那是长期观察沧桑世事，在漫无规则的资料中，提炼出人与大自然运作规律的相处之道，希望子孙能够**预知**祸福，懂得如何趋吉避凶，安身立命。

【范例 3】《宋名臣言行录》

若是放宽定义的话，除了以前曾提过的明朝大作家冯梦龙之外，南宋大思想家朱熹不愧为当代大编辑家。他编撰的《宋名臣言行录》这部史学名著[3]，就是从大数据里汰选而成，皇皇巨著，为编辑人树立了一座巍峨的纪念碑。

朱熹聚焦于“北宋八朝名臣言行”作为**组稿概念**，博览古今资料，举凡“文集、笔记、杂记、国史、实录、别史、杂史、家传、行状、碑铭、墓碣、遗事、方志、小说……”都在搜集范围之内。他从大数据中精选了数百部作品，从中辑录出 104 位大臣的言行与事迹；为了存真，他尊重原著，不妄改一字。此书中不但可以看到君臣间生动的互动，也看到大臣临事时的应对与措施，留下北宋内政、军事、经济、外交、文化与教育的翔实记录。若非朱熹的勤学加上创意，编成这部划时代的《宋名臣言行录》，那些资料早已化为尘埃。

国人对这部巨著有些陌生，反倒是日本非常重视。战国时期“德川幕府”开创者德川家康，把它“视为至宝，即使身在军营也不愿离手，拿它作为自己判断及处理问题的参考”；明治天皇也将《宋名臣言行录》置之案头，一再诵读；近代大企业家更将此书当成经营管理的宝典。

古人著述，类似辑录的作品极多，他们常是编著合一，不似现代将编辑工作独立出来，成为一种专业。

【其他范例】 如《紫微斗数》《资治通鉴》《永乐大典》《四库全书》《三十六计》《唐诗三百首》《千家诗》《古文观止》……都是活用大数据的智慧之作。古代虽然没有“云计算”，也没有 Web2.0，但他们懂得如何从长期关注及大数据中杓取所需，去其糟粕，留下精华。他们处理资料的方法，颇有可取之处。

如今，“云”上承载的图文已如恒河沙数。既然云端是所有内容的最终寄居之地，我们不正是协助活跃在这片广阔空域里的作家（生产者）和读者（消费者）找到彼此的最佳中介者？因此，编辑人的课题非常清楚，即在：

“如何掌控内容，找出需要的人；或是替需要者找到想要的内容。”

身为现代编辑者，应该从朱熹等前辈身上，学到他们之所以能脱颖而出的独特理念和工作方法。

（5）新方向：内容管理与开发

世上就是有人早早看到云上这片“无人地带”(N)。

2001 年 10 月，当大家还不十分了解“云计算”为何物时，有人成立了“**内容银行**”(CONTENTS BANK)。这位聪明、充满胆识的人，名叫峯岸俊介。我大约在 2002 年，从“数字出版在线”的会员贴文中，读到这一则讯息。先来看看“内容银行”成立的宗旨，希望从文字描述里，找到和云计算连接的发想。董事长峯岸俊介说：

内容（contents），贯注了人们的“思想”和“智慧”。决意于让这些“思想”和“智慧”流通于海内外，在 2001 年 10 月于东京青山创立了本公司。

当时，**有些优秀的内容被埋没而不见天日，或者由于缺乏流通手段而只能观赏使用部分的内容，或者被非法使用的情况比比皆是，我也深刻感受到内容制作者们的无奈和懊悔**。对遭受不当使用的内容的权利进行管理，并探索最能使内容发挥效力的方法，以让更多的人能感受到感动和快乐，就成为了公司刚成立不久后我们的大目标。

现在的我们，不仅向国内外提供各种内容，而且扩展了事业领域，通过社

内开发内容制作，和广播媒体共同打造新型的内容流通场所——“新传媒的开发”，并以卡通人物、视频的内容为中心，通过各个领域的商品化，编制成更有魅力的产品，还着手于从内容的版权管理到制作开发编制、流通、宣传等一系列的运作。

始终不忘却创业的原点，那就是通过各种流通手段、媒体、产品向世界持续地提供人类的“思想”和“智慧”，创造“感动”和“快乐”。

我认为这个才是我们 CONTENTS BANK 的使命。

他们将所发现的“空白领域”，区分为五个事业支柱，包括：内容的收集提供、广告促销支援、媒体开发管理、内容制作开发、版权许可管理。这些项目，不正是如今的出版社应该戮力以赴的范畴吗？

十多年前，峯岸俊介就知道把手伸进“提供人类的‘思想’和‘智慧’，创造‘感动’和‘快乐’”的内容。迟至今日，我们还能和“内容银行”这样的公司争雄天下？

感谢上天！“云”出现了，在大数据快速扩张、看不见边际的云上，**到处是待垦的沃土**，让所有参与者重新获得公平竞争的机会。

所谓“新·编辑力”，就是从云端大数据中，攫取“具有利基市场内容”的一种能力。我们的挑战是，如何运用“编辑 2.0 时代”的各种企划力（如究通力……系脉力、营销力、颠覆力、搜筛力、维基力等），在“云”上另辟蹊径，打造自己（独特、唯一）的王国？

（6）新身份：造云者

既然云上满载大数据，意味着“写作”几乎成了全民运动，人人可在网上涂鸦，公诸天下。一向扮演“内容提供者”的编辑人，面对如此庞大而混杂的资料，该怎么从中筛选出有价值的内容，并替它找到喜爱的读者？

这样提问，必然引向不同的思考：编辑人必须重新审视自己的职能，重新了解自己，定义自己——除了谨守提供内容的本分外（我们还在玩老把戏，但玩法不同了），会有一个更上位的“新身份”统摄一切吗？就像苹果的乔布斯于 2007 年把“苹果电脑公司”更名为“苹果公司”那样，知道未来的“苹果公司”虽厕身在 IT 界，却再也不是“画电脑自限”的传统电脑公司了。这一步跨出去，从此海阔天空，百无禁忌。

我姑妄大胆假设新身份是“**云的经营者**”，这种推断若是成立，我们的职责将是：

①如何在云上寻找（发现）、培育（合作）、组织内容资源；

②如何在云上寻找（发现）、培育（合作）、组织渠道资源；

③如何在云上寻找（发现）、培育（合作）、组织读者资源。

意思是说，当大家渐渐习惯（或不得不）以“云”为家时，编辑人不但不可忽视，反而该积极投入，学会驾驭、创新并组织云上的资源，成为以“云”为基础的全新产业。

首要任务，当是化身为“**造云者**”。

所谓“造云者”，指的是有本事在云端“据地为王”的人。活在“编辑2.0时代”的我们，应具备的新能力就是能够“化云为‘能’”。换个比较功利的问法——能不能从大数据里造一朵“**利基云**”，它奠基于作者云、读者云、特色云（如“三国学”）、营销云等形式之上，成为“**云产业**”之一？

在台湾出版界，有些成员始终不断冒险探索、勇敢“造云”。试举数例，略窥一二。

走得最早的“远流”，二十多年前就造了一朵营销取向的云——远流博识网，希望“在数字时代建构一个博学多智的百科知识库，并借此成为个人及家庭的终身图书馆”，以“网络图书博览会”“智慧型的电子书架”“线上互动的读书俱乐部”“博学多智的百科知识库”为纲，含括了电子书、Best100、远流俱乐部、远流博客、科学人、智慧藏、华山文创、远流别境等家族，傲视群雄。

“远见·天下文化事业群”发展神速，布局整齐。下辖《远见》《30杂志》《哈佛商业评论》《未来少年月刊》等各不同面向的杂志及出版体，出版部门以“天下文化丛书”最为著名，年年都有重量级畅销名著问世，最近的《快思慢想》果然又引起知识界追读。在台湾文化界，“远见·天下文化事业群”各个部门，均属各领域中的佼佼者，在社会上具有极大影响力，它拥有的私有云，叫“天下文化书坊”。

“城邦媒体控股集团”则是台湾最大规模的民间出版组织，巨大到难以形容。它由PChome电脑家庭出版集团、城邦出版集团、尖端出版集团、商周集团、依依国际出版集团5个子集团及一个网络社群事业群组成。每个子集团下面又滋生更多出版事业体，光是城邦出版集团就有近30个大小不等的出版品牌。这个大集团所造的云可多了，目前公开于世的有57个，读友可自行上网查阅。随手拈来，便有“城邦读书花园”（包括“原创市集”“数字书城”“印书馆”“POPO 小书店”“起点中文网台湾分站”）“痞客邦”“商业周刊”等等。

报纸方面，点阅率最高的是《联合报》创设的“联合新闻网”，其次是《中国时报》所属的“中时电子报”，两者各有特色，是我每天必去造访的网站。

其他出版社、杂志社、报社、电视台以及各式各样的渠道（如博客来、7–Eleven 等）都各拥其云。这些年来因网络发达，“造云”人人会，已不能算是了不起的技能，要问的反而是，**这是我们编辑人要的云吗？**作为有进取心的编辑人和“云”之间的关系需不需要进一步厘清？

面对如恐龙般的大数据时，在心态上我们应该学会**正面看待**。因为它带来的不是表象的紊乱与芜杂，而是更多的机会和更多的选择。出版社、杂志社、报社等打造的“公司云”或其他的“公众云”，给了我们“站在巨人肩上”的发展机会，从中专注于经营一朵“特殊性的云”？

不过，若想处理好这一朵云，我们肯定需要一个与众不同的策略，聚焦于**“小而完整的‘壹’**（人或领域）”，并提供百分之百的**“服务”**。

例如，网络是最多**新写手**出没的场所，里面卧虎藏龙，就看谁有本领取得**信任**。试想宋鸿兵在和讯网博客发表《货币战争》时，谁有那慧眼认识到这朵不平凡的云，在第一时间签下经营权？大数据中，有更多的宋鸿兵，等你发现。

最近，读到参加湖南卫视《我是歌手》的林志炫在接受记者访问时说的一段话，值得细细咀嚼。记者许琼文描述道：

> 林志炫对音乐的坚持，始终如一。就像在主流音乐的市场里，旁边有一块田，没什么人去，只有他一直在那里默默耕耘着。
>
> “这块小小的田，但是也够养活我、支持我——重点是也没有大到有人来抢，不必与主流市场厮杀。”
>
> 林志炫用他一贯理性分析的方式谈着他对音乐的理想。

多棒的说法！

林志炫这句话的内涵，颇具策略意义，意味着**“但取一瓢饮”**（聚焦于没有竞争者的领域）与“精心经营分众（爱好者）”，将它做大做久；也就是要爱你所爱，做你所能，认真**“经营社群”**。换言之，先用减法、除法抛弃多余，锁定目标后，再用加法、乘法扩大利基——我经常强调“弱者的兵法”，此其谓也。

“造云”的诀窍，尽在其中。

（7）结语：大数据的现实意义

虽想厘清大数据和“新·编辑力”之间的关系，但总觉得难尽其意，因为两者牵丝攀藤，剪不断，理还乱。

大数据对人类究竟有什么值得重视的地方？

以发生在2011年3月11日强度9.1的日本世纪大地震，导致福岛核电事故、核电厂熔毁为例，日本搜集了有史以来最完整的灾变数据资料，包括推特（Twitter）提供1周内1.8亿则留言；本田汽车公司140万辆灾区汽车的行车记录；日本气象学会的地震、海啸引起的海象变化的观测资料；Google卫星地图上的点点滴滴……研究人员解读所有能掌握的资讯，希望有助于**“防患于未然”**。

他们曾经把灾区中的手机使用者，在地图上圈成蓝点，观察他们移动的方向和速度，用来理解灾民的心理变化与行为模式。他们发现灾变当时，那些蓝点往灾区移动的人数比往避难区移动的人数多上一倍。这种现象说明了亲情胜于一切，当危难临身时，多数人奋不顾身奔向自己的家园，伤亡人数因此攀升。可见，在那些冷冰冰的灾变数据资料里面，能读到人性的光辉。

《商业周刊》曾介绍电子商务巨鳄“淘宝”组织了千人队伍，运用巨量的客户上网数据这种独有的基础资源，“预测消费者的购买行为，并建立客户流失预警模型，列管潜在流失用户”。

对来自传统行业的编辑人而言，大数据放在我们眼前的是“机会”与“抉择”，假使我们只懂得追逐名家或争夺国外畅销书的话，大数据的存在是没多大意义的，因为在那片红海之中，往往是酬劳高低决定了作品的归属（少数例外）；对大多数被摈弃于外的编辑人来说，唯在大数据里才有蓝海，才有机会运用编辑企划力另辟蹊径，开创我们不参与竞争的立足之地。

所以，大数据犹似一面铜锣，你必须去敲击才会有声响；不同的人敲击，会发生不同的声响与节奏。

不同的时代自有不同的辉煌。汉赋、唐诗、宋词、元曲（杂剧）……都发展出各自的文创特色。到了Web2.0时代，内容创新如此蓬勃（海量），是不是我们恰好走到一个新典范的门口？

我没有答案。

答案属于有梦、造梦的人——如你。

注释

[1] 语出清朝陈澹然的《寤言二迁都建藩议》。

[2] 这儿所选列的 10 种“**新人才**”值得了解：

· **数据科学家**（Data Scientist）：精炼大数据中所隐藏的讯息，预测未来趋势，做策略建议。

· **UX 设计师**（UX Designer）：UX，指的是“**使用者经验**”（User Experience）。举例来说，“就是使用者在使用某个网站（服务或产品）时的全部体验，像是对这个网站的印象、感觉，以及会不会再回访等。对于遇到的问题、疑惑的反应，都可以称之为 UX 的一部分。虽然个别的使用者在使用时，有不同的主观感受，但在界定良好的样本族群下，其共同性就可以在良好的设计下被观察到”。而，UX 设计师的使命，则是通过观察及焦点访谈等研究途径，以了解使用者的真实期望和目的，对使用者操作流程进行修正，保证产品核心功能。

· Hadoop **工程师**（Hadoop Engineer）：根据维基百科“Apache Hadoop”条目解释，“Hadoop 是‘Apache 软件基金会’所研发的开放源码并行运算编程工具和分散式档案系统”。《数位时代》认为 Hadoop 工程师的工作聚焦于“针对大数据的运算或储存需求，进行相关 IT 架构及平台的设计、开发、测试和部署”。

· **解决方案架构师**（Solution Architect）：发现需求并统合资源，设计一套完整的解决方案，以解决此需求。

· **专利工程师**（Patent Engineer）：帮助公司取得最有效的专利。

· **产品协作经理**（Coordinate PM）：产品内容研发与呈现。

· **策展人**（Curator）：去芜存菁，重新赋予资讯意义，成为新媒体创造者。

· **故事管理师**（Story Teller）：不论卖的是什么，都必须替产品说一个故事，来感动消费者。

· **社群经理**（Community Manager）：通过社群网站和网友沟通，传达品牌讯息并扮演客服角色。

· **电子商务经理**（EC Manager）：在实体渠道外另创商机。

[3] 《大指导力：宋王朝领导精英结构群透视（〈宋名臣言行录〉白话版）》，远流出版公司 1991 年 12 月 1 日初版，朱熹著，葛景春、任崇岳译。本书曾列入“实用历史丛书”，被赋予了新的价值，重新定位出版。

18 系脉力：构造独有的生态体系

文化创意者必须告别流行与时髦，选择一条孤寂的道路，寻找到新概念，发展成新领域，赋予新框架。在一个没有竞争者的领域，一旦架构出现，脉络分明，巨细靡遗，环环相扣，构起独有的社群文化，就能打造一个小而弥坚的王国。

亲爱的朋友：

今天换个轻松的话题，先来介绍一个借着小小创意，巧妙运用**系脉力**（打造系统与脉络的能力），竟然打造出令人惊艳的当地文化产业。

（1）世上有个"妖怪村"

1989 年，日本鸟取县境港市为了向出生于境港本地、享誉世界的**"妖怪漫画家"水木茂**（1922— ）致敬并致谢，正式接纳妖怪文化，开始构思如何将它和市区融为一体。这个企划案执行到 1993 年，市政府在一条街道的两旁，摆设 23 座水木茂画笔下妖怪铜像，成立全世界第一座妖怪文化观光区。1996 年，逐渐增加到 80 座，并举办了**"第一届世界妖怪大会"**。随后，妖怪神社、水木茂纪念馆、妖怪铁路和机场、纪念商品、玩具、伴手礼……一系列周边产物的出现，使本无特色的日本二线城镇，变身为"妖怪村"。"妖怪"成了境港市的独特象征，吸引日本及世界上无数好奇者如潮水般涌入。

水木茂是一位漫画创意家，他**"走自己的路"**的心路历程，太值得借镜了。我希望在这里书写的记述文字，能从时代嬗变的脉络里，找出是什么因缘使他变得不一样。

（2）与水木茂一席谈

2013 年，某个夏日午后。

在友人安排下，赴水木茂家访谈。也许午眠充足的缘故，高龄 91 岁的他谈兴甚浓，几乎有问必答，答必详尽。原先预定一小时的访谈，不知不觉中延长了半小时，他似乎仍意犹未尽，可惜他排定了后续计划，不得不结束会晤。

我们的谈话内容率直而诚挚，经整理之后，决定不采用枯燥的问答方式，改以叙事形式轻松表现。

几乎是无法形容的，第一眼见到他施施然走来，就那步履和神态便身不由己地想靠上去，亲近他。他一面走，空荡的左袖自在地飘舞着，我本能地瞄了一眼，他带着开朗的笑声，伸出右手，紧握我的手，神态洒脱地说：

“别担心，只是少了手臂而已！”

会面之前，我读遍有关资料，当然知道他在二战服役期间，驻扎南太平洋小岛上、遭遇美国飞机空袭而失去左臂。当时，已近战事末期，他带着一身伤残幸存下来。水木茂回到日本后，他的父亲眼含泪水，笑道：

“阿茂以前就是个大懒虫，在得用两手工作的地方，也都只用一手做，事到如今，就算只剩下一只手，也没什么差别啦。”

水木茂达观、幽默、体贴、肯随时替他人着想的天性，或许是从他父亲那儿遗传下来的。他的家世不错，父亲武良亮一，毕业于早稻田大学；母亲琴江出身江户时代允许持有刀具的名门世家。

他的人生基调是**不强取**，什么都放得开，爱说“即使生活里不小心关上一扇门，老天爷会在别的地方为你打开另一扇门”，颇近老庄的况味。

一落座，为了节省时间，我立刻丢出话题：

“读您自传，确实过瘾。从小到大，可说您一无是处。不但功课吊车尾，连报考录取率 99% 的园艺学校，都成为唯一落榜的考生。除了顽皮捣蛋，学什么都不成，是个让人伤脑筋的家伙呢！”

“是啊！”他一点都不在意我的调侃，爽朗大笑，“至少我是个‘孩子王’，班上同学都喜欢我，跟着我胡闹。每次想起小学时代，还真怀念那段日子，人要是能不长大，多好！”

“不过，即使您故意把自己形容得那么无可救药，还是无法掩藏住‘努力过’的痕迹。不仔细读，真以为您的成就像是天上掉下来，全靠幸运之神的眷顾才捡到的。”

听我说完，他沉默了几秒钟，露出似笑非笑的笑容，装出正经八百的神态，说：

“没有幸运之神的眷顾，哪儿有我今天？我不想误导别人，把自己说得一副天纵英明，像从石头缝里蹦出来的。我承认，曾经‘**用自己的方式**’努力过——譬如绘画，从小只有随手涂鸦时，我的内心才得到平静。另外，我喜欢阅读课本以外的闲书。我说过，‘不知为何，我就是深受哲学书籍吸引。并不是因为想要读艰涩的书，让脑袋聪明点。因为这个时候，日本正在中国发动战事。从情势看来，感觉再过不久也要跟美国开战了。如此一来，我可能早晚都要死于战争。啊啊，人生究竟是什么？我思考着一般人都会想到的问题，但我毕竟是个脱队大王，因此狡猾地认为：与其自己思考，倒不如偷古代的伟人思想来代劳。’哈哈，因为想偷懒，不知不觉读了些在那年纪的青少年不接触的东西，也养成一生享用不尽的阅读习惯带来的乐趣与知识。等我读多了，又觉得自己上了当，‘我发现每个人都一本正经地陈述各自的理论，让我开始难以取舍，不晓得该听信哪个哲学家的意见比较好。我心想，难道就没有一个人能提出深得我心的说法吗？’”

“后来呢？您找到了吗？”

“没，但我**找到自己**。”

“哦——？”我听不太懂。

“啊啊，我最后发现没人可以替我思考、替我生活。每个人都如此不同，要怎么活，要过怎样的日子，全靠自己。所以，人只要活着，就别抱怨这、抱怨那的，而且抱怨也改变不了什么，只好全心全意、认真地活做自己。”

听他讲起人生道理，似乎有些不同。但毕竟是老人家了，他仿佛跌入回忆，竟然自顾自地说下去：

“从小到大，在很多人眼里我是个不长进的‘笨蛋’，这一点连争辩都不必——我自己都不反对。但天生万物，自有所栖。就像我常讲的比喻：‘昆虫有许多种类，我们人类也分成许多种；叫蜻蜓变成螳螂，或是叫臭虫变成蚯蚓，根本是强人所难嘛。正因为一人一个样，所以每个人就去过自己**不同的人生**就是了。’一方面，人应随遇而安；一方面，我信仰‘**做蠢事成了精，就叫作专家**’。总而言之啊，‘即使是无聊的事，只要不辞辛劳地做下去，上天似乎总会给我们一些回报的。’”

话说得有趣。但我必须引导他从回忆中转出来，回到我预设的主轴。

“那么，就请说说您如何找到‘不同的人生’吧！”

老人的兴致立刻高了起来，像挖到宝藏似的，开心极了，双眼满含笑意，都快眯成一条线了。

“‘人生的际遇’真是奇怪的东西啊！二战结束之后，百业萧条，整个日本等着重建。在这段日子，一穷二白的我，先混进了武藏野美术学校修业，也尝试过不少种类的职业，我甚至开过小旅馆。最后是为一位漫画家身份的房客帮忙，替他的作品着色——就这样唤醒从小弥漫我全身的绘画因子，我干脆结束其他尝试，靠着既有的绘画底子，一头栽入漫画中。”

然而，即使水木茂晋身为漫画家，有点小名气了，依然一贫如洗。穷到租给他房子的房东都不忍心了，主动减收他的租金，跟他说：

“真可怜！工作这么认真，还这么穷！”

关于他如何找到方向、挥别穷困，当是我这回访谈希望挖掘的真相。在这节骨眼儿，我毫不犹豫，开口直问：

“那么，能让关心您的读友明白您做了什么努力，才从人才济济的漫画界脱颖而出？”

“嘿嘿，”水木茂带着得意的笑声，率真地说，“我不否认成功有侥幸的成分，但也不尽然全归之于侥幸。在摸索到方向之前，吃了多少苦头？我曾创作各种题材，也曾努力迎合市场变化，什么好卖就画什么，最后累死自己，却累积不出成果。每一部作品如同点放烟火，嗖一声，就没了。一个真诚而又有志气的创作者，哪儿经得起这般消耗啊！”

他确是一位感情丰富的艺术家，有些往事显然触动了他，眼眶里居然闪过微微泪光。他立即控制情绪，调整语调继续说道：

“我一直在思考：在创作的道路上，光想跟随潮流、只为今天而活的人，是没有明天的。我不能没有目标地‘为活而活’，我必须找回自己、突出自己、做自己。”

水木茂比手画脚，向我说明他如何回溯成长史，一次次反刍经历中的磨炼。他说，有一天突然灵光闪现，想通了**“创作者必须告别流行与时髦”**，选择一条孤寂的道路，寻找到新概念，发展成新领域，赋予新框架——只有这样才能完成自我，打造属于自己的王国。

在不断内省中，他想起幼年家中帮佣的浓婆婆（鬼婆婆）讲述的鬼怪故事，水木茂知道他终于发现一个无人关照的新世界。

他 32 岁（1954）那年，未来妖怪世界的明星——“鬼太郎”的雏形，诞生了。

“‘**妖怪世界**’这片领域的大发现，改变了我的一生。”水木茂得意地说，因为那儿是一片“空白”，没有漫画创作者和他竞争，是他一人独享的领域，“我花了不少时间思索‘妖怪世界’的经营术。我从中国古老智慧中得到启发，书上说，光靠一个网目是捕捉不到鸟的，必须纠合众多网目张成罗网，才捕得了鸟；鸟儿之所以能翱翔苍穹，得有翅膀才行，光靠一根羽毛哪儿能让它高飞。‘妖怪世界’要能成气候，一个‘鬼太郎’实在没法兴风作浪。既然发现了妖怪的‘世界’——‘世界’里就应该有形形色色的精灵，和鬼太郎一同生活。围在鬼太郎身边的角色和故事情节，自动冒了出来，一发不可收拾……”

老人说得兴起，从座椅上站起来，比手画脚介绍他画笔下塑造出的好妖怪、坏妖怪，如眼球老爹（鬼太郎父亲）、臭鼠男、猫女、木棉市、哇哇爷、撒沙婆婆、水泥墙、钓瓶火、油须磨、希撤、垢尝、忙碌妖怪、木灵、草鞋妖、跟屁妖、蝾螺鬼、松树精……太多太多了。他们使用的武器及工具配备，如头发针、妖气天线、遥控木屐、手指子弹、祖先灵发编织成的神奇背心、变色龙舌头……他不厌其烦地介绍各有专长的妖怪及稀奇古怪、充满想象和现代感的装备，听得我目瞪口呆。

老人铿锵有力的声音，像叮咛一般，即使到了今天，依然荡漾耳边：

“一旦想通了，一通百通。架构出现，脉络分明；一则故事引出另一则故事；一个妖怪背后隐藏另一个妖怪。阡陌纵横，经纬交会，妖怪出没，无人不爱。我把全日本——噢，不！应该说是把‘全世界’爱恋妖怪的朋友**集合**在一块儿了。就这样，搞了一个从无到有、活灵活现的原创式的**生态系统**，只要手中有笔，故事永远画不完。今年我才 91 岁，我想，我至少要画到 100 岁。”

水木茂坚持到 43 岁（1965）时，开始在《周刊少年杂志》连载《墓场鬼太郎》。1967 年，《墓场鬼太郎》更名为《GeGeGe 鬼太郎》的动画影集在电视上播出，大受欢迎（“GeGeGe”后来成了水木茂的代称，并获得当年的“流行语大奖”，有人把它译为“怪怪怪”）。

从此，再也没有人可取代水木茂与妖怪的连接。

一生中，他获奖无数。著名的有“讲谈社漫画奖”“法国安古兰漫画奖”“日本漫画家协会奖”“星云奖”“手冢治虫文化奖”，并获颁“紫绶褒章”“旭日小绶章”等。

访谈总得告一段落，临别之前，请他送读友一句话作为赠言，他连一秒钟都没迟疑，脱口而出：

“请专注在自己喜欢的事情。”

以上对谈，当然是虚构的，但网络上的资料非常多，足以支持水木茂的理念表述。

促使我撰写本文的动机，缘于2012年6—10月“GeGeGe鬼太郎的妖怪乐园”在台中文化创意产业园区展出时，我应文化资产局王寿来局长之邀，前去参观。我没料到自己竟然从日本赴台展示的妖怪身上，体验了一次生动的文化创意之旅，目睹文化产业从发想、铺陈、发展到茁壮的样板。诚如惠普（HP）前CEO菲奥莉娜（Carly Fiorina）说的，“怎样的人，才算是创新者？我的答案是，能够想象出‘不一样的未来’的人；他们勇于梦想，愿意辛勤工作；他们看见可能性，而且把这种可能性落实。”水木茂正是“落实”的人。

怎么做才叫“落实”？我想，水木茂和他创造出来的“妖怪世界”，足以作为表率。他的成功之道和“编辑2.0时代”苦苦摸索、成长的途径何其相似：小小创意从海量讯息中汲取能量，不断扩张影响范围，由平面而立体、无声到有声，认真建构起独有的社群文化，并和出生地合体，成立旅游胜地。从这个角度界说，“文化创意产业”，当然深具经典意义。

当境港市区到处矗立水木茂画笔下的妖怪塑像，当全世界惊异于那样奔放想象的创作力而纷纷前来朝圣时，他的奋斗历程足以引起我们编辑人内心难以言尽的激动。从这位漫画家的成长故事中，有太多可学的养分了。

他咬住一个没有竞争者的领域，将它化为社群；有些聪明脑袋跨界过来，把社群概念系脉化，化身实体，一个世上独一无二的“妖怪村”凭空降临。

我们见识到文化力量的完美展示。从此，它扎根历史和泥土之中，很难拔除了。

（3）完善而极致的“系脉化”

活在大数据时代的编辑人，对水木茂的事迹应该特有感触，因为他也许无意中指明了一条可行之路。

我们不妨自问：“编辑工程和系脉化相关吗？若是无关，大可置之一旁；若是相关，那么该如何纳入思维，融入作业规范？”

在前面的信里，我曾请教大家：“你是像游牧民族那样‘逐水草（畅销书）

而居（活）'，认为'什么书能卖，就出什么书'的编辑？或是像以农耕为主的生民那样，寻觅一块荒野之地（领域），努力开垦属于自己倾心的小小桃花源的编辑？"

不一样的思路，开展不一样的历练，讲述着不一样的故事。

"畅销书"谁不爱？那是编辑梦寐以求的猎物，一生之中若能遇到一部《哈利·波特》，一家出版社可就享用不尽了。但是，**畅销书**可遇不可求，它**无法随主观意识催生出来**，书市的特性即是难以捉摸的"不可测性"，所以我对能够经常准确推出畅销书的编辑人充满敬意。这类天分极高的"人中龙凤"，是上苍的选民，必须珍惜并尊重。

我必须坦率承认，我是畅销书的绝缘体。讲人脉，我识人有限；谈实力，样样输人。总而言之，我完全无法跟竞争者争夺国内的名家名著或国外畅销与流行的书；我也不具备一接触书稿便能判定是不是畅销书的能力。我从不敢以畅销书为标的，即便经手的书畅销了，也纯属偶然。

我之不迷恋畅销书，除了自知缺失多多之外，还有其他因素。

我很幸运，在当年编辑圈的高手身上，观察到"赢"的秘密——另辟蹊径，走不一样的路。

当年从事出版时的詹宏志就是其中之一。他改造一家急于突破经营窄门的"远流"，选择了和当时所有出版社不同的策略，彻底**避开竞争**，达成了不可能的任务。

他的表现可圈可点，在他领导之下，远流各条书系所出版的书，在当年最具规模的连锁书店（金石堂书店）每月的"畅销书排行榜"上是个稀客，但每到年底"年度畅销书排行榜 100"排比时，就显出强劲的综合战力，总是有不少书籍名列其中；尤其在"出版社年度销售额"排比时，更是出色。

这种不以追逐畅销书为"第一目的"的经营手法，的确值得玩味，他们的战力不出于单一的突出，而是总体力量的爆发。

今天用新的量尺回头索隐，我认为这是詹宏志善用"系脉力"，通过系脉力，将"策略抉择"化约为一连串的措施和步骤。

他有想法，还能把想法付诸实现。

他懂得组建人才。把散落在外的高手，以他的经营理念拾掇成串，一条条书系应"人"而生，一步步入据不同领域里称王称后。

他重铺渠道。一面强化远流本身的发行能力，一面把北、中、南地区经销商根据自己的布局加以组织，并以当年最抢手的《金庸作品集》作为谈判条件，和他们签下可让远流快速扩张、抢食市场占有率的合约。

另一方面，他筹设营销企划部。主要任务是将“**预约制度化**”，将营销决胜点，移向“上市前”。

同时，他规划两本服务性质的杂志：厚64页、特别为经销书店设计的《书店导游》，每月免费发放给中盘商，转送店头让读者取阅；报纸型的《读书社群》则针对参加“远流读书俱乐部”的十多万会员寄赠到家，事实上是一份新书导览，和专案邮购交互运作，提供最优化服务。

他建立远流的经营观念是：**不以追求畅销书为目的**，而以书系营运效益的极大化（数一数二）为目的；在他领导下，台湾有了一个系统分明、组建严密、充满现代企业经营精神的产业化出版公司。

若用一句话总结他的贡献，可以这样形容：

——他营造了一个深具发展性的框架，框架内允许任何利基性的组合。换言之，在那个时空背景下，他建立起独特的工作系脉，有别于当时所有出版社；因为，他颠覆了大家的“习以为常”，他颠覆了传统。

生存于网络时代的编辑人，或可从中有新的体会。

（4）例子：《优渥志》（*You Work!*）

请记住这个名字：陈絜吾。

他离开商业周刊出版社后，成立大乐文化出版公司，于2009年10月，推出以便利商店为销售窗口的《优渥志》，菊8开，64页，售价新台币99元。公司到现在6年半了，仍然活泼、自在又健康。

从他的创业中，我们能够学到什么？

第一，看他如何发现一个杂志市场的“无人地带”（N）。几乎所有杂志为了丰富内容，承载太多本来就不属于它的设计。且举市面上的商业性周刊，为了广告，画蛇添足地延伸出生活性副刊；竞争者见猎心喜，于是你学我，我学你，长得像孪生子，而且变得厚重不堪，本本都在200页以上。陈絜吾显然看出利弊相杂之中，忽略了有一类读者的渴求，读者花钱购买的目的之一是为了“**追切需要**”，是为了解开心头疑惑。陈絜吾认为回归初始的纯净与简单，对杂志而言，未必不是一件好事。所以“简单”与“专注”形成他的编辑策略：一本书解决一个问题，献给真正需要的人，成了《优渥志》主题式的内容诉求。

例如：

- “四堂课，让孩子学会独立”（优 Care 系列）
- “解决所有问题的思考技术”（优 People 系列）
- “看懂财报，年年多赚 100 万”（优渥志 / 大乐财经系列）
- “德鲁克告诉年轻人的 10 件事”（优渥志系列）
- “正面思考，赢得 105 分人生”（优渥志系列）
- “超惊人！酵素排毒瘦身法”（优 Health 系列）
- “偷学：成功者不教的一周工作分配法”（优渥志系列）
- “成功者的一句话：改变你的一生”（优 People 系列）

第二，极大化的定价策略，得到最大经济效益。在台湾，店头（特别在便利商店，如 7–Eleven、全家等）是杂志销售的主要窗口，而售价 99 元是一条看不见的底线，意思是说，售价一旦过百，不利销售，必须在一张面额百元大钞内完成交易行为，“百元以内”是消费行为认定是否便宜的最大公约数。陈絮吾很清楚，在这条线前停步，99 这个魔术数字，增大了盈利空间。

第三，精于成本控制。他严格控管人事费用、制作费用（包括内容来源、稿酬、纸张、装订等）以及反成规的出版政策（如，不依赖广告），不大量发行（主攻便利商店，不谋求最大发行量，减少浪费和损失），先让自己立于不败之地。

第四，杂志从书化。

第五，系脉化。当《优渥志》初试啼声，市场立即报喜，于是在用心包装下，《优渥志》被品牌化，也同时看出它被渠道化了。这句话所表达的功能性含义是说，从此它能无限衍生。不久，优 Health、优 People、优 Care……接踵而来，每个子系列下，又赋予新的内涵。

从出版圈竞争的角度来理解，陈絮吾找到了筹建生存必需的、小小王国的途径，值得喝彩。

（5）例子：一本书的影响力

有鉴于世上所见所闻的演讲，都是事业有成的达官贵人在讲台上大放厥词一两个小时，台下听众个个被折磨得昏昏欲睡，理查·伍曼（Richard Saul Wurman）想，为什么不能让真正有想法的人，给他一定长度的时间说出他最真挚的内在声音？

30年前（1984），伍曼组织了“**TED大会**”，将各行各业的精英会聚一堂，让“每位讲者在18分钟内，只聚焦一个重点”，分享自己的idea，TED就这样诞生了。结果，TED大获成功。到了2002年，喜欢颠覆的伍曼又把TED卖给克里斯·安德森（Chris Anderson，是创立种子基金会 [The Sapling Foundation] 的那位，非《长尾理论》的作者）。

伍曼离开TED之后，不甘寂寞，创造了新模式“**555论坛**”。在《今周刊》第881期“封面故事”（2013年11月11日出版）中，记者许琼文锲而不舍追问下，他的回答，恰巧可说明系脉力完善的实践过程，当作收尾，合适之至：

问：“**555论坛**”将如何进行？

答：我一直在做的是：将过去的推翻，重新创造。拿论坛的形式来说，我不相信只能有一种模式。我的新做法是，在连续的“5”个周一，进行一整天论坛；每场有“5”位讲者，每位讲者针对专业领域，借由视觉或听觉的呈现，进行一小时的演说；最重要的是，必须预测未来“5”年的趋势。而这会在世界“5”个不同城市举办。目前，计划从澳洲开始，再到上海、印度、中东、欧洲。一个巡回下来，就会累积25（5×5）个在不同领域、对于未来“5”年的趋势预测。

然后，我会在第6周，将这25位讲者集合在纽约，进行跨领域对谈，讨论社会将如何应变他们所预测的未来“5”年趋势。从明年9月开始进行，从第一周到结束，总共60天，最后我会集结成一本书，你可以想象这将会多么有趣。

关于“编辑2.0时代”必备的企划能力的讨论到此结束。理论上，有更多的“力”可以纳入，例如“**营销力**”也值得写，因为编辑常认为营销是业务部门的事，殊不知不懂营销的编辑是个不完整的编辑。至于“**颠覆力**”更该探索，编辑企划若不具颠覆性，只知随从，将沉陷红海，永不得翻身……

但任何一个“力”，如同钻石的切面，都是企划力的一个视角，而且力力相系，你中有我，我中有你。以“究通力”为例，难道能不含设计力、凝聚力、整合力、策略力、制作力等等的质素吗？依此类推，同理可证。

所以，必备的企划能力于此画下句点，当是恰宜时机，若有不足之处，只能请自行填补了。

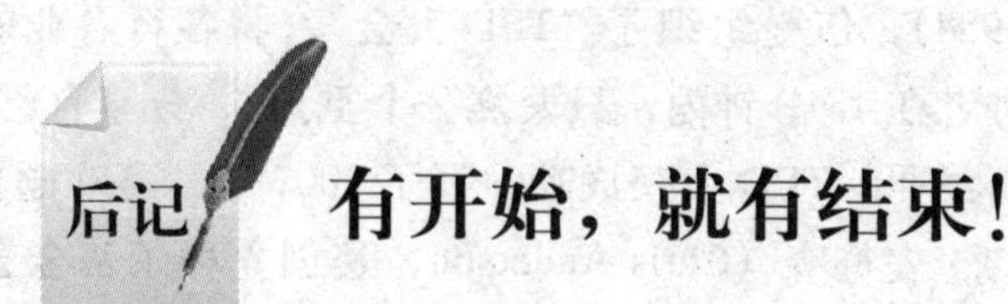

后记 有开始，就有结束！

亲爱的朋友：

老实说，我并不想停笔，还有好多话要说，虽然累积了五六十万字的经验谈，总觉得自己人拙、笔也拙，老搔不到痒处。

但，随着马齿徒增，记忆力一天比一天衰退，刚看过的书，放下就忘；有时候，要写的字即使搜索枯肠也想不出它的长相；每段文字必须一修再修，才修成通顺的句子；整封信挖挖补补二三十次才是现在看到的模样，而等到网友来信告知疏漏或笔误之处，又不得不修订重寄。如今，情况更趋严重，书写时无法集中精神，三五分钟就意志涣散了。我心里有数，应趁着还没全面失控之前，自行了结。所谓“见好就收”或“见不好就收”——总之，亲爱的朋友，这是你最后一次收到我亲自发送的“写给编辑的信”。

想当初（2004 年元月）动念写下这些“私见”，纯属偶然。

整个事情肇因于天津新蕾出版社高彦小姐捎来一封讨论出版的电邮，从最初的两人互动，到后来面对众人将个人的编辑生涯进行深刻反省。这十多年来，坐在电脑桌前的思考和书写，充实了退休生活的每一时刻。我必须满怀感恩的心，向高彦和其他结缘的朋友说：幸亏遇此机缘，能将过去的得失曝晒于阳光底下，细细检视。在那年代，打了不少仗，却不知道“为什么输或为什么赢”。现在，有时间把案例从记忆的洞窟里拖曳出来，用新吸收的知识予以解读，才恍然大悟——啊，原来如此！

我愿意坦诚，当年行走职场，我从没高瞻远瞩的本领。现在有些看法，是当时没想过的，年轻的我不懂艰险，拿着锅盖当钢盔，靠着“兵来将挡，水来土掩”的二愣子精神，横冲直撞；别人视为畏途的，我敢咬牙蛮干。做久做多了，从工作和周围的好榜样身上，学到不少自己欠缺的新东西。

这些反省编辑经验的信能够成篇，最为感念的当是来自詹宏志先生的启迪，他从不知道曾影响我如此之深。他的年纪比我至少小一轮以上，可是我对出版现代性的认知，得自他的作为。我在旁静静观察、默默学习，把他独特的行事法则牢记在心。

有一则只跟很少人说过的故事，我愿意公开说一次，来表达我对他的敬意与谢意：

2001年，我退休在家。没料到尘缘未了，经杨茂秀教授推荐，被正中书局总经理单小琳女士延揽到公司帮忙。

有一天，单总非常客气问道：

“我从事教育工作多年，虽然爱读书，也买了不少书，交了些出版界的好朋友，可是这次独当一面做出版，仍属新手，您建议从哪儿入手，比较能迅速掌握状况？”

那段岁月，詹宏志的《数位时代》杂志创刊一年左右，为了增加杂志店销时的吸引力，他曾将谈出版的演讲实况压成CD片随着每期杂志赠送。

我虽是《数位时代》的长期订户，却未得优遇，为了获得他的演讲CD，只好每次再去店头购买一本当期杂志保存下来。我向单总说：

“单总，您和詹宏志也相识，但可能没时间听他讲出版的事。我手中有些他公开对外演讲的CD，听了之后，对出版的现在与未来一定会有新的理解。”

单总高兴地借走CD。

隔了一个多星期，她找我去总经理办公室。

“周顾问，詹先生的CD听了，这些内容的确让我对出版有了新的认识。”

接着，我们交换了一些看法，讨论正中书局的未来走向。等我起身离开时，她叫住我：

“顾问，您对詹先生既然如此肯定，想请教您一个问题：假如在台湾出版界排序的话，**在您心里，他排在什么位置？**”

这并不是个聪明的问题，她如此发问一定有她的道理。

“第一名。”我几乎不假思索，脱口而出。

“哈，您可是我们专程请来的顾问噢！那么，和他相比，您属第几呀！”

我有点明白她的用意了，我故意伸出两指，晃了晃，说：

“第二名。”

“哦？”她露出讶异的表情，我一时看不出她是失望还是高兴。失望的也许认为请来的人居然不是第一名；高兴的也许是仅次于第一名。

她又连续问了很多个大家耳熟能详的名字，我通通回答：“第二名”。

这回，她的好奇心被诱发出来了。她促狭地指指自己，问道：

“那我呢？”

“第二。”这次回答得又快、又干脆。

“我也第二？我可才刚加入出版行列呢！”

“对！您、我、他们都是第二。”

“为什么？”单总显然颇不以为然。

“因为，我们各有所长，各有所短；相对于我们，詹先生是全方位观照。”

这则轶事，有人认真听进去了，有人把它当笑话听。假使你读过我书写的全部内容，或许会同意我的论断。不过，若不同意，也十分正确。

因为我在近30年的编辑生涯中，分别在17个大大小小的单位做过事，最长的地方待了快8年，最短的一天半。从表象看，我应该认识不少人，其实转来转去，都在小池子里打转。加上我天性木讷，既无文采、不善言辞又怯于交际，因此识人有限。我相信台湾出版界比詹宏志优秀的大编辑不在少数，如纯文学林海音、尔雅隐地、九歌蔡文甫、天下殷允芃、远见高希均、王力行、远流王荣文、《讲义》林献章、圆神曹又方、时报高信疆、莫昭平、大块郝明义、联经林载爵、青林文化林训民、《创世纪》张默……至少可列出一长串名单，他们全是能打天下、治天下的高手，是我长久钦佩的英雄式人物。有些我只敢仰望，不敢攀交；有些似乎该由他们身边熟识其贡献的人，予以宣扬。而我，只能说我知道的——当我回答单总的问话时，答案中有两个前提：一是有范围的，不是全称句；一是纯属个人的主观。

所以，要是你心目中的“第一名”另有名字，也非常合理。

我对编辑工作的认知，是有阶段性的。

1974年，我从军中退伍，缘于喜欢阅读，偶尔书写几篇类似读后感的评介文字，知遇于《幼狮月刊》朱一冰先生、《幼狮文艺》痖弦先生、《书评书目》

隐地先生，因此得到发表文字和工作的机会，开始了我的编辑生涯。

那时候的我，热衷于认识心仪的作家，以能争取到名家之作刊登在自己参与的杂志上为荣，以为这就是编辑人该做的事。慢慢，随着接触面扩大，结识层面逐渐繁复多样。不久，结交了《中国时报》人间副刊高信疆先生，目睹他和转任《联合报》联副主编痖弦先生之间的竞合关系，深深震撼了我。那一段台湾副刊史上的黄金岁月，容许千奇百怪的尝试，使编辑这行业的内涵，起了翻天覆地的变化；高、痖双雄对峙的局面以及社会深层刚萌芽的革新意识，突破了传统思维，激起汹涌波涛。尤其是高公与各阶层密切结合，让编辑人通过工作平台，取得不同面向的发言权，几乎酿成一场社会改造运动。

高公隐退后，副刊又回归初始素朴的文学模式，已不复当年站在潮流前沿，引领风骚了。但，随着“开放社会”来临，转战出版界与杂志界的编辑人，仍延续了已内化为本能的创新意识，投入职场。

我就是从那时代背景走过来的受益者。

那些日子里，在前辈和同侪那里，偷学到不少“不足与外人道”的各家优点，譬如：朱一冰的诚恳；痖弦的睿智、圆融、包容而成其大；隐地的编辑创意；小巨人沈登恩的豪气；殷允芃的“时时以天下为念”；高希均的“引领潮流”；高信疆不从俗的创新与改革魄力；王荣文的人才策略；林献章的“但取一瓢饮”；张默舍我其谁的无私奉献……人人都是我的老师。

我从詹宏志身上见识到的，却是崭新的游戏规则。

他常能放眼天下，跳出框框思索。例如在很早很早，以西门町为台北消费指标的年代，他便写了文章，预告台北东区即将崛起；在 1986 年，台湾出版界从戒严氛围中苏醒，学习如何伸展手脚时，他想的和所有人都不一样，他的注意力已移向“**华文出版的单一市场**”。他也曾写过带着神奇的、预言色彩的《趋势索隐》，把当时的台湾放在苍穹之上，用大倍数望远镜观察，说出他看见的现象及未来发展的趋向。

他的本事，等我看了彼得·德鲁克的**《创新与创业精神》**之后才恍然大悟。他在众人眼里预言式的“创见”，在德鲁克的分析中，都不意外。他和德鲁克一样聪慧，在人口统计、产业与市场结构、新知识等变因里，看到新的机会与新的市场。他不是预言家，全是根据数据与搜集的资料推断得来的结论。

他老早感悟到中国大陆必将崛起，思考台湾如何因应大陆崛起。站在这块土地上的编辑／出版的未来在哪里？他在远流内部作工作会报时，一再提示

“华文出版单一市场的未来将炙手可热”，我们必须及早准备好参与竞赛。

有一回，他接受访问时说，面对新情势要有新的认识，认为台湾出版社的规模太小，小到没力量在华文市场攻城略地，所以他大胆建议：**合并**。把“小”聚合成“大”，才有机会在华文领域以及国际竞争场域发挥影响力。在我印象里，他把“大”的门槛设定在年营业额新台币20亿，否则一不小心就边缘化了。

后来，他登高一呼，以“**花园主义**”纠合有志一同的朋友组成“城邦集团”[1]，不出几年，发展成大大小小30多家各拥特色、战斗力特强的出版单位，营业额快速成长，果然一一遂其心愿，达成傲人的规模化目标。其间，他们也得到创投者青睐，纷纷注入资金。可惜，原本支持最力、最欣赏詹宏志才华、出资收购“城邦”的香港TOM集团（李嘉诚的事业之一），并不了解出版行业——出版是个需要“**长期策略**”驱动的领域。

一个好的、充满未来性的长期策略，**需要耐心与时间**，这是一种最终有大回报的“守株待兔的经营艺术”。TOM集团缺乏绘制“未来出版地图”的想象力，因此失去长远眼光和耐性，成了美国俚语“别做数豆子的人，要数就数一袋袋的豆子（Don’t be a bean counter. Count on bean bags）”里那喜欢数豆子的角色。TOM集团放詹宏志离开“城邦”，纵虎归了山。如今，他在IT界如龙归大海，事业规模又更上层楼了[2]。

詹宏志在编辑／出版界（包括所谓的“文创产业”）留下的足迹很广，我记下的只我所知的“局部”和“片面”，但对传统、古板、底子浅薄的我而言，已经学得非常吃力。

我辛勤笔耕10年，终于到了躯体不堪负荷的时刻了。年过70，每天醒来都像多赚了一天，为了做事有始有终，理应未雨绸缪，所以先把这则后记写妥，免得到时懊恼。

既然是收尾感言，有些话便不得不说。

首先要声明的：纵使我写成五六十万字，千万别把我当作“作家”，我不是作家，我此生的定位是“编辑”。你们读到的，是一个垂垂老去的编辑人用余生记下的一些见闻和心得。我常讲“编辑人有两种”：一种是写而优则编，一种是写而不优则编——我是后者。所以，请不要以作家的高度审视这些文字，它们不够格。

再者，我诚恳呼吁编辑们在适当时机，写下各自的经验。假使每个编辑人都不怕嘲笑，记下一得之愚，久而久之，后人一定能从成千上万的经验记录中过滤出有用的东西（幸好网络容得下恒河沙数般的内容）。

至于我写的这些，难逃偏狭之嫌，有些读友基于敬老或怜悯心，宽容地写些鼓励的话，但聪明的读友立刻看出我的不足。有位叫 Rory 的读友，读了金城出版社朱策英先生根据前 34 信编撰的《优秀编辑的四门必修课》，下的总评曰："很营销"。他敏锐地点出："这本书感觉更像市场营销方面的书，只不过主角是书。处处能遇到作者在引用其他管理书或者其他企业的观点为己用，比如《长尾理论》《蓝海战略》《从优秀到卓越》。他把新加坡的成就，把英华达手机企业的市场成功都拿来作为出版借鉴。他的好多灵感似乎都来自他当时读的热门管理书籍。"亲爱的朋友，Rory 的话完全正确，我的确如其所言，借用各类书籍中的观念来解释我并不真正理解——包括我的（和观察他人而得到的）经验。很惭愧，我不是原创型的人，所以只好退而求其次，努力学做"捡拾珍珠"的人。

回头看自己的一生，我不得不承认：我太幸运了。

基于幸运，我借了石涛的"一画"，粗疏地建构自我指导的理论；而孙隆基教授的"势力均衡场论"，居然让我领会竞争的基础是"不竞争"（开发无人地带）；尼采的话"对于整个组织而言，美丽乃其余事"，助我建立做事的准则；读巴斯卡《沉思录》，明白了正义的歧义性及追求多元价值的必然——书系概念的丰富性也由此得到滋养；何秀煌教授的《0 与 1 之间》，指出两极性的专断，人生所拥有的选择不只是"0"或"1"；我曾小心翼翼地试着把 FUZZY 理论（模糊理论）置入书系运作，合理化内容的抉择；发现彼得·德鲁克的秘密，他的影响力源自诠释"正面的力量"；……得自孔子和老庄思想的启发，更不在话下了。这种化零碎为整体的**"百衲衣式的智慧"**，帮我克服过不少挑战。但我并不感到脸红，因为连沃伦·巴菲特这样顶尖的聪明人也说："我通常都靠大量阅读，学习别人的知识和创意，因为我不认为自己有很多原创的观念，我的许多观点都是从阅读中得来的。你可以从别人的书中学到许多东西，而不需要自己花脑筋创造新知，重要的是要会充分从别人身上学来最好的知识。"

就这样抄袭、剽窃，拼凑出半生不熟的东西，而最后又**"内化"**[3] 成五六十万字的篇章。经验告诉我，欠缺经验时需要经验，有了成熟的经验后需要忘掉经验，因为它会成为"成长的阻力"。所以，若干年后，这些文字若能以比特的形态，幸存在虚拟网络世界，就够幸运了。

年轻时候，读张爱玲翻译的《爱默生选集》，记忆中，爱默生曾说：**"每个人都是一个小小的宇宙。"**

哎哟，亲爱的朋友，我爱死了这句话——既然人不分贵贱、贫富、智愚，都拥有各自的小宇宙，那么，《优秀编辑的四门必修课》与《如何提高编辑力》就是我小宇宙的"描红簿"（它连临摹都还够不上）。万一你不小心接触它，看到颤抖、歪曲、丑陋的描红笔法时，请多担待。

终于，我如愿记录了亲历的人生片段。你的呢？

谢谢大家多年来的爱护与支持。

浩正

[1] 请参阅《优秀编辑的四门必修课》第103—106页。

[2] 其实，詹宏志的人生经历也是大起大落的。最轰动的是创办《明日报》，这份网报，办早了20年，但也可以从这一役中看到他的胆识和魄力。《明日报》虽然失败，但他没被打倒，凭PChome Online（网络家庭国际资讯股份有限公司）重新站起。即使如此，仍然考验重重。多年前，他为了因应更长远的发展，决心筹建自己的仓库，改善整个作业流程；并保证全台湾24小时到货。变革带来阵痛，巨大的投资和需要的时间，使他深陷财务困窘的谣言里，股票从四五十元掉到20元。而今，苦熬10年之后，回报非常甜蜜，股价一度飚升到191元。詹宏志感慨地说，整个公司曾经只剩下总经理李宏麟支持他的决策。他说，终于明白搞好事业"**要有耐心。一分钟能知道的事，两年才能做得出来；五分钟能知道的事，五年才会实现**"。他认知到，如果看到对的方向，就必须不计代价地坚持下去。（引自《商业周刊》第1196期[2010年10月25日出版]《PChome股价两年大涨九倍奇迹》，林宏达文。）

[3] 我经常提到"**内化**"两字，却总是说不清楚它的意涵，直到在《书香两岸》读到骆莹莹访问詹宏志的特稿中若干文字，终于有了满意的解说。这段话是这样说的："如果我们读过的书里讲过的东西，那个相信，其实不是相信书，而是相信自己的理解。有时候我们要承认自己没有读懂，虽然你读了一本书，但是它还没有变成你的东西，那就是没有读懂，就先放在那里。我们要练习和没有答案为伍，有一天，它才会真正变成答案。可能

在某天，你会忽然想起来，哦，我明白那个作者说的话是什么意思了，那本书很可能是你20年前读过的。20年后，你碰到一件事情，忽然想起来书里的意思，因为两个之间有相同性，那个时候，书对你来说，就是真正地读懂了。”詹宏志举了国学大师钱穆先生引用孟子“**所过者化，所存者神**”来解释。钱穆先生指着桌上的咖啡说，这杯咖啡，本来水是水，粉是粉，咖啡粉放进去的时候，水就不是水了，粉也没有了。“所过者”，过了并不是没有了，而是化了，它发生了变化；而“所存者神”，存的是那个作用。所以，钱穆先生用咖啡作为例子真的是很有道理，喝完咖啡就会睡不着，它的神就会存在。（引自《书香两岸》杂志2010年5月号《詹宏志：趋势来自对知性的理解》。）詹宏志谈的是“阅读”，用来解释“内化”，也非常贴切。

附　录

【附录一】i'Tips：编辑台上的小确幸

什么是"i'Tips"？

刚起念时，用的标题是"俺的Tips"，后来想想，索性改成"i'Tips"。用小写i，多多少少表达个人的自谦（哪儿敢托大？），如同施振荣先生把宏碁电脑Acer改为acer一样的心态，小小的、私密的Tips，只配用i呈现。

至于i'Tips，并不等同iTips，少一个标点符号，差之毫厘，失之千里。

"i'Tips"跟苹果的"i系列"沾不上边，i只能代表"小小的、尘土般的我"，和云计算没一丁点儿关系。Tips，有人译作"贴士"或"撇步"，总之是难登大雅之堂的小诀窍，至于是不是真有巧妙，只能存乎一心了。

1. 两兔之间

(1)

两只兔子分别向相反的方向奔跑。你要是去追左边的一只，右边的就没了踪影；追了右边的，左边的兔子又不见了。请问：假如是你，你如何同时抓住它们?

作为一个编者，也常陷于这种困局。

雅，是一只兔子；俗，是另一只兔子。

常，是一只兔子；变，是另一只兔子。

整体，是一只兔子；局部，是另一只兔子。

严肃艰深的论文，是一只兔子；趣味隽永的短文，是另一只兔子……

(2)

"可读性"是大多数公开发行的杂志追求的目标之一，"可读性"关系市场销售量，影响着存亡命脉，而一本杂志内涵之理念（若有的话），往往是高悬不坠的，一不小心便与"通俗"对立而存；身为编者，如何调谐两者，取得平衡?

为了控制成本，正常出刊的杂志，每期篇幅大致上是相等或相近的（少数不反映成本，另有特殊目标的杂志例外），以《新书月刊》而言，就现有篇幅应如何分配方为适宜？讯息的传递、提供文化界沟通与服务的管道、现实的反映、对未来的探索等，何者最为重要？优先次序排列、篇幅比例、主题设计……如何于局部合成整体时，不致影响内容的稳定性？是取一种广义的包容呢，还是狭义的突破？这是编者的责任。

固定各个专栏，能迅速完成内容架构，使杂志很快丰富成熟，而编者可因袭成规，驾轻就熟；若是采取完全开放式编辑，随缘随性而编，则杂志水准受制于当月来稿，若素质参差不齐，易于失去目标意识。两种方法，各有所长。《新书月刊》应取哪种走向？“策划性”与“非策划性”之间怎么互容互补？

不求进取的静止状态固非所欲，缺乏理念的盲动亦非所愿；纠缠其中，一面受到财力物力所限，一面受到稿源所囿，不免叹曰：“编辑难为也。”

这些话，不是为了自辩而设之辞，只是企图说明：编杂志可以说很容易，也可以说很难。面对许多不同需求的读者群，依持着内心信念之灯，游走彼此互斥的目标中，每一期杂志内容的组合，煞是费过一番心思。

(3)

日本作家安部公房出了“同时抓到两只兔子”的难题，他在小说《完全电影》里，圆满地做了一次示范。而我们呢？

显然的，这将是一场永无结束的奔逐，在过程里，我们得到另一种报酬与满足。

（《新书月刊》第14期“编后”，1984年11月1出版，我时任该杂志主编。）

【补记】“两兔之间”是个有趣的话题。80年代，我在《中国时报》筹备美洲版副刊，大家长余纪忠董事长有次巡视时，交代道：“浩正啊，我对副刊只有一个要求：**雅俗共赏**。”

当时浮上心头的就是这段寓言式的比喻，这是个很难有交集，或者说很难找出中间值的命题。

我的解决方案也很简单。

首先，和副刊同仁针对副刊未来走向，做广泛的问卷调查。预定访查100人，实际完成了六七十份，主要对象为各种不同背景的旅美人士，其中多半是社会知名人士。报纸创刊那天，我们把记录整理刊出，让南辕北辙、不同需求的声音同时并列，由读者自行判断，何谓是，何谓非。很显然，没有正确答案。

在这必然分歧的背景下，编辑同仁仍然得建立共识。

我的对策是运用“**钟摆理论**”。因为很难让每篇刊出的稿子同时达到既雅又俗，只好在雅、俗两端之间摆荡。我们是忽雅忽俗——特别强调**速度与弹性**。简单说，我们要比兔子跑得快，要快很多很多倍（音速甚至光速）；当我们捉回雅兔时，俗兔已经跑远了；去追俗兔时，雅兔又跑了。我们有一条不允许兔子逾越的想象半径构成的圆周线，我们经营的版面是个“圆”，圆周之内才是雅、俗两兔的活动空域。

我认为我和另两位工作伙伴黄验、刘克襄所组成的铁三角，做得很成功。

2. 放线与收线

编一本页数受限的定期刊物，放线与收线是一种非常好用的技巧。把线头丢出去，再陆续收回来，它至少可造成三种效应：

①**丰富感**：经常有秩序、有计划地放线、收线，让读者觉得内容繁复多变，做得好，可收奇美之效。

②**延伸效应**：将薄薄的一本篇幅有限的杂志，运用时间与空间因素的调配，巧妙地发展出厚重、久远的感觉。换句话说，透由积累而生的延伸印象，弥补瘠薄的缺点，使100页杂志产生更多篇幅的效果。

③**冲刺感**：不断地推陈出新（放线），适时地因应现实需求，运用“收放”，既不会予人沉闷单调的压迫感，又可时时新人耳目，一石数鸟，得可偿失。

放线易，收线难。一放一收之际，必须依归于编辑理念，并暗合编辑理路，一笔笔流水账，点点滴滴全在编者的心头。

什么时候放？什么时候收？有时并不是编者能够握有全部的主控权。举例来说，像“集评茶会／一本书大家读”原系在创刊号时就预告的策划专栏，直到吕昱先生来稿，条件成熟，才水到渠成。模式既定，日后就容易收线了。

光放不收，或吝于放线，都是不妥的编辑方式。前者，会造成散芜与紊乱，一旦杂草丛生，就模糊了整体形象；后者，则很容易陷入僵化，在一成不变的架构内窒息。因此，保持呼吸畅适，做到收放自如，才是至境。

在编辑的技术层面上，我们不断实验着，此路不通，则另觅出处，条条大路通罗马，不同的编者，不同的条件，不同的结合群，将建构成不同的建筑物。

（《新书月刊》第15期“编后”，1984年12月1出版。）

【补记】放线与收线之间，常常能组织出非常突出的主题书，一鱼可多吃；这个概念，我在做出版时，也曾隐藏于书系内反复操作，非常好用。

3. 一个问题，三种答案

(1)

德鲁克《管理的实践》书里有一则故事，深深镌刻心版：

三个石匠正专心于自己的工作。

“你们在做什么？”一个路过的行人问道。

“我正在赚钱过活。”第一个石匠说。

第二个石匠头也不抬，小心翼翼地修整着眼前的石块，答道：“我要雕凿出最合用的石块。”

第三个石匠举首望向空旷的荒地，眼里闪着亮光，说：

“我正在建造一座大教堂。”

三种答案都深获吾心。

编辑也是人。他要过活，也必须对所做的事，投下最大的热诚，但若失去了对未来愿景的想象与掌握、失去了理想与抱负，充其量只是个编辑匠而已。

一个真切而高悬的目标，激励着人们自我惕励，全力以赴。

(2)

一本杂志除了她自身具足的任务之外，主其编务者，也必须将内心想企及的理想一并依附所规划的内容，以最合宜的方式展现出活力。

《新书月刊》也是如此。“书评书介”组成强劲的环节，“资讯与服务”也同样不可放松，更要紧的是编者如何通过内容编排，使所追求的或早已深潜于心的愿景，作完美的展演，而使杂志内涵超越于一般之上，建立起极富建设性的、独树一帜的特色。

例如在赋予《新书月刊》创立宗旨之时，若将“建立中国文学批评理论体系”作为她未来长期经营的使命之一（通常我们总会设定五至七个可供遵循、定期检讨的宗旨，组成编辑理念的核心），在实践层次上如何落实？在做进一步推展时，一个编辑的实务操作能力，立刻受到严厉的考验。

一个假设：是否能从中国古籍文学批评专著及历代批注中，撷引术语，规范以现代意义，来建立一组基础性的“中国文学批评术语”，作为起步？可能的话，再由中国历代批评家个案研究中，抽绎出各具特色的“方法论”，既承古意，再发明新义，佐之“西方文学批评术语”的整理暨理论体系的引介，或可建构出未来文学批评工作者相互沟通的批评语言？

谁能相助完成这样一座“建筑”？

(3)

使命感是一种沉重的负担，也充满甜美的回报。即使心里有着那样巨伟的建筑，手眼到处，恐怕仍不免眼高手低，稍有偏失，一番心血随之灰飞烟没，何况乎心里连什么都没有！

所以，一个真诚的编辑工作者和任何行业的人都一样：

——要知道自己在做什么；

——要知道自己为什么做，如何去做；

——要知道自己将做出什么。

（《新书月刊》第16期“编者琐言”，1985年1月1日出版。）

4. 某日的编辑作业

像规律的工蜂一样，沿着每天的日程表，重复每一件事——尽管内容不同，形式则一，这是每一个编辑的宿命。而生之乐趣，也在往复之中，靠自己去发掘与领略。

人，总要以某些诚挚的信念滋养自己，寻找活着的意义，使每次曲曲折折的努力得到内在的依恃。“尊重生命”，尊重一切有强烈生之欲的创造，无疑是从事编辑工作者对自己严苛的自我要求。因此，随时睁大眼睛，开启心灵，探询聆听，不因一时轻忽而与充满冲击力的作品失之交臂。

日内，有两件事需尽速处理：

之一：访民族音乐家屈文中一事。李蝶菲已做过初步访问，她说仍需补充资料，才能更臻完善。她的承诺已有三个月了，应该再予敦促。我相信那天在电话里，彼此均已了解专访屈文中的重要性。我是个无可救药的民族主义者。凡具有强烈民族风格，由泥土根性产生出来的作品，都能吸引我。我爱一切与吾民族血脉相连、切不开你我的作品。我深信也唯有经由民族形式的创作，才有机会建造不朽的殿堂。

聆赏屈文中《帝女花幻想序曲》《帕米尔绮想曲》《十面埋伏》等乐曲，天籁般的旋律，萦绕耳际，成为我枯闷生活里最大的慰藉。

我还有更大的野心，希望通过这种深入认识，充实明年《新书月刊》六个计划中颇具前瞻意义的座谈会内容。六个题目均已粗略拟定，应再邀友好严格评估，做最后修订。

之二：专访夏山学校创办人尼尔的夫人一事，应与远流王荣文敲定。前次联系时，他答应出资邀人赴英国夏山学校实地访察，并与现任校长、尼尔的遗孀晤谈。这件事意义深远，无论对国人、对远流或对《新书月刊》都有助益。尤其是像《新书月刊》这样一份性质特殊的刊物，必须在狭隘的范围内求内容的突破。若一切顺利，这篇独家专访必能提高《新书月刊》的能见度。

记住：盯紧王荣文。

（原载1984年12月31日《自立晚报》副刊，主编向阳策划的专栏“作家日记365”。）

【补记】屈文中（1942—1992），四川荣昌人，毕业于中央音乐学院作曲系，后客居香港。他曾自述：“我曾听到有人抱怨‘中国没有好作品’，这话给我很大的震动，我常常想，中国为什么没有好作品？我觉得有一种力量，在我心中隐隐地推动着，使我鼓起勇气去做尝试。不管好坏与否，毕竟是自己的，我们不应抱怨过去，但也不能坐待将来，而应脚踏实地从现在一点一滴做起。”他英年早逝，但留下不少传世之作，不输国人熟悉的《黄河》与《梁祝》。

在网络上很容易搜寻到他的作品，有兴趣的朋友可试听他的口琴协奏曲《帕米尔绮想曲》。关于他的生平和音乐，请参阅高洪波先生的《屈文中声乐作品研究》一文。

5. 做自己：适性经营

“怎样把一棵弯曲的的树，看成直的？”

有人问你这个问题的时候，你会怎么回答？

以诠释庄子而深受读者喜爱的福光永司在《庄子》一书的“后记”中，记载了他的母亲问他的这句话。

怎样解答母亲的大哉问？说穿了，真简单，母亲说：

“弯曲的树，弯曲地去看，就行了。”

他承认当时年少的他听不懂，也不知该如何回答，只是从此把这句话深埋心底，直到年龄渐长，阅历日增之后，终于领会了其中的微妙。

福光永司的《庄子》一向被誉为解庄书中贴心之作，这神来一问或许正是解开内心纠结的钥匙。

浓缩福光永司解庄的词句来形容，即“**适性**”而已。也就是说，顺着庄子的真性情和他对人世间的想法去了解他，不要掺杂自己的主观去武断他，不要适足削履来顺应自己，顺着庄子思想的变化去接触他，才是了解你想了解的对象的唯一法门。

庄子就是一个自由自在、活出自己存在意义的人。

这则轶事也引发我的一些想法。从事出版业的朋友，常常不经意地聚在一起，东南西北之余，不可避免的经营上的问题成为言谈重心。其中，对于“未来出版方向”各有各的看法和做法。有的人坚持守一而终；有的人企图心极其旺盛，顺应时势变化扩大出版范围。从保守到激进，各自寻找生存之道。

在旁静静听他们的发言，印证前面引述的故事，我发觉到：凡是经营得非常出色的出版社，他们的出版品与经营者之间，在旨趣上是完全一致的。换句话说，他们的出版方向、出版物的选定、经营手段与经营的人契合一体。而有些表现较逊色的出版人，却是常昧于自己的长处，刻意追求时髦，陷溺于市场趋向，被短期利益吸引，失去了方向意识。前者元气淋漓，有理想，有目标，知道如何累积成果；后者随风飘荡，漫无重心，困于市场流行假象，平白失掉出版者最迫切需要建立的企业风格和形象。总归一句话：他们不了解自己，不懂得经营自己。他们没有了解弯曲的树（自己的性格、志趣和优缺点）要顺应地去认识。因此，我们很容易看出来：在未来的出版舞台上，谁能久存，谁便是那拥有巨大影响力的风云儿！

适性经营——经营自己最擅长、最有兴趣的产品，在专一的道路上深化它、扩张它，可能是一条比较牢靠的道路。在整个大生态环境里，天生万物都有各自生长发挥的领域。

如“尔雅”与隐地；“户外生活”与陈远建；“远流”与王荣文；“天下丛书”与高希均；漫画与蔡志忠等，都是贴切的例子。

他们创造特色，赢得成功。

你、我、他——和所有人一样，在现实世界里都是一棵棵弯曲的树，要想生存，必先了解自己、经营自己，做自己。唯有适性、适时，选对了发展方向，在成功的路上才可能走得久远。

（原载《金石文化广场》第31期，1987年7月10日出版。）

【补记】随着岁月推移，我的观念有了一些调整，请参阅本书上篇的《图书的企划》《成事者和任事者》及《和而不同》等信。

6. 引玉之见：永不落架的书

【按】以下这段发言，是在1992年3月，我担任远流出版公司总编辑时应《精湛季刊》（台湾英文杂志社的PR杂志，主编是吴娉婷小姐）之邀，出席讨论“永不落架的书”座谈会上的发言。我一向拙于言词，幸亏罗素菁小姐把我的发言整理得颇有条理（誊写内容略有增删）。

当年，因台湾英文杂志社副总林训民的缘故，我曾忝为这份杂志的顾问。

·书出愈多愈好？

在一般人的印象中，远流所出的书似乎太多，但就我个人立场来看，我认为远流的书出得还是太少。我们只是力量不够，否则书会出得更多。我也听到有人批评远流一年出那么多书，把市场搞得非常混乱，但从整个出版业出书量的角度来检视，我们真给人巨大的压力吗？我想不是。

远流的出书量，像光谱般分布在各个书系。有尊重市场营运规则的书，当然也少不了理想性的书。有些严肃的、经典性质的书，初版时一年卖不到四百本，剩下的书可能十年才能消化完，我们照样愿意出版。当一个出版社定位自己是个综合性出版社，从而向不同领域延伸影响力时，我们不会把一个角落的盈亏放大，而是以整个企业的得失和胜负做最高的考量标准，这才是健康的出版公司。出版界若要更为蓬勃、优质化，应该多几个像远流这样的出版社：什么类型的书都出，而且尽量在每个领域里争取第一。

·每本书都可能成为“新经典”

寻觅“永不落架的书”，始终是出版人永恒的梦想，也是心头的痛。这题目有点吊诡，怎么说呢？假使我们走进书店，书架上全是永不落架的书，那多扫兴，书店岂不变成一摊死水，谁还愿意三不五时去逛逛？书店应该是提供新知、情报的场所，提供最多选择机会给读者的地方，由读者依个人嗜好，选择情有所钟的书放到自己家中的书架上，成为永不落架的书。那儿，才是兵家必争之地。

在我心目中，书难有好坏之分，被选来出版的每一本书都有它的生命，都有可能在各自领域里一步步迈向经典。书，送到书市之后，读者会决定它的命运，它可能只存活一两个星期，可能停留三五个月，运气更好的在三五年后依然屹立在书架上——这样的书，很有可能通过时间的考验，成为“新经典”。

然而，事实真相是 99.999……% 都只是一时一地的书。

· 开发值得经营的书系，延续书的生命

经由这样思考，再看看今天的主题，我认为“探寻永不落架的**书系**”是比较可行的。以远流来讲，我们特别喜欢经营不受注意的领域，尤其是“无人地带”。像“实用历史丛书”经公司内部深入评估，认为这个概念是值得而且应该积极投入的、没有竞争者的领域，我们就会全心全意地做。

在书系中，书与书在统整的概念内相互支撑，既丰富了书系的内涵，也延长了自身的寿命，远流之所以被人关切，这是其中一端。

（原载《精湛季刊》第 15 期，1992 年 3 月 19 日出版。）

7. 如何阅读一本杂志？

【按】本篇是应《幼狮少年》主编孙小英之邀、针对国中同学所写的文章，刊于其第 98 期（在 80 年代前后），那时我早已离开幼狮文化公司多年。刊出当月某日，我乘坐计程车时，车上收音机正播放著名的赵琴女士主持的广播节目，听到一些似曾相识、很熟悉的句子。节目结束时，赵琴说“以上内容出自《幼狮少年》……”，才知她读的正是这篇，我闻之大乐，但当时我只敢悄悄地告诉吾家老婆大人。

这篇短文的部分内容，经改写后纳入《优秀编辑的四门必修课》（第 17 页）《落版的艺术》一信。

杂志人人会读，读法各有不同。

这儿所说的，只是个人所体验的读法。

“杂志”是一种很特别的“产品”，它跟一般的“书”不大一样。我们从表面观察，就能说出一堆和“书”的不同处：

——它有一个固定的名称（如《幼狮少年》）；

——它有固定的刊期（一般的刊期区分为周刊、旬刊、半月刊、月刊、双月刊、季刊等，如《幼狮少年》是月刊，每月一日出版）；

——它有固定的页数（偶尔也有例外），《幼狮少年》每期有112页；

——它有固定的型式（如《幼狮少年》是16开本；其他杂志还有32开、25开、菊8开、特殊开本等）；

——它有固定售价，通常以“年”为单位，征求长期订户（如《幼狮少年》）每册50元，订阅一年12期540元，两年24期1000元）；

——杂志刊载的内容，可依性质结集成书（如《幼狮少年》出版了《一球茉莉花》《认识自己》《西游记》等）；

——在理论上，它一期接一期按时出版，生生不息（《幼狮少年》至这一期已出到第98期，只要大家爱护她，支持她，《幼狮少年》就会永远办下去）。

杂志既然和书不一样，它的读法有没有什么特别之处呢？究竟要怎样阅读一本杂志呢？

或许有人会说，杂志有什么难读，只要识字，人人会读。拿起杂志，翻开第一页，一路读下去，不就很快读完了？

没错呀！生吞活剥——当然是一种读法。在这篇短文中，我想介绍另外两种读法。这两种读法，姑且称之为“第一种读法”与“第二种读法”。

·第一种读法：一般人习惯的阅读方法

有阅读经验的人，一拿起杂志，首先看的是“封面”。封面上通常包括了主诉图片和要目提示。意思是说，这一期内容精华，全反映在这里，希望能吸引读者的注意力，强调这些篇目的重要性，留下良好的第一印象。

其次，看“目录”。通过目录看看哪些文章是想先睹为快的，以及了解这期内容有哪些作家、写了哪些文章。

有的人在翻目录时就直接跳到想读的文章了，而内行一点的读者，会先将整本杂志快速“翻”一遍，浏览正、副标题，编者按语，内文小标，图片与说明等，作为选择阅读次序的参考。

有“专号”或“专辑”时，我们很容易被它吸住目光（除非编得实在太“菜”了），若这部分内容，恰巧又是自己关心的，则几乎无力抵抗。

像这种选择性的阅读方法，是很自然、很人性的。生活在忙碌的工商社会里，“时间”是一种奢侈品，在学业或工作的巨大压力下，每个人的空闲并不多，而且也常常是支离破碎地被分割成小块。因此，除了极少数有闲暇的人之外，一般人并不容易把一本杂志一口气读完。所以这“第一种阅读方法”，反而是最常见的。好在杂志的特色就在“杂”，非常适合这种方式阅读。

一般的习惯是先读短文，再读长文；

先读轻松、趣味的，再读需思考的；

先读特稿、特别企划的，再读一般性的；

先读有新闻性、内幕报道的，再读学术或理论的；

先读标题新颖、耸人听闻的，再读严肃的；

先读有小分题的，再读不分题的大块的；

先读有参与感与切身有关的，再读其他的；

先读主题文章，再读次要文章。

读者几乎是各依所好，各读所需，取舍标准常因读者背景与趣味的不同而有了差异，大致上应不出这个范围。《幼狮少年》曾做过“读者意见调查”，最受大家喜爱的栏目，依次为“哈哈镜”“孙姐姐信箱”……从这份调查报告中，可以了解一般读者的阅读习惯。

总之，一般读者的阅读方式是：找出自己最有兴趣的先读、找出这本杂志的重点文章来读；若有余暇，再旁及其他。

· **第二种读法**：倾向研究分析的阅读方法

这一种读法，已脱离了“第一种读法”那种单纯为消遣或为吸收知识的层面，进入“比较”与“批判性”的心智活动领域。

这时候，读者的心灵是开放而敏锐的，读“封面”已不仅仅止于讯息承载和美的欣赏，而是带着疑问鉴赏图文排比组合的整体平衡以及与内文比重的适宜性了。

读“目录”，进一步要求重点文章在版面设计上有没有突显，而又不至于掩遮掉次要篇目，要能顾此又不失彼。

读“专辑”，除了应注意到当期内容的比例原则，还必须明确规范：不会因一期的专辑制作，而混淆了杂志所追求的长期目标。

所以，我们在阅读一本杂志时，念兹在兹的有两个要点：

之一：读出“编辑理念”。

——为什么要出版这本杂志？办给谁看的？依长期（各期累积印象）观察，这本杂志所刊内容熔铸出什么样的目标，是它原先设定的，还是坚持、偏离或不停游移？它产生怎样的影响力（至少在你心里有什么感动）？有使命感吗？是什么？

之二：读出“编辑理路”。

——这本杂志如何在一定页数内，运用编辑技巧完成内容架构？它怎么组织文章把架构支撑起来？这架构和组合的内容有没有活泼而充分地反映出编辑理念？在以“形式”诠释“内容”方面，它是如何达成的？

在说明“如何阅读一本杂志”这样的题目时，必然言人人殊，这篇短文从编者的立场模拟读者心态，简要陈述了我浅显的看法。

杂志人人会读，读法各有不同。

希望你有你自己的读法。

8.《新书月刊》与我

就个人生涯而言，80年代前后是我在出版界的活跃期，其中两年和《新书月刊》结下一段良缘。

《新书月刊》的生与死和我难脱关系，趁此机会还原真貌。

这份杂志创刊于1983年10月。

我到那里去上班，纯粹出于偶然。是年9月初，我才辞去《中国时报》美洲版副刊主编职位，途经台北永康街，巧遇《台湾时报》总编辑苏墱基（1945—2003）。他得知我是自由之身，立刻说：

“太好了！可以帮师父的忙了！杂志交给你来编，他就放心了。”

他口中的“师父”就是《传记文学》的创办人刘绍唐（1921—2000），“师父”是年长的他在圈内的尊称。苏墱基告诉我，师父正在申办一本新杂志《新书月刊》，因为找不到放心又合意的编者，已经一延再延，拖了半年多，再不在月内出版，执照即将吊销。

墱基兄是介绍我主编《台湾时报》副刊工作的推手之一（另两位是高信疆、季季），念于情义，无法推辞，只好去面见师父，说好为期半年，等内容稳定后，交给接棒的人（这些陈年往事，后头再说）。

……

1983年9月中旬，在仓促中担负《新书月刊》创刊任务时，整个杂志社只我一人。办公室设在台北市信义路黎明大厦靠墙搭建的违建传达室内，约4坪大小（相当于13平方公尺），放了两张办公桌和几张椅子，几乎没留下太多空间，拉一条电话线，就开工了。虽然室内装了一台小型旧式冷气机，出大太阳的日子，仍挥汗如雨。我在这里待了一年多，才移到金山南路（宝宫戏院对面），有了像样的办公室。

为了赶在10月1日（最后出版期限）准时出刊，我做的第一件事是粗略“**定型**”，然后发动熟识的作家共襄盛举，几乎所有能够运用的人脉全用上了。有的朋友把手边的稿件先寄来应急，有的连夜赶写，稿子一到，立刻找来熟悉的印刷厂发送检排。

创刊号封面委由初识的陈耀程相助。他毕业于师大美术系，在广告界是响叮当的高手，他利用摄影技巧，把整叠书籍在灯光投射下所形成的反差，拍摄出极具现代感的构图，非常前卫。可惜他身属的广告公司工作繁重，只能义务性救急，而无法替《新书月刊》规划系列设计，建立独特风格。

内文完稿则动用了知名的美术设计家刘开夫妇和他们的朋友，利用假日相聚在刘开家通宵达旦赶工，天亮即送厂付印，半刻都不容耽搁。

创刊半年之后，杂志渐渐上了轨道，增聘了编辑张雪莹，我们“两人组”合作过一段时间（版权页上洋洋洒洒一大串，出版顾问12人，正副社长、总经理各1人，编辑顾问8人等等，那是老板的公关以及壮声势用的）。当时，我既已兑现诺言，便恳求师父安排接替人手，他始终顾左右而言他，从无下文。我像被绑票似的，难以脱身。直到母亲病重，家里开支陡增，而我在《新书月刊》领取的薪资只有我上个工作的一半，扣除租屋费、生活费、交际费、交通费后，所剩无几。所以当时报出版公司总经理张武顺以三倍薪资约聘时，再也无力拒绝。师父看透我有难舍之心，再三警告“你走，我关”，希望我“迷途知返”，但现实是残酷的，我不得不表明心迹。师父决定“停刊”，要求我亲手结束存活两年的杂志。后来，有很多传言穿凿附会，都太离谱了。

由于《新书月刊》是每期约20家不同的出版社共同以广告方式（以6或12月为一期，每月5000元）支持的，两年来的收支接近打平，算是一个奇迹。如今很难在出版界找到像师父那样受人尊崇、信赖、有号召力的理想家了。

那段时光，工作机会围绕四周，诱惑不断，可以一提的有：师父老友卜少夫，曾邀我去香港《新闻天地》帮忙，“联经”的刘国老（刘国瑞）则希望我携带《新书月刊》加入他们的阵营，《文星杂志》萧孟能曾有接触，陈晓林刚成立风云时代出版社、探询彼此合作的可能性。一言以蔽之，我觉得受宠若惊。

主编《新书月刊》这段日子里，我又积累了一些经验。

策划《新书月刊》的内容时，第一时间考虑的问题是：过去的读书杂志那种编辑方式应该持续吗？若有不同考量，怎么区隔？为什么？

我曾在知名的《书评书目》工作过，在总编辑隐地的指导下，开启了我杂志编辑生涯。《书评书目》在文化界已经有了定评，隐地离职以后，更替了不少位主编，却再也唤不回隐地时代的荣耀。此时此刻，筹划一本新的、关于书与出版的杂志，若想追随隐地的风格，重建他的辉煌，显然不是智慧的抉择；而且，快速变化的社会也回不去那个时代的立足点了。很明显，隐地和《书评书目》是一种不容被替代和超越的**“时代象征”**。

既然理顺其中道理，接下来《新书月刊》该怎么编？

我当时是这样想的：首在**避开“可比较性”**。意思是说，尽可能不让《新书月刊》去和《书评书目》相提并论。它们虽然都跟书与出版相关，但时空均异，怀抱不同，自应各有各的编辑方针。

《书评书目》初创的那个年代（1972），唯文学是尚，出版核心是散文、小说与诗，其他范畴的出版物都非常边缘；《新书月刊》创刊时（1983），书市版块有了变化，所谓“纯文学”在意识上仍占有主流地位，但已经一天比一天削弱，通俗化与各类学科的应用知识范畴蓬勃发展，开始步入百家争鸣、百花齐放的阶段，越来越显热闹。

在当时，对于文学之外的读物，我和周边大多数人一样，甚少涉猎，要是早些学习到类似管理学家迈克尔·波特所提出如何拥有竞争优势的观念，就可少走很多冤枉路（他说，良好的经营策略“必得自产业着手：你无法只专注在自己做什么，而不关心你竞争所在的整个产业”。要想达成愿望，需要拥有能够孕生一个独特的竞争策略的能力）。可惜我太浅薄，认知不足，只做了非常初级的变革。

第一个改变，决定从**杂志形式**下手，走16开本，平版印刷（《书评书目》是25开本，活版印刷）。早年，通行的活版印刷是将一个个铅字组成一块块标准版面付印，版面变化有限，添加任何图案，就得做成锌版，不但麻烦，也加重了成本；平版则是将铅字排版后，先打清样，再由美编剪拼出版面，可自由设计各种变化，更重要的是灵活调配稿件，而于最终落版时，多了内容组合的弹性。

第二个改变，是**定位**问题。《新书月刊》既然有那么多赞助单位，它的存在当以**“服务”**为界面，调和业界、读者和编者理念三者之间的矛盾与冲突——如何在委婉、曲折中坚定走向，做出杂志风格。

第三个改变是**稿源**设计，采取宽松、开放、自由、包容的原则。《新书月刊》必须是公共论坛，不是老板的、不是出资人的，更不是主编的。

第四个改变是强化**新闻性，掌握出版脉动**。虽然是月刊，仍应适时反映读者与业界关心的事。同时，也有扮演业界喉舌的功能。

第五个改变是纳入更多企划稿件，创制话题。

第六个改变是增强**可读性**，扩大利基。

第七个改变，是设法在上述基础上，让人发现《新书月刊》的**被利用价值**。

在一期接一期出刊中，我约略学到如何运用杂志的独特性，站上业界的制高点，扩大影响力，借用现在流行的术语来说，即在不增多开销的前提下，创造它的**"附加价值"**。

"附加价值"可以有很多诠释，最容易见效的是办活动。譬如说，第四期举办的**"年度十大新闻"**暨**"年度最具影响力的书"**遴选活动，就让《新书月刊》培育了超出实质的潜在力量，并且成为出版界的新传统，一直到今天依然没有偏废。

萌生这样的观念，有个源头。年轻的时候，曾读《拿破仑传》，书里有一段描述让我念念难忘。

有次，拿破仑拿起一枚勋章跟身边的亲信说：

"它原本只是一块废铁，打造成勋章之后，价值立刻难以估算。多少法国子民为了它，不惜抛头颅、洒热血。为什么？因为它已化身为'荣誉'。"

因此，我们能不能运用"正面的力量"创制"荣誉"——同时创制可提升自己位阶的角色身份，当是一项重大使命。这也属于经营"影响力"与"注意力"的策略能力之一。

举一个有关新加坡的例子，就可了解附加价值中，"正面的力量"无远弗届。

城市国家新加坡虽只有弹丸之地，但她从不低估自己，努力提升在世界上的能见度。犹如她创设两年一度的**"李光耀世界城市奖"**，2012 年将"城市改造奖"颁给了纽约市。3 月 22 日，纽约市长彭博亲赴新加坡，代表纽约市领奖。这一则新闻和彭博市长的演讲立即传遍世界，也因此替新加坡博得更高的声誉，真是一次漂亮的国家形象出击。

由此可知，生命诚可贵，荣誉价更高——如何善用"正面的力量"，使我们成为"支配者"。请别小看区区一枚奖牌，其中蕴藏着极为可观的能量。台湾杂志界都非常熟练这类操作，类似主题终年不断，彼此抄袭，已少有创意，可惜了。

但有头脑的编者，能从中发明新意吗？

我在《新书月刊》时期，和金石堂书店副总陈斌往来密切，也因此和这家书店建立非常独特的关系。每月月初的“**新书发表会**”，就是借用他们书店的场所举办的。《新书月刊》停刊后，“年度十大新闻”暨“年度最具影响力的书”活动移至金石堂书店，另又增添了“年度风云人物”“最佳封面设计”等项目，继续发扬光大。

金石堂书店是台湾最早、最具规模与影响力的连锁书店，分店遍布全省，高峰时，达20多家。领导人周正刚非常开明，喜欢接受挑战，他们举办这项年度遴选活动，创新了书店的价值——书店不再仅仅是贩售书籍、赚取价差的场所了。

《新书月刊》出刊期间，资源匮乏，常处于一人编辑状态，全靠朋友不计酬劳相助，才能准时出刊，因此需要感谢的人甚多。

在美编方面，除了刘开夫妇，还有黄清在、王玉静，他们的名字从未在版权页出现过；采编方面，陈铭磻、董云霞和郑林钟贡献极大。其他如李南衡的专栏“马儿集”与“胡言胡语”，既博学又幽默，赢得所有人的心，皇冠还将“马儿集”结集成书；麦高的“美国出版拾零”深受欢迎；何伟杰的“译林信步”，把杂志水平提高到专业高阶；赖明珠引荐了“村上春树的世界”，台湾第一次品味到村上春树的奇异风格；林训民的“杂志经营奥秘”令人惊喜；隐地时常毫不吝啬他的鼓励，当“龙应台专栏”出现时，立刻预约她的评论集……其他以稿件相助的知名作家与学者，包括刘绍铭、马森、周质平、葛浩文、黄明坚、吴潜诚、亮轩、王岫、陈晓林、张大春、季红、徐进夫、张错、庄永明、东年、思果、尉天骢、罗珞珈、席慕蓉、曹永洋、刘兆祐、刘克襄、许芗君、李乔、应凤凰、关关、陈豫、黄美序、沙永玲、林景渊、钟丽慧、袁则难、简宛、陈明顺、苏拾平、张典婉、沈怡、蔡珠儿……太多太多了。

为了贴近社会脉动，在詹宏志协助下，特别企划的“**激荡**”专栏，先后做了罗大佑的专访、新电影的检讨以及新兴剧场介绍，第19期的封面故事《那一夜，我们说相声》，引起很大回响。

《新书月刊》从第三期起，封面以“人物”为主诉。后期发展出“**自己访问自己**”的模式，非常成功。龙应台曾化名“胡美丽”，在《中国时报》人间副刊开辟专栏，一般读者当然不知此中微妙，让胡美丽访问龙应台，果然与众不同；施淑端访问李昂，也读来过瘾。

长篇连载的《爱土地的人：黄春明前传》的创作形式，使《新书月刊》发表园地有了更多元的尝试。刘春城的文笔好，又是面对面亲访，故事性极强，既叫好，又叫座，得此佳作，我们深感与有荣焉。

……

长期阅读《新书月刊》的读者，必定会感觉到我们对**“可读性”**的追求，不遗余力。“俗”与“雅”那两只兔子，一只也不能放弃。

杂志界曾有人戏谑地把编辑粗分两类：一是“高”人一等的编辑，他们读书破万卷，常怀千岁忧，想以文字引渡众生；一是“低”人一等的编辑，了解自己的细弱，唯销售量为尊，从不做反市场的操作。那么，像我们这类不高不低的普通编辑，怎么存活？我以为《新书月刊》就是在夹缝中的尝试，虽算不上成功，但毕竟努力过了。此彼两难之间，确有取舍的困境，择此或择彼，都会带来不同的负荷，成败与荣辱之间，全赖于个人的机遇与慧根了。

《天下杂志》曾经报道一则有趣的轶事：

在亚马逊，贝佐斯有个外号“空椅子”(empty chair)。因为开会时，他一定会留一张空椅子给‘顾客’，并且不厌其烦地提醒出席者：这空椅子上坐的“他”，是会议室中最重要的人。

书、刊的“读者”算不算是“顾客”？能不能或该不该把商业经营理论与模式置入文化事业思考？这种看法，常被认作纯净的文化园地被商业思维污染的肇因；显然，两端不同的声音，很难形成交集，归根究底，不如各拥信念，坚持到底吧！

三十多年如云烟一般，散去了。

现在再看那时候的环境，顿生不堪回首之叹！

如今的出版／杂志界，早已远离襁褓，飘上了云端。记录这些不成熟的泛泛之见，犹似走在历史的灰暗隧道，内心充满无力感，正因为一事无成，恳请大家以宽容的胸襟，看待这些叙述吧。

9. 山雨欲来风满楼：1985 年台湾出版界的回顾与展望

【按】1985 年写这篇《山雨欲来风满楼》时，我才应时报出版公司总经理张武顺之邀，跟《新书月刊》道别，到他那儿帮忙。在《新书月刊》的两年对我帮助甚大，因为我的接触面是整个出版界，因而滋生出新的眼光。可惜那时候的我，只感觉到有些事正在发生，却不明白面对的是一场急骤的社会变革运动。我应金石堂书店陈斌之邀，写下笼统而粗浅的看法。文字非常粗糙，把它留下来，只为了留下记忆，感受一下当时的氛围，也就顾不到遮丑了。

出版界年年有变化，今年（1985）也不例外……整个文化环境也确实在各种客观情势支持下，有了显著的改变。即使在今年景气一片低迷的大环境里，出版产业始终有让人惊艳的表现。

各种现象，在在指出我们正面临变化的关键时刻，从征兆中显示出的急躁性格，会不会带动出版业迈向脱胎换骨的新阶段？

现在，先回头看看今年的出版界：

• 今年最闪亮的明星，当属龙应台了。

她最初在《新书月刊》开辟的文学评论“龙应台专栏”和后来在《中国时报》人间副刊的专栏“野火集”，卷起一股旋风；流畅犀利的文字、透彻的洞察力与批判力、实话实说的敢言性格，给整个社会带来巨大震荡，不满现状的人为之疯迷，保守势力为之气结。光是她的书评，就给长久沉闷的书评界，注入新的活水。由专栏结集的《龙应台评小说》（尔雅出版）打破评论书销售乏力的迷信，成为畅销热点，她个人的群众魅力已经化为文化现象——是不是现象背后在告诉我们“读者的权力”苏醒了？他们所需求的另一种声音，恰是出版界长久等待的？请注意：强烈渴望的背面就是贫瘠，这个讯息值得出版界共同省思。

• 《著作权法修正案》在立法机构三读通过，使出版法规有了突破性的进展。从此以后，正规经营的出版社的权益有了法律保障。而汉声出版社制作的《中国米食》一书胜诉的判例，使我们对著作权法有了充分信心。未来更大型的投资、更具突破性的构想与企划、因担心盗印而不敢尝试的恐惧心理一扫而空，现在已没这些顾忌了。

而，正在进行中与美国智慧财产权的谈判，仍是众所瞩目的焦点。有远见的出版机构，已未雨绸缪（成立版权部），在做准备了。

• “台南”与“台中”两家地区书报社，因经营不善、导致倒闭的事件，冲击层面颇广，有些出版社受伤甚重。正因为如此，“联经”“时报”“黎明书报社”相继投入建立全省经销网的竞争，对未来“大发行网”的天下谁属，提前揭开序战之幕。

•从去年即掀起热潮的《爱·生活与学习》（远流出版）今年仍当仁不让，和“天下”的《反败为胜》共同创造新的高峰，狂销数十万册，使得非文学类书籍吸引更多竞争者加入。而，《爱·生活与学习》所属的“大众心理学”书系成功事例，使远流一跃成为和“尔雅”“天下”一样的指标型出版社。

但，每一个成功范例都潜藏着竞争的种子，他们能不能坚守战果，扩大影响力，是新的一年里的重大挑战。

•时报出版公司于8月完成重组（总经理张武顺），相对于其他重要出版社人事上的安定，“时报”新人新政，予人一种不可测的印象。它的“人间丛书”以“李昂三书”稍试水温，做了一次策略性运作，颇有斩获。新的一年中，必转守为攻，它选择的突破点会在哪里？另一个有报社雄厚资金为后盾的“联经”，早已投下密集的广告，书市竞争越来越趋于白热化。

•圆神出版公司异军突起，挟《野火集》掀起的“龙应台旋风”之助，带动圆神的出版物席卷文学书籍市场。龙应台的崛起，迫使各家以文学书为主轴的出版社积极调整自己，忙着寻找或重新定义自己以及所经营的作家，这一年的文学书市，热闹可期。

•远流出版公司是一家极能掌握先机、创造话题的出版社，像年底宣布的几个出版消息：《金庸作品集》《胡适作品集》《李敖作品集》的逐月推出，令人眼睛一亮，他们进取的经营策略，提升了竞争的层次，不再仅限于单书的得与失，而是一个完整的人（作家与作品）的经营和一个领域的经营。

•《新书月刊》休刊，又结束了一次令人怀念的尝试，学英出版社所支持的读书刊物《文学家》的诞生，延续着香火，希望她走得又稳又远。

•陈映真的《人间杂志》终于在11月创刊，为杂志界注入一股清新的气息，关怀弱势与本土的陈氏风格，充溢在每一页图文里，使其一问世就受到大众关注。之外，《大人物杂志》的呱呱坠地，也曾卷起风潮。《黛》的创刊，打破女性杂志的平衡，今年或将是汰弱留强的一年。

•“时报”与李昂的版税契约，一度成为出版界敏感话题。版税计算方式朝向对作者更有利的方向倾斜，作家对自己的权益保障有了新的认识，出版社与作家能否在所谓“李昂模式”的基础上相互调适？

•教辅与工具书市场方面，表面上风平浪静，骨子里却暗潮汹涌，台面下的布局从未消减，这是没有任何人可退让半寸的战场。

就整体而言，在未来新的一年里，火药味儿正悄悄飘散，出版界也从个体战步入组织战与智慧战。

为了生存，除了出版社之间合纵连横外，还在各自圈定的领域内巩固势力。企业精神开始萌芽，企业化经营能力也逐渐增强，早期小资本、家族的、手工业式的创业时代，很可能从此一去不回了。

以下所陈述的现象，有些早已发生多时，只是如今更为明显：

（1）人才争夺战

面对强烈竞争，各出版社对优秀企划将才的需求，必如饥如渴。如何维护人才不外流，又能如磁铁般吸引人才加入，是有企图心的出版社共同课题。如远流王荣文之得詹宏志，就是一个好例子。

（2）资源争夺战

这里所提的"资源"，指的是作家与作品（包括国外版权）的争取。

（3）产品线（领域）争夺战

不同的出版社有不同的出版政策，有的只精耕一条路线，有的同时发展若干条。值得注意的是，一本书的经营与一条路线的经营，是截然不同的思考模式。一本书的得失事小，一条路线的得失则往往关系着存亡。

一旦出版路线确立，绝难容外力侵扰。尤其是经营单一性质产品的出版社，更是书书必争。随着出版界对产品线观念的认知越来越深入，如何强化特色，同时设法削弱对手的竞争力，应是时时刻刻挂上心头的日课。

（4）新市场开发战

既然现有的市场已成兵家必争之地，而吸引来的读者群也被瓜分殆尽，我们的生存利基又在哪里？明年的书市，应赢在出奇制胜。除了一贯的出版路线，必然得运用智慧，开辟新的、竞争力最小而又能吸纳新消费群的出版路线（领域）。举例来说，当"非文学类书籍"还没会聚成洪流时，"文学类书籍"几乎占据了所有市场；然而，当"非文学类书籍"（如心理学、经营管理等）出现时，文学类书籍的销售量并未减少，只是书市大饼变大了，它吸引的是不爱看文学书的读者去购买。

明年（1986），会是什么样的新市场雄霸一方？

（5）经销网争夺战

理想中的"大发行网"会出现吗？

应该很快能告诉我们答案。

（6）互容、互助与共荣

由于出版经营体制朝向企业化快速倾斜，急遽的变革带来前所未见的生存压力，在竞争中迫于需要，也出现互容、互助与共荣的现象。

我们发现出版社之间，为了壮大自己的实力，在策略上相互让渡自己不需要的书，也有互出同一本书，放入各自的书系，一起壮大。

总之，新的一年将极富变化。有些边陲的出版社容或仍旧依赖“剪刀＋糨糊”苟活下去，但以崭新的经营理念，以与众不同的企划精神形成的新时代，正施施然迎面而来——淘汰、挣扎、突破、跃升会是我们命运的写照？

（原刊于《金石文化广场月刊》第 12 期，1985 年 12 月 10 日出版。）

10. 站在十字街口：1986 年台湾出版界的回顾与展望

【按】本篇发表于 1987 年元月 20 日出刊的《金石文化广场月刊·四周年纪念特刊》（16 开本，198 页）。从这期开始，有 2—3 年光景，我参与金石堂书店一年一度的特刊规划，遴选出版界“年度风云人物”“年度十大新闻”“年度最具影响力的书”“年度最佳创意”“年度最佳封面设计”“年度最佳服务”等等。最早是由《新书月刊》引领风潮，《新书月刊》停刊后，由金石堂书店扩大推动。

依那个时代背景来说，这是一次非常成功的出击。这份《纪念特刊》记载着：

- 年度风云人物：王荣文（出版界）、张大春（作家）。
- 年度最具影响力的书：《文化的轨迹》（共 2 册）/ 陈其南著（允晨文化）、《营销战争》/ 赖兹、屈特合著 / 沙永玲译（远流）[另一译本为《营销大战》/ 萧道远译（长河）]、《自然的箫声——庄子说》/ 蔡志忠著（时报文化）、《吉陵春秋》/ 李永平著（洪范）、《创意人》/ 詹宏志著（天下）、《写给儿童的中国历史》/ 陈卫平策划 / 张月琴主编（小鲁）、《走过伤心地》/ 杨宪宏著（圆神）、《棋王 · 树王 · 孩子王》/ 钟阿城著（新地）、《当代批判文存》（共 6 册）/ 柴松林总编辑 / 高信疆策划（敦理）、《美的沉思——中国艺术思想刍议》/ 蒋勋著（雄狮）。
- 年度最佳服务：《文讯月刊》/ 封德屏主编。

《纪念特刊》中备受注目的尚有“畅销书 100 / 年度排行榜”，金石堂在各个分店，腾出平台空间，把这 100 种书集中陈列，据说当月业绩呈跳跃式成长，十分惊人。这是实质上的丰收。

当然，相隔 30 年后再看这篇报告，人事早已全非，声势惊人的久大集团不知所终，经销网霸主频频易手，新出版集团此起彼落，一眼望去，连风景线也有了新貌，咀嚼旧文，却别有一番滋味涌上心头。

（1）茶杯里的风波

一位出版界的元老，戏谑地形容圈内的竞争是“茶杯里的风波”。除了自己人还感受到一点点波涛之外，旁人几乎无法感受到任何变异。许多人过于强调这个圈子里的一些现象，故意将它说得“煞有介事”——即使真有这么回事，在整个大社会中，又具有什么意义？

但，不论是茶杯里的风波也罢，大海洋的风暴也罢，所有的现象，都是整体现象的部分，对生活在出版界的人而言，既不能自外于整体现象，也更不能自囿于局部现象。当我们把出版现象“孤立”地看待时，也许更能增加它的清晰度。

在《1985 年出版界的回顾与展望》中，我曾描述未来一年可能见到的景象，如：

①人才争夺战；②资源争夺战；③产品线（领域）争夺战；④新市场开发战；⑤经销网争夺战；⑥互容、互助与共荣。

一年过去了，有些事没有发生，有些事一如预料，在出版界余波荡漾。其中以①、③、④项最为显著，其他各项或隐或显，尘埃一时尚未落定，难以定论。

以人才争夺为例，久大集团的活动能力就不能不令人刮目相看。他们争取到吕学海、周安托、蔡其勇……以及还不宜曝光的幕后金主，结合成不容忽视的力量。

产品线争夺战方面，以文学类书籍最为惨烈，三十多家出版社加入竞争圈，分食文学书市，冲击了整个基本结构。

在新市场开发战中，表现可圈可点。远流推出“社会趋势丛书”与“实战智慧丛书”，时报推出“商战小说”与“漫画丛书”，天下推出“天下人知识系列”，皇冠有日本推理小说作家“赤川次郎作品集”……都一新众人耳目。

而在营销网的竞争中，分出两条战线。一条是书店经营（连锁或结盟），一条是中盘发行网。邱永汉书店、新学友书店、东华（金桥）书店、久大书店纷纷设立分店，金石堂的忠孝店开幕（以及未来台北火车站的“站前店”），使书店的企业化脚步，越来越快；另一方面，久博发行公司加入中盘商，暂时阻击了联经和时报两大报系并吞书市营销网的野心，但也激起更复杂的情势。据闻，时报与久博有联手盟约，若台湾英文杂志社不甘雌伏，必加快扩张行动；再加上各地区原有的中盘商，觉悟到危机四伏，努力采取自救之道——总之，这一年的渠道竞争，热闹极了。它种下的因，在新的一年里，必然还有戏剧性的变化。

（2）徘徊在十字街口

与其说出版界正站在时代的转换点，不如说正徘徊在十字路口。对于相当于中小企业的众多出版社而言，此乃近三年来面临的空前变局。

在社会处于一切都急速发展的时刻，出版界不得不化被动为主动，走向“发展才能生存”的路上，面对改变将是如何因应的课题。

像是出版社内部组织结构调整的问题；

像是如何掌握未来出版方向的问题；

像是在日趋复杂的营销秩序中，如何适应的问题；

像是经营者自我调适的问题；

像是出版社定位问题。

……有许多问题等着经营主去问、去寻求答案。当我们站在十字路口，再回顾这年大变局中的重要现象，或许对未来做抉择时，多一份依持，多一份信心吧!

（3）变局中的现象

若将出版界形容为一盘无休无止的棋局，应该颇有相似之处。

棋盘上，黑子、白子相互劫杀，疑似死棋，忽成活棋；我进你退，你攻我守；一来一往，变化无穷。但在黑白错落的棋盘上，总能理出“情势”。1986年的出版界所显示的“情势”，大致可归纳成以下数端：

①商业精神抬头，营销挂帅时代来临。出版一旦面对市场时，本质上就是商业交易行为，无关乎善或恶。将商业交易行为导入积极正确的经营观念，合法、守法追求生存，就是必须遵循的行为准则。因此，营销不再是出版的末端，而需回到它应有的位置。

②速食文化渐渐吞噬市场。由于社会快速发展，生活步调越来越紧凑，而日趋富裕的生活，使经济活跃起来，各种类型的出版物充斥书市，我们面对着资讯爆炸的时代。因为竞争，生活压力如重轭般压在我们肩上，一则余裕有限，一则舒压有需，总之因种种原因，促使速食文化快速兴盛。

漫画《庄子说》之所以能席卷市场，除了原典艰涩之外，社会背景因素亦可作如是观。我们从书市特别热络的种类中，可看出其中端倪：消遣性刊物接一连二上市及以图式表达为尚的书籍出版现象，都指向大众文化的特质——速食。

③分众时代来临。专业出版社有了生存茁壮的机会，如钟丽慧主持的大吕出版社，完全以出版音乐类书籍为主。她坚持理想的态度令人感动。

④出版界迈入企划时代。出版物原有的来源，已经成为各家抢夺焦点或划为独拥的势力范围，因而，新兴的出版社或依策略拟订的路线，必须以不同于他人的构想，发展新读物。这可喜的编辑方向，提升了整个出版界的竞争层次。

⑤书市区隔明朗化。出版社发展各自特色，各有所专，创建其新企业形象，“远流”是其中最具代表性的出版社。

⑥本土非文学类书种的“专业作家”崛起，如郭泰。从《王永庆奋斗史》开始，他的著作几乎本本畅销并长销，在翻译权妾身未定危机下，郭泰的成功之道象征着出版界可冲破困局的一条坦途。

⑦编辑工程细分化，提供内容编辑服务的外包工作室出现。目前，以陈正益为首的工作室已正式营运。对于一向重视精简人事的出版界而言，这些编技服务人才，本身具有丰富的经验，可承担所有专业事项，对未来出版社内部组织带来影响。

⑧“国立编译馆”馆长易人，由曾济群接掌，长久为人诟病的编译馆有可能因此带给出版界新的刺激与活力吗？

（4）困局：何去何从？

从上述枝节中，恐难窥出版界一年全貌，只能略述个人的一些感想。

我既期待也恐惧的是：在商业精神笼罩下，有一种“**新伦理精神**”仿佛呼之即出。期待中的新伦理精神，应是怀抱理想，脚踏实地，有担当，有识见，有社会责任感，有所为有所不为，遵循善的循环的良性竞争来从事出版业，所求的除了正当利润之外，就是一份心安理得。

我所恐惧的新伦理精神，是披着伪善的外衣，口口声声高唱理想，事实上却笃信“赢就是善，胜利就是道德”，为了目的，不择手段。

因此，我期待着由善性所引导的新伦理精神熔铸出的“新出版人”，主导未来的出版市场。

很明显，出版业面对着全新的严酷挑战——企业化的试炼。未来的每一个日子都是关卡，考验着出版人能否通过试炼，茁壮长存。

人的因素、组织的因素、出版方向和产品线的因素、营销的因素、政策拟订和实践成效的因素等等，都是传统的、单打独斗的我们需要克服的瓶颈。走过去了，脱胎换骨；走不过去，就只能眼睁睁看着自己的版图越来越小，最后失掉所有影响力。

（5）移动中的战线

在新的一年中，或将见到的现象，正在凝聚成形：

①年轻一代读者的争取，很可能是下一阶段重视企划力的出版社全力以赴的目标。

②从重视生活品质提升到对整个生存环境的趋势发展——以个人成长为核心，贴近社会脉动、理解未来的书籍，是重塑企业形象的新途径，甚至有机会成为销售突破点。

③系列化中、西经典名著（包括原典译注），在可见的未来将是大套书的乐土。

④通俗读物大量出版，将形成出版主力（量的方面）。

⑤实务经验应用类书籍，将是非文学类书籍的新宠儿。

⑥超级大型书店全省连锁门市的竞争，越来越激烈；刚萌芽不久的社区书店，是爱书人新的梦想。至于传统营销系统（中盘商）之争，一时难分高下。

⑦以“开发替代竞争”的观念，应是出版界努力的方向。分食一块狭小的市场腹地，非争得你死我活不可的时代容或仍将持续，事实上出版领域十分辽阔，另辟蹊径，不失为自立之道。在“无人地带”开垦出来的沃土，才是真正属于自己的天地。

（6）结语

不容讳言，在迈向大开放的时代，出版界正面临巨变，最明显的是出版书籍的“量”快速增加，使得出版界起了“质”的变化。

我们看到环境在变，经营出版的人也跟着在变。各种客观条件的渐变，将促使出版界完成一次自我更新的历程。出版界和大自然现象一样，表面上的安定，掩饰不了内在的动荡；一切变革，就在缓慢而恒常的变化之中，趋于成熟。

11. 策略书

【按】这篇短文刊于1986年7月10日的《出版眼》(光统图书百货公司的PR杂志，这时的我刚加入远流)，原题为“策略书暗藏玄机”。

其实，出版社对该不该有“策略书”这个想法是有不同意见的。一种说法是，只要规规矩矩出书，好书自然不会寂寞，干涉太多，反而混淆了书的本身价值，即使畅销也是扭曲的。另一种说法是，拳头产品有其必要性，往往因为一本书或一条书系的成功，牵动出版社对外放射的能量，从此一飞冲天，这样的例子也屡见不鲜。

依我的观察与经验，“策略书”是“产销一体思考”下的结晶，若运用得当，效应宏大。

远流在詹宏志领军下的全盛时期，出书量极大，几近一天一书，量和质庞杂，广宣不易。某年年底时，他们将新年度规划出版的书收拢起来，再从中精选各个路线的代表作品(80本上下)设计报纸全版广告，公开于社会大众之前。这次造势行动，果然一鸣惊人，话题不断。所以，远流在每年年初即大略预知未来方向走势，大体上掌握住重中之重的“策略书”有哪些本，在什么月份上市。因为决策层在年度开始之前，即清楚明白众多出版品的强弱，各个相应部门得以及早采取强固作为。

远流之“兴”，有其必然。

以下抄录的小文，我并不满意，本不想留存足迹，但再次思量，它记录我某一时刻的看法，每个人或许都有青涩的成长期，承认它，才是圆满。

一念之异，内心豁然开朗，谨立此存照。

什么是“策略书”？

在说明之前，应先界定“策略”两字的定义。在此，暂且把“策略”解释成“为特定目的，所采取的一种能有效达成意愿的方法或手段”。它可能解决一个或一个以上的问题；它可能用作扭转劣势、向有利方向调整自己的发展轨迹；它可能想造成一种广泛的影响力，唤起他人注意；或是故意错引，掩饰真正的企图。总而言之，它不是目的，却有助于目的的达成；它也可能是权宜手段，促使构成政策的一贯性。

“策略书”是出版社遂行其出版政策时的一种经营手法。有时纯粹以“点”(1本书)的方式呈现，有时则在单一书本背后，带出“线”(产品线)的大背景。换言之，有时是战略性的布局，有时只是战术性的触击，但所有措施必须吻合出版公司的终极目标与精神，违背了这种默契，必然对经营实体的长久发展产生不良影响。

以尔雅出版社而言，今年（1986）上半年的“策略书”显然是《希望我能有条船》，由隐地精心策划、请8位当今最受欢迎的作家合撰成书，利用它发挥的影响力和市场潜力，提升了整套尔雅丛书的战力。隐地非常善于掌握时机适时推出“策略书”，带给尔雅极大利益，像以往的代表作品《十一个女人》(改编成电视剧)、《风景》、《三弦》等，都曾建立奇功。

目前运用“策略书”颇见成效的出版社，应属时报出版公司。

年初，他们在总经理张武顺完成雄心勃勃的组织再造后，立刻推出强打：名作家李昂的两本新著《暗夜》与《外遇》。这两本“策略书”引起书市一阵骚动，不但替时报建立起滩头堡，同时也为新辟的文学路线“人间丛书”打开崭新的局面。时报争雄的决心如此清晰，大家都在猜测他们的下一步是什么？

5月淡季时，他们趁书市冷清之际，新辟的“商战小说系列”有四部作品隆重上市，包括可称为台湾老辈商界教科书、日本作家花登筐代表作《船场》重印以及美国汽车巨擘艾科卡的《反败为胜》、产业间谍钩心斗角的《死亡试车》、商社间冷酷搏杀的《暗盘》等。这次大举出击显然是策略思维的充分运作，他们找出竞争圈内被忽视的范畴，重新凝聚力量，问鼎市场。

时报出版季季有新猷，处处有让人惊艳之举——传闻下一波将锁定历史、漫画……他们的经营手法，鲜活有劲，一方面塑造形象，一方面抢占市场并向所有竞争者施压；既带动“策略书”所属产品线的生机，也鼓舞起主编者的斗志，一石五鸟，可圈可点。

从“策略书”角度观看书市最近各家的出版品，真令人目不暇接，像是天下的《乐在工作》、皇冠的有声书《名人对话录》、林白的柏杨新作《丑陋的中国人》等，都是出版社的策略书，在书市卷起一股股旋风。

出版社各自经营“策略书”的方法上，远流别具风格。他们以一个创意所形成的产品线（或套书），浓缩成“策略书”概念运作，最具代表性的例子是“大众心理学全集”，造成1985年心理学出版风潮，被票选为去年“十大年度新闻”之一。

最近又推出“趋势丛书”，第一本即是詹宏志的《趋势索隐》，这是典型的“策略书”。它的任务，除了争取高销售量之外，也肩负开拓未来丛书的市场。

依上所述，可以清楚明了“策略书”是出版社为求创新、求生存发展、衡量内外形势，根据自身整体利益考虑下所采取的特殊手段。若想评量一家出版社的强弱与优劣，从它如何规划“策略书”，分析其密度和节奏以及隐藏于内的动机，就可以粗略看出这家公司的经营性格、目标、策略、弹性、危机处理能力、气度和魄力。

不论我们同意与否，从“策略书”的运作，可看到出版社企划力的良窳。善于操作“策略书”并充分了解其重要性的经营者，常是书市的常胜军。

若想观察书市形势变化，何不从了解各出版社的“策略书”开始？

【附录二】友人与读者评介摘选

◎沈昌文（生活·读书·新知三联书店前总经理、《读书》杂志前主编）：

我凭自己在出版界的多年工作体会，可以负责任地说，海峡对岸的出版业近三四十年有许多宝贵的经验，值得我们借取。可惜的是，我所见到的都是片段的介绍，较少系统的叙述，尤难见有理论深度的研究。因是之故，我在几年前见到海外朋友赠给我周浩正先生所著的这部稿本，如获至宝，立即复印几十份，广赠同业至友。现在，大陆有识者请周先生增订后正式出书，快何如之。

周著有理论深度，写得又很生动。我感到遗憾的仅仅是，有的地方讲得太新潮。例如，讲出版的2.0时代，对年迈之人来说，不免如初中学生看微积分，但也许对年轻朋友来说，恰到好处。

◎程三国（《中国图书商报》创办人、百道网创办人兼CEO）：

这些文字与其说是周先生个人30年出版生涯与心路历程的全记录，不如说是众多资深出版人隐性知识的大解密；与其说是编辑出版的台湾经验，不如说是编辑出版成功之道的全球通识；与其说是编辑新手的入门宝典，不如说是资深编辑持续修炼的高阶教程。

◎詹宏志（城邦出版集团前董事长、PChome Online网络家庭公司董事长）：

周先生是一个独特的编辑家，永远的非主流与主流之间移动位置的人——当他做的事情看起来开始有利益出现时，他即离开。

他有奇异的特色：

一、**“无人地带”的占领者**：能看出读书生活中的空隙而加以开发，如他在长鲸出版社出版《奥义书》《佛心流泉》《禅之花》等佛义书；到远流出版《德川家康》……这些在当时都是边缘得不得了的书，在他手上却变成一股力量。

二、**擅长改变熟悉类型的内容**：从商业书入手，却做出完全不一样的“实战智慧丛书”，拓宽局面，让各种经验都可以成为“实战智慧”；而历史书到他手上，变成具有对照性概念的“实用历史”。从正统的角度看可能很奇怪，但他的编辑工作迷人之处也在这里，常拓展出奇异的视野。

三、**读书生活的穿透法**：从产品到营销全面构想，是编辑实践的典范，一个全程沟通者。

四、**资源运用的策略家**：能结合较劣势的资源去创新。

这么多年来，他的想象、勇气、耐性一直保持高质状态，并且不断有进境，他的年龄丝毫没有阻碍对编辑环境的新理解与突破。他是能点石成金的人。

◎王荣文（远流出版公司董事长）：

周先生对出版具独特的看法，他不愿走别人走过的路，以开创“**无人地带**”的战略眼光另辟蹊径，他看问题常从大局着眼，能提出与众不同的见解。

他也擅长用创意结合不同能力的人，产生相辅相成的效益，在此过程中，使自己成长也使伙伴成长。

周先生对远流最大的贡献是，在有限的条件下，开辟新出版领域，为远流创造极大的成长与利益。

◎郭泰（作家）：

周爷的性格值得找人好好研究，他有勇于创新、势如破竹的大匠气概，也有谦卑、隐忍的一面。以开辟“实用历史”为例，从概念定位、筹组稿源、营销策略贯串成形，他常说，经营书系是在经营“**气**”“**机**”“**势**”，终而占领领域。听似简易，其实需要大魄力。

◎李传理（远流出版公司总经理）：

周先生惯常以自我否定、自我批判做自我检查，这是他的痛苦，也是极大的快乐；他通过这种方式，激发出别人想象不到的创意。他看事情兼具宏观与微观，能从多元角度切入，既见树又见林。他也具有实务精神，规划全域之后，更重视具体实践的执行力。

他是24小时思考、全天候工作的人。一方面拥有全职动脑的狂野想象，常常走在社会前面；在生活上却始终保持单纯、朴素、规律，最大的爱好是阅读，不喜交际应酬。

他掌握事物本质的能力与诠释力，具有丰富的启发性。

他是能量辐射源，更是创意实践体。

◎管仁健（文经社主编，《编辑道》整理者）：

周先生的这些文章不只适合有心从事编辑工作者阅读，还可以广泛运用在不同商品中——从发想、企划、执行到组织、营销以至开发系列产品，让你“点石成金”。

◎林献章（台湾《讲义杂志》创办人）：

这些信的贡献和影响，可能超过你的想象。

◎老张（北京出版人沙龙发起者）：

周浩正先生的书，我自己连续读了七遍！说句实话，这本书里的出版理念和技巧，令我的“出版观”在半年内脱胎换骨，达到了一个更高的新层次。

◎方军（读者）：

这些文章是周浩正先生的出版经验全披露，我以为是关于出版编辑业务的必读，这位台湾老先生头脑从未老，一直走在科技最前沿。

◎李青（读者）：

读过周先生的这本著作后，我牢记着这样一句话：**要继续生存下去，必须与众不同**，愿与还战斗在编辑岗位上的同仁或曾经做过编辑的同仁共勉。

◎“亦然的空房子”（网友）：

今天开始看周浩正先生的文章，还真是有开了一扇窗的感觉，最主要的是，让我对于自己将来职业的发展，有了新的思考。

◎“窝里的小猫”（网友）：

昨晚在台灯下看台湾老先生周浩正的文章，愣神了，想想这些年我还真是一个蛹，一直活在自己做的茧中，到现在还不知道什么“破茧而出”。

◎黄海（读者）：

老友周浩正谈网络时代的电子出版及相关大文，真是相见恨晚。他的实务观察心得，精辟独到，写得深入剔透，在平面媒体式微的此时此刻，点灯照亮前路，极具创意与前瞻性。

◎“臭味相投”（网友）：

台湾出版界有个传奇人物周浩正喊出一句口号——**无人地带的开发**，就是专门做别人不做的、做不好的或者被忽略了的事。此人此言，是我在湖南大学读书、写书、跑出版社时听到的，工作中偶尔小试，觉得很受用。

◎王海峰（读者）：

书中举了很多例子，都是实打实的经验，从书系的构思、经营策略、编辑的实践到整体运作思路，都有体现。这种例证不论是感性的，还是理性的；不论是事实的，还是道理的；不论是自己的，还是他人的，都具有十足的说服力，聚少成多，相互补充，形成一股强大的不可拒力，用事实说话，读者自然心悦诚服。

阅读这本书是快乐的。这种快乐源于作者的特种思维、论证过程、修辞风格等等。

◎ laogao（网友）：

作者所讲的不是什么很大的道理，而是将自己的真知灼见，多年编辑工作的积累和思考，透过平实的文字娓娓道来。虽然如今的出版已经和以前有了很大的不同，作者的这些经验之谈和细节当中体现出来的做事态度，仍然值得我们好好学习。

◎ “从绿在江湖”（网友）：

一个资深编辑的心得体会，以信函形式著成，娓娓谈来，除对编辑工作的深刻领悟外，还可读到作者对编辑一职的激情与热爱，以及对青年编辑知无不言、言无不尽的感情……

◎ “布蕉绿”（网友）：

“焦虑是当下阅读直接的动机之一，畅销则是社会集体情绪不约而同的宣泄现象”，功利的情绪不仅仅存在读者之中，也存在于出版人之中。**人人都想要创意，但大多数懒得去想；人人都想做畅销书，但大多数人对为什么畅销，缺乏必要的了解**。如果，愿意观察出版，周浩正的文章应该还不算过时。

◎巴全东（读者）：

在这个媒体竞争激烈的时代，在这个追求落实和结果的时代，即使再“内容为王”，也要想法传达到你的读者中才能实现阅读价值的，文章再好、想法再新、思想再敏锐，没有落实都会“转头空”的。

思考不可少，落实更重要。

◎罗吉甫（作家）：

资深出版人周浩正，退而不休，在网络上书写对出版事业的观察和看法。你或许讥讽他老谈过去的丰功伟业，如白头宫女讲古，但且慢，他马上把对数位时代之中出版业的现况和未来，尤其是面临的挑战与机会，一一叙述。这篇《U–出版时代，如何优化竞争力？》洋洋洒洒，提醒出版者不能自外于网络，又不能随网络浮沉摇摆，很值得我们细思。

◎ wz1987113（当当网读者）：

作为一个打算入行的编辑人，这本书真是令我大开眼界，也让我开始对编辑这一行有了新的认识，开拓了很多思路。最难得的是，当看专业教材看得昏昏沉沉之时，再看周先生的书，不仅生动有趣，还能引人深思。已经读第二遍了，受益匪浅！

◎“超级咸鱼 XX ”（京东网读者）：

文字亲切，风格清新，集激情与理性于一体，如同一场和智者的促膝谈心。

◎ wdilliam（亚马逊读者）：

周浩正的书才看了一半，觉得很好，有许多理念，能够拓展编辑的思维，对我的工作有帮助……

优秀编辑的四门必修课

一位资深总编的来信

周浩正　著

编辑力、经营力、创新力，还有思想力，一个都不能少！

一个成功的编辑人必定是这样的角色：文字的高手，伟大的沟通者，杰出的推销员，优秀的创新家，勤奋的思想者！

华语出版界重量级人物詹宏志、沈昌文、王荣文、程三国等强力推荐！

内容简介

一个编辑高手，不仅是文字处理的艺术家，还需要懂经营，能创新，有思想。编辑这一行，绝非只是文字工作那么简单，个中学问，大了去！

本书作者是一位资深编辑人，不仅有丰富的图书和报刊编辑经验，而且在产业形态的创新和运作上具备实战经历。他将自己30年的心得、体会、经验和教训和盘托出，以书信形式同年轻业者进行交流，不仅论及编辑工作中的易为人忽略的基础问题，更重点讨论了编辑人的经营能力、创新角色和思想修炼。

全书文字亲切，风格清新，集激情与理性于一体，如同一场和智者的促膝谈心。它不但有业界传奇故事，而且穿插了各类令人深思的案例，还有随处可见的思想火花。同时，作者将自己大量的研究报告和企划案，以不同形式融入其中，给人以启迪和思索。不得不提的是，他还站在历史的高度对产业未来和趋势进行了预测与展望。

对于业界，无论是图书、杂志，还是网络，甚或整个文化创意领域，本书都值得研究和学习。即使您不是编辑人，而身处产业的其他环节，它也有很多颇具启发之处。